KARL MAY

Im Lande des Mahdi

KARL MAY

Im Lande des Mahdi

2. Band

Verlag
Neues Leben
Berlin

Diese Ausgabe erscheint unter Zugrundelegung der 1896 im Verlag
Friedrich Ernst Fehsenfeld, Freiburg/i. Br.,
herausgegebenen Originalfassung
Karl Mays

ISBN 3-355-01287-4

Einband: Peter Nagengast (Reihengestaltung),
Jörn Hennig (Bildmotiv)
Lichtsatz: Nationales Druckhaus GmbH
Druck und buchbinderische Weiterverarbeitung:
Chemnitzer Verlag und Druck GmbH
Werk Zwickau

ERSTES KAPITEL

Der Mahdi

Kordofan, dieses ganz eigenartige Land, ist von jeher das Durchzugsgebiet vieler wandernder Stämme gewesen, und darum war dessen Bevölkerung schon vor der Eroberung durch Mehemed Ali außerordentlich gemischt. Dann brachten die Fellahta und die Baschibosuks des Vizekönigs das Blut aller kleinasiatischen Rassen unter das Volk. Griechen, Levantiner, Armenier, Arnauten haben sich mit den schwarzen Stämmen des Südens vermischt, und zwischen deren Abkömmlingen wohnen wieder die reinblütigen Enkel ganzer Nomadenstämme, welche aus dem Hedschas herüberwanderten.

Kordofan gehört zu den Sudanländern. Da das Wort Sudan, allerdings schon im Mittelalter gebräuchlich, jetzt so viel gehört ist, so dürfte eine kurze Bemerkung darüber am Platze sein. Beled es Sudan, das ist der vollständige Name. „Beled" heißt Land und „es" ist der Artikel. Sudan ist der gebrochene Artikel von „aswad" = schwarz (Plural „sud"). Beled es Sudan heißt also das Land der Schwarzen. Der Ton wird nicht, wie man oft hört, auf die erste, sondern auf die zweite Silbe gelegt, man sagt also nicht Suhdan, sondern Sudahn.

Kordofan, ausgesprochen Kordofahn, bildet in seinem nördlichen und westlichen Teil eine ungeheure Savanne, welche in der trockenen Jahreszeit einer dürren Wüste gleicht, sich aber während der Regenzeit mit einer üppigen Vegetation bedeckt. Die weiten grasigen Strecken werden von Mimosenwäldern unterbrochen. In dieser Savanne gibt es ungefähr neunhundert Brunnen mit Dörfern in der Nähe. Dort weiden während der Regenzeit die vielen wandernden Stämme ihre Herden und ziehen bei Beginn der trockenen Jahreszeit wieder fort. Man trifft da Giraffen, Strauße, überhaupt Vögel der verschiedensten Arten, und ungeheure Antilopenherden.

Der südliche Teil des Landes hat mehr tonigen Boden, welcher das Wasser hält, daraus folgt eine wahrhaft bewundernswerte Fülle und Großartigkeit des Pflanzenwuchses. Kolossale Strecken sind mit Palmen, Cassien, Adansonien und Tamarinden bedeckt. Die Tiere vieler Ordnungen und Arten, welche diese Wälder bewohnen, werden von den Leoparden und dem Panther gejagt, und nur zu häufig hört man auch die Stimme des Löwen, des „alles Beherrschenden“, erschallen.

Das Wadi Melk wird schon mit zu Kordofan gerechnet, und da wir uns zwischen diesem und Es Safin befanden, so hatten wir Nubien hinter uns gelegt. Wie man sich erinnern wird, hatte ich die von dem Sklavenjäger Ibn Asl geraubten Beduininnen diesem abgenommen und in ihre Heimat nach dem Bir es Serir zurückgebracht; zwanzig Askaris begleiteten mich. Wir waren von den Angehörigen der Frauen und Mädchen mit Jubel aufgenommen und, wenigstens nach ihren Verhältnissen, reich bewirtet und beschenkt worden. Nach unserem Aufbruch hatten sie uns das Geleit bis zum Ende der zweiten Tagesreise gegeben, und nun wollten wir auf dem kürzesten Weg nach Chartum, wo ich meine Askaris ihrem Kommandanten, dem Reis Effendina Achmed Abd el Insaf, zu übergeben hatte.

Es war noch nicht allzu spät nach der Regenzeit, darum stand die Savanne noch in saftigem Grün. Hätte ich nicht auf einem Hedschihn – Reitkamel –, sondern auf einem Pferd gesessen, so wäre es leicht gewesen, zu denken, daß der Ritt durch eine amerikanische Prärie gehe. Wenn in der trockenen Jahreszeit das Gras verdorrt ist, so hat man den Weg möglichst so zu legen, daß man Brunnen berührt; jetzt aber war das nicht nötig. Das Wandern von einem Brunnen zum andern kostet viel Zeit; gegenwärtig brauchten wir indessen bei der saftigen Grasweide für unsere Tiere kein Wasser, und für uns waren die Schläuche gefüllt; darum konnten wir eine schnurgerade Richtung einhalten, bis das Wasser zur Neige ging und wir dadurch gezwungen waren, wieder einen Brunnen aufzusuchen. Auf diese Weise gelangten wir einen vollen Tag eher, als wenn wir uns auf die erwähnten Umwege eingelassen hätten, an den Bir atschahn. Dieser Name bedeutet der „durstige Brunnen“, da er während der heißen Jahreszeit kein Wasser enthält. Jetzt aber hatte er mehr, als nötig war, um unsere Schläuche von neuem zu füllen. Er lag inmitten der ebenen Savanne, ohne von einem Felsen, einem Baum oder Strauch bezeichnet zu werden. Ich hätte ihn gewiß nicht gefunden, wenn uns nicht von unsern Gastfreunden ein kundiger Führer mitgegeben worden wäre, welcher uns nach Chartum bringen sollte und die Gegend ebenso genau wie die schlechten Eigenschaften seiner langen arabischen Flinte kannte.

Diese Flinte war sein Herzeleid, und doch schien er sie über alle Maßen zu lieben. Er hatte sie stets in der Hand und sprach gern von ihr. Auch jetzt, als er neben mir am Rande des Brunnens saß, hielt er sie liebevoll umfangen, ließ seinen Blick freundlich über sie gleiten und sagte:

„Hast du schon einmal so eine Arbeit gesehen, Effendi? Ist das nicht bewundernswert?"

Der Kolben des Gewehrs war nämlich mit Elfenbein ausgelegt, doch bildete die Zeichnung eine Figur, welche mir ganz unverständlich war. Darum antwortete ich:

„Äußerst geschmackvoll, ja geradezu prächtig! Aber was soll es denn vorstellen?"

„Was es vorstellen soll? Welch eine Frage! Siehst du denn das nicht?"

Er hielt mir den Kolben vor die Nase und forderte mich auf: „Da, sieh genauer hin! Nun, was ist's?"

Ich gab mir alle Mühe, das Ding zu enträtseln, doch vergeblich. Das war keine Schrift, kein Bild, kein „gar nichts"!

„Du bist blind", meinte er; „möge Allah dein Auge erleuchten! Aber da du ein Christ bist, so ist es gar nicht zu verwundern, daß du die Figur nicht erkennst. Ein gläubiger Moslem sieht beim ersten Blick, was sie zu bedeuten hat. Erkennst du nicht, daß es ein Kopf ist?"

Ein Kopf! Keine Spur davon! Man hätte es höchstens für den unförmigen Kopf eines Hippopotamus halten können. Ich schüttelte also den meinigen.

„Nicht? Allah, Wallah, Tallah! Es ist sogar der Kopf des Propheten, der in allen Himmeln Allahs sitzt."

„Unmöglich! Man sieht ja gar nichts von einem Kopf! Wo ist denn die Nase?"

„Die fehlt, Effendi. Der Prophet braucht keine Nase. Er ist jetzt der reinste der Geister und besteht selbst aus zehntausend Wohlgerüchen."

„Wo ist der Mund?"

„Der fehlt, denn der Prophet bedarf keines Mundes mehr, da er durch den Koran zu uns redet."

„Auch sehe ich keine Augen."

„Wozu Augen, da der Prophet nichts zu sehen braucht, weil vor Allah alles offenbar ist?"

„Die Ohren suche ich auch vergeblich!"

„Du kannst sie nicht finden, weil sie nicht da sind. Der Prophet braucht unsere Gebete nicht zu hören, da er uns die Worte genau vorgeschrieben hat."

„Wo ist der Bart?“
„Der ist nicht zu sehen. Wie durfte man ihn durch Elfenbein entheiligen, da der Schwur beim Barte des Propheten der höchste und allerheiligste ist!“
„Folglich ist von dem Kopf nur die Stirn zu sehen?“
„Auch nicht. Da sie der Sitz des Geistes ist, kann man sie gar nicht abbilden.“
„So ist von dem Kopf also gar nichts da?“
„Gar nichts“, nickte er. „Aber ich erkenne jeden Zug des Gesichtes!“
„Ohne den Kopf überhaupt sehen zu können? Das begreife, wer es kann!“
„Ja, ein Christ wird es freilich nicht begreifen. Ihr seid alle mit unheilbarer Blindheit geschlagen!“
„Du auch, doch ist deine Blindheit hellsehender als das gesündeste Auge. Du siehst einen Kopf, zu dem nichts als alles fehlt. Übrigens ist es doch bei euch verboten, einen Menschen abzubilden. Wieviel strafwürdiger muß da das Porträtieren des Propheten sein!“
„Der Künstler, welcher dieses Gemälde fertigte, hat dieses Verbot nicht gekannt.“
„Und muß doch den Propheten gesehen haben.“
„Im Geiste! Das Gewehr ist uralt, wie du wohl siehst. Der Mann, welcher es fertigte, hat jedenfalls weit vor dem Propheten gelebt.“
„Das ist unmöglich, denn da gab es noch kein Pulver.“
„Effendi, beraub mich doch nicht des Glückes, ein so kostbares Gewehr zu besitzen! Wozu Pulver? Wenn Allah will, schießt man auch ohne Pulver aus der Flinte.“
„Ich gebe zu, daß Allah Wunder tut. Hier gibt es deren gleich zwei: erstens ein Schießgewehr aus einer Zeit, in welcher es noch kein Pulver gab, und zweitens das Bild des Propheten aus einer Zeit, in welcher er noch gar nicht lebte.“
„Ich sagte dir bereits, daß der Künstler ihn im Geist gesehen hat. Es war eine Vision, und darum ist dieses Gewehr eine Visionsflinte.“
„Ah, Visionsflinte; das ist gut, das ist einzig!“
„Ja, einzig ist sie! Da hast du recht, vollständig recht, und es freut mich, daß du endlich zur Einsicht gekommen bist. Es ist die einzige Visionsflinte, welche es gibt, und darum halte ich sie heilig und bin sehr stolz auf sie.“
„Wie bist du denn zu ihr gekommen?“

„Durch Erbschaft. Der Künstler hat sie auf Kind und Kindeskind vererbt. Du mußt wissen, daß ich sein Nachkomme bin und sie einst meinem ältesten Sohn vererben werde. Ja, sieh mich nur verwundert an! Ich bin in Wirklichkeit der Urenkelsohn des Urenkels eines Mannes, dem Allah die Gnade erteilte, den Propheten zu schauen, noch ehe der geboren war."

„So bist du der berühmteste Mann deines Stammes, und ich freue mich nicht bloß, sondern es ist mir auch eine unschätzbare Ehre, dich kennengelernt zu haben."

„Ja", meinte er in vollstem Ernst, „es ist für jedermann eine Ehre, einen solchen Urenkel des Urenkels zu schauen. Ich bin gekannt bis tief in den Sudan hinein, so weit es wahre Gläubige gibt, und mein Gewehr hat einen Ruf, welcher selbst in den Ländern der Heiden erschallt."

„So schießt es wohl auch gut?"

„Leider nein. Es war Allahs Wille, daß, um die Vorzüge des Himmels zu erhöhen, auf dieser Erde nichts ganz vollkommen sein sollte. Das ist auch in Beziehung auf meine Visionsflinte der Fall, wie ich leider der Wahrheit gemäß bekennen muß. Sie hat einige Eigenschaften, welche mein Herz mit Wehmut erfüllen."

„Ich kenne alle Arten der Gewehre und bin in deren Behandlung wohlerfahren. Wenn du mir die Fehler nennst, kann ich dir vielleicht einen Rat erteilen."

„Es sind ihrer mehrere. Zunächst hat das Gewehr die Eigenschaft eines wilden Ziegenbockes; es stößt entsetzlich. Es hat mir schon manche kräftige Maulschelle gegeben."

„Das ist freilich nicht hübsch. Du mußt es beim Schießen so anlegen, daß es dich nicht ohrfeigen kann."

„So stößt es mich woanders hin, und das ist ganz dasselbe. Ferner schlingert es gewaltig."

„Schlingern? Was verstehst du unter diesem Ausdruck?"

„Damit meine ich, daß sich die Kugel nicht in gerader Richtung, sondern in Schlangenwindungen fortbewegt."

„Unmöglich!"

„Effendi, zweifle nicht! Bei einer Visionsflinte ist alles möglich. Ich habe es genau beobachtet. Ich darf nie auf das Ziel halten, sondern je nach der Entfernung mehr nach rechts oder links oder höher oder tiefer."

„Die Flinte ‚schraubt' also, und es gibt, meines Wissens, kein anderes Mittel dagegen, als daß du einen neuen, bessern Lauf machen läßt."

„Wie kannst du mir das zumuten! Dadurch würde das kostbare

Gewehr vollständig verschimpfiert. Allah bewahre mich vor einer solchen Missetat! Die Flinte muß bleiben, wie sie ist."

„So ist es überflüssig, mir ihre andern Eigenschaften auch noch aufzuzählen. Meiner Ansicht nach ist das Gewehr das beste, welches seinen Zweck am vollständigsten erfüllt."

„Das tut es ja! Mein Visionsgewehr beweist, daß mein Urahne den Propheten gesehen hat, und das ist vollständig genug."

„Wie es schießt, ist also Nebensache?"

„Ja."

„Der Zweck des Schießens ist aber doch das Treffen!"

„Du bist kein Moslem und kannst dich also nicht mit der nötigen Ehrfurcht in diese Flinte hineindenken."

„Nein, das kann ich nicht. Aber falls du in meiner Gegenwart einmal schießen solltest, so bitte ich dich, mein Leben zu schonen. Tu mir dann den Gefallen, auf mich zu zielen, da du mich dann sicherlich nicht treffen wirst!"

„Spottest du etwa, Effendi! Ich sage dir, daß . . ."

Er unterbrach sich, sprang auf und blickte, indem er mit der Hand die Augen beschattete, gegen Osten.

„Was ist's?" fragte ich ihn. „Siehst du etwas?"

„Ja, ich bemerke einen Punkt über dem Gras, welcher vorher nicht vorhanden war. Es muß ein Reiter sein."

Nun stand ich auf, öffnete mein Fernrohr und gewahrte, hindurchsehend, einen Mann, welcher auf einem Kamel saß und gerade auf den Brunnen zugeritten kam. Als er sich uns so weit genähert hatte, daß er uns sah, hielt er an, um uns zu betrachten; dann kam er herbei, blieb auf dem Kamel vor mir halten und grüßte:

„Salam aleikum! Wirst du mir erlauben, Herr, mein Kamel aus diesem Bir atschahn zu tränken und auch meinen eigenen Durst zu stillen?"

„Aleikum salam! Der Brunnen ist für jedermann da, und ich kann dich nicht hindern, zu tun, was dir beliebt."

Ich gab, ohne ihn willkommen zu heißen, diese kühle Antwort, weil er keinen sympathischen Eindruck auf mich machte. Er war wie ein gewöhnlicher Beduine gekleidet und mit Flinte, Messer und Pistole bewaffnet. Sein Gesicht hatte keineswegs abstoßende Züge, aber der scharfe, forschende, ja stechende Blick, mit dem er uns musterte, gefiel mir nicht. Auch mußte es mir, der ich gewohnt war, auf alles, selbst auf die geringste Kleinigkeit, zu achten, auffallen, daß er sich mit seiner Frage an mich wendete. Die Askaris trugen die Uniform des Vizekönigs; ich aber war, wie auch der Führer, in Zivil gekleidet. Es wäre also den Umständen nach für ihn geboten gewesen, sich an die Soldaten zu wenden. Dieser Umstand und sein suchender Blick erfüllten mich mit einem leisen Mißtrauen, welches auch späterhin nicht weichen wollte, sondern sich vielmehr vergrößerte.

Er stieg ab und führte sein Kamel zur Seite, damit es grasen möge, nachdem er ihm den Sattel abgenommen hatte. Dann schöpfte er sich Wasser, trank, setzte sich mir gegenüber und zog einen Tschibuk und einen Tabaksbeutel unter dem Haik hervor. Nachdem er den ersteren gestopft und den Tabak angezündet hatte, reichte er mir den letzteren zu und sagte:

„Nimm, Herr, und stopf dir auch! Es ist die Pfeife des Grußes, welche ich dir biete."

„Deine Güte sei bedankt, ohne daß ich ihr entspreche", antwortete ich ablehnend.

„So rauchst du nicht? Gehörst du zu einer der strenggläubigen Sekten, deren Anhängern der Tabak verboten ist?"

Sein Ton war der eines Mannes, welcher zwar fragt, aber schon im voraus weiß, welche Antwort man ihm geben wird. Das fiel mir auf, und darum meinte ich fast noch zurückhaltender als vorher:

„Ich rauche auch; aber nicht an dir, sondern an mir war es, den Gruß zu bieten. Der vorher Anwesende hat den später Kommenden zu empfangen; das ist überall die Regel, und hier in der Chala – Steppe – wohl erst recht."

„Ich weiß es und bitte dich um Verzeihung. Ich besitze den Fehler, das Herz auf der Zunge zu haben. Du gefielst mir gleich beim ersten Blick, und es trieb mich, dir dies durch das Angebot des Tabaks zu zeigen. Darf ich fragen, woher du mit diesen Askaris kommst?"

„Darf ich vorher fragen, woher du weißt, daß ich zu ihnen gehöre?"

„Ich vermute es."

„Dein Scharfblick ist bewundernswert; ich an deiner Stelle würde es nicht vermutet haben."

„So bist du wohl fremd in der Chala, während ich sie öfter durchreite."

„Nicht nur ich bin hier fremd, sondern auch die Askaris sind noch niemals hier gewesen. Um so anerkennenswerter ist es, daß deine Vermutung gleich das Richtige traf. Du hast mich zwar vorher gefragt, aber da ich mich vor dir hier befand, wird es dir also recht und billig erscheinen, wenn ich, bevor ich dir antworte, gern wissen möchte, wo du deine Reise angetreten hast."

„Ich habe keinen Grund, es zu verschweigen. In der Chala oder gar in der Wüste muß jeder wissen, wer der andere ist und was er treibt. Ich komme aus El Feky Ibrahim am Bahr el Abiad."

„Wo liegt das Ziel deiner Reise?"

„Ich will nach El Fascher hinüber."

„Zwischen den Orten, welche du nennst, gibt es eine vielbenutzte Karawanenstraße, welche über El Abeid und Fodscha geht. Warum benutzt du sie nicht? Warum bist du so weit nördlich abgewichen?"

„Weil ich ein Händler bin und also die Bedürfnisse der Gegend kennenlernen muß. Ich will in El Fascher Waren ein- und sie auf dem Rückweg wieder verkaufen; darum reite ich hier von Brunnen zu Brunnen, um von den lagernden Leuten zu erfahren, was sie brauchen."

„Du scheinst ein Anfänger im Handel zu sein."

„Wieso, Herr?"

„Ein erfahrener Händler würde nicht leer nach El Fascher gehen, sondern sich in Chartum mit Einfuhrwaren versehen haben, um sie auf dem Hinweg zu verkaufen und dabei ein Geschäft zu machen. Du aber willst nur auf dem Rückweg handeln und hast also auf die Hälfte des Gewinnes einer solchen Reise verzichtet. Das tut kein wirklicher Dschelabi – Händler –."

„Ich wollte rasch ans Ziel gelangen; darum belud ich mein Tier nicht mit Lasten."

„Ein Handelsmann hat nur das eine Ziel, Gewinn zu machen. Übrigens reitest du kein gewöhnliches Hedschihn; ein Dschelabi aber pflegt sich nur eines Esels zu bedienen."

„Jeder nach seinem Vermögen, Herr. Ich bin nicht ganz arm. Du hast nun meine Antworten gehört und wirst mir wohl auch Auskunft geben. Woher kommst du?"

Meine Fragen waren derart gewesen, daß er daraus mein Mißtrauen herausfühlen mußte; ja, sie waren sogar beleidigend für jeden ehrlichen Mann. Seine Augen hatten einige Male schnell und zornig aufgeblitzt, aber der Ton, in dem er mir antwortete, war stets höflich und scheinbar unbefangen gewesen. Dieser Unterschied zwischen Blick und Ton verriet mir, daß er sich beherrschte; Beherrschung ist Verstellung; hatte der Mann Ursache, sich zu verstellen, so gab er mir damit allen Grund, vorsichtig gegen ihn zu sein.

Ihm zu glauben, daß er ein Dschelabi war, fiel mir gar nicht ein; auch war ich fast überzeugt, daß er nicht aus El Feky Ibrahim, sondern aus Chartum kam. Seine Begegnung mit uns schien ihn gar nicht überrascht zu haben; seine ganze Art und Weise ließ vielmehr beinahe vermuten, daß er erwartet hatte, auf uns zu treffen. Wie war das zu erklären? Ich gab mich jetzt nicht mit Vermutungen ab; es galt, ihn zu beobachten. Er hatte mich belogen, darum hielt ich es für das beste, ihm nicht die ganze Wahrheit zu sagen, und antwortete auf seine Frage:

„Ich komme aus Badjaruja."

„Dort waren auch die Askaris?"

„Nein. Ich traf hier auf sie, und sie erlaubten mir, den Brunnen zu benutzen."

Um seine Mundwinkel spielte ein listiges Zucken, doch tat er so, als ob er mir glaube, und fragte weiter:

„Woher kommen sie? Wo sind sie gewesen?"

„Ich weiß es nicht."

„Du weißt es, denn du mußt doch mit ihnen gesprochen haben!"

„Ich bat sie um die Erlaubnis, mich hier niederlassen zu dürfen. Weiter habe ich nichts gesagt. Ich halte es auch für eine Unhöflichkeit, Unbekannte sofort nach der Begegnung nach allem möglichen auszufragen."

„In der Wüste und Steppe ist die Neugierde eine Pflicht, welche man gegen sich selbst zu erfüllen hat. Darum bitte ich dich um die Erlaubnis, dich fragen zu dürfen, welcher Ort das Ziel deiner Reise ist."

„Ich will nach Kamlin am Blauen Nil."

„So wirst du wohl bei El Salayiah über den Weißen Nil gehen?"

„Ja."

„Und die Askaris, wohin reiten sie?"

„Das weiß ich nicht. Ich sagte dir bereits, daß ich sie nicht gefragt habe."

Da machte er eine schnelle Wendung gegen den Führer, welcher an meiner Seite saß, und fragte ihn:

„Und wer bist du? Jedenfalls ein Ben Arab?"

Ich hoffte, daß der Befragte mein Mißtrauen beobachtet hatte und sich infolgedessen hüten würde, die richtige Auskunft zu erteilen, aber er gab gegen diese meine Erwartung zur Antwort:

„Ich bin allerdings ein Ben Arab, denn ich gehöre zu den Beni Fessarah."

„Du kommst jetzt aus deiner Heimat?"
„Ja."
„Wo weiden jetzt eure Herden?"
„Zwischen Bir es Serir und dem Dschebel Modjaf."
„Ich habe von den Beni Fessarah gehört. Sie sind tapfere Männer, und das Glück wohnt unter ihren Zelten."

Er wollte den Führer aushorchen. Nun dieser so unvorsichtig gewesen war, den Stamm, zu welchem er gehörte, zu nennen, konnte es mir gleich sein, was er für weitere Auskünfte gab. Ich streckte mich also lang aus, legte den Ellbogen in das Gras und den Kopf in die Hand und gab mir den Anschein der Gleichgültigkeit, wobei ich aber jedes Wort und jede Miene des angeblichen Dschelabi scharf beobachtete. Auf die letztere Bemerkung antwortete der Führer:

„Ja, das Glück wohnte bei uns, hat uns aber verlassen."
„Allah führe es zurück! Was ist denn geschehen?"
„Ibn Asl hat unsere Frauen und Töchter geraubt."
„Ich weiß kein Wort davon."
„Aber den Namen dieses Sklavenräubers hast du gewiß schon vernommen?"
„Gewiß! Seine Taten sind derart, daß man wohl von ihm hören muß. Also er hat euch überfallen? Das ist ja ganz undenkbar. Ihr seid strenggläubige Moslemin, und so darf und kann er bei euch keine Sklavinnen suchen. Du irrst dich. Es muß ein heidnischer Stamm gewesen sein, der die Tat begangen hat."
„Ich irre mich nicht; es ist vollständig erwiesen, daß es Ibn Asl war. Wenn du es nicht glaubst, kann ich es dir sehr leicht beweisen, denn dieser . . ."

Ich sah es ihm an, daß er auf mich deuten und „dieser Effendi" sagen wollte; glücklicherweise blickte er dabei zu mir herüber, und ich gab ihm einen warnenden Blick. Er hielt infolgedessen inne und fuhr, sich verbessernd, fort:

„Denn dieser Vorfall kann mir von den Askaris bezeugt werden, welche bei uns waren und deren Führer ich bin."

Er begann zu erzählen. Natürlich kam auch meine Person in seinem Bericht vor, doch war er so vorsichtig, mich stets den „fremden Effendi" zu nennen und mit keinem Blick oder Fingerzeig zu verraten, daß ich das sei. Als er geendet hatte, brach der Fremde in die erstaunten Worte aus:

„Sollte man eine solche Schandtat für möglich halten! Ibn Asl hat eure Frauen und Töchter überfallen; er hat die Personen, welche nicht zu verkaufen waren, ermordet! Das ist ein fluchwürdiges Verbrechen, für welches ihn die Strafe Allahs treffen wird.“

„Ja, Allahs Arm wird ihn zu finden wissen, und der Effendi und der Reis Effendina haben ihm Rache geschworen.“

„Oh, er ist nicht bloß kühn, sondern auch listig; er wird ihnen entgehen!“

„Das glaube ich nicht. Der fremde Effendi ist ein Mann, der jeden findet, den er sucht.“

„Da müßte er allwissend sein.“

„Das ist nicht nötig; aber sein Auge sieht alles, und aus dem, was er gesehen hat, macht sich sein Scharfsinn den Zusammenhang klar. Er konnte den Weg, den die Frauenräuber einschlugen, nicht wissen, hat ihn aber so genau berechnet, daß es so stimmte, als ob sie es ihm mitgeteilt hätten.“

„Wo befindet er sich jetzt?“

„Er ist . . . ist . . . ist noch in unserm Dorf“, antwortete der Gefragte zögernd.

„Noch in eurem Dorf?“ wiederholte der Fremde mit einem nicht ganz zu unterdrückenden Lächeln, bei welchem sein Blick mich kritisch streifte. „Ich möchte diesen Mann einmal sehen. Wenn ich Zeit hätte, würde ich nur zu diesem Zweck nach Bir es Serir reiten; aber meine Stunden sind so gezählt, daß ich selbst hier nicht länger verweilen kann, sondern nun aufbrechen muß.“

Er erhob sich und ging zu seinem Kamel. Obgleich er von mir unausgesetzt beobachtet worden war, hatte ich auch das Tier betrachtet. Dabei war mir aufgefallen, daß es einen Fehler hatte, den man das „Rupfen“ nennt. Ein solches Tier öffnet und schließt beim Laufen die Zehen abwechselnd; dabei rauft es die Grashalme aus, welche zwischen den Zehen stecken bleiben. Großen Schaden verursacht dieser Fehler freilich nicht, doch daß ich ihn bei diesem Tier bemerkte, sollte mir großen Nutzen bringen und andern ihre bösen Pläne verderben.

Der Mann sattelte sein Hedschihn, stieg auf, trieb es zu uns herbei und sagte zu mir:

„Salam, Herr! Du hast mir zwar gesagt, woher du kommst und wohin du gehst, aber ich glaube es dir nicht. Nicht gesagt hast du mir, wer du bist; ich denke aber, daß ich es errate und daß du mich bald kennenlernen wirst.“

Ich blieb, ohne mich zu rühren, in meiner vorhin beschriebenen Stellung liegen und antwortete ihm nicht. Er nickte mir höhnisch zu und ritt, mit der Hand verächtlich hinter sich nach mir winkend, von dannen.

„Was war das?“ fragte der Führer. „Was meinte er? Das war ja eine Beleidigung!“

Ich zuckte die Schultern.

„Er glaubt dir nicht, und er errät, wer du bist! Begreifst du, was er will?“

„Wahrscheinlich mein Leben.“

„Allah 'l Allah!“

„Und das der Askaris dazu.“

„Effendi, du erschreckst mich!“

„So steig auf dein Kamel und reit heim! Wahrscheinlich wird es bald zu einem Kampf kommen, und da dir deine Visionsflinte dabei wohl nicht gehorchen wird, so rate ich dir zu deinem eigenen Besten, dich in Sicherheit zu bringen.“

„Beschäme mich nicht! Ich habe dich nach Chartum zu bringen und werde dich nicht eher verlassen, als bis wir dort eingetroffen sind. Wie kannst du denn auf den Gedanken kommen, daß wir Feindseligkeiten zu erwarten haben? Die Stämme dieser Gegend leben gerade jetzt im tiefsten Frieden miteinander.“

„Der Dschelabi hat es mir gesagt.“

„Ich habe kein Wort gehört!“

„Er hat es mir weniger in Worten als vielmehr durch sein Benehmen gesagt. Hast du ihn wirklich für einen Dschelabi gehalten?“

„Natürlich! Warum sollte er sich für einen solchen ausgeben, wenn er keiner ist?“

„Um uns zu täuschen. Ein Kundschafter hat alle Veranlassung, zu verschweigen, was er ist.“

„Kund ... schaf ... Du hältst ihn für einen Kundschafter? Wer sollte ihn gesandt haben?“

„Vielleicht Ibn Asl, der sich an mir rächen will.“

„Wie kann der wissen, daß du dich hier befindest?“

„Für ihn ist es wohl nicht allzu schwer gewesen zu erfahren, daß ich die ihm abgenommenen Sklavinnen nach ihrer Heimat geleitet habe. Ebenso leicht ist es, zu erraten, daß ich nach Chartum kommen werde. Ich muß also auf der zwischen diesen beiden Orten liegenden Strecke zu finden sein.“

„Wenn du so redest, beginne ich zu begreifen. Er hat eine große Rache gegen dich; ja, ja, es ist schon denkbar. Er ist höchstwahrscheinlich nach Chartum, wo er viele Bekannte hat. Unter hier wohnenden Stämmen hat er zahlreiche Freunde, welche Nutzen aus seinem Geschäft ziehen und also zu ihm halten. Wenn er dich überfallen will, findet er genug Leute, welche bereit sind, ihm dazu beizustehen. Aber es soll ihm nicht gelingen; ich werde euch einen Weg zeigen, auf dem eine Begegnung ausgeschlossen ist."

„Ich bin dir dankbar, kann mich aber nicht darauf einlassen."

„Warum? Es geschieht zu deiner Sicherheit."

„Wie könnte es mir einfallen, einem Menschen, den ich ergreifen will, aus dem Wege zu gehen! Nun ich mir fast mit Sicherheit sagen kann, daß man mir auflauert, wird man meiner nicht habhaft werden. Und wenn es ihrer hundert sein sollten, bin ich mit meinen Erfahrungen und meiner List ihnen überlegen. Ich weiche ihnen nicht aus, sondern ich werde sie geradezu aufsuchen. Ich überlasse es natürlich dir, ob du dich der dabei allerdings unvermeidlichen Gefahr aussetzen willst."

„Ich bleibe bei dir, Effendi. Sprich nicht mehr davon. Wir haben dir so Großes zu danken; wie könnte ich dich verlassen! Aber du sprichst vom Aufsuchen. Wie kannst du wissen, wo die Feinde sich befinden?"

„Hast du nicht selbst vorhin gesagt, daß ich die Sklavenjäger gefunden habe, obgleich ich nicht wissen konnte, welchen Weg sie eingeschlagen hatten? Hier ist es noch viel leichter als dort, denn ich habe einen Führer."

„Meinst du mich? Ich habe keine Ansicht in dieser Sache; ich ahne nicht, wo wir zu suchen hätten."

„Ich meine nicht dich, sondern den Dschelabi."

„Den, den nennst du deinen Führer? Das verstehe ich nicht. Er ist nach El Fascher, also nach Westen, während du nach Osten zu suchen mußt."

„Er hat gelogen; er will gar nicht nach El Fascher. Sobald er aus dem Bereich unserer Augen ist, wird er umkehren zu denen, welche ihn auf Kundschaft ausgesandt haben. Es ist also für uns nur nötig, uns von seiner Spur führen zu lassen, so finden wir, was wir suchen."

„Wenn du dich nur nicht irrst, Effendi! Es ist doch immer die Möglichkeit vorhanden, daß das, was er gesagt hat, wahr ist."

„Die Möglichkeit ist da, aber ich irre mich wohl nicht. Wie lange reitet man von El Feky Ibrahim bis El Fascher?"

„Ungefähr zwanzig Tage."

„Kann man das ohne Wasserschlauch tun?"

„Nein."

„Also will er gar nicht hin, denn er hatte keinen! Ferner: wenn Asl wirklich eine Feindseligkeit gegen uns beabsichtigt und die dazu bestimmten Leute selbst befehligt, wird er wohl glauben, daß ich mich auf meinem Weg eines Führers oder wohl auch mehrerer bediene?"

„Jedenfalls, da du ein Fremder bist."

„Diese Führer müssen aber auch Leute sein, welche nicht nur mit, sondern auch in der Gegend bekannt sind. Wenn er uns nur Kundschafter entgegenschickte, welche hier ebenso bekannt wären, so würden sie unbedingt von meinen Führern erkannt werden."

„Das ist richtig."

„Was folgt daraus? Was für Leute müssen seine Spione sein?"

„Solche, die hier niemand kennt, also Fremde."

„Ein Fremder kann sich verirren; es kann ihm noch anderes zustoßen. Schickt man einen solchen Mann ohne Wasser eine weite Strecke voran?"

„Nein."

„Der angebliche Dschelabi war Spion; er hatte kein Wasser und sich folglich nicht weit von seinen Kameraden entfernen können. Diese sind in der Nähe. Sie werden in einer Linie, welche die unserige gerade durchschneidet, Posten anstellen. Und wenn ein solcher Posten uns kommen sieht, wird man schnell die andern zusammenholen und uns auf unserm Weg einen Hinterhalt legen. Zu diesen Posten hat der Dschelabi gehört. Man lauert uns auf; die Linie, welche quer über unsern Weg gebildet worden ist, befindet sich nicht weit von hier; der Dschelabi wird umkehren und sie alarmieren; die Gegner erwarten uns an einem Ort, auf welchen unsere gerade Richtung stoßen muß; reiten wir geradeaus, so werden wir unbedingt auf sie treffen. Da wir wohl die Richtung, aber nicht die genaue Entfernung ihres Hinterhaltes von hier kennen, so müssen wir jeden Augenblick gewärtig sein, von ihnen angegriffen zu werden. Das hätte auf offener Fläche keine Gefahr für uns, denn wir würden die Annäherung der Feinde bemerken. Darum werden sie sich eine Stelle, vielleicht ein Gebüsch, einen Wald, eine Felsengegend, suchen, wo wir ihnen, ohne sie vorher zu bemerken, in die Hände laufen. Nun fragt es sich, ob es im Lauf des heutigen Tagesrittes und in unserer Richtung einen solchen Ort gibt. Das mußt du als Führer wissen."

„Ich kenne die Strecke ganz genau. Jetzt ist es Mittag. Wenn wir sofort aufbrechen, werden wir anderthalb Stunden vor Sonnenuntergang einen Cassiawald erreichen."

„So gebe ich dir mein Wort, daß die Leute in dem Cassiawald stecken werden."

Er blickte mich erstaunt an, schüttelte den Kopf und meinte:

„Das behauptest du so gewiß!"
„Allerdings, und du wirst erfahren, daß ich mich nicht irre. Wir werden erst der Spur des falschen Dschelabi folgen, bis wir die Linie der Kundschafter oder Posten erreichen, und dann ..."
„Wie willst du erkennen, daß wir uns bei ihr befinden?" unterbrach er mich.
„Das werde ich dir zeigen. Dann aber schlagen wir ganz gegen ihre Erwartung einen Bogen und kommen aus einer ganz anderen Richtung an den Wald, um ihnen, während sie westlich nach uns ausschauen, von Osten her in den Rücken zu fallen. Vorher aber muß ich wenigstens oberflächlich orientiert sein. Wie groß ist dieser Cassiawald?"
„Er ist ebenso breit wie tief. Man hat über eine Stunde zu reiten, um hindurchzukommen."
„Sind die Bäume hoch?"
„Mitunter sehr hoch."
„Gibt es Unterholz?"
„Stellenweise viel. Es liegt ein Brunnen da, welcher viel Wasser spendet und zahlreiche Sträucher und Schlingpflanzen nährt."
„Kann man mit den Kamelen durch?"
„Ja, wenn man die offenen und lichten Stellen des Waldes aufsucht."
„So weiß ich einstweilen genug, und wir wollen aufbrechen."
„Wollen wir nicht erst nach Westen reiten und dem Dschelabi folgen, um zu erfahren, ob er wirklich sich rückwärts wendet?"
„Das ist überflüssig; ich bin überzeugt, daß er es tut, und wir werden bald auf seine Fährte treffen."

Er war, da er schnell ritt, unsern Augen längst entschwunden. Wir sattelten, stiegen auf und ritten östlich davon, ich mit dem Führer neben mir voran und die Askaris in der bekannten, bei Karawanen gebräuchlichen Einzelreihe hinterdrein. Diese letzteren hatten in unserer Nähe gesessen und alles gehört. Sie waren neugierig, ob meine Voraussetzungen sich bewähren würden, und brannten, falls dies der Fall sein sollte, darauf, ihren guten Flinten Arbeit zu geben.

Wir verließen den Brunnen auf der Fährte, welche der Dschelabi bei seinem Kommen gemacht hatte. Schon nach einer halben Stunde sahen wir eine andere Fährte von rechts herüberkommen und sich mit der ersten vereinigen. Ich stieg ab, um sie zu untersuchen. Der Führer gesellte sich mir aus Wißbegierde zu. Ich hatte sie in gebückter Haltung betrachtet; als ich mich aufrichtete, erklärte ich:

„Es war der Dschelabi, ganz so, wie ich vermutet habe."

„Wie kannst du das behaupten, Effendi? Es kann doch auch ein anderer sein."

„Nein, er ist es. Sieh auf der ersten Fährte das Gras! Es sind einzelne Halme ausgerauft. Bei der zweiten Spur kannst du genau dasselbe beobachten."

„Das ist richtig, aber . . ."

„Es gibt kein aber dabei. Das Kamel des Dschelabi hat empfindliche Ballen und ‚rupft'. Die zweite Fährte zeigt deutlichere und nach hinten ausgeschleuderte Eindrücke. Daraus ist zu schließen, daß er jetzt viel schneller reitet, als er vorher geritten ist; er ist umgekehrt und hat Eile."

Der Führer schüttelte den Kopf, sagte aber nichts. Wir stiegen wieder auf und ritten weiter, der jetzt doppelten Fährte nach. Als vielleicht eine Stunde vergangen war, kamen wir an eine Stelle, an welcher der Reiter gehalten hatte. Das Gras war in einem beträchtlichen Umkreis niedergetreten und niedergelagert. Geradeaus führte eine alte Spur von drei Kamelen und eine neue von einem Tier nach Osten; rechts und links wich je eine Einzelfährte nach Süden und Norden ab. Als meine Begleitung die Sache nicht begreifen konnte, erklärte ich:

„Was ihr hier seht, ist der vollste Beweis dafür, daß meine Vermutungen ganz richtig gewesen sind. Da weit vor uns im Cassiawald liegen unsere Gegner, und der Anführer hat eine Postenlinie vorgeschickt. Drei Mann kamen hierher; zwei von ihnen lagerten sich, während einer, nämlich der Dschelabi, welcher am unternehmendsten war, weiterritt. Als er zurückkehrte, teilte er ihnen mit, daß er uns gefunden hatte, und ritt auf der dreifachen Fährte nach dem Wald zurück, um seinem Anführer dieselbe Meldung zu machen. Die beiden andern aber eilten, einer nördlich und der andere südlich, davon, um die übrigen Posten nach dem Wald zu beordern. Seht euch diesen Platz mit dem niedergedrückten Gras an! Müssen die Kerle nicht denken, daß wir entweder blind oder Dummköpfe sind? Wenn sich hier ein Posten von drei Männern befand, so steht zu erwarten, daß die andern Posten ebenso stark gewesen sind. Da der eigentliche Kriegerhaufen stets größer ist als die sämtlichen Posten zusammen, so können wir auf die Anzahl der Männer schließen, mit denen wir es zu tun haben werden. Wir haben es mit einem zwar unvorsichtigen, wie die Spur beweist, aber auch sehr zahlreichen Feind zu tun. Aus diesem Grund will ich meine eigenen Wünsche zurückhalten und euch um eure Meinung befragen. Wollt ihr den Kampf aufnehmen, oder wollen wir ihm ausweichen, was nun, da die Gegner sich alle an einem Punkt versammelt haben, sehr leicht sein würde?"

„Kämpfen, kämpfen!" lautete die allgemeine Antwort.

„Gut, so gehen wir links ab, um von Norden her an den Wald zu kommen, während wir von Westen her erwartet werden. Da dies einen Umweg ergibt, werden wir schneller als bisher reiten müssen."

Jetzt ging es weiter, und zwar so schnell, wie unsere Kamele laufen konnten; die weniger raschen wurden mit den Stäben angetrieben. Nach einiger Zeit stießen wir abermals auf eine Fährte, dann auf eine zweite, dritte, vierte und fünfte. Die Spuren hatten alle eine mehr oder weniger südöstliche Richtung und liefen auf den Wald zu. Ich konnte, auch ohne abzusteigen, sehen, daß jede aus den Hufeindrücken von drei Kamelen bestand.

„Ob das lauter Vorposten gewesen sind?" fragte der Führer, welcher wieder an meiner Seite ritt.

„Natürlich!" antwortete ich. „Du siehst, daß ich recht gehabt habe. Angenommen, daß die Spur des Dschelabi in der Mitte der Kundschafterlinie gelegen hat, so gibt es insgesamt elf Fährten, jede von drei Reitern; das ergibt dreiunddreißig Mann. Wie viele mögen da im Wald geblieben sein? Es ist anzunehmen, daß wir es mit der doppelten Anzahl, also mit sechzig Gegnern zu tun haben werden."

„Dann dürfen wir uns auf einen harten Kampf gefaßt machen."

„Auf gar keinen; wir werden so klug sein, ihnen gar keine Zeit zur Gegenwehr zu lassen."

„Du meinst, daß wir sie umzingeln und niederschießen, ehe sie dazu kommen, ihre Waffen zu gebrauchen?"

„Umzingeln werden wir sie wahrscheinlich, töten aber nicht. Ich will kein Blut vergießen. Überhaupt dürfen wir sie nicht eher angreifen, als bis wir ihnen beweisen können, daß sie es auf uns abgesehen haben."

„Wie sollen wir diesen Beweis liefern?"

„Das laß meine Sache sein! Und selbst dann, wenn wir ihnen ihre feindlichen Absichten in das Gesicht sagen können, haben sie sie noch nicht ausgeführt, und wir sind nicht berechtigt, einem von ihnen das Leben zu nehmen. Selbst für den Fall, daß wir dieses Recht besäßen, würde ich sie möglichst schonen, um sie dem Reis Effendina ausliefern zu können."

„Das ist schade! Wir müssen dir freilich gehorchen, aber wenn ich daran denke, was in unsern Dörfern geschehen ist, so erfaßt mich ein Grimm, welcher von Schonung nichts wissen will."

„Die Täter sind bestraft; sie haben ihr Verbrechen mit dem Tode gebüßt, und du mußt bedenken, daß die Leute, welche wir vor uns haben, nicht die sind, welche eure Frauen und Töchter raubten."

„Gut, aber ich mache dich darauf aufmerksam, daß du uns durch deinen Entschluß selbst in Gefahr bringst, uns und auch dich. Räumen wir mit unsern Kugeln plötzlich unter ihnen auf, so bleiben wir unverletzt; wie aber willst du dich ihrer lebendig bemächtigen, ohne daß sie sich wehren und verschiedene von uns töten oder doch wenigstens verwunden?"

„Was ich beschließen werde, kann ich jetzt noch nicht wissen; ich muß mich nach den Verhältnissen, welche wir vorfinden, richten. Du weißt, daß ich mich im Wadi el Berd der Sklavenräuber bemächtigt habe, ohne daß einem von uns die Haut geritzt worden ist."

Er schüttelte bedenklich den Kopf, zog es aber vor, auf weitere Einwendungen, welche doch erfolglos gewesen wären, zu verzichten.

Wir hielten uns zunächst nördöstlich, dann gerade östlich und bogen nach ungefähr zwei Stunden nach Süden um, denn der Führer meinte, daß der Bogen uns nun gerade auf den Wald zuführen würde. Bald erblickten wir am Horizont einen dunklen Streifen, welcher mehr rechts von uns lag. Wir waren also so schnell geritten, daß wir den Wald beinahe halb umgangen hatten. Dies brachte mich, da wir noch hinreichend Zeit bis zum Untergang der Sonne hatten, auf den Gedanken, nicht von der Seite, sondern vom Rücken her auf die Feinde zu kommen. Aus diesem Grund hielten wir uns wieder mehr links, und zwar so lange, bis wir den Streifen, welcher den Wald bedeutete, westlich von uns liegen hatten. Und da stießen wir denn auch, wie ich im stillen vermutet hatte, auf einen breiten Streifen, welcher sich von Osten her auf den Wald zu zog. Das Gras war niedergetreten gewesen und hatte sich zwar wieder erhoben, stach aber mit seinen geknickten Spitzen sehr deutlich gegen die andere Fläche der Chala ab. Das war die Gesamtfährte unserer Feinde, welcher ich es ansah, daß die letzteren heute am frühen Morgen hier vorübergekommen sein mußten. Sie hatten sich dann im Wald gelagert und gegen Westen hin ihre Späher ausgesandt.

Wir bogen natürlich in dieselbe Richtung ein und erreichten

den Wald an einer so lichten Stelle, daß auch ein größerer Zug als der unsrige leicht passieren konnte. Nun galt es, die größte Vorsicht zu entwickeln. Ich stieg ab, um voranzugehen; der Führer, welcher mein Kamel am Halfter nahm, folgte mit den Askaris eine Strecke hinterdrein. Er hatte mir gesagt, daß die Quelle ungefähr in der Mitte des Waldes liege, und ich nahm als ganz selbstverständlich an, daß die von uns Gesuchten sich in deren Nähe befanden.

Der Wald bestand da, wo wir ihn durchquerten, aus hohen Cassien und Mimosen. Ich mußte nach einem Versteck für unsere Kamele suchen und bog also zur Seite ab, wo dichte Büsche unter den Bäumen standen. Das Gesträuch bestand vorzugsweise aus Balsamodendron und stachelstämmigen Bauhinien, welche sich um die Stämme und Äste der Bäume rankten und dichte Festons von prächtig blühenden Zweigen herniederhängen ließen. Hinter diesen dicht verschlungenen Büschen konnte uns niemand sehen; meine Gefährten stiegen vor ihnen ab, um ihre Kamele hineinzuführen und da auf meine Rückkehr zu warten, da ich nun rekognoszieren wollte.

Der treue Ben Nil bot sich mir zur Begleitung an; ich lehnte das aber ab. Auch der Führer wollte mit, und als ich ihn ebenso abwies, meinte er:

„Du kennst aber den Wald nicht und den Weg zur Quelle, Effendi; ich muß ihn dir zeigen."

„Hab keine Sorge um mich! Ich weiß schon, was ich tue. Übrigens irrst du dich, wenn du etwa meinst, daß die Feinde am Wasser lagern."

„Wo denn sonst?"

„Irgendwo, aber nur nicht dort. Ja, vorher haben sie sich jedenfalls dort befunden; nach Rückkehr der Posten aber sind sie wohl auf den Gedanken gekommen, den Platz freizugeben."

„Weshalb denn wohl?"

„Sie nehmen doch sicher an, daß wir den Brunnen aufsuchen. Dort ist die beste Gelegenheit, über uns herzufallen. Griffen sie uns unterwegs an, wo wir noch im Sattel sitzen und eine ziemlich lange Reihe bilden, so würden sie ihren Zweck nur schwer erreichen. Sie werden also warten wollen, bis wir uns gelagert haben, und darum ist ganz bestimmt anzunehmen, daß sie sich nicht mehr beim Wasser, sondern in dessen Nähe befinden. Wie führt der Weg von hier aus nach dem Wasser? Macht er etwa viele Windungen?"

„Nein, sondern er bildet eine fast ganz gerade Linie."

„Das ist vorteilhaft für mich. Ich gehe jetzt, und ihr habt nichts zu tun, als euch so still wie möglich zu verhalten."

„Was tun wir aber, falls du nicht zurückkehrst?"

„Ich komme wieder!"

„Du sprichst sehr zuversichtlich, Effendi. Möge Allah dich geleiten!"

Da ich den hellen Haik zurückließ, stach mein dunkelgrauer Anzug nicht von dem Grün der üppigen Vegetation ab. Ich hütete mich natürlich, auf der breiten Fährte zu gehen; dort konnte ich, da die Bäume weit auseinander standen, leicht gesehen werden; ich hielt mich vielmehr zur Seite, stets von Büschen gedeckt, der Fährte parallel.

Nach vielleicht einer Viertelstunde war es mir, als ob links vor mir jemand gesprochen hätte; rechts mußte der Brunnen liegen. Ich blieb stehen und horchte. Ja wirklich, das waren Stimmen! Man sprach nicht allzu laut, konnte sich also gar nicht weit von mir befinden. Ich legte mich nieder und kroch auf den Händen und Knien weiter. Die Stimmen wurden, je weiter ich vorrückte, desto deutlicher, und sonderbarerweise kam mir eine bekannt vor. Noch konnte ich die Worte, welche gesprochen wurden, nicht verstehen, aber dem Schall nach mußten die Personen, welche redeten, sich hinter einem undurchdringlich scheinenden Sennesgebüsch befinden. Ich kroch hinzu und erkannte auch die andere Stimme; sie gehörte dem angeblichen Dschelabi, und der, mit welchem dieser sprach, war, wenn ich mich nicht täuschte, kein anderer als – Abd Asl, der Vater des Sklavenjägers, der heilige Fakir, welcher mich im unterirdischen Brunnen bei Siut hatte verschmachten lassen wollen.

Das Sennesgestrüpp konnte nicht sehr breit sein, denn ich hörte und verstand die Worte jetzt so deutlich, daß ich annahm, die Entfernung zwischen mir und den beiden Genannten könne höchstens drei oder vier Ellen betragen. Aus verschiedenen Geräuschen und Tönen, welche an mein Ohr drangen, war zu vermuten, daß die zwei sich nicht allein befanden.

„Alle, alle müssen in die Hölle fahren; nur den Deutschen lassen wir leben!" sagte der Fakir, als ich nun in bequemer Stellung lag und lauschte.

„Warum das?" meinte der Dschelabi. „Gerade er müßte der erste sein, den unsere Kugeln oder Messer treffen."

„Nein. Ihn will ich aufheben, um ihn meinem Sohn zu bringen. Er soll lange, lange Qualen erdulden. Es fällt mir nicht ein, ihn eines schnellen Todes sterben zu lassen."

„Dann mußt du gewärtig sein, daß er dir wieder entwischt."

„Entwischen? Unmöglich! Ich weiß, daß er ein Teufel ist; aber es gibt genug Mittel, selbst einen solchen Satan zu bändigen. Ich werde ihn wie ein reißendes Tier einsperren. Nein, entkommen, entkommen wird er mir nun nimmermehr! Ginge es nach mir, so ließ ich auch die Askaris leben, um sie langsam zu Tode zu martern; aber da wir nicht lange Zeit zu verlieren haben, so müssen wir uns ihrer schnell entledigen. Wie wollte ich diese Halunken peinigen, welche unsere Genossen erschossen und meinen Sohn, also uns alle um einen so großen Gewinn gebracht haben!"

„Ja, für diese Fessarah-Sklavinnen wäre viel, sehr viel bezahlt worden. Man sollte diesen Menschen die Hände und die Zunge abschneiden, daß sie weder sprechen noch schreiben und also nichts verraten könnten. Dann müßte man sie an den grausamsten aller Negerfürsten verkaufen!"

„Der Gedanke ist nicht übel. Vielleicht führen wir ihn aus. Vielleicht ersinnen wir uns auch noch Besseres. Es gibt keinen Schmerz, der für sie zu groß, zu schrecklich sein könnte; sie müssen täglich, stündlich sterben, ohne doch wirklich sterben zu können. Sie haben das verdient, besonders dieser fremde Hund, welcher alle, alle unsere Absichten zu erraten, alle unsere Pläne zu durchschauen weiß und mit der Hilfe des Teufels stets dann entwischt, wenn man ihn am sichersten zu haben meint."

„Das ist es ja eben, was uns zur größten Vorsicht mahnt! Wenn er uns heute wieder entwischen sollte!"

„Hab da ja keine Sorge! Die Befehle, welche ich gegeben habe, sind so sorgfältig ausgedacht, daß ein Mißerfolg gar nicht eintreten kann. Den ersten Schuß gebe ich ab, und ich ziele auf das Bein des Deutschen. Ist er da verwundet, so kann er uns jetzt und auch später nicht entkommen. Ist dieser mein Schuß gefallen, so drückt auch ihr andern ab. Gegen siebzig Kugeln sind jedenfalls hinreichend, sie alle niederzustrecken."

„Man sollte es denken. Eigentlich ist es eine Schande für uns, daß wir wegen zwanzig Askaris eine solche Anzahl von Kriegern aufgetrieben haben."

„Das geschah nicht der Askaris, sondern des Effendis wegen. Unter seiner Führung sind zwanzig Männer so gut wie sonst hundert, und ich sage dir, daß wir nur durch das Unerwartete, durch die Plötzlichkeit des Überfalles siegen können. Wenn wir es zur Gegenwehr kommen ließen, so würde der Erfolg sicher zweifelhaft sein."

Ich mußte leise lachen. Weder der Dschelabi noch der Fakir

besaßen die Klugheit, welche zur Ausführung ihres Vorhabens unbedingt erforderlich war. Sie hatten nicht einmal jetzt eine Wache ausgestellt, um sich unsere Ankunft melden zu lassen; das vernahm ich aus ihren weiteren Worten. Auch hörte ich, daß der Ort, an welchem sie sich befanden, der Quelle so nahe lag, daß sie das Geräusch, welches sie von uns erwarteten, deutlich zu hören hofften.

Aus der Rede des Fakirs ging hervor, daß sein Sohn, der Sklavenjäger, dem Reis Effendina eine Falle gestellt hatte. Das erfüllte mich mit Besorgnis, und ich nahm mir vor, hier schnell zu handeln und dann unsern Ritt zu beschleunigen, um möglichst rasch nach Chartum zu kommen und den Bedrohten zu warnen. Vor allen Dingen galt es, die Situation zu überschauen. Da, wo ich lag, war das Gebüsch so dicht, daß ich nicht hindurchblicken konnte. Ich kroch weiter, nach links, und fand dort eine lichte Stelle, welche mir die gesuchte Aussicht bot. Mein Blick fiel auf einen baumfreien Raum, auf welchem die siebzig Männer lagerten, viele nur halb bekleidet, aber alle gut bewaffnet. Ich sah Gesichter von Hellbraun an bis zum tiefsten Schwarz. Die Kamele lagerten eins neben dem andern links und mir gegenüber am Rande der Lichtung. Der Fakir saß mit dem Dschelabi ein Stück von der Truppe entfernt am diesseitigen Rand, und es war ein günstiger Zufall gewesen, daß ich gerade auf diese Stelle getroffen war, sonst hätte ich sie unter vielen Schwierigkeiten aufzusuchen gehabt.

Die Leute saßen oder lagen nicht eng beisammen, sondern zu zweien oder dreien in einzelnen kleinen Gruppen auseinander. Dieser Umstand mußte uns den Überfall sehr erleichtern. Seitwärts von da, wo ich mich jetzt befand, war Platz genug, meine zwanzig Mann aufzustellen. Sie konnten da die Feinde sehen, und mir war es möglich, jedem einzelnen von ihnen seine besondere Instruktion zu erteilen. Denn jeder mußte für sich wissen, welchen Gegner er anzugreifen hatte, da andernfalls ein Wirrwarr zu befürchten war, bei welchem die Mehrzahl der Feinde Gelegenheit zur Flucht finden mußte.

Da ich nun weiter nichts zu sehen und zu hören brauchte, kehrte ich zu meinen Gefährten zurück, um ihnen den guten Erfolg meiner Rekognoszierung mitzuteilen. Keiner freute sich mehr über die Anwesenheit des Fakirs als Ben Nil, welcher, kaum daß ich geendet hatte, mir zurief:

„Hamdulillah, der Fakir, der Fakir ist da! Effendi, den mußt du mir überlassen; auf den schieße ich!“

„Es wird gar nicht geschossen", antwortete ich. „Wir werden die Leute nicht töten, sondern dem Reis Effendina ausliefern."

„Auch den Fakir, der doch jedenfalls mir verfallen ist?"

„Auch mir ist er verfallen; ich verzichte aber auf die Rache."

„Ich verzichte aber nicht!"

„So sprechen wir später darüber; jetzt aber verbiete ich dir auf das allerstrengste, ihn zu töten."

„Effendi, bedenk, daß du mich da in einem Recht kränkst, das mir kein Mensch nehmen kann!"

„Das tue ich nicht, sondern ich beabsichtige nur einen Aufschub. Der Reis Effendina befindet sich in einer Gefahr, welche ich nicht kenne; der Fakir kennt sie und soll mir Mitteilung machen. Wird er getötet, so erfahre ich nichts, und der Reis ist verloren. Ich muß also unbedingt mit dem Fakir reden."

„Wenn das so ist, so will ich mich fügen; dann aber später wirst du nicht so ungerecht sein, mich zu hindern, das Gesetz der Wüste auszuführen. Nun aber, Effendi, wie wollen wir diese siebzig Krieger überwinden, wenn wir sie nicht erschießen dürfen?"

„Wir schlagen sie mit den Gewehrkolben nieder. Stirbt einer von einem solchen Schlag, so ist es nicht zu ändern, und wir werden ihn nicht beklagen. Ihr müßt aber so zuhauen, daß der Getroffene zusammenbricht und sich nicht wehren kann. Ich werde euch führen und einem jeden zeigen, nach welcher Gruppe er sich zu wenden hat, damit nicht einer den andern hindert. Ich selbst nehme den Fakir und den Dschelabi auf mich. Sobald ich durch das Gebüsch breche, folgt ihr mir. Es wird kein Kommando gegeben; keiner darf rufen oder schreien; es muß alles ganz still und lautlos geschehen, denn dann wirkt die Überraschung viel mehr, als wenn der Feind durch unzeitiges Gebrüll gewarnt wird. Bedenkt, daß jeder von euch drei oder vier Gegner niederschlagen muß! Ihr müßt also außerordentlich schnell arbeiten, und das ist nur dann möglich, wenn ihr euch dabei ganz stumm verhaltet. Die Kerle werden dann vor Schreck geradezu starr sein, während euer Kampfgeschrei sie sehr beweglich machen würde."

Da unsere Kamele an den Beinen gefesselt waren, genügte ein einziger Mann zu ihrer Bewachung. Die andern gingen mit mir.

„Dein Plan gefällt mir, Effendi", meinte der Führer, als wir aufbrachen. „Mit dem Schießen ist es bei mir nicht ganz sicher, nun aber werden diese Hunde den Kolben meiner Visionsflinte sehr zu kosten bekommen."

Wir gelangten unbemerkt auf dem von mir ausersehenen

Platz an. Es hatte sich dort nichts verändert. Nun verging eine Weile, bis ich jedem einzelnen meiner Leute gezeigt hatte, wohin er sich zu wenden hatte; dann stellte ich mich an die lichte Stelle im Gebüsch, durch welche ich vorhin geschaut hatte. Die Gefährten hielten, die Augen auf ihre bestimmten Opfer gerichtet, mir zur linken Hand, wo das Gesträuch nicht schwer zu durchdringen war. Da ich sah, daß ein jeder bereit war, tat ich einen Sprung durch das Gebüsch und auf die Lichtung hinaus, wendete mich rechts – zwei Kolbenhiebe, und der Fakir und der Kundschafter waren abgetan.

Hinter mir rauschte es wie Sturmwind im Gebüsch, denn meine Askaris folgten mir. Einige Schritt von den beiden Genannten saßen vier Männer, welche über mein Erscheinen so entsetzt waren, daß sie mich bewegungslos anstarrten; ich hieb den ersten nieder, den zweiten; der dritte erhob zur Abwehr die Arme, ich traf ihn dennoch; der vierte wollte aufspringen, kam aber nicht dazu; ich schlug ihn zu den andern. Ich hatte aus Rücksicht auf die Getroffenen mit der breiten Seite und nicht mit der Kante des Kolbens zugeschlagen. Das betäubte nur, tötete aber nicht.

Sechs Mann – das war mein Pensum, und nun machte ich es mir zur Aufgabe, etwaige Flüchtlinge zurückzuhalten. Darum wendete ich mich gegen die Szene, welcher ich jetzt den Rücken zugedreht hatte, und legte den vielschüssigen Henrystutzen zum Schuß an.

Es war ein noch nie erlebter Anblick, der sich mir bot. Die Askaris hatten sich genau nach meiner Vorschrift gehalten; sie „arbeiteten" stumm, und die davon erwartete Wirkung blieb nicht aus; gerade dieses Schweigen vergrößerte den Schreck der Überfallenen; auch sie schienen stumm zu sein. Nur hier oder dort schrie einer auf oder sprang einer empor, um sich zu flüchten, was aber keinem gelang. Übrigens hätte ich jedem, dessen Flucht zu gelingen drohte, eine Kugel in das Bein gegeben, um ihn niederzuwerfen.

Abgesehen von dem Umstand, daß das Niederschmettern von Menschen kein Vorgang ist, über welchen man entzückt sein kann, war es für ein kampfesfrohes Auge eine Freude, die Askaris zu sehen. Am gewandtesten benahm sich Ben Nil; ich glaube, er streckte sechs oder sieben Gegner nieder. Von dem Augenblick an, in welchem ich das Gebüsch durchdrang, bis zu dem Moment, in welchem ich den letzten Feind hinten überfallen sah, waren wohl kaum anderthalb Minuten vergangen, und von seiten der Gegner war nicht ein einziger Schuß oder Schlag gefallen. Das war die Folge der Überraschung, einer so vollständigen, erstarrenden Überraschung, wie ich bisher noch keine beobachtet hatte.

Selbst jetzt, als wir den vollsten Erfolg vor uns hatten, blieben die Askaris still. Sie blickten alle zu mir her, um zu erfahren, was nun zu geschehen hatte.

„Bindet schnell alle“, rief ich ihnen zu, „mit Riemen, Schnüren oder Fetzen, die ihr ihnen von den Kleidern reißt! Das Schweigen ist zu Ende; ihr dürft reden.“

Reden? Wie kann man in einer solchen Situation einem afrikanischen Askari gegenüber von „Reden“ sprechen! Hätte ich gesagt: „Ihr dürft heulen“, so wäre der Erfolg noch lange nicht dem nahegekommen, was ich jetzt zu hören bekam. Die zwanzig Stimmen brachen in ein geradezu übermenschliches Gebrüll aus; es war, als ob hundert Teufel jauchzten. Dabei versäumten sie aber nicht, meinen Befehl schnellstens auszuführen.

Ich wendete mich natürlich zunächst zu dem Fakir und seinem Kundschafter. Sie hatten die Lippen offen und röchelten; ich band ihnen die Hände hinten und auch die Füße zusammen. Material zum Fesseln war genug vorhanden; jeder Beduine trägt während eines Rittes Schnüre bei sich, da er deren sehr oft braucht. Außerdem ist jedes Kaffije – Kopftuch – und jede Kapuze mit einem Ukal, einer Schnur, versehen, mit welcher die Kopfbedeckung befestigt wird, und so ein Ukal ist ein zum Fesseln höchst praktischer Gegenstand.

Es gab welche, die nur halb betäubt waren; sie waren an ihren Bewegungen zu erkennen und wurden natürlich zuerst gefesselt. In fünf oder höchstens zehn Minuten waren wir fertig und konnten nun darangehen, zu untersuchen, ob einer oder der andere erschlagen worden war. Leider waren die Askaris nicht so glimpflich wie ich verfahren; sie hatten mit der Schärfe des Kolbens zugeschlagen, und so gab es mehrere zerschmetterte Schädel. Es ergab sich zu meinem Leidwesen, daß acht Personen tot waren. Drei von ihnen hatte unser Führer auf dem Gewissen, denn er sagte zu mir, indem er das Blut von dem Kolben seiner Flinte wischte:

„Effendi, mein Visionsgewehr hat seine Schuldigkeit getan, denn von den vieren, welche ich traf, wird nur ein einziger sich erheben.“

„War das deine Absicht?“

„Ja. Ich wollte auch den vierten töten.“

„Das hatte ich doch verboten!"

„Darf ich mir verbieten lassen, mich zu rächen? Oder habe ich dir versprochen, deinem Verbot zu gehorchen? Ich sah unsere Ermordeten im Sand des Bir es Serir liegen und habe jetzt eine Vergeltung geübt, welche nichts ist gegen das, was dort geschah. Du hast kein Recht, mir das meinige zu nehmen!"

Ich zog es vor, ihm nicht zu antworten, und kehrte zu dem Fakir zurück, welcher, wie ich sah, die Augen geöffnet hatte und nun den entsetzten Blick auf seine Umgebung richtete. Auch der Dschelabi war erwacht und schaute ebenso erschrocken wie der andere umher. Während die Askaris die Gefangenen und die Kamele nach Beute untersuchten, was ich ihnen nicht verwehren konnte, setzte ich mich neben dem Fakir nieder. Er schloß die Augen, ob aus Schwäche, vor Wut oder Scham, das war mir gleichgültig.

„Salam, ia Weli el kebir el maschhur! – Sei gegrüßt, du großer, berühmter Heiliger!" sagte ich. „Ich freue mich, dich hier zu sehen, und hoffe, daß auch du dich glücklich fühlst, mein Angesicht zu schauen."

„Sei verflucht!" knirschte er halblaut und ohne die Augen zu öffnen.

„Du hast dich versprochen. ‚Sei gesegnet!' wolltest du sagen, denn ich weiß, wie groß deine Sehnsucht nach mir war. Du sandtest doch sogar Boten aus, welche meinen Aufenthalt erforschen sollten. Leider aber sollte deine Sehnsucht mir verderblich sein, denn du wolltest meine Askaris erschießen und mir die Zunge und die Hände abschneiden lassen und mich dann an den grausamsten Negerfürsten verkaufen."

„Er ist allwissend!" entfuhr es ihm, indem er die Augen öffnete und diesen Ausruf gegen seinen Gefährten richtete. Der Blick des letzteren ruhte groß, offen und mit dem Ausdruck tödlichen Hasses auf mir. Ich nickte ihm freundlich zu und sagte:

„Du hattest völlig recht, als du mir sagtest, daß ich dich bald wiedersehen und dich dann kennenlernen würde. Wir sind, obgleich du nach El Fascher wolltest, schon nach so kurzer Zeit wieder beieinander. Ich bin ganz entzückt darüber, denn es ist der Beweis, daß ich dich ganz richtig beurteilt habe. Du bist es, der den Gedanken, mir die Zunge und die Hände zu nehmen, erfunden hat, und du täuschst dich nicht, wenn du die frohe Überzeugung hegst, daß ich dir meinen Dank für diese Erfindung nicht vorenthalten werde."

„Ich verstehe dich nicht!" antwortete er. „Warum bin ich gebunden? Warum habt ihr uns überfallen? Was könnt ihr uns beweisen? Ich verlange, losgebunden zu werden."

„Diesen Wunsch wird man dir auf das bereitwilligste erfüllen, und zwar in dem Augenblick, in welchem man dich dem Henker übergibt."

Er machte eine hastige Bewegung des Widerspruches und öffnete die Lippen zu einer Entgegnung; ich ließ es aber nicht dazu kommen, indem ich schnell fortfuhr:

„Ereifere dich nicht, und gib dir keine Mühe! Du bist viel zu dumm, mich zu täuschen. Ein Mensch wie du sollte daheimbleiben und ja nichts anderes tun als seine eigene Albernheit beweinen. Du warst, als du heute zu uns kamst, noch nicht vom Kamel gestiegen, so wußte ich schon, wes Geistes Kind du bist. Kennst du die Fabel von der Bakka – Wanze –, welche den Bu husain – Fuchs – überlisten wollte?"

„Was geht mich diese Fabel an, welche jedem Kind bekannt ist!" fuhr er mich an.

„Sehr viel, denn du gleichst dieser Bakka, indem du auf den geradezu verrückten Gedanken gekommen bist, mich übertölpeln zu wollen. Das würde selbst einem tausendmal klügeren Menschen nicht gelungen sein. Wie du, dessen Kopf nicht eine Spur von Gehirn enthält, annehmen konntest, daß es dir gelingen würde, mich zu täuschen, das kann ich mir nur durch deine unendliche Albernheit erklären. Du und einen deutschen Effendi überlisten! Das ist ganz genau so wie in der Fabel von der Bakka, welche sich an den Bu husain wagte."

Es war nicht etwa Überhebung von mir, daß ich den Mund so voll nahm; eine weniger hochmütige Ausdrucksweise hätte ihren Zweck nicht erreicht. Der Erfolg blieb nicht aus, denn er antwortete im zornigsten Ton:

„Wie kann ein Giaur sich einem wahren Gläubigen gegenüber in dieser Weise überheben! Wärst du so klug, wie du dich dünkst, so würdest du längst von deinem Irrglauben abgewichen sein. Nimm uns sofort die Fesseln, welche durch deine Hände beschmutzt sind, ab, sonst ..."

„Schweig!" unterbrach ich ihn. „Wag nicht etwa, mir zu drohen; ich würde dir mit der Peitsche antworten! So hündisches Gezücht bekommt Hiebe, wenn es bellt. Und wenn du deine jetzige Lage so wenig begreifst, daß du es wagst, zu fordern anstatt demütig zu bitten, so werde ich sie dir auf eine Weise zur Erkenntnis bringen, daß dir der Hochmut schnell vergehen soll!"

„Das wirst du unterbleiben lassen, denn ich bin Scheik!“ wendete er ein.

„Pah! Ein armseliger Beduinenscheik ist gegen das, was ich bin, gar nichts. Übrigens hast du behauptet, ein Dschelabi zu sein, und bist nebenbei Mitglied einer Mörderbande; danach wirst du behandelt.“

„Dann wehe dir! Du wärst verloren; mein Stamm würde euch alle vernichten!“

„Was, dieser Mensch ist so frech, dich zu bedrohen, Effendi?“ rief Ben Nil aus, welcher hinzugetreten war und die Worte gehört hatte. „Soll ich ihm den losen Mund stopfen?“

„Tu es!“

Er wendete ihn mit dem Fuß um, so daß sein Rücken nach oben zu liegen kam, und zog die Peitsche aus dem Gürtel. Ich wendete mich ab. Ich sträubte mich, Zeuge der Züchtigung zu sein; das Ohr sagte mir aber doch, daß Ben Nil seinem Zorn in einer Weise, welche nichts zu wünschen übrig ließ, Luft machte. Indessen erteilte ich den andern die Weisung, die Gefangenen und deren Tiere nach dem Brunnen zu schaffen. Als dies geschehen war, wurden auch unsere Kamele zu ihm gebracht.

Er lag an einer Stelle, von welcher man, um Platz zum Lagern zu bekommen, die Bäume und das Gesträuch entfernt hatte; es gab da Raum für noch mehr Leute, als wir nun zusammen waren; auch Wasser war genug vorhanden.

Meine Askaris hatten sehr gute Beute gemacht und befanden sich infolgedessen in ausgezeichneter Stimmung. Es kamen auf einen jeden die Kamele, Waffen und sonstigen Habseligkeiten von wenigstens drei Gefangenen. Ich beanspruchte natürlich nichts, und Ben Nil folgte, obgleich er ein armer Teufel war, diesem Beispiel. Als ich ihn nach der Ursache dieses Verzichtens fragte, antwortete er:

„Warum nimmst du selbst nichts, Effendi? Ist es nur aus Güte gegen die Askaris, damit diese deinen Anteil mit bekommen? Oder ist es Stolz? Ich weiß von dir, daß die Krieger des Abendlandes keine Beute machen. Auch ich verschmähe es, Gegenstände zu besitzen, welche sich in den schmutzigen Händen dieser Hundesöhne befunden haben.“

Das war eine sehr brave Gesinnung von ihm, und er verdiente es, daß ich seine mir erwiesene Anhänglichkeit durch ein beinahe freundschaftliches Verhalten erwiderte.

Es war geboten, dafür zu sorgen, daß die Gefangenen uns gesichert blieben; sie wurden in die Mitte genommen und sehr scharf im Auge behalten. Für die Nacht waren Wachen vorgesehen. Jetzt war es noch Tag, doch durften wir den Anbruch des Abends in einer halben Stunde erwarten. Ich hielt es für geraten, noch vor dem Beginn der Finsternis die Umgebung des Brunnens abzuschreiten. Es war dies eine Vorsichtsmaßregel, deren Ausführung ich bei meinen Reisen nur in Fällen, in denen ich mich ganz sicher weiß, zu versäumen pflege. Darum schritt ich, um nach etwaigen Spuren zu suchen und mich überhaupt zu orientieren, den Umkreis langsam ab. Zugleich hatte ich einige Leute in den Wald nach Brennholz geschickt. Da die Zahl der Gefangenen dreimal größer als die der Askaris war, mußten wir, um sie bewachen zu können, nicht ein, sondern mehrere Feuer haben. Material dazu wurde schnell und genug zusammengetragen. Ich kehrte von meinem Gang zurück, ohne etwas Verdächtiges gefunden zu haben. Dafür aber brachte mir einer der Holzleser zwei Gegenstände, welche unter einem Baum gelegen und notwendigerweise seine Aufmerksamkeit erregt hatten.

„Sieh doch einmal diese beiden Knochen an, Effendi“, sagte er. „Es scheinen die Überreste eines Kalbes zu sein, und da niemand ein lebendes Kalb, um es zu schlachten, mit in die Steppe nimmt, so müssen hier Leute, welche Rinderdiebe sind, gelagert haben.“

Ich nahm die Knochenstücke aus seiner Hand, um sie zu betrachten, und erschrak. Das eine war ein halbes Schulterblatt und das andere der Fortsatz eines oberen Schenkelknochens.

„Das sind nicht Kalbs-, sondern Menschenknochen!“ antwortete ich.

„Allah! So ist ein Mensch hier ermordet worden!“

„Nicht eigentlich ermordet, sondern zerrissen und aufgefressen.“

Sofort war ich umringt, und alle riefen auf mich ein, daß ich mich da wohl geirrt habe.

„Ich irre mich nicht, denn ich weiß die Knochen eines Menschen von denen eines Tieres wohl zu unterscheiden. Dieses Schulterblatt und die Schenkelröhre sind von den Zähnen eines sehr starken wilden Tieres zermalmt worden. Sollte es in der Steppe oder etwa gar hier im Wald Löwen geben?!“

„Allah beschütze uns und segne uns mit seiner Gnade!“ schrie da unser Fessarah-Führer auf. „Das ist kein anderer Teufel gewesen als Chazzak ed Dschuma – der wöchentliche Zerreißer –, der Löwe von El Teitel!“

„Warum wird er nach diesem Ort genannt?“

„Weil er abwechselnd alle Brunnen, welche zwischen El Teitel und dem Nil liegen, besucht.“

„Und welchem Umstand verdankt er den andern Namen?“

„Es vergeht nicht eine Woche, in welcher er nicht einen Menschen zerreißt und frißt. Er ist schon seit länger als einem Jahr in dieser Gegend.“

„Hat man ihn denn nicht gejagt, nicht versucht, ihn zu erlegen?“

„Gejagt? Was fällt dir ein! Allah behüte jeden Menschen vor diesem gewaltigen Fresser, welcher größer als ein Ochse und stärker als ein Elefant ist!“

„Kennt man seinen Lagerplatz? Hat man ihn vielleicht mit einer Löwin oder mit Jungen gesehen?“

„Nein. Darum besitzt er keine bestimmte Wohnung, schläft einmal hier und einmal dort und ist inzwischen von einem Brunnen zum andern unterwegs.“

„Ah, also ein Wahdani – Einsiedler –! Ich kenne diese einsamen, weil selbst gegen ihresgleichen feindseligen Tiere. Sie sind die allerschlimmsten. Wenn ein solcher einmal einen Menschen gefressen hat, so bleibt er bei dieser Nahrung und schlägt Tiere nur im Falle des allergrößten Hungers.“

„Das ist richtig, Effendi, und so ein Menschenfresser ist dieser Vagabund von El Teitel. Es kommt sogar vor, daß er in einer Woche zwei verschlingt. Wann mag er hiergewesen sein?“

„Vor vier oder fünf Tagen, wie ich aus der Trockenheit dieser Knochenreste ersehe.“

„O Allah, das ist schlimm! So kann er heute wieder hier sein. Wenn er gestern oder vorgestern dagewesen wäre, befände er sich heute ganz sicher anderswo; nach so langer Zeit aber kann er seine Runde schon wieder beendet haben.“

„Das hängt davon ab, wie viele Brunnen er besucht und ob er inzwischen ein Opfer gefunden hat. Er kann einen Menschen auf einmal nicht verzehren und geht erst dann, wenn er den letzten Markknochen zerschnitten hat, von dannen. Vielleicht hat er volle drei Tage hier gelegen.“

„So ist Allah uns gnädig gewesen. Der Fresser hätte uns an einem unserer letzten Nachtlager überfallen können. Die Knochen sind vier Tage alt; drei Tage war er hier, also ist er erst einen Tag fort, und wir haben nichts zu befürchten.“

„Dieser Schluß scheint richtig zu sein, kann uns aber täuschen. Der Löwe zieht, wie jedes andere Raubtier auch, den Ort, an welchem er Fraß fand, den Stellen vor, die er vergeblich aufsuchte. Er kann also leicht rascher, als du denkst, zurückkehren."

„Das mögen sämtliche Heiligen des Kalifates verhüten! Vielleicht befindet er sich gar noch hier und liegt in einem Hinterhalt!"

„In diesem Falle hätte ich seine Spur gesehen. Dennoch müssen wir vorsichtig sein, da diese Einsiedler verschmitzt und hinterlistig sind und ihre Annäherung nicht wie andere Löwen durch Gebrüll verkünden. Sie schleichen sich vielmehr heimlich wie Panther an und springen lautlos auf ihr Opfer ein. Ich habe einst einen solchen verstockten Sünder geschossen, welcher nur einmal, und zwar vor Freude, kurz aufbrüllte, als er auf unsere Fährte traf, und sich dann aber vollständig lautlos näherte."

„Was, Effendi, du hast auf einen Löwen geschossen?"

„Schon auf mehrere."

„Und auch getroffen?"

„Meine Kugel traf nur, als ich Anfänger im Schießen war, ihr Ziel zuweilen nicht."

„Und hast Löwen getötet?"

„Ja."

„Mit wie vielen Schüssen?"

„Mit einem. Nur ein einziges Mal waren zwei Kugeln nötig."

„Oh, Effendi, wie schön du lügst; nein, wie schön du lügst!"

Es fiel mir gar nicht ein, ihm diesen Ausruf übelzunehmen, denn ich kannte ja die Art und Weise, in welcher die Wüsten- und Steppenbewohner den Löwen zu jagen pflegen. Ist sein Lager aufgespürt, so versammeln sich sämtliche Krieger eines Stammes oder auch mehrerer Stämme und reiten hin. Das Lager wird umstellt und mit Steinen beworfen; dabei brüllt jeder, so sehr und viel er kann, bis der aufgejagte Löwe erscheint. Jetzt krachen, ohne daß man es mit dem Zielen genau nimmt, alle Flinten. Die Kugeln gehen daneben; vielleicht trifft zufällig eine einzige, und das verwundete Tier springt brüllend auf die Menge ein, um einen Reiter oder zwei vom Pferd zu reißen und zu töten. Die andern springen zurück, um zu laden, bleiben dann halten und schießen wieder – mit demselben Erfolg. Der Löwe geht abermals vor und zerfetzt einen dritten. In dieser Weise folgt Salve auf Salve, bis das Tier endlich mit völlig durchlöcherter Haut und nicht tödlich getroffen, sondern vom Blutverlust erschöpft, zusammenbricht, aber auch soundsoviele Menschen den unrühmlichen Sieg mit ihrem Leben bezahlt haben. Die andern fallen jubelnd über die Leiche des „Wüstenkönigs" her, schlagen sie, treten sie mit Füßen, spucken sie an und bewerfen sie mit allen möglichen und unmöglichen Schimpfwörtern und Schimpfreden. Das geschieht nie in der Nacht, sondern stets am Tage. Daß aber ein einzelner Europäer in dunkler Nacht den Löwen an der Tränke erwartet oder aufsucht, um ihn durch einen Schuß in das Auge oder in das Herz zu erlegen, das ist für diese Leute eine Fabel, eine vollständige Unmöglichkeit; das glauben sie einfach nicht, und so nahm ich es dem Führer auch nicht übel, daß er glaubte, ich wolle ihn mit einer „schönen Lüge" unterhalten.

„Er hat Löwen getötet!" fuhr er lachend fort. „Mit einem Schuß! Des Nachts! Und er war ganz allein! O Allah, o Mohammed, welch ein gewaltiger Held doch dieser unser Effendi ist! Ich möchte ihn einmal so als Sijad es Saba – Löwenjäger – sehen!"

„Wünsch dir das nicht", warnte ich, doch nicht etwa in beleidigtem Ton. „Dieser dein Wunsch könnte nur dadurch, daß der Löwe käme, in Erfüllung gehen, und ich glaube nicht, daß du dich darüber freuen würdest."

„Sogar sehr, sehr würde ich mich freuen", meinte er, noch immer lachend. „Ich fürchte mich ebensowenig wie du vor ihm. Der Menschenfresser ist ein ungeheuer großes Tier, und wenn ich ihn nahe genug herankommen lasse, kann ich ihn gar nicht fehlen. Was ein Deutscher vermag, der nicht einmal hier geboren ist, das kann auch ich, der ich ein Sohn dieses Landes bin. Ich biete dir eine Wette an, daß ich, wenn der Löwe kommt, ganz dasselbe tue, was du unternimmst."

„Gut! Um was wetten wir?"

„Setzt du deine Uhr und dein Fernrohr gegen meine Visionsflinte?"

„Ja."

„Und du scherzt auch nicht?"

„Nein. Gehst du also die Wette ein?"

„Ja; ich schwöre es bei Allah und dem Barte des Propheten. Willst du etwa zurücktreten?"

„Nein. Du hast bei Allah und dem Barte des Propheten geschworen und kannst also auch nicht zurück. Erst widersprachst du mir aus Unglauben; dann kam dir das Verlangen nach der Uhr und dem Rohr. Du glaubst, dieser beiden Gegenstände sicher zu sein, da du überzeugt bist, daß ich, falls der Löwe ja erscheint, ganz hübsch und vorsichtig am Feuer sitzen werde. Aber du irrst dich."

Er sah eine Weile vor sich nieder; dann sagte er:

„Ich will dich nicht beleidigen, aber ich glaube es dir nicht."

„Und ich denke zwar nicht, daß das Tier kommen wird, aber falls es kommt, werde ich dir beweisen, daß du dich irrst. Die Wette gilt?"

„Ja; ich habe ja geschworen."

„So bitte deinen Propheten, den Löwen fernzuhalten. Wenn er dir diesen Wunsch nicht erfüllt, ist es um deine berühmte Visionsflinte geschehen. Jetzt wollen wir über unseren Gefangenen . . ."

Ich wurde unterbrochen, denn es erschien am westlichen Rand der Lichtung ein Kamelreiter, welcher bei unserem Anblick ziemlich betroffen halten blieb und uns betrachtete. Er schien im Zweifel darüber zu sein, ob es besser sei, an uns vorüberzureiten oder nach dem Brunnen einzubiegen, doch entschloß er sich für das letztere, trieb sein Tier auf uns zu, stieg ab und sagte:

„Ehe ich den Salam über meine Lippen gehen lasse, sagt mir, wer euer Anführer ist!"

„Ich bin es", antwortete ich.

„Das sind Askaris; du aber scheinst kein Askari zu sein. Wie soll ich es mir da erklären, daß du dich deren Anführer nennst?"

„Macht die Uniform den Askari?"

„Nein. Ich will dir glauben. Warum habt ihr die Leute, welche hier am Boden liegen, gefesselt?"

„Sie sind Gefangene von uns, Sklavenjäger."

„Das ist doch kein Verbrechen?"

„Nun, dann Menschenraub!"

„Sklaven, überhaupt Schwarze, sind keine eigentlichen Menschen. Du wirst diese Männer also freilassen!"

Der Mann war wohl etwas über dreißig Jahre alt, hager und trug einen dunkeln, nicht sehr dichten Vollbart. Sein Gewand war weiß gewesen, jetzt aber nicht mehr von allzu reinlichem Aussehen. Der Ausdruck seines Gesichtes war streng, düster asketisch. Er stand gerade und stolz aufgerichtet vor mir, und seine Augen blickten mich fast drohend an, als ob er und nicht ich es war, der zu befehlen hatte. Ich ahnte nicht, daß dieser Mann später als Mahdi eine so hervorragende Rolle spielen würde.

„Werde ich?" fragte ich ihn. „So! Mit welchem Recht und aus welchem Grund erwartest du denn, daß ich dies tun werde?"

„Weil ich es sage, der Fakir el Fukara."

„Schön! Und ich bin der Askari el Askaris und tue nur das, was mir beliebt."

Fakir el Fukara ist Fakir der Fakire, also der beste, der vorzüglichste Fakir; darum nannte ich mich den Soldaten der Soldaten, also den vorzüglichsten Soldaten. Er schien diese Antwort nicht erwartet zu haben, denn er fragte:

„Kennst du mich denn nicht? Hast du noch nichts von dem Fakir el Fukara gehört?"

Indem er dies sagte, sah ich, daß er mit dem alten, „ehrwürdigen" Fakir, welcher gebunden am Boden lag, einen Blick des Einverständnisses wechselte. Sie kannten sich also, und so antwortete ich:

„Nein; aber meine Gefangenen kennen dich."

„Woher weißt du das?"

„Du selbst hast es mir gesagt."

„Ich weiß nichts davon. Wann denn?"

„Eben jetzt. Deine Augen sagten es mir. Du gabst diesem alten Abd Asl ein Versprechen, welches du nicht halten kannst."

„Ich werde es halten. Frag deine Gefangenen, so werden sie dir sagen, daß ich mächtig bin und sehr wohl weiß, daß ich ein Versprechen, welches ich gegeben habe, auch zu halten weiß."

„Frag sie vorher nach mir, so werden sie dir wohl mitteilen, daß in diesem Augenblick ich es bin, der die Macht in den Händen hat. Wer und was du bist, das ist mir sehr gleichgültig. Ich stehe hier an Stelle des Reis Effendiana, also an Stelle des Khedives. Das wird dir genügen."

„Das genügt mir keineswegs, sondern bringt eine ganz andere Wirkung hervor, als du beabsichtigt hast. Der Vizekönig ist ebenso wie der Reis Effendina in meinen Augen nichts, und es fällt mir nicht ein, mich nach ihnen zu richten."

Jetzt kannte ich seine Verhältnisse nicht; später erfuhr ich freilich, weshalb er sich dieses unehrerbietigen, ja geringschätzenden Ausdruckes bedient hatte. Für einige Zeit Steuerbeamter gewesen, hatte er sich gezwungen gesehen, sein Amt niederzulegen, und war Sklavenhändler geworden. Das wußte ich jetzt freilich nicht, antwortete ihm aber doch mit überlegenem Lächeln:

„Du wirst dich aber dennoch nach ihnen richten, indem du dich nach mir richtest, der ich ihre Befehle auszuführen habe."

„Du wirst sogleich sehen, wie ich diese Befehle achte."

Er zog sein Messer und bückte sich zu Abd Asl nieder.

„Halt!" gebot ich ihm. „Was willst du tun?"

„Diesen meinen Freund von seinen Fesseln befreien."
„Das erlaube ich nicht."
„Was frage ich nach deiner Erlaubnis!"
Er legte das Messer an den Riemen; ich aber legte auch, nämlich beide Hände von hinten und oben an seine Hüften, hob ihn aus seiner gebückten Haltung empor und warf ihn mehrere Schritt weit über die Gruppe der Gefangenen, bei denen Abd Asl lag, hinüber. Er hatte sein Messer festgehalten, raffte sich rasch wieder auf, erhob die Hand zum Stoß und drang auf mich mit den Worten ein:
„Du wagst, dich an dem Fakir el Fukara zu vergreifen? Da, nimm!"
Es fiel mir gar nicht ein, mich einer Waffe zu bedienen. Auch keinem der Askaris kam es bei, mir beizuspringen; nur Ben Nil fuhr mit der Hand in den Gürtel, blieb aber an seinem Platz stehen; sie wußten, daß ich mit dem Angreifer fertigwerden würde. Ich gab ihm mit der Faust von unten her einen Stoß in die Achselhöhle des erhobenen Armes, und diese Parade war so kräftig, daß sie ihn aushob und wieder zu Boden warf. Jetzt zog ich den Revolver; als er wieder aufsprang, um mich von neuem anzugreifen, hielt ich ihm ihn entgegen und rief:
„Noch einen Schritt weiter, und ich schieße dich nieder!"
„Bleib stehen, sonst schießt er wirklich, denn er ist ein Giaur!" warnte ihn Abd Asl.
Der Fakir el Fukara zog den bereits erhobenen Fuß wieder zurück, ob aus Furcht vor meiner Waffe oder aus Betroffenheit darüber, mich einen Giaur nennen zu hören, das weiß ich nicht – wohl aus beiden Gründen zugleich –, und fragte:
„Ein Giaur? Er ist kein Moslem?"
„Nein, sondern ein christlicher Effendi", antwortete der Alte.
„Und dieser Hund wagt es, mich . . ."
Im Nu stand Ben Nil mit der erhobenen Peitsche hinter ihm und fragte mich:
„Effendi, soll ich ihm die Haut in Streifen schlagen, da er dir den Namen eines verachteten Tieres gibt?"
„Dies eine Mal soll ihm verziehen sein, weil er in der Aufregung gesprochen hat", antwortete ich. „Wenn er mich aber noch ein einziges Mal beleidigt, so erhält er die Bastonade, daß er hier liegenbleiben und elend verkommen muß!"
„Allah! Mir die Bastonade!" knirschte der Mann. „Von einem Christen! Welch ein Frevel, welch eine Kühnheit!"
„Von Kühnheit kann dir gegenüber keine Rede sein", lachte

ich ihm in das Gesicht. „Ich würde mich nicht fürchten, wenn ich zehn Personen deinesgleichen gegenüberstände; hier aber bist du allein und hast außer mir noch zwanzig Askaris gegen dich."

„Aber sie sind doch Moslemin?!"

„Das sind sie allerdings."

„So müssen sie doch für mich und nicht für dich sein! Wie kann ein Moslem dulden, daß einem andern Rechtgläubigen von einem Christen mit der Bastonade gedroht wird, ja, daß dieser sich sogar an ihm vergreift und ihn zu Boden wirft?"

Da stellte sich Ben Nil vor ihn hin und antwortete an meiner Stelle:

„Höre, wir haben diesen unsern Effendi von Herzen lieb und sind bereit, für ihn gegen jedermann zu kämpfen. Zehn und hundert Fakire el Fukara wiegen ihn in unserer Achtung nicht auf, und ich sage dir, daß du nicht der erste wärst, der, weil er ihn beleidigte, die Peitsche bekommen hat. Nimm dich also sehr in acht! Die Bastonade schwebt über deinem Haupt, und bei Allah, wenn du deinen Mund nicht hütest, senkt sie sich augenblicklich auf dich nieder!"

„Knabe!" fuhr ihn der Fakir an. „Hüte du selbst deine Zunge! Was bist du und was sind zwanzig Askaris gegen die Anhänger, welche zu mir eilen, wenn ich meine Stimme erhebe!"

„Erheb sie! Wir werden sehen, ob der Wald lebendig wird!"

„Das darfst du sagen, weil ich heute niemand bei mir habe; später aber kann ich euch zerquetschen, wie man Würmer mit dem Fuß zertritt!"

Die Soldaten ließen ein zorniges Murmeln hören; er aber kehrte sich nicht daran und fuhr fort:

„Indem ihr einem Christen gegen diese Moslemin dient, verleugnet ihr den Propheten. Habt ihr ein Recht, diese Rechtgläubigen gefangenzuhalten? Wenn sie Sklaven gefangen haben, wo steht denn im Koran, daß der Sklavenhandel verboten ist?"

Seine Absicht war, die Askaris gegen mich aufzuwiegeln, und er glaubte vielleicht, daß ihm dies gelingen würde. Ich hatte gar nicht nötig, ihn durch Zwischenreden in der Ausführung dieses Vorhabens zu hindern, denn Ben Nil, welcher das Wort nun einmal für die andern ergriffen hatte, antwortete ihm:

„Du kennst die Lage der Sache nicht. Ibn Asl, der Sohn dieses alten Fakirs, hat die Beni Fessarah überfallen, viele von ihnen getötet und die jungen Frauen und Töchter davongeführt, um sie in die Sklaverei zu verkaufen. Wir aber haben sie ihm abgenommen und wieder in ihre Heimat geleitet. Aus Zorn und Rache darüber hat er uns seinen Vater mit diesen Männern entgegengesandt. Sie sollten uns hier auflauern und ermorden; dem Effendi aber sollten die Zunge und auch die Hände abgeschnitten werden. Ist es erlaubt, Rechtgläubige zu rauben und zu Sklaven zu machen?"

„Nein", gestand der Fakir.

„Sind die Beni Fessarah Rechtgläubige oder Giaurs?"

„Rechtgläubige."

„So hat sich Ibn Asl also einer Todsünde schuldig gemacht, und diese Menschen hier sind seine Mitschuldigen. Sie müssen dafür bestraft werden, gar nicht davon zu sprechen, daß sie Mörder sind, da sie das beabsichtigten, was ich dir mitgeteilt habe."

Diese Mitteilung des Jünglings verfehlte ihren Eindruck nicht. Der Fakir el Fukara wendete sich an den alten Fakir Abd Asl und fragte:

„Ist das wirklich so, wie ich es jetzt gehört habe?"

„Man mag uns beweisen, daß wir diese Askaris töten wollten", antwortete der Gefragte. „Es ist eine schändliche Lüge!"

„Leugne es nicht!" herrschte ich ihn an. „Ich habe es mit meinen Ohren gehört. Ich lag, um euch auszukundschaften, hinter dem Gesträuch, vor welchem du mit deinem angeblichen Dschelabi im Gespräch saßest."

„Du hast dich geirrt", meinte der Fakir el Fukara zu mir.

„Ich habe richtig gehört, und es sind auch noch andere Beweise vorhanden."

„Welche? Ich muß sie hören."

„Du mußt? Wer hat dich zum Richter über mich gesetzt? Ich muß bloß das, was ich will, und meinen Willen werde ich dir sofort mitteilen. Ich will nämlich, daß du dich nicht weiter um diese Angelegenheit bekümmerst. Du hast dir in ihr die Hände schon so verbrannt, daß ich dir rate, dich vom Feuer fernzuhalten. Du bist hier, ohne mich zu kennen, aufgetreten wie ein Gebieter. Zieh deines Weges weiter oder lagere dich zu uns an den Brunnen, mir ist beides recht; aber sobald du fortfährst, dich in meine Obliegenheiten zu mischen, werde ich dir beweisen, daß ich infolge meiner Vollmachten der augenblickliche Gebieter an diesem Brunnen bin."

„Wie willst du das beweisen?"

„Indem ich dich nicht länger dulde, sondern dich fortjage. Und nun kein weiteres Wort darüber! Tritt zurück! Du magst bei den

Askaris lagern, bei den Gefangenen aber hast du nichts zu schaffen."

Er sah es mir wohl an, daß ich Widerspruch nun wirklich nicht mehr dulden würde, und gehorchte; aber der Ingrimm lag wie eine wetterdrohende Wolke auf seinem Gesicht. Er sattelte sein Kamel ab und ließ es laufen, damit es weiden möge. Dann holte er sich Mundvorrat und einen Schöpfbecher aus der Satteltasche und ließ sich an dem Wasser nieder, um sein Abendbrot zu sich zu nehmen. Vorher aber holte er sein Abendgebet nach, welches er versäumt hatte, da zwischen seiner Ankunft und jetzt die Sonne untergegangen und also die Zeit des Mogreb, des vorgeschriebenen ersten Abendgebetes, unbenutzt verflossen war. Auch die Askaris beteten, da sie das gleiche Versäumnis begangen hatten.

Es waren vier Feuer angebrannt worden. Auf dem Raum dazwischen lagen die Gefangenen in voller Beleuchtung, damit wir die Bewegungen jedes einzelnen von ihnen leicht sehen konnten, und um diese herum bildeten die Askaris eine Kette, welche wieder von unsern an den Vorderbeinen gefesselten und in einem Kreis liegenden Kamelen eingefaßt wurde.

Auch ich setzte mich an den Brunnen, um zu essen. Ben Nil und der Fessarah-Führer gesellten sich zu mir. Der Fakir el Fukara saß so wenig entfernt von uns, daß er unser Gespräch hören und verstehen konnte. Ich hatte keine Veranlassung, heimlich gegen ihn zu tun; er hätte sonst vielleicht gar geglaubt, ich scheue oder fürchte mich vor ihm. Ich vermutete, daß Ben Nil nun die Gelegenheit ergreifen würde, seine Forderung in Betreff des alten Abd Asl wieder vorzubringen, und richtig, kaum hatte ich den letzten Bissen in den Mund geschoben, so sagte er:

„Effendi, ich mußte die Mahlzeit ehren; nun du aber fertig bist, hoffe ich, daß ich sprechen darf. Du hast mir den alten Fakir versprochen."

„So ganz endgültig, wie du zu meinen scheinst, doch wohl nicht."

„Jawohl! Du wolltest etwas von ihm erfahren, und dann sollte ich ihn bestrafen dürfen."

„Ich habe es aber noch nicht erfahren, und es hat noch Zeit."

„Nein. Bedenke, daß du die Auskunft, welche du von ihm haben willst, zu spät bekommen könntest. Ich weiß, du willst nicht seinen Tod, und darum zögerst du."

„Allah wird ihn strafen!"

„Ja, aber durch mich!"

„Sieh hin! Er ist ein Greis, ein schwacher, wehrloser Mensch. Kannst du es über das Herz bringen, ihm das Messer in die Brust zu stoßen?"

„Er hat es über das Herz gebracht, dich und mich in den Brunnen einzusperren, damit wir untergehen sollten. Und heute wieder war er zu einem mehr als zwanzigfachen Mord bereit. Wenn du ihn begnadigst, versündigst du dich gegen Allah, der doch auch dein Gott ist."

„Das ist richtig", stimmte der Führer bei. „Auch ich schwebte in Todesgefahr, jeder der Askaris ebenso. Wir alle haben also das Recht, das Blut dieses Massenmörders zu fordern!"

„Richtig! So ist es! Ganz genau so!" ertönten da die zustimmenden Rufe der Askaris.

„Hörst du es, Effendi?" fragte der Führer. „Willst du uns allen unser gutes Recht verkümmern? Dann mußt du gewärtig sein, daß wir es uns nehmen."

Daran hatte ich auch schon gedacht. Die Soldaten waren wütend auf die Gefangenen. Nur die Achtung, in welcher ich bei ihnen stand, hatte sie vermocht, meinem Befehl zu gehorchen und die Überrumpelten nur zu betäuben, anstatt sie zu töten. Ich konnte ihnen keine Garantie dafür bieten, daß die Schuldigen ihre Bestrafung in Chartum wirklich finden würden, und wenn sie gegen meinen Willen Rache nahmen, was konnte ich dagegen tun? Sie mit Gewalt, durch Drohungen abhalten? Da wäre es mit meiner Autorität sofort vorüber gewesen. Besser, ich opferte einen einzelnen, als daß viele unter den Rächerstreichen fielen, und dieser eine mußte natürlich der alte Fakir sein. Schon war ich halb entschlossen, ja zu sagen, da trat der älteste der Askaris zu mir heran und meldete:

„Effendi, ich bin von meinen Kameraden beauftragt worden, dir eine Bitte vorzulegen."

„So sprich!"

„Sag vorher, ob wir dir gehorsam gewesen sind und ob du mit uns zufrieden bist!"

„Ich kann vor dem Reis Effendina jedem einzelnen von euch ein gutes Zeugnis geben."

„Ich danke dir! Ja, es ist wahr, daß wir stets taten, was du fordertest, obgleich uns dein Wille sehr oft unbegreiflich war. Wir haben uns dann immer überzeugen müssen, daß du das Richtige getroffen hattest, und darum hast du dir unsere Ehrerbietung erworben. Einen Fehler aber haben wir an dir zu tadeln, wenn du uns das erlaubst. Du bist als Christ gegen unsere Feinde stets zu nachsichtig gewesen. Feinde muß man vernichten, um sich selbst zu erhalten. Ergreife ich heute meinen Todfeind und lasse ihn aus Barmherzigkeit wieder entwischen, so wird er morgen abermals über mich herfallen. Wir waren dem Tode geweiht; deine List und deine Umsicht haben uns gerettet; die Feinde sind in unsere Hand gegeben, aber du willst nicht, daß wir uns an ihnen vergreifen. Gut, wir gehorchen dir auch dieses Mal; wir wollen sie nach Chartum schaffen und dem Reis Effendina übergeben; einer aber soll sterben, nämlich Abd Asl; darauf bestehen wir. Wir wollen uns nicht gegen dich erheben, aber wenn du uns diese kleine Bitte nicht erfüllst, kannst du nicht hindern, daß hier und da irgendein Messer in irgendein Herz gestoßen wird und viele von denen, welche du retten willst, am Morgen nicht mehr am Leben sind. Entscheide dich!"

Das war allerdings energisch gesprochen! Was sollte ich antworten? War ich als Christ denn wirklich verpflichtet, Abd Asl, das Scheusal, zu retten und dadurch viele andere in Gefahr zu bringen? Aber vielleicht konnte ich meinen Zweck durch List doch noch erreichen, indem ich mich auf das gute Herz Ben Nils verließ! Nur so lange kein Blut, als ich noch zu befehlen hatte. Was später geschah, das kam nicht auf meine Seele zu liegen. Darum antwortete ich, scheinbar auf die Forderung eingehend:

„Du hast nach euren Anschauungen ganz verständig gesprochen, aber wie kann ich über das Leben des Fakirs verfügen, da es mir nicht mehr gehört? Ben Nil ist der, welcher das erste Recht zur Rache hat."

„Aber du willst es ihm doch verkümmern, wie wir hören?"

„Nein. Er soll sein Recht haben, wenn ihr einverstanden seid und auf das eurige verzichtet."

„Dann sind wir ja sofort einverstanden, Effendi."

„Ihr legt also das Leben des Fakirs in Ben Nils Hände?"

„Ja."

„So sind wir einig. Sag das den andern!"

Der Askari entfernte sich befriedigt, und Ben Nil reichte mir die Hand, indem er sagte:

„Ich danke dir, Effendi! Nun wird dem Gesetz der Wüste Genüge geschehen und zu den Schandtaten dieses Ungeheuers keine neue kommen."

„So geh hin und stoß ihm, dem gefesselten Greis, das Messer in die Brust! Das ist eines tapfern Mannes würdig!"

Er senkte den Kopf und blickte vor sich nieder; ich sah, er kämpfte mit sich selbst. Dann hob er den Kopf und fragte:

„Der Alte gehört also wirklich mir, und ich kann mit ihm ganz nach meinem Wohlgefallen verfahren?"

„Ja."

„Gut, so werde ich Rache nehmen."

Er stand auf und zog sein Messer. Da sprang auch der Fakir el Fukara auf, hielt ihn beim Arm zurück und rief:

„Halt! Das würde ein Mord sein, den ich nicht zugeben darf!"

Ben Nil schüttelte den Mann mit einer Kraft, welche ich ihm gar nicht zugetraut hatte, von sich ab und antwortete:

„Schweig! Was hast du hier zu befehlen! Ich kehre mich an deine Worte ebensowenig wie an das Summen einer Mücke!"

„Schweig du selbst, du armseliger Knabe! Wenn es mir beliebt, zerdrücke ich dich zwischen meinen Händen!"

„Versuch es doch!"

Ben Nil hatte, wie bereits erwähnt, sein Messer gezogen, und der Fakir el Fukara riß auch das seinige hervor. Ich schnellte mich zwischen beide, riß dem letzteren die Waffe aus der Hand und gebot ihm:

„Zurück, sonst hast du es mit mir zu tun!"

„Du aber auch mit mir!" rief er wütend.

„Pah! Du hast ja schon gesehen, was du gegen mich vermagst."

„Das war Zufall. Willst du etwa mehr Mut und Geschicklichkeit haben, als ich besitze? Ein Fakir el Fukara fürchtet keinen Feind, auch den stärksten nicht, es mag sein, wer es wolle!"

Eben wollte ich antworten, da erklang ein Ton in der Ferne, infolgedessen die Entgegnung mir auf der Zunge liegenblieb. Es klang wie das ferne Rollen des Donners und doch zugleich wie das Gähnen einer in der Nähe sich befindenden und aus dem Schlaf erwachenden Hyäne. Ich kannte diesen Ton; ich hatte ihn wiederholt in ähnlicher Lage gehört, und dann hatte es sich allemal um Leben oder Tod zwischen mir und dem König der Tiere gehandelt.

„Fürchtest du auch diesen Feind nicht?" fragte ich den Fakir, indem ich mit der Hand nach der Gegend deutete, aus welcher das Rollen erklungen war.

„Nein, überhaupt keinen."

„Und bist du bereit, es mit ihm aufzunehmen?"

„Ja", lachte er. „Ich mache aber die Bedingung, daß du mich zu ihm führst."

„So komm! Ich führe dich."

Ich nahm meine Büchse und sah nach deren Ladung.

„Welch ein Held du bist!“ rief er höhnisch. „Mit einer Hyäne zu kämpfen!“

„Eine Hyäne? Bist du taub oder hast du die Stimme des Herrn mit dem dicken Kopf noch nicht gehört?“

„Des Herrn mit dem dicken Kopf? Du meinst den Löwen?“

„Wen sonst?“

„Es war eine Hyäne. Du selbst bist taub oder so furchtsam, daß du eine Hyäne für einen Löwen hältst. Und wenn es der Herdenwürger wäre, den wir hörten, ich würde ihm mit dir entgegengehen, um dir zu beweisen, daß . . .“

Er hielt inne. Das Rollen erklang von neuem, nicht viel deutlicher als zum erstenmal. Das war ein Beweis, daß das Tier sich nur langsam näherte. Aber etwas besser war es doch zu hören gewesen, denn die Kamele begannen zu schnauben, und der Fessarah-Führer rief voller Schreck:

„Allah kerihm – Gott sei uns gnädig! Das war wirklich ein Löwe, der große Löwe von El Teitel. Er wird uns fressen und verschlingen.“

„Ja, er hat unsere Spur gefunden und auch die dieses kühnen Fakir el Fukara; darum hat er zweimal gebrüllt“, antwortete ich. „Nun aber wird er schweigen und sich heimlich nähern, um sich einen von uns zur Speise zu holen.“

„Allah bewahr uns vor der List dieses geschwänzten Teufels!“

„Ah, du hast Angst! Wie steht es mit unserer Wette?“

„Oh, Effendi, diese Wette!“

„Du wolltest doch tun, was ich tue!“

„Ja, das werde ich auch“, antwortete er; aber ich sah die Visionsflinte in seinen Händen beben.

„So komm! Dem Löwen entgegen.“

„Bist du toll!“

„Nein. Wenn ich ihm entgegengehe, finde und töte ich ihn. Bleibe ich aber hier, so ist ein Mensch verloren.“

„Aber doch nicht gerade du oder ich!“

„Einer wird unbedingt gefressen, welcher, bleibt sich gleich.“

„Das bleibt sich gar nicht gleich! Ob ich gefressen werde oder ob er einen andern frißt, das ist für mich ein großer Unterschied. Ich bitte dich, doch hierzubleiben! Wenn sich jeder hinter ein Kamel versteckt, sind wir sicher.“

„Der Löwe holt sein Opfer auch hinter dem Kamel vor. Ich gehe, und dieser vortreffliche Fakir el Fukara wird mich auch begleiten.“

„Ist es dein Ernst, Effendi?“ fragte der Fakir.

„Du wolltest ja mit mir zum Löwen gehen! Oder sollte ich, was du so stolz bezweifelst, wirklich doch mehr Mut und Geschicklichkeit besitzen als du? Prahlen kann jeder Feigling; aber ein Fakir el Fukara sollte doch ..."

„Schweig!" unterbrach er mich. „Ich gehe mit."

„So komm! Und du, Ben Fessarah?"

„Ich bleibe", antwortete der Führer.

„Das wußte ich. Mit dem großen Maul bist du tapfer; aber ich werde deine Visionsflinte gewinnen."

„O Allah! O Mohammed! O Abu Bekr und Osman. Meine schöne, berühmte Visionsflinte", jammerte er.

„Wenn du zurückbleibst, ist sie verloren!"

„So ... so ... so gehe ich mit, Effendi, immer hinter dir her. Geh nur voran; ich komme, ich komme!"

Er zitterte am ganzen Leib, kam aber doch hinterdrein, doch ganz genau hinter mir, damit der Löwe nicht ihn, sondern mich erwischen möge. Er dauerte mich, und ich hätte ihn gern zurückgewiesen; aber er hatte eine Strafe verdient; außerdem war ich überzeugt, daß er schon nach wenigen Schritten abhanden kommen würde.

„Mehr Holz in die Feuer, damit die Flammen hochsteigen!" gebot ich noch; dann hatte ich den Kreis der Menschen und Kamele hinter mir.

Von den Askaris und den Gefangenen war kein Laut zu hören. Die Angst machte sie verstummen. Sie drängten sich, um Schutz zu suchen, jeder eng hinter den Leib eines Kamels. Innerlich war ich wohl der Ruhigste von allen. Wenn der Augenblick der Gefahr da ist, hat jede vorher etwa vorhandene Bangigkeit aufzuhören, sonst ist man verloren. Der Fakir el Fukara hatte wohl nicht geglaubt, daß seine Großsprecherei solche Folgen haben würde; er war überzeugt gewesen, es nur mit einer Hyäne zu tun zu haben. Nun trieb ihn die Angst, für einen Feigling gehalten zu werden, hinter mir drein. Der Fessarahführer hatte ihm Platz gemacht und bildete nun den letzten. Er sah, als wir die Lichtung vielleicht halb überschritten hatte, am Rand eine Bewegung im Gebüsch, duckte sich entsetzt hinter einem einzelnen Busch, an welchem wir vorüberkamen, nieder und schrie:

„Dort ist er, dort! O Allah, o Gnädiger, o Barmherziger! Ich bleibe mutig hier. Lauft fort, um euch zu retten!"

Ja, wir sollten weitergehen, um vom Löwen gesehen und angesprungen zu werden, während er „mutig" hinter dem Strauch versteckt lag!

Auch ich hatte die Bewegung, durch welche er so in Schreck versetzt worden war, bemerkt, doch konnte sie unmöglich von dem Löwen verursacht worden sein; darum rief ich dem Feigling zu:

„Komm nur weiter mit, sonst ist deine Flinte verloren! Du mußt doch tun, was ich tue!"

„Nein, nein; ich bleibe hier und schieße ihn über den Haufen. Lauft nur, lauft! Und schreit recht laut, damit er Angst vor euch bekommt!"

Er forderte uns jedenfalls nur aus dem Grund zum Schreien auf, daß wir die Aufmerksamkeit des Löwen auf uns ziehen sollten. Dieser aber konnte noch nicht da sein. Als er zum erstenmal brüllte, war er gewiß zwei englische Meilen entfernt gewesen. Darum hatte ich mir zu meinen ironischen Aufforderungen an die beiden Begleiter Zeit genommen. Jetzt mochte das Tier vielleicht drei Vierteile dieser Entfernung zurückgelegt haben.

Da das Gebrüll aus Westen erklungen war, hatte ich mich natürlich nach dem dorthin liegenden Rande der Lichtung gewendet und blieb da stehen, um mir eine gute Position auszusuchen. Es war vorauszusehen, daß der anschleichende Löwe, um kein Geräusch zu machen, das Unterholz meiden würde. Da es nun hier auf dieser Seite nur eine von Büschen freie Stelle gab, so war vorauszusehen, daß er aus ihr hervorbrechen würde. Ich hatte mich also in deren Nähe zu postieren.

Es gab da zwei sehr starke Thalhabäume, deren Stämme dicht nebeneinander standen; ein üppiges Sunutgesträuch hielt den Schein der Feuer ab und warf einen tiefen Schatten auf die Stelle.

„Hier legen wir uns nieder", sagte ich. „Das ist der beste Platz."

„Warum hier?" fragte der Fakir, indem er sich zu mir niederkauerte.

„Weil der Löwe da, ungefähr zehn Schritt von uns, durchbrechen wird."

„Allah kerihm! Warum so nahe! Wir müssen mehr zurück! Vielleicht auf fünfzig oder sechzig Schritt."

„Nein. Je näher, desto besser und sicherer der Schuß."

„Effendi, du hast den Verstand verloren."

„Nein, aber ich habe mehr Mut als du. Ich höre deine Zähne klappern."

„Kann ich dafür? Mein Kinn ist plötzlich ganz locker geworden."

„Zittert auch deine Hand?"

„Ja; es geht eine große Kälte durch meine Arme."

„So schieß ja nicht, wenn er kommt, sondern überlaß ihn mir! Du würdest schlecht oder gar nicht treffen und dadurch die Gefahr für uns verzehnfachen."

„Wollte doch Allah, ich wäre nicht mitgegangen! Ich bin unverzagt, aber die Aufmerksamkeit des Menschenwürgers absichtlich auf sich zu lenken, das ist denn doch zu verwegen. Sprechen wir ja nicht mehr! Er könnte es hören."

„Wir flüstern ja nur. Übrigens ist er noch gar nicht da."

Der Fakir el Fukara hatte eine schreckliche Angst. Ich hörte ganz deutlich seine Zähne aufeinanderschlagen, und als ich ihm jetzt die Hand auf den Arm legte, um zu fühlen, ob dieser auch so bebte, stieß er einen lauten Schreckensruf aus. Er hatte meine leichte Hand für die schwere und tödliche Tatze des Löwen gehalten.

Der Fessarah schien indessen irgend etwas vorzuhaben. Ich sah ihn deutlich hinter seinem Strauch kauern. Von mir aus waren es vierzig Schritt bis zu ihm, achtzig bis zum Brunnen, bis wohin ich also, falls der Löwe dort einbrach, einen sichern Treffer senden konnte. Er hatte erst am Boden gelegen; jetzt kauerte er und machte sich mit seiner Visionsflinte zu schaffen. Dabei legte er den Kopf zur Seite, um hinter dem Busch hervorzulugen. Nun hob er das Gewehr und richtete den Lauf nach der Stelle, an welcher wir vorhin die Bewegung bemerkt hatten. Was hatte er vor? Wollte er etwa schießen? Durfte ich ihn durch einen lauten Zuruf daran hindern? Wenn ich dies auch hätte wagen wollen, es wäre zu spät gewesen, denn schon drückte er ab. Das Visionsrohr krachte wie eine alte Donnerbüchse und schlug ihn mit dem Kolben so an den Kopf, daß er niederstürzte. Er fuhr aber schnell wieder, und zwar ganz empor und schrie, indem er mit beiden Armen freudig um sich windmühlte, in jubilierendem Ton:

„Hamdulillah – Allah sei Preis und Dank! Ich habe ihn, ich habe ihn! Ich habe ihn geschossen und getroffen! Dort stürzte er zusammen; dort liegt er in seinem Blut, der Fresser, der Mörder, der Menschenverwüster und Herdentöter! Jubelt, ihr Männer, ruft, schreit und singt zu seinem Ende, einem Ende ohne Ruhm und Ehre, einem Ende der Feigheit und der Schande! Effendi, komm, komm schnell herbei, damit ich ihn dir zeige!"

Das Gebaren des unvorsichtigen Menschen war fast wahnwitzig zu nennen; er gestikulierte wie ein Verrückter. Dort im Lager erhoben sich die Askaris, welche seinen Worten glaubten. Auf was hatte er denn wohl geschossen? Auf alles mögliche, aber nur nicht auf den Löwen, denn eben jetzt in diesem Augenblick trug die Luft mir jenen untrüglichen scharfen, stechenden Geruch zu, welche den großen, wilden Arten der Katzenraubtiere zehnmal, zwanzigmal stärker zu eigen ist als den in Menagerien und zoologischen Gärten lebenden halbzahmen Exemplaren.

„Er hat ihn erschossen. Wir müssen hin, Effendi!" meinte der Fakir el Fukara.

„Unsinn! Der Löwe kommt von der entgegengesetzten Seite her; wir haben ihn gerade vor uns. Ich rieche ihn schon."

„O Allah, o Erbarmen, o Zuflucht und Trost der Gläubigen! Du irrst dich. Der Fessarah ist der Sieger, und ich begebe mich zu ihm."

Er sprang auf und fort. Ich hätte ihn nicht halten können, selbst wenn ich gewollt hätte, denn ich besaß keine Zeit und auch keine Hand dazu. Der Löwe war da. Ich sah ihn unter den vordersten Bäumen der lichten Stelle erscheinen, fast tageshell von den hochflackernden Feuern beschienen, ein über ein Meter hohes, sicher zwei und ein halb Meter langes, ganz ungewöhnlich starkes, mächtiges Tier mit sehr langer und dichter dunkel gefärbter Mähne.

Ich lag im Anschlag; er stand aber schlecht zum Schuß, und einen Fehlschuß durfte ich nicht wagen. Zu langen Erwägungen gab es keine Zeit, denn das Tier sah den fortrennenden Fakir el Fukara und machte eine Wendung, um ihm nachzuspringen. Ich schrie aus Leibeskräften, um seine Aufmerksamkeit auf mich zu lenken. Drehte er sich nach mir um, so hatte ich besseres Ziel. Aber er schien meinen Schrei gar nicht zu hören, wenigstens nicht zu beachten und schnellte hinter dem Fakir her, einen Satz, zwei Sätze, drei Sätze. Er wurde vom Lager aus erblickt; die Askaris heulten vor Entsetzen auf; auch der Fessarah zeterte, als ob er im Höllenfeuer brenne, und dadurch aufmerksam gemacht, blieb der Fakir el Fukara stehen und sah sich um. Als er das ihn verfolgende Raubtier erblickte, brach er vor Todesangst in die Knie zusammen und hob, unfähig, einen Laut von sich zu geben, die gefalteten Hände empor. Noch drei Sprünge, und der Löwe hätte ihn erreicht.

Das waren nur Augenblicke, aber ich hatte sie benutzt. Meinen Bärentöter in der Rechten, war ich aus meinem Versteck dem Würger der Herden nachgerannt, hatte mit der Linken den Revolver gezogen und drückte, dazu nicht schreiend, sondern brüllend, die sechs Schüsse nacheinander ab. Das half. Der Löwe hörte sie und warf sich herum. Ich ließ mich gedankenschnell auf das Knie nieder und legte das Gewehr an. Nun war den beiden andern geholfen; das wußte ich genau, denn der Löwe wirft sich unbedingt auf die Person, welche auf ihn zielt; aber was stand nun mir bevor? Entweder er oder ich!

Er maß die Entfernung mit den Augen; in einem Sprung konnte er mich nicht erreichen; er mußte also zwei tun, und sobald er nach dem ersten den Boden berührte, hatte ihn meine Kugel zu treffen, sonst fand ich keine Zeit mehr zu dem wahrscheinlich nötigen zweiten Schuß. Es waren höllische Momente, da die gewaltige Katze keinen Laut von sich gab. Jetzt schnellte sie in die Höhe, die Vorderpranken weit auseinandergestreckt; zwölf Schritt von mir kam sie zur Erde nieder und erhielt den ersten Schuß. Ein Ruck, als ob er einen Stoß von vorn bekommen hätte, ging durch den Körper des Löwen; er war gut getroffen worden; aber die einmal angespannte Kraft des Willens und der Muskeln wirkte noch fort; der mächtige Körper flog wieder empor und auf mich zu, mußte genau mich erreichen. Aber bevor dies geschehen konnte, traf ihn meine zweite Kugel in der Luft, und ich warf mich weit zur Seite, indem ich das Gewehr fallen ließ und das Messer aus dem Gürtel zog. Dieses letztere zum Stoß zückend, drehte ich mich blitzschnell wieder um und sah, daß eine solche Verteidigung glücklicherweise nicht notwendig war. Der Löwe lag auf dem Rücken, bewegte sich, die Beine krampfhaft an den Leib gezogen, einmal nach der rechten und einmal nach der linken Seite, blieb da liegen und streckte dann, blutigen Schaum im halbgeöffneten Rachen, in einer letzten Bewegung die vier Pranken weit von sich. Er war tot, und ohne daß es der Bestätigung durch eine lange Untersuchung bedurfte, ersah ich aus diesem Erfolg, daß die beiden Kugeln da saßen, wohin ich sie bestimmt hatte, nämlich die erste durch das Auge in das Hirn und die zweite von unten herauf in das Herz. Dennoch wagte ich es noch nicht, das Tier zu berühren, denn es ist vorgekommen, daß ein anscheinend toter Löwe mit mehreren Kugeln im Kopf wieder aufgesprungen ist. Ich hob mein Gewehr wieder auf, lud es und stieß den Löwen dann mit den Läufen an. Hätte er noch Leben verraten, so konnte ich ihm auf diese Weise noch zwei Kugeln geben, ehe er aufzuspringen vermochte; aber er zuckte nicht; er war wirklich tot.

Das war alles so schnell gegangen, daß der Fakir el Fukara noch am Boden kniete und der Fessarah noch immer schreiend an seinem Busch stand. Die Askaris hatten ihr Heulen eingestellt, da sie sich nicht mehr bedroht sahen. Ich ging auf den ersteren zu, faßte ihn am Arm, um ihn aufzurichten, und sagte:

„Was kniest und betest du noch? Der Menschenfresser ist tot."

„Tot?" ahmte er wie geistesabwesend das letzte Wort in meinem Ton nach.

„Ja, tot. Du hast nichts mehr zu befürchten."

„Hamdulillah!"

Dieses eine Wort sprach er noch aus; dann stand er auf und ging fort, ohne sich um den Löwen zu bekümmern, in den Wald hinein, eine für mich gewiß sehr sonderbare Weise, sich mit dem Lebensretter abzufinden. Der Fessarah hatte meine Worte gehört und fragte:

„Ist es wirklich gewiß, daß er tot ist?"

„Ganz gewiß."

„So kann man ihn besehen und befühlen?"

„Natürlich!"

„So werde ich die Askaris rufen, damit sie unsere Triumphe preisen können."

„Unsere" Triumphe, hatte er gesagt. Nun, ich war neugierig, den von ihm erlegten Löwen zu sehen! Zunächst wurde der meinige in Augenschein genommen; aber nicht eilig und in stürmischer Freude kamen die Gefährten herbei, sondern zögernd und still. Die Dimensionen des Löwenkörpers waren selbst noch im Tode so achtungsgebietend, daß es meiner mehrmals wiederholten Versicherung bedurfte, ehe ein Askari es wagte, den Kopf der Tierleiche zu fassen und von einer Seite auf die andere zu legen. Als man sich auf diese Weise überzeugt hatte, daß allerdings keine Gefahr mehr vorhanden war, verwandelte sich die zaghafte Stille in eine Szene übermütiger Lebhaftigkeit. Der Fessarah-Führer machte den Anfang dazu, indem er sich zum Redner aufwarf, den Körper des Löwen als Tribüne bestieg und folgendermaßen begann:

„Preis sei Allah und Heil dem Propheten! Dieser Tag ist ein Tag des Triumphes. Bestätigt es, ihr Gläubigen!"

„Ja, Heil, Preis, Triumph!" schrien die Askaris, welche alle herbeigekommen waren. Nur Ben Nil, der Pflichtbewußte, befand sich bei den Gefangenen, um sie zu überwachen.

„Ihr hörtet", fuhr der Sprecher fort, „von dem Löwen von El Teitel, welcher sein Maul aufsperrte und in jeder Woche einen Anhänger des Propheten verschlang. Bestätigt es, ihr Freunde und Gefährten der beiden Helden dieses Tages!"

„Wir bestätigen es!“ erklang die Antwort.

Unter den beiden Helden waren jedenfalls ich und er gemeint. Er sprach weiter:

„Im Bauch des Herrn mit dem dicken Kopf liegen viele hundert Moslemin begraben. Vielleicht hat er auch zuweilen einen Ungläubigen verschluckt, was ihm wohl Beschwerden der Verdauung bereitete. Heute kam er nach diesem Brunnen, um seine Verbrechen fortzusetzen; da aber entbrannte der Zorn der Kämpfer und der Grimm der berühmtesten Recken in Afrika. Sie, nämlich der Effendi und ich, machten sich auf, dem Fresser entgegen. Ruft ihnen Heil und Ruhm zu, ihr Zeugen ihrer Taten!“

„Heil, Ruhm, Heil!“ ertönte es rundum.

„Der Würger der Lebendigen kam nicht allein, sondern er brachte sich einen gottlosen Gefährten seiner Schandtaten mit. Dieser Gefährte, dessen Seele Allah in den Körper eines lahmen Hundes fahren lassen möge, hatte die Verwegenheit, sich mir gegenüber aufzustellen. Mich überkam die tapfere Begierde der Vertilgung dieses Ungeheuers, und ich vertrieb es aus dem Lande der Lebenden, denn ich legte meine Visionsflinte an und schoß es über den Haufen. Es liegt dort am Rande des Gebüsches, umleuchtet von den Strahlen meines Heldentums, und ich werde es euch nachher zeigen, damit ihr rufen könnt: Schmach und Schande über ihn! Mich aber, den Sieger, preiset mit einem dreimaligen Triumphgeschrei!“

Seiner Aufforderung wurde Folge geleistet; dann fand er es für angemessen, sich auch mit meiner Person zu beschäftigen:

„Da ich das lebendige Grab so vieler Gläubigen erschossen habe, sind mir die Uhr und das Fernrohr zuzusprechen, denn ich habe sie gewonnen, da ich ganz dasselbe tat, was der Effendi tat; ich erlegte gerade so wie er einen vierfüßigen Herrn mit der Stimme, die dem Donner gleicht, ja, ich erlegte den meinigen sogar noch eher als er den seinigen. Dieser liegt hier unter meinen Füßen, hingestreckt in seiner eigenen Haut, welche ihm lebendig vom Leib hätte gezogen werden sollen. Der Effendi brauchte zwei Schüsse, um ihn zu töten, während bei mir nur eine Kugel nötig war. Dennoch soll auch diesem Sieger die Belohnung werden. Ruft auch ihm ein dreimaliges Heil zu!“

„Heil, Heil, Heil!“ wurde mir gebracht.

„So sind also nun die Helden und Sieger geehrt, und es ist das Recht der Besiegten, verhöhnt und angespien zu werden.

Schlagt diesen Mörder des Menschengeschlechtes; stoßt ihn

und zwickt ihn; zerrt ihn am Schwanz und bei den Ohren; sagt ihm die Namen, welche ihm gebühren, damit seine feige Seele in unendlicher Scham versinke und ersticke! Macht euch über ihn her; rauft ihm die Haare aus; zerreißt sein Fell, damit seinesgleichen sich ein warnendes Beispiel nehme und sich nicht mehr an die Anhänger des Propheten wage, sondern sich mit dem Fleische der Schafe und Ziegen begnüge! Ich habe gesprochen. Preis sei den Siegern! Heil, Heil, Heil!"

Er stieg, während die Askaris in seinen Ruf einstimmten, von dem Löwen herab, auf welchen sich nun alle warfen. Das tote Tier wurde mit Händen und Füßen so bearbeitet, daß ich gezwungen war, Einhalt zu gebieten, um das schöne Fell zu retten. Ich erreichte das am schnellsten dadurch, daß ich das allgemeine Geschrei mit meiner Stimme übertönte:

„Auf, auf, ihr Gläubigen! Diesem Würger von El Teitel ist nun der Schande genug gebracht worden. Laßt uns jetzt den berühmten Löwen aufsuchen, welchem unser Ben Fessarah das Leben nahm! Meine Seele ist begierig, sich an seinem Anblick zu erfreuen."

„Oh, du wirst dich unendlich freuen, Effendi", antwortete der Genannte. „Mein Löwe ist fast noch einmal so groß wie der deinige, denn sein Kopf ragte hoch über die Büsche empor, in denen er steckte. Ich habe meine Wette gewonnen, und du wirst mich nicht um den Gewinn betrügen, wie auch ich dir den deinigen sofort ausgehändigt hätte. Ich stelle mich an eure Spitze, ihr Männer; folgt hinter mir, und bildet den Triumphzug nach dem Platz des Kampfes, an welchem mein Ruhm den ersten Preis gewonnen hat!"

Was die Wette betraf, so war ich um deren Ausgang gar nicht bange. Ich wußte, daß ich gewonnen hatte und daß der „preisgekrönte" Fessarah jetzt einer ebenso großen wie unvermeidlichen Blamage entgegenging. Ich erriet jetzt, wer oder was sein Löwe war, dessen Kopf hoch über die Büsche emporgeragt hatte. Unsere Kamele lagerten am Brunnen; aber das des Fakir el Fukara, welches frei gegrast hatte, war nicht mehr zu sehen. Es war, die jungen Zweige von den Büschen fressend, zwischen ihnen eingedrungen und von dem einen „Helden dieses Tages" für den Löwen gehalten und er- oder doch wenigstens angeschossen worden.

Der Zug setzte sich still in Bewegung. Man mußte wieder vorsichtig sein, da man noch nicht wußte, ob der zweite Löwe tot oder nur verwundet war. Je mehr man sich der Stelle näherte, desto langsamer schritt der Fessarah voran; er blieb endlich gar stehen und wendete sich rückwärts an mich:

„Effendi, du bist doch überzeugt von meiner Heldenhaftigkeit?“

„Vollständig, denn du hast das größte und berühmteste Tier der Wüste erlegt. Leider aber befürchte ich, daß der Fakir el Fukara dir nicht dafür danken wird.“

„Das erwarte ich auch gar nicht, da er nicht von meinem Löwen, sondern von dem deinigen bedroht wurde. Er mag seinen Dank also an dich richten. Dieser mein Löwe aber bedrohte den Brunnen mit allen Askaris und Gefangenen, und dies ergibt für mich einen weit größeren und zahlreicheren Dank als den, den du nur allein von dem Fakir zu erwarten hast. Jetzt aber komm und schreite du voran! Ich weiß, daß du schärfere Augen hast als ich.“

„Du irrst. Ich sehe zuzeiten sehr schlecht, und dann kann es mir leicht passieren, daß ich einen Löwen für ein Kamel halte. Welch eine Kränkung für dich, wenn mir gerade heute und hier ein solcher Irrtum widerführe! Du bist der Sieger; geh nur du voran!“

Er mußte sich fügen; aber mit seinem Mut schien es Kap Finisterre zu sein, denn er bewegte sich in einer Weise vorwärts, als ob er auf Eiern gehe, von denen er keins zertreten dürfe. Schon nach sechs oder sieben Schritten blieb er wieder stehen, deutete vorwärts und meldete mit sehr unterdrückter Stimme:

„Allah kerihm! Dort liegt er. Ich sehe zwei seiner Füße, welche sich bewegen. Effendi, was ist da zu tun?“

„Nur immer drauf!“

„Aber er beißt! Er ist noch nicht tot, sondern wohl nur verwundet.“

„So tritt hinzu, und gib ihm noch eine Kugel! Freilich verkürzt das deinen Ruhm, da du dann nicht mehr behaupten kannst, ich hätte eine Kugel mehr gebraucht als du.“

„Auf diesen Ruhm kommt es mir ja gar nicht an. Das will ich dir beweisen. Ich habe nur eine Kugel in meiner Flinte; dein Gewehr aber ist zweiläufig; du bist also weit besser als ich imstande, dem Fresser vollends den Garaus zu machen. Tu es, Effendi; ich räume dir den Vortritt ein!“

„Meine Bescheidenheit gestattet mir nicht, deinen Wunsch zu erfüllen.“

„Das ist sehr schön von dir, Effendi, aber . . . o Allah, er bewegt die Beine wieder, und hörst du das Schnauben? Er ist zornig. Ich stelle mich hinten an!“

Er huschte an mir und den Askaris vorüber und suchte hinter ihnen Sicherheit vor dem vermeintlichen Löwen. Dieser hatte allerdings ein hörbares Lebenszeichen von sich gegeben, aber es war nicht das zornige Schnauben eines angegriffenen wilden Tieres, sondern das schmerzliche Röcheln eines verwundeten Kamels. Auch die Askaris wichen erschrocken zurück. Ich blieb stehen und sagte zu dem Fessarah:

„Gut, ich bin bereit, an deiner Stelle die Gefahr von euch abzuwenden, aber nur unter einer Bedingung. Ich werde ihn umschleichen und nach dir zu heraustreiben. Dann hast du, wenn er sich auf dich wirft, einen herrlichen Schuß."

Ich tat einige Schritte, als ob ich dieses Vorhaben ausführen wolle. Da schrie er auf:

„Um Allahs willen, tu das nicht; ich mag nichts davon wissen!"

„Aha, du fürchtest dich. Nun, so will ich dir zeigen, wie groß die Gefahr ist, welche es dabei gibt. Das sind nicht die Hinterpranken eines Löwen, sondern die Füße eines Kamels."

„Du irrst dich, du irrst dich! Deine Augen sind schlecht. Du hast selbst gesagt, daß du zuweilen einen Löwen für ein Kamel hältst!"

„Und du ein Kamel für einen Löwen. Du sollst sofort den Beweis dafür haben. Ja, dieses Tier war bedeutend höher als der Löwe, welchen ich geschossen habe; es war aber kein Löwe, sondern das Kamel des Fakir el Fukara! Da, schaut her!"

Ich ging hin und schob mit dem Gewehr die Zweige auseinander. Da sahen sie das Kamel liegen; es war in das rechte Hinterbein geschossen. Nun war es mit der Angst der Askaris plötzlich vorüber. Sie drängten sich herbei und brachen in ein schallendes Gelächter aus.

„Welch ein Löwe, welch ein grausiges Untier!" rief einer von ihnen. „Hätte die Kugel des Fessarah ihn nicht niedergestreckt, so würde dieser Menschenfresser uns alle verschlingen. Ja, der Fessarah hat uns aus einer entsetzlichen Gefahr befreit; er hat uns allen das Leben gerettet; er ist der berühmteste Löwenjäger im ganzen Land. Erhebt eure Stimmen, ihr Männer, um ihn zu preisen! Ruft dreimal Heil, Heil, Heil über ihn!"

„Heil, Heil, Heil!" lachten und jubelten sie.

Der Gepriesene antwortete nicht und entzog sich den weiteren Huldigungen, indem er davonrannte und sich in das Gebüsch versteckte. Das Kamel konnte nicht auf, denn der rechte Schenkelknochen war ihm zerschmettert; es mußte getötet werden. Eben kehrte sein Besitzer, der Fakir el Fukara, aus dem

Wald zurück. Er kam zu mir, gab mir die Hand und sagte, so daß alle es hörten:

„Effendi, verzeih mir, daß ich dich stehenließ, ohne dir zu danken! Es war zu schrecklich. Ich hatte zuviel gewagt. Meine Glieder klapperten, und meine Seele zitterte mir im Leib. Der Fresser hatte es auf mich abgesehen, und ohne dich wäre ich von ihm zerrissen worden. Das Entsetzen hatte mir die Sprache geraubt, so daß ich dir kein Wort sagen konnte. Ich entwich in das Dunkel des Waldes, um im stillen Allah zu peisen. Nun kann ich wieder reden und sage dir Dank. Du bist mein Freund und Bruder; die Feindschaft, mit welcher ich dich betrachtete, ist verschwunden, und ich wünsche dir den Beweis geben zu können, daß meine Gesinnung gegen dich sich vollständig umgewandelt hat. Willst du mir verzeihen?"

„Gern", antwortete ich, indem ich ihm die Hand schüttelte.

„So sag mir, wie ich dir dienen und dir einen großen Gefallen erweisen kann!"

„Dessen bedarf es nicht. Du wußtest es nicht, was es heißt, von dem Herrn mit dem dicken Kopf angegriffen zu werden; ich habe es dir gezeigt und bin nun befriedigt. Würdest du es noch einmal wagen, dich einem Löwen entgegenzustellen?"

„Niemals, nie! Bei seinem Anblick erstarrt einem das Blut im Leib, und es ist, als ob einem alles Fleisch von den Knochen falle."

„Das ist die Furcht, die Angst. Warum bin denn ich ganz ruhig geblieben? Hätte auch ich mich gefürchtet, so wäre es sehr schlimm geworden."

„Ja, Effendi, es ist mir unbegreiflich, wie du es wagen konntest, den Löwen zu veranlassen, sich von mir zu wenden, um sich auf dich zu werfen, und obendrein, nachdem ich mich so feindselig gegen dich verhalten hatte! Schreibt dir das etwa dein Glaube vor?"

„Nein. Ein guter Christ wird allerdings seinem ärgsten Gegner gern verzeihen, denn Christus, der Sohn Gottes, hat uns sogar geboten, unsere Feinde zu lieben; aber daß ich, um einem Moslem das Leben zu retten, mich selbst von dem Löwen zerreißen lassen soll, das gebietet mir mein Glaube nicht. Ich habe hier weniger als Christ als vielmehr als Mann gehandelt, als ein Schütze, ein Jäger, den selbst der Würger der Herden nicht aus der Fassung bringen kann. Als unerschrockener Mann habe ich den Löwen erschossen; als Christ bin ich bereit, mich mit dir zu versöhnen. Das ist es."

„Es bleibt sich gleich, ob du mich als Mensch oder als Christ errettet hast. Ich habe dir das Leben zu verdanken und bitte dich, mir zu sagen, wie ich diese große Schuld wenigstens einigermaßen abtragen kann."

„Es ist von keiner Schuld die Rede. Ich hätte das Tier auf alle Fälle erlegt; daß ich es von dir ablenken mußte, um gut zum Schuß zu kommen, das war nur ein Zufall, welcher dich zu nichts verpflichtet. Ich werde mir das Fell des Löwen nehmen und bin mit diesem Lohn vollständig zufrieden."

„Das ist mir nur dann begreiflich, wenn ich annehme, daß du nur aus Stolz den Dank eines Mannes, welcher dich beleidigt hat, verschmähst. Aber auch ich habe mein Ehrgefühl, welches mir verbietet, mich gänzlich abweisen zu lassen. Ich werde nachdenken und hoffe, eine Gelegenheit zu finden, dir einen Dienst zu leisten, den du anzunehmen gezwungen bist. Du weißt noch gar nicht, wen du gerettet hast. Später, wenn du Weiteres von mir hörst, wirst du erkennen, daß dir All-Islam und der ganze Orient verbunden ist. Da liegt mein Kamel. Was ist mit ihm geschehen?"

„Der Fessarah hat es angeschossen, weil er es für einen Löwen hielt."

„Dieser Dummkopf! Die Angst hat ihn blind gemacht. Ist es schwer verwundet?"

„Ja; es kann nicht auf, und wenn du es mir erlaubst, so werde ich es durch einen Schuß von seinen Qualen erlösen."

„Warum willst du das kostbare Pulver und Blei verschwenden? Laß es liegen; es wird von selbst sterben."

„Das würde grausam sein. Ein Tier ist ebenso Gottes Geschöpf wie der Mensch."

„Tu, was du willst; ich habe nichts dagegen. Aber was fange ich nun ohne Reittier an? Soll ich laufen?"

„Nein. Ich werde dir eins von den erbeuteten Kamelen schenken. Jetzt wollen wir den Löwen nach dem Brunnen schaffen, damit ich ihm das Fell nehmen kann."

Ich gab dem Kamel den Gnadenschuß; dann gehörten acht Askaris dazu, den mächtigen Körper des Löwen fortzuschleifen. Er wurde nach einem der Feuer gebracht, wo ich ihm den gelbbraunen „Rock" auszog, wie Ben Nil sich ausdrückte. Natürlich sprach man nur von dem Löwen, und alles andere ruhte. Der Fessarah kam in sehr niedergeschlagener Haltung herbei und wurde mit ironischen Lobpreisungen überschüttet. Er ließ sie über sich ergehen, ohne ein Wort zu erwidern, und das war das

Beste, was er tun konnte. Er legte seine berühmte Flinte weg und sagte:

„Hier liegt sie; geben kann ich sie dir nicht, denn das wäre eine Versündigung an dem Urvater meiner Urahnen. Bist du wirklich so grausam, mich ihrer zu berauben, so nimm sie weg."

„Ja, ich nehme sie, denn sie ist mein rechtmäßiges und wohlverdientes Eigentum."

Er hatte auf meine Nachsicht gerechnet; als er sie jetzt in meinen Händen sah, schlug er die seinigen über dem Kopf zusammen und wehklagte:

„O Allah, o Himmel, o tiefes Herzeleid meiner Seele! Nun bin ich des Ruhmes meiner Ahnen, des Vermächtnisses meiner Vorfahren beraubt und darf mich nie wieder in den Dörfern meines Stammes sehen lassen. Wo ich erscheine, wird man mit Fingern auf mich deuten und über mich rufen: Das ist der Mann, der das Kleinod seines Stammes verspielt und die Ehre seiner Vorfahren verwettet hat; Schande über ihn! Mir bleibt nichts übrig, als in Tränen zu zerlaufen und mich in Zähren aufzulösen. Mein Herz schwimmt in der Flut des Grames, und mein Leben taucht unter in das Wasser des Seelenschmerzes, o Allah, Allah, Allah!"

Es fiel mir nicht ein, die Flinte zu behalten; ich nahm sie nur für einstweilen weg, um ihn für seine Prahlereien ein wenig büßen zu lassen; das konnte ihm nichts schaden. Er streckte sich lang auf den Boden aus, verhüllte mit dem Kopftuch sein Gesicht und verhielt sich von jetzt an vollständig schweigend. Desto lauter und lebhafter waren die Askaris, welche nicht müde werden konnten, das Löwenabenteuer immer von neuem zu besprechen. Sie taten das in ihrer überschwenglichen orientalischen Weise, und wenn ich nach ihren Ausdrücken beurteilt werden sollte, so war ich nicht nur der größte Held der Erde, sondern überhaupt ein Mann, wie es noch keinen gegeben hatte und auch später niemals einen geben könnte. Als dann erst gegen Mitternacht dieses Thema erschöpft zu sein schien, hielt Ben Nil es für an der Zeit, auf das seinige zurückzukommen. Er verlangte die Bestrafung des alten Emirs Abd Asl. Er war durch den Angriff des Löwen unterbrochen worden und drang nun darauf, daß die Angelegenheit erledigt werden würde. Als der Fakir el Fukara dies hörte, stand er auf und sagte zu mir:

„Effendi, vorhin trat ich auf, um das Leben dessen, den ihr richten wollt, zu verteidigen, denn er ist mein Freund. Wir kennen uns noch viel näher, als du wissen kannst und ahnst. Ich sehe aber ein, daß ich zu schwach gegen euch bin. Meine Gegenwehr würde ihm nichts nützen. Du bist ja, wie du auch gesagt hast, ganz allein imstande, es mit zehn Fakirs el Fukara aufzunehmen. Ferner hast du mich vom Löwen errettet, und ich bin dir Dankbarkeit schuldig. Darum will ich dir nicht widerstehen. Ich mische mich also nicht in diese Angelegenheit; aber meine Augen dürfen nicht den Tod meines Freundes erblicken, und darum werde ich mich zurückziehen, bis es vorüber ist."

Er ging fort, über den Kreis der Kamele hinaus, und setzte sich dort so nieder, daß er uns den Rücken zukehrte. Ben Nil stand, gerade so wie vorhin, mit dem Messer in der Hand vor mir und fragte:

„Also du erlaubst, daß ich jetzt Rache nehme, Effendi?"

„Ja. Ich antworte dir so, wie ich dir bereits geantwortet habe: Wenn du es für deiner würdig hältst, einen schwachen, sogar gefesselten Greis, der sich nicht wehren kann, niederzustechen, so tu es!"

„Ich weiß, was ich meiner Ehre schuldig bin, und werde dir zeigen, daß ich danach handeln werde."

„Tu, was du willst! Der Alte ist in deine Hand gegeben; er gehört nur dir; kein anderer darf sich an ihm vergreifen. Darauf sind die Askaris eingegangen. Was du tust, ist endgültig. Das will ich hiermit nochmals in aller Bestimmtheit erwähnt haben. Aber ehe du Rache nimmst, habe ich noch mit ihm zu sprechen."

Ich ging mit ihm zu Abd Asl, welcher alles gehört hatte und also wußte, was ihm drohte. Die Züge seines Gesichtes waren starr und unbewegt, so daß man nicht erraten konnte, was in ihm vorging, ob er Angst fühlte oder nicht.

„Du weißt, was dir bevorsteht", sagte ich. „Mach deine Rechnung mit dem Leben und mit Allah ab!"

„Wer mich tötet, ist ein Mörder", anwortete er in einem Ton, welcher wie das Zischen einer angegriffenen Schlange klang.

„Denk und sag, was du willst; es kann dich nicht retten, und du wirst in wenigen Augenblicken über Es Siret, die Brücke des Todes, gehen. Erleichtere dein Gewissen; dann wird dir Allah vielleicht gnädig sein."

„Ich bedarf keiner Gnade; Ungläubige und deren Anhänger auszurotten, ist keine Sünde, sondern ein Verdienst, welches Allah belohnt."

„Bleib meinetwegen bei dieser deiner Ansicht! Wenn du den Tod durch das Messer für einen Lohn hältst, so kann ich nichts dagegen haben. Du hast nicht nur mir, dem Christen, sondern auch meinen Gefährten nach dem Leben getrachtet, und diese sind Moslemin. Ferner weißt du, daß der Reis Effendina vernichtet werden soll. Das kannst du nicht vor Allah verantworten, und ich fordere dich auf, diese Schuld von dir fernzuhalten, indem du mir sagst, in welcher Gefahr er schwebt."

Da ging ein höhnisches Grinsen über sein Gesicht. Er spuckte aus und antwortete:

„Ich speie dich und den Tod an, denn ich fürchte weder dich noch ihn. Meine Tage sind bei Allah verzeichnet, und ohne seinen Willen kannst du mir nicht eine Minute meines Lebens rauben; hat er bestimmt, daß ich jetzt hier sterben soll, so kannst du es nicht verhüten. Es wird mir also nicht einfallen, dir ein Wort von dem zu sagen, was du wissen willst."

„Ich kann dich zum Sprechen zwingen."

„Versuch es doch! Wie ich dich verlache, werde ich dir beweisen, indem ich eingestehe: Ja, der Reis Effendina befindet sich in einer großen Gefahr. Er ist verloren und mit ihm alle, die sich bei ihm befinden. Nun weißt du genug!"

„Er wird der Gefahr zu entgehen wissen, wie wir euch entgangen sind."

„Nein. Eine Rettung ist für ihn unmöglich. Er und seine Leute werden dafür vernichtet werden, daß er unsere Gefährten am Brunnen des Wadi el Berd niederschießen ließ. Ja, wenn du wüßtest, was ihm droht, du würdest ihm vielleicht helfen, denn du bist ein frecher Satan, der nur von Gefahren zu leben scheint. Aber du wirst es eben nicht erfahren."

„Wie nun, wenn ich dich so lange peitschen lasse, bis du redest?"

„Ich werde dennoch schweigen."

„Oh, die Schmerzen öffnen selbst den verschlossensten Mund!"

„Diesmal läßt dich deine berühmte Klugheit im Stich. Läßt du mich schlagen, so werde ich dir irgendeine Antwort geben. Kannst du aber wissen, ob sie wahr ist oder nicht?"

„Ich denke, daß ich dies gar wohl zu beurteilen vermöchte; aber ich werde dennoch darauf verzichten, dich schlagen zu lassen. Ich würde mich schämen, einen alten gebrechlichen Mann zu peinigen, welcher schon am Rande des Grabes steht."

„Schmähe mich nicht! Ich bin nicht gebrechlich, und wenn ich nicht dein Gefangener wäre, so würde ich dir das beweisen. Tötet mich, ihr Hunde; aber ich werde schweigen!"

„Gut, er soll seinen Willen haben", meinte Ben Nil. „Zu erfahren, was dem Reis Effendina droht, dazu sind wir auch ohne die

Mitteilung dieses alten Mörders klug genug. Er mag also zur Hölle fahren."

Der Jüngling kniete neben ihm nieder, öffnete ihm vorn das Gewand und setzte ihm die Spitze des Messers auf die Brust. Abd Asl schien nicht erwartet zu haben, daß man doch Ernst machen würde; er schrie jetzt freilich in erschrockenem Ton:

„Halt ein! Bedenke, daß ich ein heiliger Fakir bin, an dem sich niemand vergreifen darf! Allah würde diesen Mord mit den ewigen Qualen der Hölle an dir rächen."

„Ein Heiliger willst du sein?" antwortete Ben Nil. „Ein Ungeheuer bist du, tausendmal schlimmer als der Löwe, welchen wir erlegt haben! Und wie kann Allah deinen Tod an mir rächen, da du gesagt hast, daß du nur mit seiner Erlaubnis sterben würdest! Wenn ich dich jetzt ersteche, so geschieht es mit seinem Willen und auf seinen Befehl. Also fahr hinab in die Hölle, wo alle Millionen Teufel dich mit Freude erwarten!"

Er stach ihm die Spitze des Messers langsam, langsam ... nur durch die Haut, wie ich sah. Der Alte wälzte sich auf die Seite und heulte, nun seine ganze bisher verhaltene Todesangst zeigend:

„Nein, nein! Ich mag nicht sterben; ich will und kann nicht sterben. Verschone mich, verschone mich!"

„Schau, alter Feigling, wie du dich verstellen konntest! Jetzt bricht das Entsetzen über dich herein", sagte Ben Nil.

„Gnade, Gnade! Laß mich leben!"

„Vielleicht schenke ich dir das Leben. Nenne mir aber die Gefahr, welche dem Reis Effendina droht!"

„Ich sage es dir – ich sage es!"

„Dann schnell, heraus damit, sonst stoße ich zu!"

„Er wird in Chartum vergiftet."

„Von wem?"

„Von ... von ... von dem Muza'bir."

„Von dem Gaukler also, der unserm Effendi wiederholt nach dem Leben trachtete? Wie will er die Tat ausführen?"

„Er hat einen Askari, welcher bei den Leuten des Reis Effendina Farran – Bäcker – ist, bestochen. Er gibt ihm Gift, welches der Farran in den Teig tut, wenn er für den Reis Effendina Kisrah – Brötchen – bäckt."

„Willst du schwören, daß du damit die Wahrheit sagst?"

„Bei Allah, beim Propheten und bei dem Leben und Lehren aller Kalifen."

„Sieh, wie schnell ich erfahren habe, was du uns nicht sagen wolltest! Nun werden wir sofort einen Eilboten absenden, um den Kommandanten zu warnen. Die Todesangst hat dir den verschlossenen Mund geöffnet. Aber ich will dir nun zu deinem Ärger sagen, daß du mir dieses Geständnis eigentlich gar nicht zu machen brauchtest, da es mir nicht einfällt, meine Ehre zu beschmutzen, indem ich einen alten gefesselten Mann, der noch dazu ein solcher Feigling ist, ersteche. Ja, ich will Rache nehmen, aber den Gegner nicht abschlachten. Allah soll entscheiden zwischen mir und dir. Ich will kämpfen, doch nicht mit dir, denn ich bin jung und kräftig. Such einen deiner Männer aus. Ich werde ihn losbinden und ihm ein Messer geben. Auch ich bewaffne mich mit dem Messer; dann kämpfen wir auf Leben und Tod. Besiegt er mich, so bist du gerettet; stoße aber ich ihn nieder, so sterbt ihr beide, denn er kämpft für dich und du hast sein Schicksal auch zu erleiden. Effendi, ich hoffe, daß du mir deine Erlaubnis nicht versagst."

Das war brav, sehr brav von dem wackern Kerl! Aber der Ausgang des Duells! Ben Nil war mutig und für seine Jahre auch ungewöhnlich stark und gewandt; aber ob ich ihm den Sieg zutrauen durfte, das wußte ich nicht. Es verstand sich von selbst, daß der Alte den besten Krieger auswählen würde. Aber durfte ich mich weigern, meine Zustimmung zu erteilen? Nein. Ben Nil konnte tun, was ihm beliebte. Ich machte ihm zwar eine halblaute Vorstellung, doch antwortete er:

„Sorg dich nicht um mich, Effendi! Ich weiß, was ich tue. Du hast mich noch nicht in einem solchen Kampf gesehen und magst also für mich fürchten; ich sage dir aber, daß ich nicht eine Spur von Angst empfinde."

„Man wird dir den kräftigsten Mann gegenüberstellen. Bedenk das!"

„Das ist mir lieber, als wenn ich mich mit einem Schwächling messen soll. Also, stimmst du bei?"

„Ja, halte dich wacker; sei nicht voreilig, und blicke ja nicht auf das Messer, sondern in das Auge deines Gegners. Such dich auch so zu stellen, daß das Licht ihn vorn, dich aber hinten trifft!"

Was ich nicht erwartet hatte, der Alte wählte den angeblichen Dschelabi. Es gab unter den Gefangenen welche, die länger und stärker gebaut waren als er; vielleicht besaß er eine größere Gewandtheit und Erfahrung im Einzelkampf. Vielleicht auch hatten sie irgendeine Hinterlist verabredet. Sie lagen nebeneinander, und es war mir nicht entgangen, daß sie heimlich miteinander gesprochen hatten. Ich nahm mir vor, mich auf alle Fälle bereitzuhalten.

Als dem Dschelabi die Fesseln abgenommen worden waren, bekam er ein Messer in die Hand. Er reckte und dehnte sich und rieb sich die Beine, um sie, die gebunden gewesen waren, wieder geschmeidig zu machen.

„Wir entkleiden uns und kämpfen nur in der Hose und mit nacktem Oberkörper", sagte ihm Ben Nil.

„Warum? Bleiben wir doch, wie wir sind!"

„Nein; wie ich sagte, so wird es gemacht."

Der Dschelabi widersprach noch einigemal, mußte sich aber fügen. Warum wollte er sich des Obergewandes nicht entledigen? Ohne es war doch leichter zu kämpfen. Wollte er fliehen? Ben Nil fuhr fort:

„Also wenn du mich tötest, behält Abd Asl das Leben. Töte ich aber dich, so stirbt auch er sofort unter meinem Messer. Du hast also nicht nur dein Leben, sondern auch das seinige in der Hand. Also sag, ob du bereit bist."

„Ich bin bereit; es kann beginnen."

Sie standen mitten in unserm Kreis einander gegenüber. Bestimmte Regeln waren nicht gegeben worden, doch erteilte ich dem Dschelabi noch die kurze Warnung:

„Nimm deine Beine in acht!"

„Dies zu sagen, ist überflüssig", lachte er. „Das Leben wohnt im Herzen; er wird mich also nicht in die Beine stechen wollen."

Er beachtete es nicht, daß ich meinen Henrystutzen so an mich zog, daß ich ihn augenblicklich anlegen konnte.

„Also jetzt", meinte Ben Nil. „Komm heran!"

Das fiel dem andern gar nicht ein. Keiner wollte den ersten Stich versuchen. Sie bewegten sich einigemal im Kreis, indem sie sich fest in den Augen behielten. Da sprang der Dschelabi auf Ben Nil ein, und dieser wich zur Seite, um dem Messerstoß zu entgehen; aber der Angriff war nur eine Scheinbewegung gewesen, denn kaum war Ben Nil zur Seite gewichen, so schnellte der Dschelabi an ihm vorüber, sprang über die Köpfe zweier ihm im Wege sitzender Askaris weg und rannte zwischen den Kamelen hindurch, um den Wald zu erreichen. Meine Vermutung war also ganz richtig gewesen. Aber schon hatte ich das Gewehr angelegt und drückte ab, noch ehe er drei Viertel des Weges zurückgelegt hatte. Er stürzte vornüber, raffte sich schnell auf, brach aber wieder zusammen. Ich hatte nach dem Bein gezielt und es getroffen. Erschießen wollte ich ihn nicht, weil ich überhaupt nicht töten wollte, und sodann aus einem noch andern, ganz bestimmten Grund.

Die Askaris, und Ben Nil ihnen voran, waren ihm nachgesprungen, während ich ruhig sitzenblieb. Sie brachten den aus der Wunde Blutenden geschleppt, wobei sie freilich nicht sehr rücksichtsvoll mit ihm verfuhren. Als er vor mir niedersank, sagte ich:

„Du lachtest mich aus, als ich dich warnte. Und doch hatte ich recht, als ich dich aufforderte, auf deine Beine achtzugeben. Du erkennst von neuem, daß es nicht allzu leicht ist, einen christlichen Effendi zu überlisten."

Ich untersuchte sein Bein. Die Kugel steckte nicht mehr drin; sie hatte das Schienbein zerschmettert. Ich gab ihm einen Notverband.

„Wir müssen den Hund doppelt festbinden und ihn in unserer Mitte behalten", meinte Ben Nil.

„Nein", antwortete ich. „Bald wird er das Wundfieber bekommen, und wenn er dann zu schwatzen beginnt, stört er uns im Schlaf. Tragt ihn da hinüber nach den beiden Kafalahbäumen, setzt ihn an dem einen nieder, und bindet ihn so mit dem Rükken daran fest, daß er auch den Kopf nicht bewegen kann! Indessen mag Abd Asl einen andern Mann bestimmen, welcher mit dir kämpfen kann."

Dieser Befehl kam meinen Leuten wohl sonderbar vor, doch führten sie ihn aus, ohne eine Gegenbemerkung zu machen. Sie wußten, daß ich bei allem, was ich tat, selbst wenn es scheinbar unerklärlich war, doch einen bestimmten Zweck verfolgte. Und weil ich einen solchen auch jetzt hatte, war meine Kugel nur in das Bein des Flüchtlings gerichtet gewesen.

Die Flucht dieses Mannes war mir sehr begreiflich. Er hatte Ibn Asl, den Sklavenräuber, den Sohn des Alten, aufsuchen sollen, um ihn zu benachrichtigen, daß der Angriff gegen uns verunglückt sei und er infolgedessen kommen und die Gefangenen befreien sollte. Der Alte war ergrimmt über das Nichtgelingen dieses Planes; das sah ich seinen Augen an. Er wählte einen andern Mann zum Kampf aus, und dieser schien allerdings mehr zu fürchten zu sein als der Dschelabi, welcher vorhin nur erwählt worden war, weil er höchstwahrscheinlich ein guter Läufer war.

Der jetzige Gegner Ben Nils hatte fast die tiefdunkle Farbe eines Negers; seine Brust war breit und sein Knochenbau sehr kräftig. Trotzdem zeigte sich Ben Nil nicht im geringsten beunruhigt. Sie standen ungefähr fünf Schritt voneinander, ganz still und bewegungslos. Keiner ließ den Blick von den Augen des andern. Da plötzlich tat der Schwarze einen weiten, tigerartigen Sprung auf Ben Nil zu und holte zum Stoß aus. Er hatte ihn überraschen, vollständig überrumpeln wollen. Der Jüngling aber wich blitzschnell zur Seite, tat einen kurzen Quersprung, kam dadurch, ehe der Schwarze sich umdrehen konnte, hinter ihn und stieß ihm das Messer bis an das Heft in den Rücken. Der Getroffene stürzte da, wo er stand, nieder. Die Klinge hatte ihn, wie sich nachher zeigte, von hinten in das Herz getroffen.

„Afarihm, maschallah alaik! – Bravo, bravo!" schrien die Askaris vor Freude laut. „Das war herrlich, das war prächtig! Gleich der erste Stoß hat ihn gefällt. Wer konnte das dir, Ben Nil, du Sohn der Tapferkeit, zutrauen!"

Dieser wendete sich sehr ruhig an mich:

„Effendi, siehst du nun, daß du keine Angst um mich zu haben brauchtest? Ich hätte diesen Mann erlegt und wenn er doppelt größer und stärker gewesen wäre. Mein Auge ist scharf, meine Hand ist sicher, und mein Herz kennt keine Unruhe, welche den Blick verdunkelt. Gehört mir nun Abd Asl auch?"

„Ja", antwortete ich, sehr wißbegierig, was er nun machen würde.

Im Fall, daß er ihn wirklich erstechen wollte, mußte ich um Aufschub bitten. Er beugte sich zu dem Schwarzen nieder und zog ihm das Messer aus dem Rücken. Die blutige Klinge betrachtend, schüttelte er leise den Kopf und sagte dann:

„Du hast recht, Effendi, es ist etwas sehr Verantwortliches, einen Menschen zu töten. Dieses Blut ist mir widerwärtig. Glaubst du, daß der Reis Effendina den Alten, dessen Leben mir gehört, auch streng bestrafen würde?"

„Auf das allerstrengste natürlich!"

„So möchte ich ihm das Leben schenken. Dieser Schwarze hat für den Alten gekämpft und ist für ihn gestorben; darum will ich mich mit dem, was geschehen ist, begnügen. Bist du einverstanden?"

„Ganz und gar! Ich freue mich sehr, solche Worte von dir zu hören. Dein Entschluß macht dir mehr Ehre, als du von dem Tod Abd Asls haben würdest."

„Aber ich verlange, daß er später auf das strengste bestraft wird!"

„Ich werde dafür sorgen, daß dies geschieht. Und damit er jetzt nicht wieder irgendeinen Fluchtversuch veranlassen kann, schafft ihn hinüber zu dem Dschelabi und bindet ihn an den zweiten Kafalahbaum!"

Der Alte wurde von einigen Askaris fortgeschafft. Ben Nil aber fragte verwundert:

„Warum läßt du diese beiden Kerls dorthin bringen? Hier hätten wir sie doch sicherer."

„Das ist wahr. Wir werden sie auch wiederholen; aber vorher will ich erfahren, was man gegen den Reis Effendina vorhat."

„Das weißt du doch!"

„Nein, denn das mit dem Gift und dem Bäcker war eine Lüge. Geh jetzt hin, und setz dich als Wächter zu ihnen. Ich werde mich hinter sie schleichen, und wenn ich dann in ihrem Rücken liege, entfernst du dich hierher. Dann glauben sie, allein zu sein, und werden miteinander sprechen."

Er ging und setzte sich bei den beiden nieder. Die Kafalahbäume standen seitwärts von unserm Lager eng nebeneinander, und die zwei Gefangenen waren in der Weise, daß sie nach uns blickten, an die Stämme gebunden. Sie konnten jeden, der aufstand, deutlich sehen, nicht aber, wenn wir saßen, entscheiden, ob einer von uns fehlte oder nicht. Darauf baute ich meinen Plan.

Mehrere Askaris mußten um die Leiche des Schwarzen eine dichte Gruppe bilden und so tun, als ob sie sich über ihn unterhielten. Diese Gruppe bot mir Deckung zu meiner unbemerkten Entfernung. Als sich die Leute aufgestellt hatten, ging ich fort. Die beiden Gefangenen saßen rechts unter den Bäumen; ich entfernte mich nach links, und gerade in der Mitte standen die Askaris, so daß die ersteren mich unmöglich sehen konnten. Erst als ich den Wald erreicht hatte, setzten sich die Soldaten nieder, um bei meiner Rückkehr dasselbe Experiment zu wiederholen.

Ich ging, gedeckt von Bäumen und Sträuchern, am Waldesrand hin, bis ich einen Halbkreis beschrieben hatte und den beiden Gefangenen also in den Rücken gekommen war. Dann schlich ich auf sie zu, erreichte sie und legte mich hinter ihnen nieder. Ben Nil hatte mich natürlich kommen sehen, denn er saß mit dem Gesicht mir entgegen. Als er sah, daß ich auf meinem Lauscherposten lag, stand er auf, ging einigemal hin und her und entfernte sich dann langsam wie einer, welcher aus Langweile einen kurzen Gang unternehmen will. Das fiel nicht auf und brachte die von mir beabsichtigte Wirkung hervor, denn der Dschelabi sagte zu Abd Asl:

„Schnell, schnell, ehe er wiederkommt! Was haben wir zu besprechen?"

„Nichts, gar nichts“, knurrte der Alte grimmig.

„Aber wir müssen doch einen Plan fassen!“

„Ich weiß keinen. Allah verdamme diesen siebenmal verruchten Effendi in den tiefsten Abgrund der Hölle hinab! Wenn du nur entkommen wärst! Wie schnell konntest du bei der Dschesireh – Insel – Hassaniah sein und meinen Sohn benachrichtigen. Er wäre mit seinen Leuten nilabwärts gefahren und uns von Makaui oder Katena aus, wo er das Schiff zurückgelassen hätte, entgegengekommen, um uns zu befreien. Jetzt ist das vorüber.“

„Sollte es denn keine andere Rettung geben? Denk doch an den Fakir el Fukara! Wie oft hat er Geschäfte mit uns gemacht und großen Gewinn dabei gehabt. Daß er zufällig hier am Wasser eintraf, ist vielleicht ein Glück für uns. Er wird alles mögliche tun, um uns zu retten.“

„Das ist vorbei. Der Christenhund hat ihm das Leben gerettet, und so wird er ihn in Ruhe lassen.“

„Persönlich und direkt wird er ihm nichts tun, aber auf mittelbare Weise kann er uns helfen. Wenn er wüßte, daß dein Sohn sich auf der Dschesireh befindet, ist zu erwarten, daß er ihn benachrichtigen würde. Du solltest mit ihm sprechen!“

„Man wird es mir nicht erlauben, und wenn es erlaubt wird, steht der Effendi jedenfalls dabei, um alles zu hören.“

„Was tut das? Zwei oder drei Worte in der Schilluksprache sind schnell gesagt. Der Effendi kennt diese Sprache jedenfalls nicht; der Fakir el Fukara aber kennt sie und weiß dann jedenfalls, woran er ist.“

„Das ist richtig, und ich werde also den Versuch machen. Gelingt er, so ist Rettung möglich, aber der Reis Effendina wird meinem Sohn entgehen.“

„Wieso?“

„Dieser hat ihn nach der Dschesireh gelockt. In ihrer Nähe gibt es tiefe, dunkle Sunutwälder, welche der Reis Effendina nicht wieder verlassen soll. Gelingt dieser Anschlag, und wäre uns der Überfall geglückt, so würden wir diese beiden Menschen los sein und ebenso frei und ungestört wie früher jagen und handeln können. Die Anführer sind es, nicht aber die Askaris, die wir zu füchten haben.“

„Wenn uns kein Rettungsweg offenbleibt, was meinst du, was uns dann in Chartum erwartet?“

„Nun, sehr schlimm wird es wohl nicht werden. Wir sollen dem Reis Effendina ausgeliefert werden; dieser aber wird sich nicht dort befinden, sondern unter den Streichen meines Sohnes gefallen sein. Allzu strenge Richter haben wir also nicht zu erwarten, zumal unser Hauptankläger ein Franke, ein Christ, ist. Wenn wir alles ableugnen, wird man uns hoffentlich mehr glauben als ihm."

Die beiden sprachen noch weiter; aber ich nahm an, daß ihre ferneren Worte für mich von keiner Bedeutung sein würden, und zog mich also zurück. Als Ben Nil, welcher aufgepaßt hatte, dies sah, kehrte er nach den Kafalahbäumen zurück, und die Askaris stellten sich wieder in eine Gruppe zusammen, um mir Deckung zu geben. Ich erreichte meinen Platz, ohne daß die beiden Belauschten ahnten, daß ich in ihr Geheimnis eingedrungen war. Kurze Zeit darauf kam Ben Nil, um mir zu melden, daß Abd Asl mit mir zu sprechen verlange. Der Versuch, mich zu hintergehen, sollte also schon jetzt gemacht werden. Ich ging hinüber zu den beiden und fragte den Alten, was er mir mitzuteilen habe.

„Du hattest mein Leben in die Hand deines Ben Nil gegeben", sagte er; „dieser hat es mir geschenkt. Wird es mir nun erhalten bleiben?"

„Unsererseits hast du jetzt nichts mehr zu befürchten. Für später aber liegt die Entscheidung in den Händen des Reis Effendina."

„Und du wirst uns nach Chartum transportieren?"

„Ja. Warum fragst du?"

„Einer Angelegenheit wegen, welche mir sehr am Herzen liegt. Wenn du mich dem Reis Effendina auslieferst, bin ich verloren. Du hast dir Mühe gegeben, mir wenigstens das Leben zu retten; er aber ist streng und unerbittlich, und ich weiß, daß er mich ohne Gnade und Barmherzigkeit erschießen oder aufhängen lassen wird."

„Das ist allerdings sehr wahrscheinlich", bestätigte ich.

„Du sagst es selbst, und so ist es auch sicher. Ich habe mich also auf den Tod vorzubereiten, und du wirst mir dazu behilflich sein, denn ich weiß, daß euer christlicher Glaube lehrt, von dieser Vorbereitung hänge die ewige Seligkeit ab."

„Das ist richtig. Wer ohne Reue und Buße und gute Werke in seinen Sünden von hinnen fährt, der ist für ewig verloren."

„Ich bereue und möchte besonders eine Tat, welche mir schwer auf dem Gewissen liegt, von meiner Seele wälzen. Du bist nicht ein Diener der Rache. Willst du mir dazu behilflich sein?"

„Gern", antwortete ich, sehr neugierig darauf, was er vorbringen würde, um mich zu übertölpeln. Er fing die Sache sehr fromm und scheinbar in sein Schicksal ergeben an, was meinen Widerwillen gegen ihn nur verstärken konnte. Er machte ein höchst betrübtes Gesicht und fuhr im weichsten Ton, dessen seine Stimme fähig war, fort:

„Ja, eine große, schwere Sünde lastet auf meinem Gewissen. Ich möchte sie gern abwerfen und bin doch überzeugt, daß der Reis Effendina mir die Gelegenheit dazu nicht geben wird. Darum wende ich mich an dich. Es ist ein Glück, daß der Fakir el Fukara gerade jetzt anwesend ist, denn nur er allein kennt die Verhältnisse so genau, wie es nötig ist, und darum ist er es allein, an den ich mich wenden kann. Würdest du mir erlauben, jetzt einmal mit ihm zu sprechen?"

„Hm!" machte ich mit bedenklichem Gesicht. „Du verlangst da etwas, was ich eigentlich nicht gestatten darf."

„Es sind ja nur wenige Worte."

„Ob viel oder wenig, das bleibt sich gleich. Du weißt selbst, wie gering mein Vertrauen zu dir sein kann."

„Du kannst ja dabeistehen und alles hören!"

„Das beruhigt mich nicht. Wie nun, wenn du mich täuschen und dem Fakir el Fukara gewisse Winke geben willst, welche darauf hinzielen, daß er dich befreien soll?"

„Das ist doch ganz unmöglich, wenn du dabei bist!"

„Oh, es ist sehr leicht möglich. Du brauchst ja nur die Worte so zu setzen, daß ich sie nicht verstehe, er aber ihren Sinn doch begreift."

„Ein solcher Wortkünstler bin ich nicht, Effendi. Laß dich erweichen! Du bist ein Christ!"

„Ja, jetzt berufst du dich auf meinen Glauben, früher aber hast du ihn verspottet. Ein Moslem würde sich freilich nicht erweichen lassen."

„Aber du! Ich werde so langsam und deutlich sprechen, daß du jedes einzelne Wort wie auf einer Waage wiegen und abmessen kannst. Denk doch, daß es wie ein Testament ist, daß ich wie ein Sterbender bin, dem der sichere Tod die Arme entgegenstreckt! Was ich von dir erbitte, ist etwas so Einfaches und Leichtes. Du bist streng und unerschrocken, aber grausam nicht. Willst du es zum erstenmal sein? In Beziehung auf List, Klugheit und Umsicht kommt dir niemand gleich. Meinst du, daß du dich gerade heute und jetzt auf diese Vorzüge nicht verlassen kannst? Hätte ich Hintergedanken, so würdest du sie viel eher merken als der Fakir el Fukara, dem du an Scharfsinn ja weit überlegen bist."

Er schmeichelte mir, um meine scheinbaren Bedenken zu besiegen. Ich erwies ihm nicht den Gefallen, so zu tun, als ob dieses Lob Eindruck auf mich mache, sondern antwortete:

„Was du da redest, ist überflüssig, denn ich kenne mich und meine Eigenschaften selbst am allerbesten. Es würde allerdings weder dir noch dem Fakir el Fukara gelingen, mich zu betrügen; dazu seid ihr beide viel zu dumm. Ich will dir also deinen Wunsch, der für mich vollständig ungefährlich ist, erfüllen."

„Ich danke dir!" meinte er ruhig und bescheiden, obgleich ich ihn dumm genannt hatte. „Du hast recht; es ist für euch gar keine Gefahr dabei, denn du wirst alles hören."

„Ich werde nichts hören. Ich werde die gewünschte Unterredung nicht durch meine Gegenwart entweihen."

„So darf ich ohne Zeugen und ohne Aufsicht mit ihm sprechen?" fragte er, indem er seine Freude nicht vollständig zu verbergen vermochte.

„Ja, wenigstens wird keiner von uns euch stören. Ob dieser sogenannte Dschelabi hier mit zuhören darf, das ist deine Sache. Ich werde dir jetzt den Fakir el Fukara senden und gebe dir volle zehn Minuten Zeit, mit ihm zu sprechen. Du siehst, wie rücksichtsvoll ich bin. Mißbrauche dies nicht, denn es würde dir schlecht bekommen. Ich würde ganz sicher bemerken, daß du mich hintergehen willst."

„Sorg dich nicht, Effendi! Ich meine es ehrlich, und deine Güte rührt mich so, daß ich, wenn ich wirklich eine Heimtücke geplant hätte, jetzt davon absehen würde!"

„Gut, wenn es wirklich so ist. Hast du einmal von dem frommen und berühmten Marabut gehört, welchem ein Geist die Zungen von zwölf sprechenden Raben und die Ohren von zwölf jungen Adlern brachte?"

„Ja. Er mußte sie essen und redete dann die Sprachen aller Menschen und Tiere und hörte bis in die weiteste Entfernung alles, was seine Feinde gegen ihn berieten."

„Nun wohl; ich sage dir, daß auch ich solche Zungen und Ohren gegessen habe. Nimm dich also in acht; ich höre alles!"

Ich ging und bekam dabei den Beweis, daß ich gar keine bezauberten Adlerohren zu essen brauchte, denn die meinigen waren scharf genug, noch zu verstehen, daß der Alte seinem Genossen schadenfroh zuraunte:

„Welch ein Glück; es wird gehen!"

Der Fakir el Fukara war nicht wenig verwundert, als ich ihm sagte, daß der Alte mit ihm reden wolle und ganz ohne Beaufsichtigung mit ihm sprechen dürfe. Er ging hinüber und setzte sich bei den beiden nieder. Auch die Askaris konnten sich mein Verhalten nicht erklären, und Ben Nil machte mir Vorstellungen. Ich wies sie mit dem Bemerken zurück, daß ich sehr wohl wisse, was ich tue.

Nach Verlauf der zehn Minuten sah ich, daß der Fakir el Fukara aufstand, um an seinen Platz zurückzukehren. Er hatte von seiner Dankbarkeit gesprochen, und nun konnte ich mich überzeugen, ob er es damit aufrichtig meinte. Wenn er es mir vergelten wollte, daß ich ihm das Leben gerettet hatte, so mußte er mich über den Anschlag des Alten unterrichten. Doch hütete ich mich, ihm schon jetzt eine Gelegenheit dazu zu geben. Der Alte sollte sehen, daß ich mit seinem Vertrauensmann nicht sprach, und um so mehr darüber erschrecken, daß ich alles wußte. Darum ließ ich den Fakir el Fukara von rechts her nach seinem Platz zurückkehren und begab mich mehr linker Hand wieder zu den beiden Kafalahbäumen.

„Nun, ist der Fakir auf deine Bitte eingegangen?" fragte ich den Alten.

„Ja, Effendi. Er hat mir versprochen, den Fehler, welchen ich begangen habe, gutzumachen. Wie sehr, wie herzlich danke ich dir!"

„Und nun ist dir das Herz leicht geworden?"

„So leicht, wie es seit langer, langer Zeit nicht gewesen ist!"

„Das glaube ich und kenne auch den Grund."

„Wie könntest du den wissen? Du hast doch keine Ahnung von der Tat, um welche es sich handelt."

„Irre dich nicht! Ich habe dir gesagt, daß auch ich Adlerohren gegessen habe, und dich gewarnt. Es handelt sich allerdings um eine Tat, aber nicht um eine solche, welche du schon begangen hast, sondern um eine, welche der Fakir el Fukara erst noch vorzunehmen hat."

„Effendi, da täuschst du dich. Ich verstehe dich nicht!"

„Verstell dich nicht! Ich habe dir vorhin sehr offen gesagt, daß ihr zu dumm seid, mich zu betrügen. Ihr habt einen Anschlag gegen mich gesponnen."

„Das ist nicht wahr. Welcher Anschlag könnte das sein?"

„Der Fakir el Fukara soll euch befreien helfen, indem er deinen Sohn Ibn Asl holt."

„Kein Mensch, kein einziger hat daran gedacht, Effendi! Der Fakir el Fukara weiß ja gar nicht, wo sich mein Sohn befindet."

„Du hast es ihm mitgeteilt."

„Nein. Wir haben gar nicht von ihm gesprochen."

„Auch nicht von dem Reis Effendina?"
„Nein."
„Denk doch an die Adlerohren! Du hast ihm gesagt, in welcher Gefahr sich der Reis Effendina befindet."
„Nicht zu ihm, sondern zu dir habe ich davon gesprochen. Dir habe ich gesagt, daß er in Chartum vergiftet werden soll."
„Ja, das hast du sogar beschworen und dabei einen Meineid geleistet, den Allah dir nicht vergeben wird."
„Es war die Wahrheit!"
„So? Warum hast du da soeben dem Fakir el Fukara erzählt, daß der Reis Effendina in die Sunutwälder bei der Dschesireh Hassaniah gelockt werden soll?"
„Allah, Allah!" rief er erschrocken aus, indem er mich anstarrte, wie einer, vor dem plötzlich bei heiterem Himmel ein Blitz in den Erdboden gefahren ist.
„Du erschrickst? Ja, dein Sohn befindet sich bei der Dschesireh Hassaniah, und der Fakir el Fukara soll schleunigst hin, um ihn zu benachrichtigen, daß euer Angriff auf uns verunglückt ist, und daß ihr euch in unsern Händen befindet."
„Ich ... weiß ... kein ... Wort, kein ... Wort ... davon!" stammelte er.
„Das ist eigentlich nicht notwendig", lachte ich. „Die Hauptsache ist, daß ich es weiß. Ich habe noch mehr gehört. Dein Sohn Ibn Asl soll mit seinen Leuten und seinem Schiff bis Makaui oder Katena nilabwärts gehen und dann links in die Steppe marschieren, um uns zu überfallen und euch zu befreien. Du siehst, daß meine Adlerohren mir sehr gute Dienste leisten."
„Du bist ein Teufel, ja, du bist der richtige und wirkliche Scheitan!" rief er jetzt in seinem grimmigsten Ton aus. „Gehört hast du nichts; das weiß ich genau; dennoch bist du von allem unterrichtet, und das kann nur die Folge davon sein, daß du mit der Hölle im Bunde stehst!"
„Oder mit Allah. Du bist ein schauderhafter Bösewicht; also kann die Macht, welche mir gegen dich beisteht, keine böse, sondern sie muß eine gute sein. Deine Anschläge sind entdeckt, und ich werde dafür sorgen, daß sie zunichte werden; deinem Sohn werde ich einen Besuch abstatten, ohne zu fragen, ob ich ihm willkommen bin, und wehe ihm, wenn ich finde, daß er dem Reis Effendina auch nur ein Haar gekrümmt hat! Euch beide werde ich jetzt wieder hinüber zum Feuer schaffen lassen. Ihr habt zu wenig Gehirn, zu erraten, weshalb ich euch von den andern absonderte. Hättet ihr euch überlegt, daß, wie ihr nun

schon oft erfahren habt, alles, was ich tue, einen bestimmten Zweck hat, so wäret ihr nicht in die Falle gegangen, welche ich euch damit stellte."

Als sich die beiden wieder in der Nähe des Feuers befanden, nahm ich mich der Wunde des Dschelabi sorgfältiger an, als es vorhin geschehen war. Günstigen Falles blieb er für das ganze Leben lahm; da aber in jenen Gegenden die geringste Verletzung leicht einen gefährlichen Charakter annehmen kann, so war eine schlimmere Wendung gar nicht ausgeschlossen.

Nun war ich neugierig, wie der Fakir el Fukara sich verhalten würde. Teilte er mir den Plan des Alten mit, so war es gut; im anderen Fall aber mußte ich ihn hindern, den ihm gewordenen Auftrag auszuführen. Er hatte sich wieder abseits von den übrigen gesetzt und gab mir, als die an der Wache nicht beteiligten Askaris sich zu schlafen niederlegten, einen Wink, zu ihm zu kommen. Als ich dieser Aufforderung gefolgt war, sagte er:

„Setz dich für einige Augenblicke zu mir, Effendi! Ich möchte über eine Angelegenheit, welche mir sehr wichtig ist, mit dir sprechen."

Ich nahm in der Erwartung neben ihm Platz, daß er mir sein Gespräch mit dem Alten mitteilen würde, aber schon der Anfang zeigte, daß ich mich geirrt hatte, denn er begann:

„Du bist ein Christ. Kennst du euer Kitab el Mukaddas – Bibel – genau?"

„Ja. Ich habe es mit besonderem Fleiß studiert."

„Und kennst du auch die Erklärungen, welche eure Schriftgelehrten dazu gegeben haben?"

„Ja."

„So sag mir, ob ihr Mohammed für einen Propheten haltet!"

„Nach unserer Überzeugung ist er kein Prophet, sondern nur ein gewöhnlicher Mensch."

„So gibt es bei euch wohl gar keine Propheten?"

„O doch! Wir verstehen unter den Propheten die vom Heiligen Geist erleuchteten Männer, welche Gott zu seinem Volke sandte, um es über die ewigen Wahrheiten zu belehren und es auf den Weg des Heils zu leiten."

„Das hat Mohammed doch auch getan!"

„Nein. Der Weg, auf welchen er seine Anhänger wies, ist ein Irrweg."

„So haltet ihr seine Lehre für durchaus falsch?"

„Ich möchte diese Frage freilich nicht mit einem kurzen Ja beantworten. Er hat Richtiges und Falsches zusammengeworfen.

Da, wo er lebte, gab es Juden und Christen. Von diesen lernte er den Inhalt unserer Bibel kennen und konstruierte daraus und aus allerlei heidnischen Anschauungen, welche er vorfand, die Lehre, welche ihr Islam nennt. Was davon aus unserer Heiligen Schrift stammt, ist richtig, das übrige aber falsch. Da nun selbst die reinste Wahrheit, wenn sie mit der Lüge verquickt wird, nicht mehr Wahrheit ist, so muß der Koran trotz vieler Stellen, mit denen wir einverstanden sind, verworfen werden."

„Effendi, ihr begeht den großen Fehler, den Koran zu verurteilen, ohne ihn zu kennen."

„Das ist nicht wahr. Ich kann diese deine Behauptung mit vollem Recht umdrehen. Gibt es eine einzige mohammedanische Medresse – Universität –, an welcher die Schüler unsere Bibel kennenlernen?"

„Nein, denn es ist Lehrern und Schülern verboten, sich mit den Lehren Andersgläubiger zu beschäftigen. Sie würden eine große Sünde begehen, wenn sie dies täten."

„An unsern Medressen aber gibt es sehr gelehrte und sehr berühmte Männer, welche mit ihren Schülern den Koran studieren und ihn wenigstens, ich sage wenigstens, ebenso genau kennen wie eure Professoren. Ihr könnt die Bibel gar nicht kennen und nennt uns dennoch Giaurs; wir aber kennen den Koran und sind also sehr wohl imstande, über den Islam ein Urteil zu fällen."

„Bist du auch der Schüler eines solchen Lehrers gewesen?"

„Ja, und zwar des berühmtesten. Er hat Abu 'l feda, Beidhawi, Alis hundert Sprüche, Samachschari und andere eurer Gelehrten übersetzt. Ich lernte bei ihm eure Sprache, den Koran, die Sunna und die von euren Religionslehrern dazu gegebenen Erläuterungen kennen und bin bereit, dir über den Islam jede gewünschte Aufklärung zu geben."

„Wunder über Wunder! Ein Christ will mir, dem gelehrten Fakir el Fukara, Erklärung des Korans, der Sunna und aller heiligen Schriften geben! Sollte man so etwas für möglich halten! Du bist nicht nur in Taten, sondern auch in Worten verwegen, Effendi!"

„Von einer Verwegenheit kann da gar keine Rede sein. Was ich sage, hat alles Grund und vollständige Berechtigung. Versuch es!"

„Nein. Ich werde mich hüten, mit einem Christen über den Islam zu disputieren. Du läßt dich doch nicht bekehren. Es waren nur einige wenige Fragen, welche du mir beantworten solltest. Selbst dem Weisesten der Weisen ist es unmöglich, ein endgültiges Urteil über unsern Glauben zu fällen, denn Mohammed hat das Werk nur begonnen. Zu Ende führen wird es ein anderer."

„Wer?"

„Das fragst du? Und doch behauptest du, den Koran und alle seine Erläuterungen zu kennen! Durch diese Frage hast du bewiesen, daß du sie noch nicht kennst."

„Du irrst dich abermals. Ich weiß, daß du den Paraklet, den Ma'dijj, meinst, den viele von euch erwarten."

Dieses Wort darf nicht Mahdi, sondern es muß Ma'dijj geschrieben werden; es kommt von dem arabischen Verbum hahdaja her, welches „führen" heißt, und bedeutet: der auf den rechten Weg Geführte, der Helfer, der Vermittler. Doch werde ich dem einmal gewohnten Gebrauch folgen und Mahdi schreiben.

„Du weißt das also doch?" fragte er. „Hast du gehört, daß ein Mahdi kommen wird?"

„Gehört und auch gelesen. Der Koran erwähnt nichts von ihm, und auch den Kommentaren ist die Sendung eines Mahdis unbekannt; er lebt nur in der mündlichen Überlieferung, auf die ich nichts gebe."

„Ich desto mehr. Allah wird einen Propheten senden, welcher das von Mohammed begonnene Werk zu vollenden hat. Dieser Prophet wird die Ungläubigen entweder bekehren oder, wenn sie sich nicht bekehren lassen, sie vernichten und dann die Güter dieser Erde so verteilen, daß ein jeder nach seiner Frömmigkeit erhält, was ihm gebührt."

„Das sind mehr weltliche als religiöse Hoffnungen und Wünsche. Wäre ich Moslem, ich würde mich nur an den Koran halten, nach dessen Lehren ein solcher Mahdi nicht erwartet werden kann."

„Wieso? Wenn der Koran nicht von einem Mahdi redet, so ist das doch kein triftiger Grund, anzunehmen, daß es keinen solchen geben kann und geben wird."

„O doch, denn die Prophetologie des Korans ist vollständig abgeschlossen. Nach Mohammeds eigenen Worten ist er der letzte Prophet, den Allah gesandt hat und senden wird; seine Lehre, der Islam, ist in sich vollendet und kann nicht durch Zusätze ergänzt oder gar verbessert werden, und nach ihm wird, wie er sagt, nur einer kommen, nämlich Isa Ben Marryam – Jesus –, und zwar am Jüngsten Tag, an welchem er sich auf die Moschee der Ommijaden in Damaskus niederlassen wird, um zu richten die Lebendigen und die Toten. Ganz abgesehen davon, daß Mohammed da den Heiland der Christen als Weltenrichter hoch über sich selbst stellt, macht er damit eure Mahdihoffnung ganz und vollständig zuschanden."

„Das sprichst du als Ungläubiger."

„Nein, sondern als Kenner des Islams, als welcher ich mich in die Anschauung eines Moslems gedacht habe. Wenn jetzt ein Mahdi erstände, welcher beabsichtigte, die sogenannten Ungläubigen, falls sie sich nicht von ihm bekehren ließen, zu vernichten, so wäre das einfach lächerlich. Es gibt weit über tausend Millionen Menschen, welche nicht Mohammedaner sind; ich will aber nur von uns Christen sprechen. Wie wollte euer Mahdi es anfangen, uns zu vernichten?"

„Mit Feuer und Schwert!"

„Er mag kommen! Und das ist es ja eben, daß er gar nicht kommen kann, nämlich nicht zu uns. Kann eine Quelle der Wüste sich herausnehmen, zum Nil zu kommen, um ihn zu verschlingen? Kann sie die Wüste überwinden und dann die Felsenberge, durch welche sie vom Nil getrennt wird? Sie muß, sobald sie sich aus der Oase hervorwagt, schamrot im Sand verlaufen."

„Allah wird ihre Wellen mehren und ihre Kräfte stärken, daß sie tausendmal breiter wird als der Nil!"

„Gott ist allerdings allmächtig; aber er läßt nicht der Überhebung eines Moslems zuliebe ein Meer aus dem dürren Boden quellen und die Höhen der Gebirge überfluten."

„Ihr kennt uns nicht. Wir sind unwiderstehlich, wenn wir uns im Krieg über eure Länder ergießen!"

„Pah! Euer Strom würde elend versiegen, noch lange ehe er unsere Grenzen erreichte. Kennt ihr unsere Länder? Wo liegen sie? Kennt ihr unsere Völker, unsere Einrichtungen, unsere Heere? Ein Wüstenfloh hat den Gedanken, mit den Elefanten und Flußpferden des Sudans, den Büffeln und Bären Amerikas, den Löwen und Tigern Indiens anzubinden! Wahnsinn! Und kämt ihr zu Hunderttausenden, so hast du gar keine Ahnung, wie schnell wir mit euch aufräumen würden."

„Allah 'l Allah! Hast du einmal einen Moslem im Kampf gesehen? Wir würden euch im Augenblick zermalmen!"

„Aber einen Augenblick vorher würdet ihr aus den Mündungen unserer Gewehre und Kanonen bis auf den letzten Mann den Tod getrunken haben. Ehe du vom Zermalmen redest, besuch die Länder der Christen, um da Umschau zu halten! Du redest wie der Fisch vom Wüstensturm; sobald er nur aus dem Wasser kommt, ist's mit ihm vorbei. Zähl die Millionen und aber

Millionen Krieger, welche wir haben. Und was sind das für Männer! Was sind zehn von euch gegen einen von ihnen! Du fragst mich, ob ich einen Moslem im Kampf gesehen habe. Nicht einen, sondern viele sah ich schon. Ich selbst habe mit Moslemi gekämpft und wundere mich sehr, daß du mich so fragen kannst. Nimm doch das nächste Beispiel, welches dir zur Verfügung steht, nämlich mich selbst! Man wollte und will mich hier verderben. Ist es gelungen? Sind diese großen Helden nicht alle in ihre eigenen Gruben gefallen? Ich bin der einzige Christ unter euch. Sagt Abd Asl nicht selbst, daß ich mehr zu fürchten sei, als alle Askaris zusammen? Man wollte mich fangen. Was geschah? Ich habe diese sechzig tapfern Moslemin gefangen, und zwar hier, wo sie daheim sind und alle Verhältnisse kennen. Dein Mahdi mag kommen, um uns zu vernichten. Meinst du, daß wir uns gegen ihn zu wehren brauchten? O nein! Wir würden lachen, nur lachen, und vor dem Schall dieses Spottgelächters würde er samt seinen Helden Hals über Kopf davonlaufen."

„Du nimmst den Mund sehr voll, Effendi; aber wenn du ihn kommen sähest, so würden deine Zähne vor Entsetzen aufeinanderklappern."

„So? – Hat er ein so fürchterliches Angesicht?"

„Ja, du hast keine Ahnung davon, wie schrecklich er sein kann."

„Aber du hast diese Ahnung? – So kennst du ihn?"

„Gerade weil du nicht glaubst, daß ein Mahdi kommen wird, gerade weil du über ihn spottest, will ich dir diese Frage beantworten: Ja, ich kenne ihn."

„So ist er also schon da?"

„Er ist schon da und hat bereits von Allah die Weisung empfangen, sich auf die Eroberung der Erde und die Vernichtung der Ungläubigen vorzubereiten."

„Willst du ihm einen guten Rat von mir überbringen?"

„Welchen?"

„Er mag in Ruhe und Frieden seine Herde weiden oder sein Feld bebauen, aber in Allahs Namen auf seine eingebildete Prophetie verzichten. Er ist in einer gewaltigen Selbsttäuschung befangen, in einem Selbstbetrug, welchen seine Anhänger, falls er welche fände, mit ihrem Eigentum, ihrem Leben bezahlen würden."

„Du täuschst dich, aber nicht er sich! Seine Sendung ist ihm von Allah geworden, und er wird dem Befehl, der vom Himmel kam, gehorchen."

„So will ich dir sagen, was er zu erwarten hat. Er wird sich zunächst gegen den Vizekönig empören. Vielleicht gelingt der Aufstand. Chartum ist weit von Kahira entfernt, und ehe der Khedive Truppen sendet, kann dem Mahdi die an den Nilarmen liegende Gegend zugefallen sein, aber gewiß nur für kurze Zeit; er wird sie bald wieder räumen müssen."

„Gewiß nicht! Er verachtet den Khedive und wird ihn unterjochen. Dann wird er Mekka nehmen und hernach nach Stambul ziehen, um den Sultan abzusetzen und sich als den wahren Beherrscher der Gläubigen auszurufen."

„Das wird er bleiben lassen! Du hast ja nicht die mindeste Ahnung von den Verhältnissen, mit denen er zu rechnen hätte, und von den Hindernissen, auf welche er stoßen würde. Hier am obern Nil, ja, da könnte er ein wenig Krieg spielen; aber sobald er die Nase über die nubische Grenze steckte, würde man ihn darauf klopfen."

„Wer?"

„Die Mächte, welche nicht zugeben können, daß der Vizekönig oder gar der Sultan abgesetzt wird. Es gibt noch ganz andere Kerle, als der Mahdi sein würde, welche es nicht gern sehen, daß der Sultan in Stambul sitzt. Da ist zum Beispiel der Kaiser von Rußland, welcher Stambul gern für sich haben möchte. Er hat gar nicht weit dorthin, denn sein Reich stößt an die Türkei; er besitzt mehrere Millionen Soldaten und nimmt Stambul doch nicht weg, und zwar nicht etwa aus Angst vor den Türken, den Mohammedanern, sondern weil andere, christliche Fürsten es nicht erlauben würden. Und was der große Zar nicht fertigbringt, das soll der Mahdi fertigbringen? Das wäre, wie wenn ein Kind die Hand nach dem Mond ausstreckt; es mag nach ihm verlangen, es mag jammern und schreien, aber es kann ihn eben auf keinen Fall bekommen. Sag also dem Manne, daß es nichts mit diesem Plan ist. Und auch hinter dem Khedive stehen Mächte, welche ihn nicht fallen lassen werden. Ein Mahdi würde höchstens bis Assuan kommen, dort aber auf europäische, also auf christliche Truppen stoßen, an deren Kanonen und Bajonetten seine Macht zerschellen müßte."

„Wie aber nun, wenn er im Heer des Khedive einen Freund hätte, auf den er sich verlassen kann?"

„Da meinst du jedenfalls einen hohen Offizier, der bereit ist, sich in Kahira zu empören, sobald der Mahdi sich in Chartum erhebt?"

„Ja."

„Selbst wenn dieser Offizier zunächst Glück hätte, es würde ihn sehr bald verlassen, denn es würden europäische Truppen landen, denen er mit seinen Anhängern nicht gewachsen wäre."

„Wenn er sie nun aber nicht landen ließe?"

„Was kann er dagegen tun? Sie landen unter dem Schutz ihrer Schiffe."

„Die zerstört er!"

„Womit? Wie denn? Das sind keine hölzernen Nilbarken, sondern ungeheure Riesenpanzer aus Stahl. Eure Kugeln prallen davon ab; ihre Kanonenkugeln aber, welche fast bis nach Kahira fliegen, säubern in einer Viertelstunde die ganze Gegend. Wollte dein Mahdi den Sudan erobern, um die heidnischen Schwarzen zum Islam zu bekehren, so hätte er es mit Menschen und Verhältnissen zu tun, die er vielleicht kennt, und es wäre am Ende ein Gelingen möglich; aber von anderen Eroberungen mag er die Hände lassen, wenn er nicht tüchtig daraufgeklopft sein will. Ein Mahdi, welcher den Erdkreis erobern will, müßte die Summe aller gegenwärtigen europäischen Bildung nicht nur in sich tragen, sondern sie sogar noch überragen. Wo gibt es hier einen solchen Mann?

„Es gibt einen!" antwortete er in selbstbewußtem Ton, „welcher zehnmal gescheiter ist als ihr Europäer alle miteinander."

„Hm! Meinst du etwa dich selbst? Fast klingt es so."

„Wen ich meine, das werde ich natürlich nicht sagen; aber Allah hat ihm den Geist, die Kenntnisse und alle Eigenschaften, welche zu einer so heiligen Sendung gehören, gegeben, und es wird gar bald die Zeit kommen, in welcher die Kunde von ihm in allen Ländern erschallt und alle Kaiser, Könige und Fürsten Boten zu ihm senden, um ihm Geschenke zu geben und ihn um Frieden zu bitten.

Darauf kannst du dich bei meinen heiligsten Schwüren verlassen!"

„Was das betrifft, so habe ich oft und auch heute wieder erfahren, was die Schwüre eines Moslems gelten. War dies alles, was du mir zu sagen hattest?"

„Ja. Ich wollte die Ansicht eines unterrichteten Christen über die Sendung des Mahdis hören."

„Du hast sie gehört. Dann habe auch ich dich etwas zu fragen. Wovon hast du mit dem alten Abd Asl gesprochen?"

„Von einem großen Fehler, den er einmal begangen hat. Er bat mich, ihn gutzumachen."

„Wirst du das tun?"

„Ja."
„Es fragt sich aber wohl, ob du das tun kannst."
„Ich kann es, denn er hat mir die nötigen Anweisungen gegeben."
„Darf ich davon erfahren?"
„Warum, Effendi? Es war die Beichte eines Sterbenden, und du selbst bist so zartfühlend gewesen, es nicht hören zu wollen. Willst du jetzt auf einmal diese Großmut bereuen?"
„Nein; aber ich befürchte, daß diese Angelegenheit mir nicht gleichgültig sein kann."
„Sie geht dich ganz und gar nichts an."
„Es wird nichts gegen mich geplant?"
„Wie kommst du zu dieser Frage? Du hast mir das Leben gerettet, und ich bin dir Dankbarkeit schuldig. Darum würde ich dich sicher warnen, wenn Abd Asl etwas gegen dich vorhätte."
„Aber er ist dein Freund!"
„Meine Dankbarkeit gegen dich steht mir höher als diese Freundschaft. Ich bitte dich, mir zu vertrauen!"
„Ich traue nur dem, den ich vollständig kenne; dich aber habe ich heute zum erstenmal gesehen."
„So tut es mir leid, daß du jetzt nicht Zeit finden wirst, mich besser kennenzulernen. Ich habe ausgeruht und werde jetzt meine Reise nach Chartum fortsetzen. Ich bitte dich, mir eins der Kamele auszuwählen."
„Das werde ich tun, doch erst beim Anbruch des Tages."
„Jetzt nicht? Du hast es mir ja doch versprochen!"
„Allerdings, und ich werde mein Versprechen auch halten."
„So kann es dir gleich sein, ob du mir das Kamel jetzt oder später gibst."
„Dir ebenso."
„Nein, denn ich muß jetzt fort."
„Und ich bin überzeugt, daß du erst am Morgen abreisen wirst."
„Ich sage dir aber, daß ..."
„Und ich sage dir", unterbrach ich ihn in scharfem Ton, „daß mir das, was du sagst, sehr gleichgültig ist. Ich weiß ganz bestimmt, daß du hierbleibst, bis wir auch aufbrechen."
„Effendi, was fällt dir ein! Ich weiß, was ich will. Oder sollte ich etwa nicht mehr Herr meines Willens sein?"
Ich war aufgestanden; auch er sprang auf und stellte sich mir drohend gegenüber.
„Ich lasse dich nicht fort."

„Mit welchem Recht?"

„Mit dem Recht des Stärkeren. Ich bin Gebieter an diesem Brunnen, und zu allem, was hier geschehen soll, habe ich meine Erlaubnis zu geben."

Er hatte seine Flinte in der Hand. Ich hielt mich auf alles gefaßt, am meisten darauf, daß er plötzlich davoneilen würde. Da ich mein Gewehr an meinem Platz zurückgelassen hatte, konnte er der Ansicht sein, daß ihm die Flucht, ohne daß ihm eine Kugel folgte, gelingen würde.

„Du hast mir ein Kamel versprochen, damit ich weiterreiten kann", sagte er in sehr bestimmtem Ton. „Ich verlasse mich auf dein Wort."

„Du wirst es bekommen und kannst weiterreiten, doch wann, davon ist nicht die Rede gewesen. Du wirst in der Frühe mit uns aufbrechen."

„Ich habe es aber so eilig, daß ich nicht auf euch warten kann!"

„Warum hast du das früher nicht gesagt? Da schienst du es nicht so eilig zu haben. Übrigens werden wir sehr schnell reiten, und du versäumst also nichts, wenn du bis zu unserem Aufbruch wartest."

„Effendi, ich brauche keine Reisegesellschaft und keine Beschützer, denn ich reise allein viel sicherer als in Begleitung eines Christen, dessen Gegenwart mich nur in Gefahr bringen kann."

„Es sind Askaris dabei; das ist etwas ganz anderes. Ich muß wirklich darauf dringen, daß du wartest, bis wir mitreiten."

„Mit welchem Recht behandelst du mich als deinen Gefangenen?" fuhr er auf.

„Mit dem Recht, welches ein jeder besitzt, der auf seine Sicherheit, auf sein Leben bedacht sein muß."

„Bedrohe ich etwa, indem ich fortgehe, deine Sicherheit oder gar dein Leben?"

„Ja."

„Allah 'l Allah! Mir das! Mir, dem Mahdi, vor welchem Millionen im Staub liegen werden!"

„Ah, jetzt bekennst du Farbe! Du also bist der Auserwählte, zu welchem Allah gesprochen hat! Du willst den Khedive und den Sultan absetzen? Du willst die Erde erobern und die Christen vernichten? Du willst die unvollendete Sendung des Propheten vollenden und das Schwert des Islams von einem Ende der Welt zum andern tragen?"

Bei jeder dieser Fragen ließ ich den Blick von oben herab und dann wieder von unten herauf über seine Gestalt schweifen, betonte das Wort du sehr kräftig und fügte dann hinzu:

„Aufrichtig gestanden, du hast mir gar nicht das Aussehen eines Mannes, der auch nur zehn Askaris zu kommandieren vermag, und du willst die Gläubigen, ja sogar den ganzen Erdkreis beherrschen?!"

„Spotte nicht, denn es würde dir schlecht bekommen. Ich bin vom Geist erleuchtet und weiß alle Dinge. Ich weiß, was geschehen ist und was geschehen wird und sehe die Scharen aller Sterblichen schon im voraus um mich versammelt."

„So, du weißt also alles, was geschehen ist, und kannst auch in die Zukunft blicken? Da hast du ja ganz dieselben scharfen Augen wie ich! Wir wissen also beide, daß du nicht nach Chartum, sondern zur Dschesireh Hassanieh willst, um Ibn Asl aufzusuchen. Weißt du denn auch, daß ich eher dort sein werde als du? Deine Dankbarkeit gegen mich ist wirklich groß, so groß, daß ich dich aus lauter Liebe gar nicht von mir lassen werde. Du wirst bei uns bleiben und . . ."

Ich kam nicht weiter, denn er drehte sich plötzlich um und sprang davon, dem Rande der Lichtung zu. Ich war schnell hinter ihm her, ereilte ihn und faßte ihn am linken Arm. Er hatte die Flinte in der rechten Hand und holte aus, um mir den Kolben vor die Brust zu stoßen. Da riß ich ihn zur Erde nieder und kniete auf ihm, um ihn festzuhalten. Der Mann schäumte förmlich vor Wut und erging sich in Schimpfreden, welche eines zukünftigen Mahdis allerdings nicht würdig waren. Ich hatte überhaupt seine ganze Rede von der „Sendung" nicht für wirklichen Ernst genommen.

Die Askaris waren nicht wenig darüber erstaunt, daß ich so plötzlich den Fakir el Fukara als Feind behandelte; als ich sie aber über seine Absicht, uns an Ibn Asl zu verraten, aufklärte, hätten sie ihn, den Undankbaren, am liebsten umbringen mögen.

Unser Reiseziel mußte durch das, was ich erfahren hatte, ein ganz anderes werden. Es galt jetzt, dem Reis Effendina beizustehen; er mußte, falls es noch Zeit dazu war, gewarnt, und wenn es zu spät war, aus den Händen Ibn Asls gerettet werden. Eile tat not, und da der Transport der Gefangenen nicht so schnell vor sich gehen konnte, beschloß ich, voranzureiten, und zwar sofort, ohne vorher geschlafen zu haben.

Es war nicht geraten, ganz allein zu sein; aber wen sollte ich mitnehmen? Einen Askari? Nein. Ich ging Verhältnissen entgegen, welche sehr wahrscheinlich nicht gewöhnlich waren. Es war

List, wohl auch Entschlossenheit und Mut erforderlich, und so bedurfte ich eines Begleiters, auf den ich mich in dieser Beziehung verlassen konnte. Zwar hätte ich gern Ben Nil das Kommando über die Askaris gegeben; ihm traute ich es zu, den Zug glücklich ans Ziel zu bringen, aber mir war er noch notwendiger. Besser, die Gefangenen entkamen, als daß dem Reis Effendina ein Unglück geschah. Darum forderte ich Ben Nil auf, mit mir zu reiten, und übergab dem ältesten der Askaris den Befehl über sie. Er hatte einen erfahrenen Gehilfen an dem Fessarah-Führer, welcher die Karawane nach dem Dorf Hegasi, welches in der Nähe der Insel Hassanieh liegt, bringen sollte. Dort wollte ich sie erwarten. Ich gab ihm seine berühmte Visionsflinte zurück, worüber er in außerordentliche Freude geriet.

„Effendi", jubelte er, „deine Seele quillt vor Gnade über, und deine Barmherzigkeit erquickt mein Herz. Verlaß dich auf mich, und hab keine Sorge; ich werde die Askaris samt den Gefangenen glücklich nach Hegasi führen. Reit also getrost, und Alllah segne deine Pfade und beschütze dich!"

ZWEITES KAPITEL

Gefangen

Von dem Brunnen, an welchem das letzte Ereignis sich zutrug, bis zur Dschesireh Hassanieh ist eine Strecke von fast dreißig geographischen Meilen zurückzulegen. Unsere vortrefflichen Kamele legten diesen Weg in zwei Tagen zurück, waren aber dann, als wir uns dem Ziel näherten, so ermüdet, daß wir sie langsam gehen lassen mußten. Ich glaubte, die Richtung ganz genau genommen zu haben, war aber doch etwas zu weit nach links geraten, denn es stieg gerade vor uns der Dschebel Arasch Quol auf, welcher ziemlich weit nördlich von Hegasi liegt.

Es war gegen Abend, als wir dort ankamen. Hegasi ist eine armselige Helle – Dorf –, welche aus wenigen Hütten besteht, und liegt auf dem hohen Ufer des Nils, ziemlich gut gegen die Überschwemmungen des Flusses geschützt. Von der Helle führt ein Weg hinab zum Fluß nach der Stelle, an welcher die Fahrzeuge landen und die Tiere getränkt werden. Dieser Weg sowohl wie auch die Tränk- oder Landestelle wird am oberen Nil Mischrah genannt.

Ich freute mich beim Anblick des Flusses, den ich seit dem Zug zu den Fessarah nicht wiedergesehen hatte. Die Bewohner des Dorfes kamen herbei, um uns nach dem Woher und Wohin und nach unserem Begehr zu fragen. Ich hütete mich natürlich, ihnen sofort Auskunft zu erteilen, und ging ihren Erkundigungen durch Gegenfragen aus dem Wege.

Zunächst führten wir unsere Kamele zum Fluß, um sie trinken zu lassen; dann brachten wir sie hinauf nach einer grasigen Stelle, deren Eigentümer uns gegen geringes Entgelt die Erlaubnis gab, sie da weiden zu lassen.

Auf der Höhe der Mischrah saß ein Mann, welcher nicht in das Dorf zu gehören schien. Er war vollständig bewaffnet und besser gekleidet als die Bewohner der Helle. Als ich mich bei einem der letzteren nach ihm erkundigte, antwortete er:

„Wir kennen ihn nicht. Er ist schon seit gestern hier und sitzt stets auf derselben Stelle, um flußabwärts zu blicken.“

„Erwartet er vielleicht ein Schiff?“

„Wahrscheinlich; aber er hat uns nicht geantwortet, als wir ihn danach fragten. Vor dem Dorf hält ein gesatteltes Pferd, welches er sich von unserm Scheik el Beled – Dorfältesten – geliehen hat."

„Wann hat er es geritten?"

„Noch gar nicht; aber es steht bereit, solange er sich hier befindet."

„Wohin will er reiten?"

„Das wissen wir nicht; dem Scheik el Beled wird er es wohl gesagt haben, da dieser ihm sonst sein Pferd nicht gegeben hätte."

Der Fremde war mir auffällig. Es war klar, daß er nach irgend etwas ausschaute und dann, wenn es erschien, sofort davonreiten wollte, um Meldung davon zu machen. Gern hätte ich gewußt, wohin er diese letztere bringen wollte; aber den Scheik fragen, das wäre wohl zu auffällig gewesen. Darum erkundigte ich mich bei dem Mann:

„Wann ist das letzte Schiff stromaufwärts hier vorübergekommen?"

„Gestern früh."

„Und wann kam der Mann in das Dorf?"

„Zur selben Zeit, denn er kam von diesem Schiff. Er wurde in einem Boot an die Mischrah gebracht."

„Das Boot blieb nicht hier?"

„Nein, es wurde wieder zum Schiff gerudert."

„Wem gehörte das Schiff?"

„Das weiß ich nicht."

„Was hatte es geladen?"

„Auch das kann ich nicht sagen."

„Kannst du mir auch seinen Namen nicht nennen?"

„Es hieß ‚Hardaun' – Eidechse – und war keine Dahabijeh, sondern ein Noquer."

„Wann kam das vorhergehende Schiff vorüber?"

„Einen Tag vorher, also vorgestern. Es war auch ein Noquer; er war leer und ging nach Süden, um Waren zu holen."

„Ist nicht ein Schiff vorübergekommen, welches weder eine Dahabijeh noch ein Noquer war und ein sehr fremdes Aussehen hatte?"

„Nein."

Diese Antwort beruhigte mich, denn sie sagte mir, daß der Reis Effendina den gefährlichen Ort noch nicht passiert hatte. Sein „Falke" war so ungewöhnlich gebaut und aufgetakelt, daß er jedem Hiesigen auffallen mußte.

Ben Nil hatte sich in das Gras gelegt und sah dem Tun und

Treiben der Dorfbewohner zu. Ich schritt langsam auf den Fremden zu, welcher mich scharf beobachtete, setzte mich an seiner Seite nieder und grüßte:

„Allah schenke dir einen glücklichen Abend!"

„Glücklichen Abend", antwortete er kurz.

Ich hatte den Gruß vollständig ausgesprochen, was man nur dann tut, wenn man besonders höflich sein will. Mit seiner Kürze wollte er mir jedenfalls sagen, daß ihm an meiner Gesellschaft nichts lag; ich tat aber, als ob ich das gar nicht herausgefühlt hätte, und fuhr fort:

„Ich habe kein Netz bei mir, um mich gegen die Mücken des Flusses zu schützen; darum kann ich nicht im Freien schlafen. Gibt es hier in deinem Dorf eine Hütte, in welcher ich Aufnahme finden kann?"

„Ich weiß nicht; ich bin nicht von hier."

„So bist du auch fremd? Allah sei mit dir auf deiner Reise!"

„Sein Segen sei auch mit der deinigen! Wo kommst du her?"

„Von Chartum", antwortete ich, gezwungen, die Unwahrheit zu sagen."

„Wo steht das Zelt, welches dein Eigentum ist?"

„Ich bewohne kein Zelt, sondern ein Haus. Es steht in Suez."

„Was bist du?"

Ich machte ein möglichst pfiffiges Gesicht und antwortete: „Ich handle mit allem möglichen, am liebsten aber mit . . ."

Ich hielt inne und machte eine Handbewegung, welche sagen sollte, daß es nicht geraten sei, den angefangenen Satz zu vollenden.

„Mit verbotener Ware?" sagte er an meiner Stelle.

„Wenn es so wäre, dürfte ich es eingestehen?"

„Mir könntest du es sagen. Ich würde dich gewiß nicht verraten."

„Das Schweigen ist auf alle Fälle besser als das Reden."

„Nicht auf alle Fälle. Wenn ein Kaufmann ein Geschäft machen will, muß er doch davon sprechen."

„In diesem Fall pflege ich natürlich auch zu reden. Jetzt aber liegt ein Geschäft nicht vor."

„Vielleicht doch, falls ich dich nämlich recht verstanden habe. Ihr seid auf Kamelen gekommen. Wo wollt ihr hin?"

„Einkaufen."

„Was?"

„Das!" nickte ich, ihn im unklaren lassend.

Er war nicht bloß freundlicher, sondern, wie man sich auszudrücken pflegt, warm geworden. Er hielt mich für einen Sklavenhändler, und ich war überzeugt, in ihm einen Untergebenen des Sklavenjägers Ibn Asl, den ich suchte, vor mir zu haben. Es galt, ihn in seiner Ansicht zu bestärken, ohne doch sofort einzugestehen, daß sie richtig war, denn ein Sklavenhändler sagt nicht dem ersten besten Menschen, was er ist und was er treibt. Jedenfalls hatte der Mann die Aufgabe, das Erscheinen des Reis Effendina hier abzuwarten und dann weiterzumelden. Der Noquer „Eidechse" gehörte in diesem Fall Ibn Asl und konnte nicht weit entfernt von hier, wahrscheinlich an der Dschesireh Hassanieh, liegen.

„Du bist verschwiegen, und das freut mich sehr", meinte der Mann. „Nur mit verschwiegenen Leuten kann man sich auf Geschäfte einlassen."

„Ah, auch du treibst also diese Dinge, welche nicht jedermann zu wissen braucht?"

„Wenn es nun so wäre?"

„So paßten wir zusammen."

„Wirklich? Weißt du auch, daß es ein sehr gefährliches Geschäft ist, Requiq – Sklaven – zu machen?"

„Pah! Ich möchte wissen, wieso gefährlich. Man zieht nach einem Dorf der Schwarzen, umzingelt es, steckt es in Brand und nimmt die Neger in Empfang, wenn sie aus den brennenden Hütten gesprungen kommen. Die Alten und Schwachen sticht oder schießt man nieder, und mit den andern geht man fort. Wo ist da die Gefahr?"

„Dabei allerdings nicht; sie beginnt erst mit dem Transport. Man darf sich nicht erwischen lassen und muß die Sklaven an Ort und Stelle verkaufen."

„Das kann man nicht, denn es gibt da keine Käufer."

„So nimmt man einen mit, welcher die Schwarzen sofort nach der Jagd kauft und bezahlt und dann die Gefahren des Transportes auf sich nimmt."

„Wo wäre ein solcher Mann zu bekommen?"

„Wo? Hm!" brummte ich bedeutungsvoll.

„Wer ist er?" fragte er.

„Das wird dich wohl nicht sehr interessieren, denke ich."

„Mehr als du denkst. Ist der Mann reich?"

„Er besitzt soviel, wie er braucht."

„Auch mutig muß er sein!"

„Das ist er. Er war mehreremal in Abessinien, um Sklaven dort zu kaufen. Dazu gehört doch schon etwas."

„Allerdings. Wo befindet er sich jetzt?"
„Am Weißen Nil, vielleicht gar nicht weit von hier."
„Du bist wirklich außerordentlich vorsichtig. Meinst du dich selbst?"
„Das sage ich natürlich nicht."
„Mir darfst du es sagen, denn . . ."
„Denn . . .? Warum redest du nicht aus?"
„Weil ich auch vorsichtig sein muß. Aber wenn ich mich in dir nicht irre, so könnte ich dir vielleicht sagen, bei wem du Requiq kaufen kannst."
„Nun, bei wem?"
„Bei Ibn Asl."
„Allah! Bei diesem berühmten Sklavenjäger? Wo befindet er sich?"
„Wo sich dein Händler befindet, nämlich am Weißen Nil."
„In welcher Gegend?"
„Vielleicht gar nicht weit von hier", antwortete er, indem er meine vorigen Worte wiederholte.
Ich tat, als ob ich sehr freudig überrascht sei, und rief aus: „Das ist gut; das ist sehr gut! Ich hörte von ihm sprechen. Ein türkischer Händler, den ich kenne, sagte mir, daß er viel von ihm gekauft habe."
„Meinst du Murad Nassyr? Den kennst du also?"
„Sehr gut. Ich habe oft Requiq von ihm gekauft."
„Ah, endlich gestehst du ein, daß du es selbst bist, von dem du sprachst!"
„Allah w' Allah! Es ist mir so herausgefahren."
„Sei unbesorgt! Es schadet nichts, denn nun kann auch ich offen sein. Ich sage dir, daß ich bei Ibn Asl im Dienst stehe."
„Ist das wahr? Oder willst du mich nur versuchen?"
„Es ist die Wahrheit. Welchen Grund könnte ich haben, mich fälschlicherweise für einen Diener des Sklavenjägers auszugeben?"
„Um mich zu fangen. Du könnte leicht im Dienst des Khedive stehen."
„Selbst wenn dies der Fall wäre, könnte ich dir jetzt nicht schaden. Ich müßte dich auf der Tat ertappen. Also, aufrichtig! Sag mir, ob du Requiq kaufen willst!"
„Nun gut, ich will es wagen und dir Vertrauen schenken, obgleich ich dich noch nie gesehen habe. Ja, ich kaufe Sklaven, sobald ich sie bekommen kann."
„Wo wolltest du von hier hin?"

„Nilaufwärts, noch weit über Faschodah hinaus, bis ich auf irgendeiner Seriba finde, was ich suche."

Unter einer Seriba versteht man eine Niederlassung von Sklavenjägern. Diese Niederlassungen sind nach dortigen Begriffen festungsartig angelegt. Sie bestehen aus Hütten, welche teils zur Unterkunft der Sklavenjäger, teils als Vorratshäuser dienen und mit einer oft mehrfachen dichten Stachelhecke umgeben sind.

„Du hast gar nicht nötig, so aufs Geratewohl zu reisen", meinte der Mann zutraulich. „Hast du Geld mit?"

„Genug."

„So will ich dich zu Ibn Asl bringen."

„Dafür würde ich dir herzlich dankbar sein und dir später ein gutes Bakschisch geben. Aber hat Ibn Asl jetzt Sklaven?"

„Noch nicht. Wir wollen eben jetzt eine Fahrt nach Requiq unternehmen. Murad Nassyr will Sklaven haben, und wenn uns das Glück wie immer begünstigt, so bleiben für dich mehr übrig, als du brauchen kannst."

„So ist Murad Nassyr bei Ibn Asl?"

„Nein. Er ist nach Faschodah voraus."

Das war mir ungeheuer lieb. Ich hegte den kühnen Gedanken, Ibn Asl aufzusuchen, also mich in die Höhle des Löwen zu begeben. Er kannte mich ja nicht, denn am Wadi el Berd hatte er mich nur von weitem gesehen. Wäre aber Murad Nassyr bei ihm gewesen, der mich kannte, so hätte ich mich unmöglich sehen lassen können; es wäre einfach um mich geschehen gewesen. Freilich könnten auch der Mokkadem und der Muza'bir bei dem Sklavenjäger sein. Die beiden Schurken kannten mich ebenso genau wie der Türke. Es galt also, unauffällig eine diesbezügliche Erkundigung einzuziehen.

„Weißt du, weshalb der Türke jetzt eigentlich gekommen ist?" fuhr der Mann, welcher ganz zutraulich geworden war, fort.

„Nein."

„Kennst du seine Familie?"

„Ich weiß nur, daß er zwei Schwestern hat."

„Das stimmt. Und daraus ersehe ich auch, daß du die Wahrheit redest und wirklich der bist, für den du dich ausgibst. Er hat Ibn Asl eine dieser Schwestern zum Weibe gebracht. Auf einer Seriba am obern Weißen Nil wird die Hochzeit sein. Wenn du mit uns ziehst, kannst du das Fest mitmachen. Ibn Asl ist bei solchen Gelegenheiten außerordentlich freigebig. Auch sein Vater ist dabei."

„Er hat einen Vater?" fragte ich, indem ich mich verstellte.

„Ja, sein Vater lebt noch. Er zieht als frommer Fakir am Nil auf und ab, um unter dieser Maske die Geschäfte seines Sohnes zu fördern."

„Ist er schon jetzt bei ihm?"

„Eigentlich ja. Für kurze Zeit aber ist er abwesend, mit einer Schar unserer Sklavenjäger in die Steppe gezogen, um Gericht zu halten."

„Gericht?"

„Ja, um einen fremden Giaur, welcher uns großen Schaden bereitet hat, zu bestrafen."

„Du machst mich neugierig!"

„Ibn Asl mag es dir selbst erzählen, wenn es ihm beliebt. Ich weiß nicht, ob ich zu dir von ihm sprechen darf. Der Christ ist ein Schurke, ein Teufel, den wir vernichten müssen."

Wenn er gewußt hätte, daß ich selbst dieser Schurke, dieser Teufel war! Er fuhr fort:

„Er ist von Kahira aus verfolgt worden bis hierher, aber vergebens. Selbst dem Mokkadem ist er entgangen, als er . . ."

„Dem Mokkadem?" fragte ich. „Welchen Mokkadem meinst du?"

„Den der heiligen Kadirine."

„Welcher Abd el Barak heißt? Ah, den kenne ich sehr gut. Ich habe ihn in Kahira getroffen."

„Wirklich? So freue ich mich um so mehr, daß ich dir hier begegnet bin. Du wirst Freunde finden. Der Mokkadem ist nämlich auch mit Murad Nassyr nach Faschodah. Er hat einen Muza'bir bei sich, und beide wollen unsern Sklavenzug mitmachen."

Da wußte ich ja auf einmal, was ich wissen wollte. Es befand sich kein Bekannter von mir bei Ibn Asl, und so konnte ich es wagen, zu ihm zu gehen. Eben jetzt berührte die Sonne den westlichen Horizont, und es galt, das Mogreb, das Gebet des Sonnenunterganges, vorzunehmen. Da ich für einen Moslem zu gelten hatte, so war ich gezwungen, wenigstens die äußeren Bewegungen mitzumachen. Ich ging also zu Ben Nil und kniete neben ihm, der bereits im Beten war, nieder.

Ich hätte bei dem Fremden bleiben können, hatte aber meinen guten Grund, das scheinbare Gebet bei meinem Gefährten zu verrichten. Dieser mußte doch erfahren, was ich mit dem andern gesprochen und verhandelt hatte; er hätte sonst sehr leicht einen Fehler begehen und durch irgendeine Äußerung das Gelingen meines Planes zunichte machen können. Eine lange Rede durfte ich da freilich nicht halten. Der Fremde konnte sich uns nähern, und dann mußte Ben Nil schon unterrichtet sein. Darum sagte ich ihm, als das Gebet beendet war:

„Merke auf! Ich bin ein Sklavenhändler aus Suez und heiße Amm Selad. Du bist mein Diener und nennst dich Omar. Wir kennen Murad Nassyr, von dem ich Sklaven gekauft habe, und auch den Mokkadem. Wir sind nilaufwärts und kommen jetzt von Chartum."

„Schön, Effendi!" nickte der Jüngling.

„Um Allahs willen, sag das Wort Effendi jetzt nicht wieder, außer wenn du ganz sicher weißt, daß wir allein sind. Du hast Herz. Ich habe etwas vor, wozu Mut gehört. Es ist ein großes Wagnis. Willst du nicht mittun, so bin ich dir nicht gram darüber, und du kannst hier im Dorf die Ankunft der Askaris erwarten."

„Herr, geh wohin du willst, ich gehe mit! Und wenn es in den Tod wäre. Wenn es sich um eine Gefahr handelt, werde ich dich um so weniger verlassen."

„Gut! Du bist ein braver, treuer Kerl. Ibn Asl befindet sich nämlich hier, und ich gehe zu ihm, um seine gegen den Reis Effendina gerichteten Absichten zu erfahren und sie zu durchkreuzen. Ich tue, als ob ich mich ihm auf dem Sklavenzug, den er bald antreten wird, anschließen will, um von ihm Schwarze zu kaufen."

Ich konnte nicht weitersprechen, denn der Fremde trat zu uns und sagte:

„Du fragtest mich, ob du in einer Hütte des Dorfes schlafen könntest. Du wirst aber nicht hier schlafen können, denn ich werde dich nach dem Abendgebet zu Ibn Asl führen."

„Warum erst dann?"

„Ich erwarte noch ein Schiff. Du weißt, daß Schiffe gewöhnlich des Nachts nicht fahren, sondern an das Ufer legen. Im höchsten Fall fährt man bis eine Stunde nach Sonnenuntergang. Bis dahin muß ich also hier warten. Dann aber, wenn es noch nicht gekommen ist, weiß ich, daß es heute überhaupt nicht mehr kommt, und kann meinen Posten verlassen."

„Was ist es für ein Schiff?"

„Darf dieser junge Mann alles hören?" gegenfragte er, indem er auf Ben Nil deutete.

„Ja. Er ist der treueste und verschwiegenste meiner Diener, und ich habe kein Geheimnis vor ihm."

„Du hast von dem Reis Effendina gehört?"

„Ich habe ihn sogar in Kahira gesehen."

„Du weißt auch, welche Aufgabe er zu vollbringen hat!"

„Das weiß jedermann. Er soll den Sklavenjägern und -händlern nachspüren und sie fangen. Ich hörte, daß er ganz besondere und außergewöhnliche Vollmachten bekommen hat."

„So ist es allerdings. Allah verdamme diesen Hund! Er hat schon viel Unheil über die Jäger gebracht und erst kürzlich im Wadi el Berd eine ganze Schar unserer Kameraden hingemordet."

Wenn er gewußt hätte, daß ich nicht nur dabeigewesen war, sondern sogar diese Schar aufgespürt und festgenommen hatte!

„Das wird er nicht Mord, sondern Strafe nennen", sagte ich.

„Willst du ihm das Wort reden?"

„Nein. Ich als Sklavenhändler kann doch unmöglich sein Freund sein. Wenn er so fortfährt, wie er es bisher getrieben hat, wird bald kein Sklave mehr zu kaufen sein."

„Der Giaur, von dem ich dir vorhin sagte, ist sein Freund und Gehilfe. Bald wird dem einen wie dem andern das Handwerk gelegt sein. Der Giaur wird sich jetzt wohl schon in den Händen der Unserigen befinden, und auf den Reis Effendina warten wir stündlich."

„Es ist also sein Schiff, welches du hier sehen willst?"

„Ja. Er kommt, und Ibn Asl liegt im Hinterhalt."

„Will er das Schiff des Reis Effendina angreifen?"

„Das kann ihm nicht einfallen. Das Schiff ist so gebaut und bewaffnet, daß wir trotz unserer Überzahl sehr leicht den kürzeren ziehen könnten. Wozu überhaupt kämpfen, wobei es selbst auf der Seite des Siegers Verwundete und Tote gibt! Man kann einen Feind auf andere Weise unschädlich machen."

„Wie denn, zum Beispiel?"

„Man nimmt zum Beispiel . . ."

Ich war außerordentlich gespannt, das Folgende zu hören. Wenn der Mann diesen Satz aussprach, so erfuhr ich alles, was ich wissen wollte, und brauchte mich gar nicht zu Ibn Asl und in Gefahr zu begeben. Leider aber hielt er schon beim vierten Wort inne, legte sich, wie erschrocken, die Hand auf den Mund und fügte dann hinzu:

„Fast hätte ich da mehr gesagt, als ich wohl verantworten kann. Du hast ein so vertrauenerweckendes Gesicht, daß ich dir alles sagen könnte, ohne zu fragen, ob ich auch wohl das Recht dazu habe. Ich will aber schweigen. Ibn Asl mag es dir selbst mitteilen, und ich bitte dich, ihn ja nicht merken zu lassen, daß ich so gesprächig gegen dich gewesen bin."

„Ich bin nicht sehr mitteilsam. Du kannst ruhig sein. Weißt du denn gewiß, daß der Reis Effendina kommen wird? Der Mann soll nicht nur schlau, sondern auch sehr vorsichtig sein."

„Was das betrifft, so ist der Giaur, der christliche Effendi, noch weit mehr zu fürchten, wie uns gesagt worden ist. Ibn Asl hat dem Reis Effendina eine Falle gestellt, in welche er sicher gehen wird."

„Kennst du diese Falle?"

„Ja. Eigentlich sollte ich nicht davon sprechen; aber du bist ein Sklavenhändler und wirst mit uns ziehen, und da du schon soviel weißt, kannst du das auch noch erfahren. Wir haben ihm nämlich auf eine Weise, daß er es glauben muß, weisgemacht, daß ein großer Sklaventransport bei der Dschesireh Hassanieh über den Nil gesetzt werden soll. Er kommt also ganz gewiß, um ihn abzufangen, und wird dabei in sein Verderben laufen."

Damit war das Gespräch zu Ende, wenigstens soweit es für mich Wichtigkeit hatte. Ich hätte zwar gar zu gern noch erfahren, auf welche Weise der Reis Effendina unschädlich gemacht werden sollte, denn wußte ich das, so wußte ich eben alles, und brauchte ihm nur entgegenzugehen, um ihn zu warnen; aber ich durfte nicht weiter in den Mann dringen; er hätte leicht mißtrauisch werden und Verdacht schöpfen können.

Wir saßen noch eine Stunde lang beisammen, unsere Aufmerksamkeit nilabwärts gerichtet. Ich war vielleicht noch mehr gespannt als der Wächter, denn wenn der Reis jetzt vorüberkam, ohne daß ich ihn auf irgendeine Weise zu warnen vermochte, so war er verloren. Glücklicherweise aber blieb er noch aus.

Nun kam das Aschia, das Abendgebet, eine Stunde nach Sonnenuntergang, und dann konnten wir aufbrechen. Ich hatte nicht gefragt, in welcher Weise das geschehen sollte, erfuhr es aber jetzt, denn der Mann sagte:

„Wir werden reiten. Wir gehen zu dem Scheik el Beled, um uns für euch Pferde geben zu lassen."

„Wird er sie uns geben, da er uns doch nicht kennt?"

„Er würde sich nicht weigern, da ja eure Kamele hierbleiben, und das sind, wie ich gesehen habe, keine wertlosen Tiere. Aber er tut es auch Ibn Asl zuliebe."

„Kennt er ihn?"

„Er ist unser heimlich Verbündeter. Du weißt, daß wir Sklavenjäger überall Helfer haben müssen, welche uns beraten oder warnen; er ist einer von ihnen. Ich werde ihm, wenn ich vor Tagesanbruch zurückkehre, die Pferde wiederbringen."

Der Scheik war allerdings bereit, uns die Tiere zu borgen; er wies sogar die Bezahlung, welche ich ihm bot, zurück. Wir stiegen auf und ritten davon, in die finstere Nacht hinein, denn der Schein der Sterne hatte noch nicht die spätere Stärke erreicht.

Es ging wohl eine Stunde lang gerade südwärts, wie ich merkte, in die Steppe hinein; dann bogen wir östlich nach dem Fluß um. Einzelne Bäume erschienen. Sie wurden nach und nach dichter, bis wir uns im Wald befanden. Wir mußten da unter einem großen Baum halten bleiben, während unser Führer sich entfernte, um, wie er sagte, Ibn Asl von unserer Ankunft zu benachrichtigen und ihn zu fragen, ob er uns ihm bringen dürfe. Wir stiegen ab.

„Hast du Angst, Effendi?" flüsterte Ben Nil mir zu.

„Nein, aber gespannt bin ich sehr."

„Ich auch. Wenn man uns erkennt, so ist's um uns geschehen."

„Es ist ja niemand dabei, der uns gesehen hat. Dennoch müssen wir in höchstem Grad vorsichtig sein. Auf keinen Fall aber dürfen wir uns auseinanderbringen lassen, damit, wenn es nötig ist, einer dem andern helfen kann."

„Ob es weit von hier ist?"

„Wohl nicht. Wir werden nicht allzulange zu warten haben."

Das war sehr richtig, denn schon nach vielleicht zehn Minuten kehrte unser Führer zurück und sagte:

„Mein Herr ist bereit, euch zu empfangen. Nehmt die Pferde an die Hand, und folgt mir langsam und vorsichtig. Ihr werdet nun gleich abwärtsschreiten müssen."

Es war stockdunkel um uns her; aber die Bäume standen nicht nahe beisammen. Schon nach wenigen Schritten senkte sich das Terrain abwärts, und dann sahen wir mehrere Feuer brennen, deren Schein uns trefflich zustatten kam. Sie flammten hart am Ufer des Stromes, dessen Wasser sie goldig färbten.

Dort stand kein Baum. Es war eine Omm-Sufah-Strecke gewesen, aber das Gras war abgeschnitten worden und lag nun in mehreren Haufen oberhalb des Platzes. Omm Sufah ist nämlich Sumpfgras, eine Sacharumart, welche am obern Nil in ungeheuren Mengen vorkommt. Es wächst am Ufer, im seichten, sumpfigen Wasser, wird von den Wellen losgerissen und von einer Stelle zur andern getragen. Es sammelt sich in den Buchten an, wird da wieder fortgespült und bildet dann Inseln, welche abwärts schwimmen. Oft ist die ganze Breite des Stromes mit Omm Sufah bedeckt, und dann müssen die Schiffer mühsam arbeiten, um mit den Fahrzeugen durchzukommen.

Als wir unter den Bäumen hervortraten, sah ich gegen hundert Männer um die Feuer liegen oder kauern, ganz oder halb bekleidet, viele auch nur mit dem Lendenschurz. Es waren alle Gesichtsfarben bis zum tiefsten Mohrenschwarz vertreten, innerlich war aber jedenfalls einer so schwarz wie der andere. Da, wo die Omm-Sufah-Haufen lagen, standen sechs große Fässer, und oberhalb dieser Stelle erhob sich die Gestalt des Noquer aus dem Wasser, welches hier so tief war, daß das Fahrzeug sich mit der ganzen Seite dicht an das Ufer schmiegte. Dort brannte, abgesondert von den andern, ein kleines Feuer, an welchem drei Männer saßen, zu denen wir geführt wurden. Sie standen bei unserem Näherkommen auf.

Der eine war von mittlerer, aber breiter Statur, hatte einen schwarzen Vollbart und trug einen weißen Haik. Ich erkannte ihn augenblicklich. Das war der Mann mit dem weißen Dschebel-Gerfeh-Kamel, den ich am Wadi el Berd verfolgt hatte, ohne ihn einholen zu können, Ibn Asl, der berüchtigtste der Sklavenjäger. Er musterte uns mit scharfem Blick, und auch die beiden andern ließen ihre Augen streng, beinahe finster, auf uns ruhen.

„Salam", grüßte ich und wollte weitersprechen; er aber winkte mir mit der Hand Schweigen und fragte:

„Dein Name?"

„Amm Selad aus Suez."

„Dieser junge Mann?"

„Omar, mein Gehilfe."

Diener wollte ich doch nicht sagen, weil da Ben Nil wohl nicht hätte bei mir bleiben dürfen.

„Wieviel Sklaven willst du kaufen?"

„Soviel ich bekommen kann."

„Und wohin lieferst du?"

Sollte ich mich in dieser Weise ausfragen lassen? Je bescheidener ich mich verhielt, desto geringer war jedenfalls meine Sicherheit. Er durfte nicht denken, einen untergeordneten Charakter vor sich zu haben. Darum antwortete ich diesmal in kurzem Ton:

„Dahin, wo ich Geld bekomme. Meinst du, daß ich jedermann sofort meine Geschäftsgeheimnisse offenbare?"

„Amm Selad, du trittst sehr zuversichtlich auf!"

„Hast du es von einem Mann meines Berufes anders erwartet? Wie ist denn dein Auftreten? Fragt man einen Gast, ohne ihm einen Platz anzubieten, sogleich in dieser Weise aus?"

„Wer hat gesagt, daß du mein Gast sein sollst?"

„Niemand; aber ich halte es natürlich für ganz selbstverständlich."

„Das versteht sich nicht so ganz von selbst. Unsereiner hat vorsichtig zu sein."

„Ich ebenso. Wenn ich dir nicht gefalle, so brauche ich mich auch nicht zu bemühen, Wohlgefallen an dir zu finden, und kann wieder gehen. Komm, Omar!"

Ich drehte mich um, und Ben Nil tat ebenso. Da trat Ibn Asl schnell zu mir, legte mir die Hand an den Arm und sagte:

„Halt! Du kennst deine Lage nicht. Wer hier an diesem Ort zu mir kommt, der darf nicht wieder fort."

Ich sah ihm lächelnd ins Gesicht und antwortete:

„Und wenn ich dennoch gehe?"

„So werde ich dich festzuhalten wissen."

„Versuch es!"

Bei diesen Worten ergriff ich Ben Nil bei der Hand und sprang, ihn hinter mir herziehend, unter die Bäume hinein. Glücklicherweise war er so geistesgegenwärtig, sogleich dieselbe Schnelligkeit wie ich zu entfalten. Das hatte Ibn Asl nicht erwartet; wir waren fort, ehe er eine Bewegung gemacht hatte, mich festzuhalten. Dann aber schrie er laut:

„Haltet sie fest, ihr Männer! Auf, hinter ihnen her!"

Was Beine hatte, rannte in den Wald, Ibn Asl selbst auch und die beiden andern. Ich hatte nur zwanzig Schritt weit gemacht und mich dann in einem kurzen Bogen wieder zurückgewendet, dahin, wo die Omm-Sufah-Lichtung aufhörte. Dorthin drang der Schein des Feuers nicht, und dort zog ich Ben Nil mit mir in das Schilf hinein, wo wir uns niederduckten. Hinter uns erklangen die Zurufe der vergeblich nach uns Suchenden.

„Warum liefst du denn nicht weiter?" fragte mich Ben Nil. „Sie hätten uns nicht eingeholt!"

„Weil ich gar nicht fort will!"

„Du willst hier steckenbleiben?"

„Nein. Ich wollte Ibn Asl nur zeigen, daß ich mir nichts befehlen lasse. Jetzt sind sie alle unter den Bäumen verschwunden. Komm!"

Wir krochen aus dem hohen Schilf heraus und schnellten uns nach dem Feuer hin, an welchem Ibn Asl gesessen hatte. Dort setzten wir uns nieder. Drei Flinten und drei Tabakspfeifen lagen da, und daneben stand ein tönernes Gefäß mit Rauchtabak. Wir stopften uns schnell jeder eine Pfeife und steckten sie in Brand. Da erscholl hinter uns ein Ruf der Verwunderung:

„Dort sitzen sie ja, dort am Feuer!"

Dieser Ruf ging von Mund zu Mund weiter, und man kehrte ebenso schnell, wie man davongelaufen war, zurück. Wir saßen ruhig da und rauchten. Die Männer wußten nicht, was sie dazu sagen sollten. Sie riefen, schrien und lachten durcheinander. Ibn Asl mußte sich Bahn brechen, um zu uns zu gelangen.

„Allah akbar – Gott ist groß!" rief er aus. „Was fällt euch ein! Wir suchen euch, und ihr sitzt hier!"

„Ich wollte dir nur zeigen, daß ich mich entfernen kann, wenn ich mich entfernen will. Ihr hättet uns gewiß nicht einholen können. Aber ich bin gekommen, um ein Geschäft mit dir zu machen, und werde nicht eher fortgehen, als bis es zustande gekommen ist."

Ich sagte das in einem so zuversichtlichen Ton, daß sein vorher so finsteres Gesicht sich zu einem Lächeln verzog und er kopfschüttelnd sagte:

„Amm Selad, einen Mann wie du bist, habe ich noch nicht gesehen. Du bist außerordentlich keck; da mir das aber gerade gefällt, so will ich dir den Schabernack, den du uns gespielt hast, nicht anrechnen. Kehrt an eure Plätze zurück!"

Dieser Befehl galt seinen Leuten, welche ihn sogleich befolgten. Er setzte sich zu meiner Rechten nieder, und die beiden andern folgten diesem Beispiel. Ja, keck war ich gewesen, und nun galt es, abzuwarten, ob es gute Folgen haben würde. Wir waren weder gegrüßt noch willkommen geheißen worden, und solange dies unterblieb, durften wir uns nicht sicher fühlen. Ibn Asl nahm die dritte Pfeife, stopfte sie, zündete sie an und sagte dann, mir den Rauch fast gerade in das Gesicht blasend:

„Was soeben geschehen ist, habe ich wirklich noch nicht erlebt. Entweder bist du ein leichtsinniger Spaßvogel oder ein vielerfahrener Händler."

„Das erstere nicht, sondern das letztere", antwortete ich. „Ich bin durch viele Gefahren gegangen und fürchte mich nicht, wenn jemand mich empfängt, ohne mich sofort willkommen zu heißen."

„Kann ich dir ‚Marhaba' – Willkommen – sagen, ohne daß ich dich kenne?"

„Ja und auch nein. Jeder tut nach seiner Art. Ich heiße jeden willkommen, der mich aufsucht."

„Und wenn er ein schlechter Mensch ist?"

„So habe ich stets noch Zeit, ihn wieder fortzujagen."

„Nachdem du den Schaden erlitten hast! Nein, erst die Prüfung und dann die Entscheidung!"

„So prüfe! Mir soll es angenehm sein. Aber ich sage dir, daß ich sehr ermüdet bin. Wir sind heute weit geritten und bedürfen des Schlafes. Hab also die Gewogenheit, deine Prüfung nicht etwa über die ganze Nacht auszudehnen!"

Er sah die beiden andern und diese blickten wieder ihn an. Sie wußten nicht, ob sie lustig oder grimmig dreinschauen sollten, bis Ben Nil mit sehr ernsthafter Miene hinzufügte:

„Und Hunger haben wir auch!"

Da lachte Ibn Asl auf und antwortete:

„Bei Allah, ihr seid sonderbare Menschen! Aber ich will einmal von meinen Gewohnheiten abweichen und euch Vertrauen schenken."

„Das kann dir doch gar nicht schwerfallen", sagte ich. „Eigentlich wäre es viel schwerer für mich, Vertrauen zu dir zu hegen. Wir haben das Wagnis unternommen, dich aufzusuchen. Ist das nicht der beste Beweis, daß wir es ehrlich meinen?"

„Ich sollte das eigentlich denken!"

„Denk es, so wirst du dich nicht irren! Ich war sehr erfreut, als ich hörte, daß du hier bei der Dschesireh bist. Ich wollte hinauf nach dem Bahr el Ghasal oder gar bis zum Bahr el Dschebel, um dort irgendeine Seriba aufzusuchen. Das wäre eine weite Reise ins Ungewisse hinein gewesen. Jetzt kann ich, wenn du es erlaubst, mich zu dir halten und bin überzeugt, daß wir in immerwährender Geschäftsverbindung bleiben werden."

„Es fragt sich, welche Preise du bezahlst."

„Wie die Ware, so der Preis. Ich kaufe den Requiq gleich frisch vom Fang weg und transportiere ihn selbst."

„Du hast aber doch keine Leute dazu!"

„Die werbe ich später an. Ich denke, daß ich bei den Schilluk oder Nuehr genug Krieger bekommen kann."

„Das erfordert viel Geld, das heißt viel Ware, denn da oben wird nur mit Ware bezahlt!"

„Die kaufe ich in Faschodah. Geld habe ich."

„Dann wagst du freilich viel. Wie nun, wenn ich dich töte, um dir das Geld abzunehmen?"

„Du bist zu klug, dies zu tun."

„Nennst du es Klugheit von mir, dir dein Geld zu lassen?"

„Ja. Beraubtest du mich jetzt, so hättest du einen einmaligen Gewinn; bist du aber ehrlich, so kannst du oft und viel mehr von mir verdienen."

„Du rechnest richtig. Es wird dir bei mir nichts geschehen."

„So freut es mich, daß ich mich in dir nicht getäuscht habe.

Was mich betrifft, so wird Murad Nassyr für mich bürgen."

„Das ist es, was mich bewogen hat, dich zu mir zu lassen. Du kennst ihn; du hast von ihm gekauft, und so will ich annehmen, daß ich mit dir werde zufrieden sein können. Ich habe nichts dagegen, daß du mit mir ziehst."

„Wohin wird dein Zug gerichtet sein?"

„Davon später. Jetzt wollen wir uns nur erst kennenlernen. Ich heiße dich willkommen, dich und deinen Gehilfen. Ihr sollt bei mir schlafen und jetzt auch mit uns essen."

Von den andern Feuern drang ein sehr appetitlicher Bratenduft herbei. Man hatte, wie ich erfuhr, am Nachmittag ein Rind geschlachtet. Es war in Streifen zerschnitten worden, welche man jetzt röstete. Wir erhielten unsern Anteil und aßen wacker mit. Dabei wurde gesprochen, das heißt, ich mußte sprechen. Ibn Asl fragte mich aus. Er wollte soviel wie möglich von mir hören, mich, meine Vergangenheit, meine Verhältnisse so eingehend wie möglich kennenlernen. Ich gab ihm den ausführlichsten Bescheid. Natürlich war alles, was ich erzählte, ersonnen. Ich dachte mir einen Sklavenhändler in Suez, malte mir die Umstände aus, in welchen er sich befinden konnte, kalkulierte über die möglichen Geschäftsverbindungen, dachte nach, welche Reisen er gemacht haben konnte, und brachte, da ich die betreffende Szenerie zur Genüge kannte, mit leidlichem Glück ein Bild fertig, für welches Ibn Asl sich mehr und mehr zu interessieren begann. Der Mann taute auf und teilte mir später auch verschiedenes über sein Leben mit.

Was ich da hörte, machte mich grauen. Dieser Mensch hatte nie ein Herz, ein Gewissen gehabt. Seine Seele schien gar nichts Menschliches zu haben. Er hatte eine wahre, wirkliche Lust am Bösen, und je mehr und je länger er erzählte, desto größer wurde der Abscheu, welchen er mir einflößte. Er hingegen schien immer mehr Wohlgefallen an mir zu finden; seine Aufrichtigkeit wuchs. Er erzählte mir schließlich von mir selbst, von dem Schaden, den ich ihm durch die Befreiung der Frauen und Mädchen der Fessarah bereitet hatte. Er schilderte mich, natürlich von seinem Standpunkt aus, und aus jedem seiner Worte sprach ein Haß, ein Grimm gegen mich, der einen andern als mich vielleicht zum Zittern gebracht hätte. Er teilte mir mit, daß er mir Leute entgegengesandt habe, welche mich in der Steppe aufheben sollten, und schloß mit den Worten:

„Diesen Leuten habe ich meinen Vater zum Anführer gegeben,

und bin also sicher, daß nichts versäumt werden wird, seiner habhaft zu werden."

„Man kann ihn aber doch leicht umgehen", meinte ich. „Kennt man denn die Richtung, in welcher er kommt?"

„Ziemlich genau. Er wird sich ganz gewiß von den Fessarah einen Führer mitgeben lassen, und wir wissen, welchen Weg die Fessarah einschlagen, wenn sie nach Chartum reisen. Diesmal ist es ihm unmöglich, uns zu entkommen, und dann sollst du an ihm sehen, wieviel hundert Schmerzen und Qualen ein Mensch zu ertragen vermag, bevor er stirbt."

„So willst du ihn zu Tode martern?"

„Ja. Er soll jedes Glied einzeln verlieren. Ich werde ihm die Nase, die Ohren, die Lippen, die Zunge, die Augen nacheinander nehmen."

„Und was geschieht mit den Askaris, die ihn begleiten?"

„Ich habe den Befehl erteilt, sie einfach über den Haufen zu schießen. Man wird mir ihn also ganz allein bringen. Mein Vater kann in jedem Augenblick zurückkehren."

Also jedes Glied, jedes Sinnesorgan sollte mir einzeln abgeschnitten, ausgestochen oder herausgerissen werden! Das war ein außerordentlich tröstlicher Gedanke für mich für den Fall, daß man entdeckte, wer ich war! Die Haare hätten mir zu Berge steigen mögen! Dennoch wagte ich es, eine Erkundigung einzuziehen, die mir leicht verderblich werden konnte. Ich nannte nämlich den Fakir el Fukara und fragte ihn, ob er ihn kenne.

„Freilich kenne ich ihn", antwortete er. „Er ist doch auch Sklavenjäger gewesen."

„Gewesen? Jetzt also nicht mehr?"

„Nein. Er ist fromm geworden und bereitet sich auf die Zukunft vor."

„Hat er irgendeinen besonderen Plan dafür?"

„Das ist möglich; er redet nicht davon. Er liest viele Bücher, weltliche und geistliche, und es kommen und gehen bei ihm Leute, die man nicht kennt und mit denen er lange und geheime Unterredungen hält. Vielleicht will er ein großer Marabut oder ein Wanderprediger des Islams werden. Vielleicht aber ist das auch nur eine Maske, unter welcher er ganz andere Absichten verbirgt. Er haßt den Vizekönig, welcher ihn aus dem Amt gejagt hat, und wird sich wohl auf irgendeine Weise an ihm rächen wollen."

Sollte es diesem Mann mit seiner Mahdischaft wirklich ernst sein? Wenn das der Fall war, so hatte ich eigentlich die Verpflichtung, die Regierung zu warnen. Er hatte davon gesprochen, daß der Mahdi sich mit einem höheren ägyptischen Offizier verbünden würde. Vielleicht hatten die Besuche, welche er empfing, unter anderm auch den Zweck, eine solche Verbindung anzuknüpfen oder gar schon zu pflegen. Ich nahm mir vor, zuerst dem Reis Effendina Mitteilung zu machen, welcher diese Angelegenheit leichter zu beurteilen vermochte als ich. Erst viel später, als der Aufstand im Sudan im Gange war, hörte ich, daß mit jenem Offizier wohl Arabi Pascha gemeint gewesen war, doch steht es sehr zu bezweifeln, daß er damals schon mit ihm in irgendeiner Beziehung gestanden hat.

Leider konnte ich noch immer nicht das erfahren, was zu wissen mir am notwendigsten war. Ibn Asl brachte das Gespräch nicht wieder auf den Reis Effendina. Ich hütete mich zwar, die Rede direkt auf ihn zu lenken, aber ich gab mir alle Mühe, ihn indirekt und ohne daß er es bemerkte, auf diesen Gegenstand zu leiten, doch vergeblich. Es verging die Zeit bis nahe an Mitternacht, und dann erklärte er, daß er nun schlafen wolle, und forderte mich auf, ihn zu begleiten.

„Wohin?“ fragte ich.

„Auf das Schiff. Dort haben wir mehr Schutz vor den Mücken, und ich werde dir ein Mückennetz geben. Du schläfst bei mir. Daraus kannst du ersehen, daß ich Wohlgefallen an dir gefunden habe.“

Ich glaubte ihm das letztere, obgleich er mich auch leicht aus dem Grund, mich unter seiner besonderen Aufsicht zu behalten, zu sich eingeladen haben konnte.

„Ich möchte dir nicht lästig fallen“, wandte ich ein. „Ich bin gewöhnt, auf meinen Reisen mit Omar, meinem Gehilfen, zu schlafen. Erlaub, daß er bei mir bleibt!“

„Ich habe nur Platz für mich und dich. Er soll auch eine gute Stelle erhalten, denn er wird bei meinen Offizieren schlafen, welche auch eine eigene Kajüte haben.“

Eine weitere Einwendung durfte ich nicht machen, da ein solches Beharren auf meinem Willen ihn sehr leicht stutzig hätte machen können. Darum mußte ich mich fügen. Übrigens glaubte ich keinen Grund zu haben, auf das Beisammensein mit Ben Nil zu dringen. Es war bisher ja alles sehr gut abgelaufen, und ich hatte nicht die mindeste Ursache, anzunehmen, daß uns bis zum Morgen irgendeine Gefahr drohte.

Im Verlauf unseres Gesprächs hatte ich beobachtet, daß viele der Sklavenjäger an Bord gegangen waren, um, jedenfalls der lästigen Mücken halber, im Schiff zu schlafen. Dessen Inneres schien also jetzt leer zu sein, da es so viele Schläfer fassen konnte.

Es führte eine Art Leiter, an welcher wir emporstiegen, vom Ufer auf das Deck. Dort angekommen, wendeten sich die beiden andern, die er als seine Offiziere bezeichnet hatte, nach vorn; sie nahmen Ben Nil mit; ich fand keine Zeit, ihm irgendwelche Verhaltungsmaßregeln zu erteilen. Ibn Asl ging mit mir nach hinten.

Der Unterschied zwischen einer Dahabijeh und einem Noquer besteht darin, daß der letztere ein offenes Verdeck hat, wenigstens ist der mittlere Teil des Fahrzeuges frei. Vorn befindet sich gewöhnlich die Schiffsküche, welche einige Sklavinnen zu bedienen haben, und hinten gibt es ein kleines Verdeck, einen Verschlag, in welchem der Herr des Schiffes oder der Reis – Kapitän – zu wohnen pflegt.

Ob die „Eidechse“ diese Einrichtung auch besaß, das konnte ich trotz des jetzt ziemlich hellen Sternlichtes nicht erkennen. Daß sich hinten eine Kajüte befand, das erfuhr ich allerdings, denn Ibn Asl führte mich zu ihr. Sie bestand aus zwei Abteilungen, einer vorderen, kleineren, und einer hinteren, größeren. Er blieb in der erstern stehen und brannte eine Lampe an. Bei ihrem Schein sah ich, obgleich ich nur wenig Zeit zur Umschau hatte, daß rechter Hand ein Sitzkissen lag, während zur linken ein Holzkasten stand, in welchem allerlei Handwerkszeug, wie es auf einem Schiff zu jeder Zeit gebraucht wird, sich befand. Dieser letztere Umstand wurde mir später sehr wichtig.

„Tritt schnell ein, damit keine Mücken mit hineinkommen!“ forderte er mich auf, indem er eine Matte, welche die beiden Abteilungen voneinander schied, zur Seite schob. Ich folgte seiner Aufforderung, und als er dann die Lampe an einer an der Decke befestigten Schnur aufgehängt hatte, konnte ich die Einrichtung der Kajüte sehen. Sie bestand nur aus einigen Kissen, welche an den Holzwänden lagen, und einer höchst unkünstlerisch bemalten Kiste, die seinen Kleiderbehälter bilden mochte. Er nahm aus ihr zwei Mückennetze, von denen er mir das eine gab. Ich wickelte mich kunstgerecht hinein, und er tat mit dem seinigen dasselbe.

War ich der Meinung gewesen, daß wir nun schlafen würden, so hatte ich mich geirrt. Er sagte mir vielmehr, daß er Lust habe, sich weiter zu unterhalten, bis das Öl der Lampe ausgebrannt sei. Das war mir gar nicht unlieb, denn auf diese Weise konnte ich vielleicht doch noch das erfahren, was ich bis jetzt vergeblich hatte wissen wollen.

„Du hast zwar gesagt, daß du müde seist“, meinte er, „aber du kannst ja in den Tag hinein schlafen, solange es dir beliebt.“

Mit diesen Worten gab er mir eine vortreffliche Handhabe, welche ich auch sofort benutzte, indem ich ihm bemerkte:

„Wenn du noch nicht schläfrig bist, will ich sehr gern noch mit dir plaudern; aber ausschlafen werde ich wohl nicht können.“

„Warum?“

„Weil du den Reis Effendina erwartest, mit dem es doch, wie ich vermute, zum Kampf kommen wird.“

„Fürchtest du dich davor?“

„Fällt mir nicht ein! Ich habe schon sehr oft Pulver gerochen, bin kein ganz schlechter Schütze und wünsche sogar, mit dabeisein zu dürfen, wenn es losgeht.“

„Es wird nicht viel Pulver zu verknallen geben, denn die Sache soll in möglichster Stille vor sich gehen. Aber wenn du Lust hast, die Schädel einiger Askaris einzuschlagen, so habe ich gar nichts dagegen.“

„Also nicht geschossen, sondern geschlagen und gestochen soll werden? Mir gilt das gleich; ich bin auf alle Fälle gern dabei. Aber wie kommen wir von deinem Noquer aus auf das Schiff des Reis Effendina?“

„Dies zu besteigen, werden wir uns sehr hüten. Feuer ist besser als Pulver.“

„Ah! Du willst das Schiff des Reis Effendina verbrennen? Das wird dir schwer werden. Hast du vielleicht einen Mann bei ihm an Bord, der es anzündet?“

„Nein. Auf diese Weise würde ich meinen Zweck nicht erreichen, denn der Brand würde bald bemerkt und gelöscht werden, und ich hätte das Nachsehen. Ich fange die Sache ganz anders an, und zwar so, daß kein einziger Mann entkommen kann und auch kein Span des Schiffes übrigbleibt.“

„Mir unerklärlich.“

„Ja, du hast schon sehr viel erlebt und manches erfahren, was andere nicht kennenlernen, aber der richtige Schick und Kniff, der fehlt dir noch. Ein Sklavenjäger darf keine Schonung kennen. Es handelt sich hier um Sein oder Nichtsein. Es muß entweder der Reis Effendina oder ich zugrunde gehen, und da ich nicht dazu Lust habe, so mag es ihn treffen, aber auch gleich so, daß Rettung für ihn die reine Unmöglichkeit ist.“

„Recht hast du da. Nach allem, was ich von dir erfahren habe, würde ich an deiner Stelle ebenso energisch handeln. Nur sehe ich nicht ein, durch welches Mittel du so sicher und so schnell zum Ziel gelangen willst."

„Du könntest es eigentlich erraten, doch will ich es dir sagen. Hast du die Omm-Sufah-Haufen gesehen?"

„Natürlich; sie sind ja groß genug."

„Ich habe die Omm Sufah niederschneiden lassen, um erstens Platz zum Lagern und zweitens Material zum Feuer zu bekommen. Hast du die Fässer bemerkt, welche in der Nähe stehen?"

„Ja."

„Sie sind mit dem Stoff gefüllt, welcher den Reis vernichten wird. Es ist nämlich Gaz – Petroleum – darin."

„Gaz? Ah, ich beginne zu begreifen. Aber wie bringst du dieses gefährliche Öl auf sein Schiff?"

„Auf? Ich brauche es doch nicht auf, sondern nur an es zu bringen. Die Sache ist viel leichter, als du denkst. Ich bin überzeugt, daß er in Hegasi halten wird. Dadurch gewinne ich Zeit zu meiner Vorbereitung. Du weißt, daß ich in Hegasi einen Wächter habe. Dieser kommt, sobald der Reis dort anlangt, hierhergeritten, um es mir zu melden. Der Nil wird durch die Dschesireh in zwei Arme geteilt, von welchem der, auf dem wir uns jetzt befinden, der ruhigere und sicherere ist, und der Reis wird also nach dieser unserer Stelle steuern. Ich bilde aus meinen Leuten drei Abteilungen. Die erste bleibt bei den Fässern; die zweite besetzt das Ufer bis möglichst weit hinab und die dritte drüben den Rand der Insel. Auf diese Weise wird der Flußarm, den der Reis benutzen muß, an beiden Seiten von meinen Kriegern eingefaßt, welche sich natürlich nicht sofort sehen lassen dürfen. Wenn sich das Schiff so weit genähert hat, daß es nicht mehr entfliehen kann, werfen die bei den Fässern Stehenden das Petroleum in den Fluß und die dürre, schnell angebrannte Omm Sufah dazu. Das Öl wird sich über das Wasser verbreiten und um das Schiff ein Feuermeer bilden, aus welchem es nicht zu entkommen vermag. Was sagst du zu diesem Plan?"

Mich schauderte vor diesem Mann, doch zwang ich mich, in bewunderndem Ton zu antworten:

„Er ist herrlich, einzig! Entstammt er deinem eigenen Kopf oder einem andern?"

„Ich selbst habe ihn mir ausgedacht", meinte er mit hörbarem Stolz.

„So bewundere ich dich. Ich wäre niemals auf einen solchen

Gedanken gekommen. Höchstens hätte ich dem Reis irgendwo aufgelauert, um ihm heimlich eine Kugel zu geben."

„Und sein Anhang wäre lebengeblieben? Nein, sie müssen alle, alle zur Hölle!"

„Wie nun, wenn sie Zeit finden, das Schiff an das Ufer zu steuern?"

„Sie mögen es versuchen! Bedenk doch, daß sie sich binnen wenigen Augenblicken mitten in Flammen befinden, daß sie unbedingt ersticken müssen. Das Schiff wird sofort lichterloh brennen. Dennoch habe ich auch an den Fall gedacht, daß sich einige in das Wasser werfen werden, um das Ufer zu erreichen. Sollten sie, was ich für eine Unmöglichkeit halte, dem Feuer und den Krokodilen entgehen, so stehen ja meine Leute hüben und drüben am Wasser, von denen sie mit den Gewehrkolben erschlagen werden. Du siehst wohl ein, daß kein einziger entkommen kann."

„Kann das Feuer nicht deinem eigenen Noquer gefährlich werden?"

„Nein."

„Aber welche Folgen wird es für dich haben! Du wirst von den Soldaten des Vizekönigs gehetzt werden, bis sie dich haben, und dann dreimal wehe dir!"

„Wird man erfahren, wie das Feuer entstanden ist?"

„Vielleicht. Es ist ja möglich, daß es sich bis Hegasi hinab verbreitet. Man wird natürlich sehen, daß es vom Öl stammt, und sich fragen, wer es in den Fluß gegossen hat."

„Mag man das immerhin fragen; niemand wird es beantworten!"

„Bist du deiner eigenen Leute sicher?"

„Ja. Keiner von ihnen wird plaudern."

„Dann mache ich dich, da ich es gut mit dir meine, noch auf eins aufmerksam. Wie nun, wenn außer dem Reis noch ein anderes Schiff erscheint?"

„So geht es mit zugrunde."

„Oder wenn von oben herab ein Fahrzeug kommt. Dieses würde anhalten und Zeuge des Schauspiels sein. Damit wärst du verraten."

„Hoffentlich kommt dieser Fall nicht vor; sollte es aber doch geschehen, nun, so kann ich es nicht ändern. Ich würde dieses Schiff auf irgendeine Weise zum Anlegen bewegen und dann doch tun, was ich mir vorgenommen habe. Ich kann nicht dafür, wenn mein Petroleum zufälligerweise sich entzündet und der

Reis Effendina so dumm ist, sich mit seinem Fahrzeug in das Feuer zu wagen. Wer kann mich da bestrafen?"

„Hm! Wollen wünschen, daß lieber gar keine Störung dazwischenkommt!"

„Und wenn sie käme, ich mache mir nichts daraus. Bin ich nicht schon jetzt verfolgt genug? Darf ich mich in Chartum sehen lassen? Werde ich nicht schon heute gejagt? Ich bin vogelfrei. Niemand als nur ich allein weiß, wo ich eigentlich wohne. Ich bin gegen die Gesetze, und sie sind gegen mich. Ich habe hier noch mehreres auszuführen, und dann werde ich verschwinden. Es kann mir also sehr gleichgültig sein, ob man es erfährt, daß der Reis durch mich umgekommen ist. Schade nur, daß sein Schiff verbrennt, ohne daß ich die geringste Beute machen kann! Aber was mir da entgeht, das wird mein Sklavenzug mir einbringen; ich werde eine Ghasuah – Sklavenraubzug – unternehmen, wie es noch keine gegeben hat; das sollst du erfahren. Sprechen wir jetzt nicht davon. Die Lampe erlischt, und wir wollen nun schlafen."

Es war nicht viel Öl in der Lampe gewesen. Das Flämmchen wurde kleiner und kleiner und erlosch endlich ganz; es wurde dunkel in dem kleinen Raum.

Was hatte ich erfahren! War es denn möglich, daß ein Mensch auf einen so teuflischen Gedanken kommen konnte! Die Ausführung dieses schrecklichen Planes mußte verhindert werden. Aber wie? Das einfachste und beste war, mit Ben Nil vom Schiff zu schleichen und nach Hegasi zurückzukehren, um den Reis zu warnen. Aber wo war Ben Nil, und lag es in der Möglichkeit, ihn von seinen beiden Mitschläfern, ohne daß sie es bemerkten, fortzubekommen? Es mußte versucht werden, konnte aber natürlich nicht eher geschehen, als bis Ibn Asl eingeschlafen war.

Ich wartete mit Schmerzen auf diesen Augenblick. Minuten vergingen, lange, lange Minuten. Endlich hörte ich seinen leisen, regelmäßigen Atemzügen an, daß er schlief. Ich wickelte mich aus dem Netz und kroch zu ihm hin. Das Ohr seinem Gesicht nähernd, horchte ich. Ja, das war das Atmen eines wirklich Schlafenden. Er verstellte sich nicht. Dennoch ergriff ich eins seiner Beine und schüttelte es leise. Er erwachte nicht davon; er schlief also fest. Ich kroch hinaus in den vorderen Raum. Dort hatte ich abgelegt, ließ aber meine Sachen liegen, da sie mich beim heimlichen Suchen nach meinem Gefährten gehindert hätten.

Als ich das offene Verdeck erreichte, blieb ich zunächst im tiefen Schatten stehen, um mich umzusehen. Die meisten Sklavenjäger hatten den Schiffsraum aufgesucht. Dort war die Luft zwar schwüler als im Freien, aber man hatte nicht soviel von den lästigen Stechmücken zu leiden. Ein einziges Feuer, das vom Schiff entfernteste, brannte noch. An ihm lagen, durch den Rauch gegen die Insekten geschützt, einige Schläfer.

Hatte man Wachen ausgestellt? Ich sah und hörte keine. Auf dem Deck, welches im Halbdunkel des Sternenscheines dalag, gab es keine Bewegung. Ich legte mich nieder und kroch nach hinten. Ich kam an der nach unten führenden Luke und an dem Mast vorüber, ohne jemand zu erblicken. Auch weiterhin gab es keinen Menschen.

So gelangte ich ganz nach vorn und sah, daß es da allerdings auch eine Kajüte gab. Die Küche stand nämlich auf der Mitte des Vorderteiles und nicht, wie es sonst zu sein pflegt, in dem Winkel des Schiffsschnabels. Aus diesem letzteren war vielmehr auch ein Verschlag gebildet worden, aus welchem ich halblaute Stimmen erklingen hörte. Ich kroch ganz an die dünne Bretterwand und lauschte. Die beiden Offiziere und Ben Nil schliefen noch nicht; sie sprachen miteinander und schienen noch ganz munter zu sein. Ich konnte die Worte ziemlich deutlich verstehen und erkannte aus ihnen, daß Ben Nil sich bestrebte, die beiden auszufragen. Der Eifer des jungen Mannes, mir nützlich zu sein, war so groß, daß er den Schlaf opferte und seine Genossen auch munter zu erhalten suchte. Das machte mir einen dicken Strich durch die Rechnung. Sie konnten noch lange, lange sprechen. War es dann noch möglich, uns zu entfernen, ohne gesehen zu werden? Die Vogelwelt des Nils erwacht schon vor dem Anbruch des Tages. Wurden diese Stimmen laut, so erwachten die Schläfer, und es war zur Flucht zu spät.

Übrigens hörte ich es am Schall der Stimmen, daß die drei Sprechenden für meinen Zweck nicht günstig lagen. Ben Nil lag nämlich hinten, und der Raum war so klein, daß er, selbst wenn die andern geschlafen hätten, sich nicht entfernen konnte, ohne über sie hinwegzusteigen. Dabei mußte er sie aber wecken. Wenigstens war dies mehr wahrscheinlich als unwahrscheinlich.

Was aber tun? Ben Nil war nicht herauszubekommen; aber ohne ihn konnte ich unmöglich fort, denn das wäre der sichere Tod des braven Kerls gewesen. Ich mußte also auch bleiben. Aber die fürchterliche Gefahr, welcher der Reis Effendina ahnungslos entgegenging! Sie mußte unbedingt abgewendet werden, und zwar sogleich. Er konnte schon am frühen Morgen angesegelt kommen, und dann war es zu spät. Ja, wenn es sich um einen Angriff, einen Überfall, nicht aber um dieses höllische Petroleum gehandelt hätte! Ich mußte es unschädlich machen. Wenn dann der Reis kam, so verbrannte er wenigstens nicht und konnte sich, falls er angegriffen wurde, verteidigen.

Sollte ich hinabsteigen und die Fässer in das Wasser wälzen? Nein, denn das hätte Geräusch verursacht. Ich konnte nicht wissen, wie weit sie fortschwammen. Wurden sie bald wieder an das Ufer gespült und da vom Schilf festgehalten, so ließ Ibn Asl sie holen und führte seinen Plan dann trotzdem aus. Sie mußten also stehenbleiben, und doch sollte das Petroleum fort. Anbohren? Ah! Mir fiel der Werzeugkasten ein. Vielleicht lag ein Bohrer darin. Das war der einzige Weg, auf welchem ich das Verderben von dem Reis und seinen Askaris abwenden konnte.

Aber was würde Ibn Asl sagen, wenn er früh bemerkte, daß die Fässer leer waren? Mir gleichgültig! Ich durfte nicht an mich denken und mußte es eben darauf ankommen lassen, daß ich für den Täter gehalten wurde.

Ich kehrte also so rasch wie möglich in die hintere Kajüte zurück. Ibn Asl atmete wie vorher; er schlief noch ebenso fest. Nun langte ich in den Kasten und nahm ein Werkzeug nach dem andern heraus. Das hatte seine großen Schwierigkeiten, da ich jedes, auch das kleinste Geräusch vermeiden mußte. Es gelang; ich fand einige Bohrer. Mehrere waren zu stark. Das Loch oder vielmehr die Löcher sollten nicht so groß sein, daß man sie sogleich bemerkte. Fast ganz unten auf dem Boden lag einer, welcher nicht ganz die Dicke eines Bleistiftes hatte; dieser paßte mir. Ich steckte ihn ein und legte die Werkzeuge leise wieder in den Kasten. Dann lauschte ich abermals auf den Atem des Schläfers und huschte endlich hinaus und über das Deck hinüber nach der Stelle, an welcher die Leiter lehnte.

Dort lugte ich erst vorsichtig über Bord, ob vielleicht ein Posten unten stand, und stieg, als dies nicht der Fall war, hinab. Die kurze Strecke bis hin zu den Fässern war bald zurückgelegt, und ich begann die Arbeit. Jedes Faß mußte zwei Löcher bekommen, eins oben, um den Zutritt der Luft zu vermitteln, und eins unten zum Abfluß des Öls. Ich brachte sie an solchen Stellen an, auf welche meiner Ansicht nach der Blick nicht gleich fallen würde. Dabei mußte ich mich hüten, mit dem ausfließenden Öl in Berührung zu kommen. Durch Ölgeruch oder gar Ölflecke wäre ich verraten worden.

Die Fässer standen, um schnell aufgeschlagen und in den Fluß geworfen zu werden, ganz nahe am Wasser. Die Flüssigkeit hatte nur drei oder vier Fuß zu laufen, um das letztere zu erreichen. Nach nicht ganz einer Viertelstunde war ich fertig, spülte den Bohrer im Fluß rein, wischte ihn im Schilf sorgfältig ab und stieg dann wieder an Bord. In der Kajüte angekommen, legte ich ihn in den Kasten und kroch dann wieder in mein Moskitonetz.

Das Herz war mir unendlich leicht. Ich hatte vielen Menschen das Leben erhalten und einen Bubenstreich verhütet, wie er nichtswürdiger gar nicht gedacht werden kann. Aber die Folgen für mich! Nun, die konnte ich unter den gegebenen Umständen nicht von mir abwenden und mußte eben ruhig warten, was geschehen würde. Die Aufregung, in welcher ich mich denn doch befunden hatte, legte sich, und ich schlief ein.

Als ich erwachte, geschah dies nicht von selbst, sondern Ibn Asl weckte mich.

„Steh auf, Amm Selad!" sagte er. „Du wirst ausgeschlafen haben, denn es ist spät am Morgen, und es wird bald zu tun geben; der Reis Effendina kommt."

Ich war natürlich sofort vollständig munter und sprang empor. Mein erster Blick galt seinem Gesicht. Es war nichts darin, was mich hätte vermuten lassen, daß meine Tat bereits entdeckt worden war. Seine Augen glänzten unternehmend; er nickte mir sogar freundlich zu und fuhr fort:

„Ja, ja, du staunst? Die Stunde ist gekommen. Geh heraus; der Kaffee steht für dich bereit!"

Draußen vor der Kajüte lag ein Polster, auf welches ich mich setzen sollte. Eine alte häßliche Negerin brachte mir den erwähnten Morgentrunk. Die Sklavenjäger lagerten am Ufer, ganz so, wie ich sie gestern angetroffen hatte. Dann fragte ich:

„Der Reis kommt, sagst du? Aber deine Leute befinden sich noch nicht auf ihren Posten."

„Das ist jetzt noch nicht notwendig. Ich erhielt soeben erst die Nachricht, daß er in Hegasi angekommen ist und bei der dortigen Mischrah angelegt hat. Nun weiß man nicht, wie lange er dort liegen bleibt. Es können Stunden vergehen, ehe er abfährt. Darum habe ich wieder einen Posten ausgesandt, welcher auf halbem Wege zwischen hier und Hegasi aufzupassen hat. Erst wenn dieser zurückkehrt, ist es Zeit, daß jeder seine Stelle einnimmt."

„Es wird doch kein anderes Schiff dazukommen!"

„Aufwärts nicht, sonst hätte mein Wächter es gesehen. Und abwärts – bei der Hölle, es wäre fatal, wenn da jetzt eins käme!"

„Du würdest es vorüberlassen?“

„Gewiß nicht, ganz gewiß nicht. Die Bemannung würde im Vorüberfahren uns und den Noquer sehen und dem Reis davon Meldung machen.“

„Das ist nicht so ganz gewiß. Die Leute würden vielleicht bei ihm vorübersegeln, ohne mit ihm zu reden.“

„Da kennst du diesen Hund nicht. Er redet jedes ihm begegnende Schiff an, läßt es halten und zwingt es, sich nach Sklaven untersuchen zu lassen. Er würde ganz sicher erfahren, daß hier ein Noquer hält, und das müßte ihm auffallen; er würde Verdacht schöpfen, sich in acht nehmen, und mit meinem schönen Plan wäre es aus. Nein, kommt jetzt ein Fahrzeug von oben, so wird es angehalten und muß warten, bis die Sache vorüber ist. Um für alle Fälle gesichert zu sein, werde ich auch stromabwärts einen Posten ausstellen. Die Zeit zum Handeln ist da, und ich lasse mich durch kein Dazwischenkommen irremachen.“

Er ging an das Land, um einen Mann fortzusenden. Während dieser Zeit kam Ben Nil zu mir. Es befand sich niemand in unserer Nähe; darum konnten wir ungestört und ohne Scheu miteinander sprechen.

„Du hast sehr lange geschlafen, Herr“, sagte er. „Fast wollte es mir bange werden. Hast du denn nicht an das gedacht, was auf dem Spiel steht?“

„Ich habe nicht nur gedacht, sondern auch getan, mehr als du denkst.“

„Und ich habe gar nicht geschlafen. Ich konnte vor Angst um unsern Reis Effendina kein Auge schließen.“

„Ich natürlich auch nicht.“

„Die beiden Offiziere wurden gestern abend noch gesprächig und erzählten mir, daß der Reis verbrannt werden soll. Denk dir!“

„Mit dem Petroleum da unten in den Fässern!“

„Du weißt es?“

„Ja. Ich erfuhr es von Ibn Asl.“

„Herr, was tun wir? Der Reis Effendina naht, und dort ist das Petroleum. Es ist schrecklich, unendlich schrecklich! Und dabei hast du geschlafen und dich um nichts bekümmert!“

„Zank nicht! Es ist nicht ganz so schlimm, wie du denkst. Ich habe die Fässer während der Nacht angebohrt. Das Öl ist abgelaufen.“

„Allah ’l Allah! Ist das wahr?“

„Ja. Es ist mir nicht leicht geworden. Ich wollte fliehen und dich mitnehmen, hörte euch aber reden. Du lagst hinten im Verschlag und konntest nicht vor. Da mußte ich auf dich verzichten und allein handeln."

„Drum roch es, als ich aufstand, nach Petroleum! Die Leute schrieben das der Ausdünstung der Fässer zu. Und im Schilf lagen einige tote Fische."

„Weiter unten wird es jedenfalls mehr abgestandene Fische und anderes Getier geben. War das Wasser etwa gefärbt?"

„Nein."

„So ist das Öl entweder sehr rein gewesen, oder der kräftige Morgenwind hat die Rückstände hier fortgespült. Das ist vortrefflich für uns."

„Ich sehe gar nichts Vortreffliches, Herr. Wenn man es entdeckt, wird der Verdacht natürlich auf uns fallen."

„Sehr wahrscheinlich. Aber wer kann uns etwas beweisen?"

„Nach Beweisen fragen diese Menschen nicht. Wir müssen fort; wir müssen augenblicklich fort."

„Es wäre allerdings am allerbesten für uns, wenn wir uns entfernen könnten; aber es gibt einige Bedenken dagegen."

„Welche denn?"

„Erstens können wir es nicht unbemerkt tun. Und sieht man, was wir wollen, so hält man uns auf, und wir haben verlorenes Spiel."

„Wir machen es wie gestern abend: Wir laufen davon."

„Da ruft man uns an, und wenn wir nicht gehorchen, schickt man uns Kugeln nach."

„Das hat man gestern nicht getan!"

„Es war Abend und dunkel, jetzt aber ist es Tag und hell. Das ist ein Unterschied; bedenk das! Gestern abend hätten wir entkommen können, weil es finster war. Niemand konnte auf uns zielen; jetzt aber hätten wir jeder sehr bald einige Kugeln im Leib. Und wohin wollen wir die Flucht richten? Nach Hegasi, durch die offene Steppe, wo jeder Verfolger leicht auf uns zielen kann?"

„Wir schießen doch auch!"

„Ja, aber wenn wir schießen wollen, müssen wir stehenbleiben und geben dadurch den Verfolgern Zeit, in Masse an uns zu kommen. Nein, nein, damit ist's nichts! Und unsere Flucht soll doch einen doppelten Zweck haben, nämlich uns aus der Schlinge zu ziehen, in welche wir die Köpfe freiwillig gesteckt haben, und zugleich dem Reis zu Diensten zu sein. Reißen wir jetzt aus, so kommt er ahnungslos herbei. Man kann ihn nun zwar nicht mehr durch das Feuer vernichten, ihm aber doch irgendwie einen Hinterhalt, eine Falle legen, welche ihm zum Verderben gereicht. Bleiben wir aber da, so können wir dies durch List verhüten oder ihn wenigstens warnen."

„Warnen? Sobald wir ihm zurufen, sind wir verloren."

„Pah! Die Warnung kann durch ein Gewehr geschehen, welches wie durch ein Versehen losgeht."

„Aber in dem Augenblick, in welchem man entdeckt, daß die Fässer leer sind, wäre es doch wohl jedenfalls für uns am besten, wenn wir nicht mehr hier wären!"

„Das gebe ich ganz gern zu. Laß mich überlegen! Vielleicht kommt mir ein Gedanke."

„Der müßte aber schnell kommen, sonst geht die kostbare Zeit verloren."

Er setzte sich zu mir nieder, um auf die „Ankunft" meines Gedankens zu warten. Leider aber passiert es dem Menschen sehr oft, daß er gerade dann, wenn er eine Idee notwendig braucht, keine finden kann. So ging es mir auch jetzt. Ich sann und sann vergebens. Es vergingen fünf, zehn, fünfzehn Minuten. Ibn Asl stand unten bei seinen Leuten und sprach sehr eifrig mit einem von ihnen. Es schien mir, als ob sie dabei oft herauf nach uns blickten. Dann kam er an Bord. Sein Gesicht war so freundlich wie vorher, als er zu mir sagte:

„Amm Selad, du hattest recht, als du meintest, daß das Petroleumfeuer mein eigenes Schiff in Gefahr bringen könnte. Ich werde es eine Strecke weiter aufwärts ziehen lassen. Hoffentlich kommt der Reis Effendina indessen nicht."

Also deshalb hatten die Leute ihre Augen so auf das Schiff gerichtet! Die Blicke hatten nicht unseren Personen gegolten. Es kamen eine Anzahl Männer an Bord, um den Mast aufzurichten.

Das befremdete mich, da das Zugseil doch auch recht gut anderwärts angebracht werden konnte. Bei dieser Veranlassung näherten sie sich uns und – warfen sich plötzlich auf uns, um uns festzunehmen. Das geschah so unerwartet und schnell, daß ich, als mir die Ellbogen auf dem Rücken und auch die Beine zusammengebunden waren, noch keine Zeit gefunden hatte, ein Glied zu meiner Verteidigung zu rühren. Ich lag neben Ben Nil auf dem Boden. Was war geschehen? Warum hatte man uns so feindselig überrumpelt? Es mußte irgendein Verdacht gegen uns entstanden sein.

Ibn Asls Gesicht war plötzlich ein ganz anderes geworden.

Während seine Leute zwei oder drei Schritt weit von uns zurückgewichen waren, trat er nahe an mich heran und sagte in drohendem Ton:

„Das hattest du wohl nicht erwartet! Du scheinst ein schlauer Kopf zu sein, und darum mußte auch ich es klug anfangen; ich mußte dich täuschen und schnell über dich kommen."

„Ich erstaune!" antwortete ich. „Aus welcher Veranlassung sind wir in dieser Weise überfallen worden?"

„Ja, du weißt allerdings nichts, nämlich davon, daß das, was ihr vorhin miteinander gesprochen habt, gehört worden ist."

„Das konnte gehört werden", antwortete ich schnell gefaßt und in zuversichtlichem Ton. „Wir haben nichts gesprochen, was dir Veranlassung zu diesem plötzlichen feindseligen Verhalten geben könnte."

„So! Meinst du denn wirklich, Ibn Asl täuschen zu können? Da bist du viel zu dumm dazu. Dieser Mann" – dabei deutete er auf den Menschen, welcher mich zuerst gepackt hatte – „lag auf dem Dach der Kajüte, ohne daß ihr es wußtet. Er hörte alles und kletterte, um von euch nicht gesehen zu werden, hinten am Tau, an welchem das Boot hängt, herab, um mir es mitzuteilen. Willst du es etwa leugnen?"

„Fällt mir nicht ein! Aber von was haben wir gesprochen?"

Ich verließ mich darauf, daß der Mann wohl nicht alles genau verstanden hatte. Wir hatten zwar nicht leise gesprochen, aber auch nicht lauter als zwei Personen sprechen, welche beieinander sitzen und von Dingen reden, welche nicht jedermann zu hören braucht.

„Von vielerlei", antwortete Ibn Asl, „zumeist aber von Falschheit und Verrat."

„Beweis uns das doch einmal!"

„Beweise verlangst du? Ist es denn an dir, Beweise zu fordern? Habt ihr etwa nicht vom Petroleum gesprochen?"

„Allerdings. Warum sollte ich das leugnen? Du hast mir ja selbst davon gesagt!"

„Aber du hast behauptet, es sei keins drin. Wie kommst du dazu, eine solche Dummheit auszusprechen?"

„Es war natürlich nur ein Scherz", antwortete ich, sehr erfreut über die Art und Weise, in welcher ich zur Hälfte falsch und zur andern gar nicht verstanden worden war.

„Du wirst sehr bald erfahren, daß es kein Scherz, sondern Ernst ist! Und dann habt ihr von Flucht gesprochen. Warum wollt ihr fliehen, wenn ihr ein gutes Gewissen habt?"

„Wir haben von Flucht vor dem Feuer gesprochen, falls dieses dein eigenes Schiff ergreifen sollte. Sind wir gestern abend geflohen? Habe ich dir nicht vielmehr bewiesen, daß ich bei dir bleiben will, daß mir gar nichts daran liegt, von hier fortzukommen?“

„Du scheinst ein Meister der Ausrede zu sein! Was aber wirst du mir denn antworten, wenn ich dich frage: Warum soll dein Gewehr losgehen, wenn der Reis Effendina erscheint?“

„Soll? Es soll eben nicht! Und mein Gewehr, das meinige? Ich habe von allen Gewehren, von den Gewehren im allgemeinen gesprochen. Ich befürchtete eine Unvorsichtigkeit, eine Hastigkeit, durch welche der Reis gewarnt werden könnte. Du postierst deine Leute weit am Ufer hinab, und da sagte ich: Wenn nur nicht etwa aus Versehen irgendein Gewehr losgeht. Dieser Mann hat zwar gelauscht, aber unvollständig oder verkehrt gehört. Ich rate ihm, ein anderes Mal die Ohren besser zu öffnen.“

Ibn Asl ließ seinen Blick prüfend zwischen mir und dem Lauscher hin und her schweifen. Meine edle Dreistigkeit imponierte ihm. Es war klar, daß er irre wurde und mir Glauben zu schenken begann. Doch fragte er noch:

„Ihr hattet aber doch Angst um den Reis Effendina?“

„Da hat dein wackerer Berichterstatter mich wieder falsch verstanden. Nicht um, sondern vor dem Reis hatte ich Angst.“

„Wie stimmt das damit, daß du gestern zu mir sagtest, du hättest keine Angst?“

„Da wußte ich noch nicht, was geschehen soll. Jetzt kenne ich aber deine Absichten, und als ich mit meinem Gehilfen darüber sprach, hatte ich Sorge, daß sie vereitelt werden könnten. Das habe ich gemeint.“

„Vereitelt? Wer könnte sie vereiteln?“

„Der Reis. Er ist in Hegasi an das Land gegangen. Ihr habt ihn hierhergelockt, indem ihr ihn fälschlicherweise wissen ließt, daß hier ein Sklavenzug über den Nil gehen würde. Er muß also wissen, daß sich Händler oder gar Jäger hier befinden. Meinst du, daß er nun in aller Gemütlichkeit gefahren kommt wie einer, der spazierensegelt?“

„Was denn?“

„Ich halte es für sehr möglich, daß er sein Schiff in Hegasi läßt und seine Askaris auf dem Landweg hierher und euch in den Rücken führt. Während wir die Augen nach dem Fluß richten, schleicht er von der Steppe herbei und fällt über uns her. Darum hatte ich vor ihm Angst, keineswegs aber um ihn.“

„Allah! Das ist richtig, sehr, sehr richtig! Daran habe ich nicht gedacht. Wir müssen unsere Aufmerksamkeit auch landeinwärts richten und . . .“

Er wurde unterbrochen. Der stromaufwärts stehende Posten kam herbeigerannt und meldete ein Schiff, welches sich von dorther näherte. Sofort wurde das Boot bemannt und unter der Führung eines der beiden Offiziere diesem Fahrzeug entgegengeschickt, um es zum Anlegen zu veranlassen.

Ich hatte Hoffnung, jetzt wieder losgebunden zu werden. Da fragte er mich:

„Woher weißt du denn, was wir dem Reis Effendina haben sagen lassen?“

Leider hatte mich der Posten in Hegasi gestern gebeten, ihn nicht zu verraten. Ich war dem Mann für seine Mitteilungen zu Dank verpflichtet und wollte ihm keinen Schaden bereiten; darum antwortete ich:

„Es wurde gestern am zweiten Feuer erwähnt. Wir saßen am ersten; ich hörte es aber doch.“

Diese Unwahrheit entsprang aus einer ganz guten Absicht, fand aber sofort ihre Bestrafung, denn er antwortete:

„Das ist eine Lüge, denn an dem Feuer konnte das nicht gesagt werden. Es wissen nur vier Personen um das, was ich dem Reis Effendina wissen ließ, nämlich ich, die zwei Offiziere und der Posten von Hegasi. Von diesen hat es dir keiner gesagt. Von wem kannst du es wissen? Etwa gar von dem Reis selbst? Ich wollte dir mein Vertrauen wiederschenken; jetzt aber sehe ich ein, daß deine Ausreden sehr spitzfindig und zweideutig waren. Ehe ich dich freilasse, werde ich diese Sache genau untersuchen, und wehe dir, wenn ich nur den geringsten verdächtigen Flecken an dir finde! Jetzt habe ich keine Zeit dazu. – Ihr bleibt unter Bewachung einstweilen hier liegen.“

Er wendete sich von uns ab, denn seine Aufmerksamkeit wurde oberhalb unserer Ankerstelle, wo jetzt das betreffende Fahrzeug erschien, in Anspruch genommen. Es wurde von dem entgegengesandten Boot angesprochen und trat in Unterhandlung mit ihm. Dann sahen wir einen Mann über Bord und hinab in das Boot steigen, welches mit ihm zurückkehrte; das Schiff aber wurde gegen das Ufer gesteuert, um dort anzulegen.

Bei mir und Ben Nil stand ein Wächter, der uns scharf im Auge hielt. Mir war gar nicht bange. Ich meinte, annehmen zu dürfen, daß die von mir vorgebrachten Ausreden doch noch die beabsichtigte Wirkung haben würden. Beweisen konnte man uns nichts. Gravierend war nur das, was der Lauscher gegen uns vorgebracht hatte, und diesem war der wirkliche Zusammenhang entgangen; er hatte nur einzelne Punkte vernommen, aus und mit denen eine Überführung nicht zu konstruieren war. Bedenken konnte mir eigentlich nur der Augenblick erregen, an welchem entdeckt wurde, daß die Fässer leer waren. Da man einmal mißtrauisch geworden war, stand zu erwarten, daß der Verdacht dann auf uns fallen würde. Doch war es auch hier unmöglich, uns die Schuld zu beweisen. Leider aber sollte es anders, ganz anders kommen.

Das Boot legte an, und die Leute stiegen mit dem Mann, den sie brachten, an Bord. Man denke sich meinen Schreck, als ich in ihm Abu en Nil erkannte, den Steuermann der Dahabijeh „Es Semek", auf welcher ich das bekannte nächtliche Abenteuer in Giseh erlebt hatte! Diese Dahabijeh war für den Sklavenhandel bestimmt gewesen und in der Nacht von dem Reis Effendina konfisziert worden. Ich hatte den Steuermann aus Mitleid fliehen lassen, ihm einiges Reisegeld gegeben und von ihm die Versicherung erhalten, daß er sich nordwärts nach seiner Heimat wenden würde. Und nun sah ich ihn hier oberhalb Chartums im tiefen Süden!

Der Mann kannte mich ganz gewiß noch; er mußte mich ja kennen, zumal ich sehr oft die Erfahrung gemacht hatte, daß mein Gesicht ein solches ist, welches man nicht so leicht und rasch vergißt. Ich war von Leuten, welche mich nur einmal und ganz vorübergehend gesehen hatten, noch nach Jahren sofort wiedererkannt worden. Noch schlimmer aber war der Umstand, daß dieser Steuermann Abu en Nil der Vater oder vielmehr der Großvater meines Begleiters Ben Nil war. Es war vorauszusehen, daß er, uns beide erblickend, augenblicklich zu uns eilen und uns verraten würde.

Ben Nil lag nicht wie ich auf dem Rücken, sondern auf der Seite, von dem Bord, an welchem die Leute heraufgestiegen waren, abgewendet; darum hatte er seinen Großvater nicht gesehen. Ich mußte ihn vorbereiten und wendete mich daher zu ihm, ihm zuflüsternd:

„Erschrick nicht, und bleib so liegen, wie du liegst! Dein Großvater ist gekommen."

Ich sah es, daß er eine Bewegung der Überraschung machen wollte, aber er beherrschte sich doch. Es dauerte eine kleine Weile, dann fragte er:

„Ich habe beide Großväter noch. Du meinst doch den Steuermann?"

„Ja, Abu en Nil, den früheren Steuermann der Dahabijeh ‚Es Semek'."
„O Allah, welche Freude!"
„Nein, welches Unglück für uns! Er wird uns verraten."
„Himmel! Das ist allerdings wahrscheinlich. Wie kommt er hierher? Was tut er hier?"
„Er befand sich auf dem Schiff, welches Ibn Asl gezwungen hat, anzuhalten. Der Offizier hat ihn mitgebracht, jedenfalls damit er Verhaltungsbefehle bekommen soll."
„Wo steht er?"
„Dort rechts am Rande des Schiffes. Er hat uns noch nicht gesehen. Ibn Asl spricht mit ihm."
„Können wir ihm nicht ein Zeichen geben, daß er schweigen möge?"
„Wenn wir nicht gefesselt wären, dann würde es möglich sein, ja; so aber müssen wir das Unglück über uns ergehen lassen. Wie mag er nach dem Weißen Nil gekommen sein? Er wollte ja nach Gubator gehen!"
„Ursprünglich, ja; aber es ist anders geworden. Habe ich dir denn nicht erzählt, daß ich ihn in Siut traf?"
„Ah, daran habe ich jetzt nicht gedacht!"
„Ich verlor ihn dort wieder, denn ich wurde von dem alten Abd Asl in den unterirdischen Brunnen gelockt, wo ich verschmachten sollte, aus welchem du mich aber rettetest. Wenn er doch um Allahs willen vorsichtig wäre und nicht sagte, daß er uns kennt!"
„Meinst du, daß ihm eine solche Geistesgegenwart zuzutrauen ist?"
„Wohl nicht. Die Freude, mich zu treffen, und dabei der Schreck darüber, daß ich gefesselt bin, das wird so auf ihn einwirken, daß er wohl die Unvorsichtigkeit begeht, unsere Namen zu nennen. Dreh dich auf die Seite, damit er dein Gesicht nicht sieht!"

Ich folgte dieser Aufforderung, obgleich ich nicht glaubte, daß dies die beabsichtigte Wirkung haben würde. Der alte Steuermann hatte sich damals auf der Dahabijeh nicht so verhalten, daß ich ihm so viel Selbstbeherrschung, wie hier nötig war, hätte zutrauen können.

Unser Wächter hatte darauf, daß wir miteinander sprachen, nicht geachtet. Seine Aufmerksamkeit war mehr auf Abu en Nil als auf uns gerichtet. Ibn Asl sprach laut mit diesem letzteren, doch hatte ich, weil ich mit Ben Nil redete, den Inhalt des Gesprächs nicht verstehen können. Jetzt, da wir schwiegen, hörte ich den alten Steuermann sagen:

„Aber ich sehe immer noch keinen Grund, weshalb wir die Fahrt unterbrechen sollen. Wir sind euch doch nicht im Wege!"

„Doch! Wartet nur kurze Zeit, höchstens einige Stunden, so könnt ihr weiterfahren."

„Warum jetzt nicht?"

„Das brauche ich euch nicht zu sagen."

„Du wirst es uns doch wohl sagen müssen, sonst gehen wir sofort wieder unter Segel."

„Das wirst du bleiben lassen, denn wenn ich sehe, daß du nicht gehorchen willst, so behalte ich dich hier, bis die Zeit gekommen ist."

„Dazu hast du kein Recht."

„Meinst du? Ich bin der Reis Effendina, von dem du wohl gehört haben wirst."

„Nein, der bist du nicht. Ich habe nicht nur von ihm gehört, sondern ihn sogar gesehen und mit ihm gesprochen."

„So! Nun, dann will ich dir sagen, daß ich sein Leutnant bin. Ob dies oder ob er selbst, das bleibt sich gleich. Du hast zu gehorchen."

„Beweise mir, daß du die Wahrheit sagst! Die Leute des Reis Effendina tragen Uniform, die deinigen aber nicht. Ich habe gesehen, daß dein Schiff ‚Eichdechse' heißt; das Schiff des Reis Effendina aber heißt ‚Der Falke'. Deine Worte sind also Lügen."

„Lügen? Hüte dich, mich zu beleidigen! Der Reis Effendina kommandiert allerdings den ‚Falken'; da aber dieses Schiff für seine Zwecke nicht ausreichte, so hat er die ‚Eichdechse' dazugemietet und mir den Befehl darüber gegeben. Es ist dir wohl erklärlich, daß gemietete Leute keine Uniformen tragen können."

„Wenn es so ist, wie du sagst, mußt du eine schriftliche Vollmacht von dem Reis Effendina haben. Ich bin dir nicht eher Gehorsam schuldig, als bis ich sie gesehen habe."

„Und mir fällt es nicht ein, dir sie zu zeigen. Du hast mir auf das Wort zu glauben und mir zu gehorchen."

„Und ich werde zurückkehren und weiterfahren!"

„Halt, Alter, nicht so schnell! Ohne meine Erlaubnis kommst du nicht vom Schiff. Du bist der Steuermann des angehaltenen Fahrzeuges. Wie ist dein Name?"

„Himjad el Bahri."

Da ich mich umgewendet hatte, konnte ich den Alten nicht mehr sehen, doch hörte ich, daß er fortgewollt hatte, aber festgehalten worden war. Himjad el Bahri! Er nannte sich also jetzt anders als früher, jedenfalls weil er dem Reis Effendina entflohen war und sich nun unter einem falschen Namen sicherer wähnte. Das war mir lieb, denn nun konnte er Ben Nil nicht für seinen Enkel ausgeben. Kaum aber hatte ich diese Hoffnung geschöpft, so wurde sie mir von unserm Wächter wieder zuschanden gemacht. Dieser trat nämlich, als er den Namen hörte, einige Schritte vor und rief Ibn Asl zu:

„Das ist nicht wahr; dieser Name ist falsch. Ich kenne den Alten. Ich habe ihn früher in Kahira und auch anderswo gesehen. Er ist ein sehr bekannter Steuermann und wird, weil er den Fluß wie selten ein anderer kennt, Abu en Nil genannt."

„Abu en Nil!" wiederholte Ibn Asl im Ton der Überraschung. „Ist das wahr? Kennst du ihn wirklich?"

„Ganz genau, ich kann mich gar nicht irren."

„Ah, Alter, du hast mich täuschen wollen; du bist ein Betrüger! Gibst du zu, daß du der Steuermann Abu en Nil bist?"

„Nein. Ich heiße Himjad el Bahri und habe nie einen andern Namen gehabt."

„Das ist eine Lüge!" behauptete der Wächter. „Ich kenne ihn ganz genau und kann noch zwei Zeugen bringen, welche ihn auch kennen."

Er nannte zwei Namen, und deren Träger, zwei Untergebene von Ibn Asl, welche sich am Land befanden, wurden herbeigerufen. Sie bestätigten sofort die Aussage des Wächters; sie sagten dem Alten sogar in das Gesicht, wo und wann sie ihn gesehen hatten. Ich konnte nicht recht begreifen, warum der Umstand, daß der Alte einen falschen Namen tragen sollte, eine solche Wirkung auf Ibn Asl hervorbrachte. In jenen Gegenden und jenen Verhältnissen kommt es nicht selten vor, daß ein Mensch seinen Namen ändert. Hat zum Beispiel ein gewisser Maluf sich lange vergeblich nach einem Sohn und Erben gesehnt und diese Sehnsucht wird ihm endlich gestillt, so wird er, falls er dem Kinde den Namen Amal gibt, sich aus Freude über sein Vaterglück von jetzt an Abu Amal, Vater des Amal, nennen. Freilich hatte der Steuermann geleugnet, daß er früher anders geheißen habe, und das mußte auffallen oder gar Verdacht erwecken. Aber nicht der Umstand war es, welcher den Grund zu Ibn Asls Verhalten bildete, denn ich hörte ihn jetzt in höhnischem Ton sagen:

„Du bist überführt; du gibst dich für einen andern aus, als du wirklich bist. Das muß bestraft werden!"

„Ich habe nicht gelogen. Vielleicht sehe ich diesem Abu en Nil ähnlich. Es kann dir übrigens ganz gleichgültig sein, welchen Namen ich trage. Wenn ich wirklich dieser Abu en Nil wäre, so könntest du doch wohl gar nichts dagegen haben!"

„Allerdings nichts, gar nichts, ganz und gar nichts! Ich würde mich im Gegenteil freuen, diesen Mann gefunden zu haben. Und da du es wirklich bist, wie diese drei Männer bezeugt und bewiesen haben, so freue ich mich aber jetzt ganz außerordentlich. Hast du einen Sohn, welcher Ben Nil heißt?"

„Nein."

„Dann wohl einen Enkel?"

„Auch nicht."

„Leugne nicht, Alter, sonst werde ich dich zwingen, die Wahrheit zu sagen! Es gibt einen jungen Menschen, einen Matrosen, welcher Ben Nil heißt, und wenn jemand sich Abu en Nil nennt, so muß dieser jemand der Vater oder Großvater des Ben Nil sein!"

„Meinetwegen! Da ich aber nicht Abu en Nil, sondern Himjad el Bahri heiße und weder einen Sohn noch einen Enkel habe, so laß mich mit deinem Ben Nil ungeschoren!"

„Komm mir nicht in diesem Ton, Alter!" drohte Ibn Asl. „Es könnte dich gereuen!"

„Wieso? Ich habe keinen Grund, Furcht vor dir zu haben."

„Das denkst du jetzt. Aber wenn du wüßtest . . .!"

„Was . . .? Wenn ich was wüßte . . .?"

„Daß ich . . . ein ganz anderer bin", entfuhr es Ibn Asl.

„Ein ganz anderer? So habe ich also doch richtig gedacht! Nun, so brauche ich erst recht keine Furcht zu haben!"

„Meinst du? Es kommt darauf an, was für ein anderer ich bin!"

„Sei wer du willst, mir machst du nicht angst!"

„Du sprichst sehr zuversichtlich. Ich bin Ibn Asl, der Sklavenjäger."

„Allah! Ist das wahr? Ibn Asl, der berühmte Negerfänger?"

„Ja. Wie wird dir nun zumute?"

Wenn er der Meinung gewesen war, daß der Alte bei Nennung dieses Namens erschrecken würde, so hatte er sich sehr geirrt. Der Steuermann hatte Grund, sich vor dem Reis Effendina zu fürchten, weil er diesem entflohen war; sich aber vor Ibn Asl zu entsetzen, dazu hatte er als früherer Sklavenhändler gar keine Ursache. Dies zeigte sich auf der Stelle, denn anstatt sich erschreckt zu zeigen, rief er in frohem Ton aus:

„Ibn Asl! Da wird mir sogar sehr wohl zumute, vorausgesetzt, daß du mich nicht abermals täuschst."

„Ich sage dir die Wahrheit. Allah und der Prophet können mir bezeugen, daß ich Ibn Asl bin."

„Wenn du so schwörst, so kann ich es glauben. Und nun hast du gar keinen Grund, mich feindlich zu behandeln. Ich werde dir jetzt gern meinen wirklichen Namen sagen."

Der gute Alte hatte gar keine Ahnung, daß er jetzt im Begriff stand, einen ungeheuren Fehler zu begehen. Hätte ich ihm doch winken können!

„Es ist natürlich der, den du vorhin verleugnet hast?" fragte Ibn Asl.

„Ja. Ich bin Abu en Nil."

„Also doch, doch, doch! Mann, weißt du auch, was du da gesagt hast?"

„Ja. Ich habe dir damit bewiesen, daß ich nicht ein Feind, sondern ein Freund von dir bin."

„Wunder über Wunder! Ein Freund von mir! Wieso?"

„Hast du vielleicht von einer Dahabijeh gehört, welche ‚Es Semek' – Der Fisch – hieß?"

„Ja. Der Reis Effendina hat sie weggenommen."

„Der Reis Effendina, welcher dein größter Feind ist! Ich aber war der Steuermann dieses Schiffes. Ich war dabei, als er sie durchsuchte und dabei entdeckte, daß die Dahabijeh ein Sklavenschiff ist. Er konfiszierte sie und nahm die ganze Bemannung gefangen."

„Dich auch mit?"

„Ja, aber es gelang mir, zu entkommen. Es war ein fremder Effendi auf dem Schiff . . ."

„Ah, ein fremder Effendi!" unterbrach ihn Ibn Asl.

„Ja. Dieser Mann hatte Erbarmen mit mir, gab mir Geld und verhalf mir zur Flucht."

„Warum gerade dir?"

„Weil . . . Das weiß ich nicht."

Er wußte es gar wohl, wollte aber dem berüchtigten Sklavenjäger nicht sagen, daß er auf meine Aufforderung ein aufrichtiges Geständnis abgelegt hatte.

„Jedenfalls ist es aus Freundschaft gegen dich geschehen. Das macht dich verdächtig!"

„Freundschaft? Davon kann nicht die Rede sein, da ich ihn noch nie gesehen hatte."

„Aber später hast du ihn jedenfalls wiedergesehen?"

„Nein."

„Lüg nicht! Du hast zugegeben, daß du Abu en Nil bist; du gestehst nun wohl auch ein, daß du einen Sohn hast, welcher Ben Nil heißt?"

„Nicht mein Sohn, sondern mein Enkel heißt so."

„Gut, sehr gut! Wo hast du ihn zuletzt gesehen?"

„In Siut."

„Das stimmt; das stimmt ja ganz genau! Du brauchst nun nur noch einzugestehen, bei wem dein Enkel sich als Diener befindet."

„Das weiß ich nicht. Er ist niemals der Diener eines Menschen gewesen."

„Nicht, wirklich nicht? Nun, so ist er es jetzt, und zwar der Diener was für eines Menschen!"

„Ich verstehe dich nicht. Ich begreife dich nicht. Warum sagst du das in einem so zornigen Ton zu mir?"

„Ah, du hörst es also, daß ich zornig bin? Aber begreifen kannst du es nicht? Wirklich nicht?"

„Ich habe keine Ahnung, warum der Name meines Enkels dich in solchen Grimm versetzen kann."

Ibn Asl war, das hörte ich seinem Ton an, überzeugt, daß Abu en Nil alles wüßte. Darum freute er sich, den Alten in seine Hände bekommen zu haben. Er antwortete höhnisch:

„Gut, ich werde es dir sagen, nur um dir zu zeigen, daß dir deine Verstellung gar nichts nützen kann. Allah hat dich zu mir geführt, und bald wirst du auch deinen Sohn bei mir sehen und diesen fremden Effendi, dem, das schwöre ich dir zu, alle Glieder einzeln vom Leib faulen werden!"

„Allah kerihm! Was hat er dir getan?"

„Hund, glaub nicht, daß du mich täuschen kannst! Du stehst mit ihm im Bunde. Du weißt alles; du kennst alle seine Taten und wirst mit ihm gleiches Schicksal haben. Meinst du wirklich, daß ich dir sagen soll, was geschehen ist? Ich habe jetzt weder Lust noch Zeit dazu. Bindet ihn, und werft ihn zu den beiden anderen, die schon dort bei der Kajüte liegen!"

„Was, mich binden?" rief der Alte aus. „Ich weiß von nichts. Ich bin in Faschodah gewesen und ..."

„Schweig, sonst bekommst du die Peitsche!" donnerte ihn Ibn Asl an. „Ich mag nichts mehr hören. Später wirst du erfahren und – auch fühlen, was geschieht!"

Abu en Nil wurde von mehreren Männern gepackt und trotz seiner Gegenwehr niedergerissen und gebunden. Dann brachte man ihn zu uns. Schon glaubte ich, Hoffnung hegen zu dürfen, daß die befürchtete Erkennungsszene ohne Gefahr für uns vorübergehen würde, denn er schien nur mit sich selbst beschäftigt zu sein und vor Zorn gar nichts als nur seine Gegner zu sehen. Da fiel sein Blick auf mich; sein Gesicht nahm einen ganz andern Ausdruck an, und:

„Effendi, du?" rief er laut. „Ist's möglich, du bist auch gefangen?"

Ibn Asl hatte sich schon abgewendet. Er hörte diese Worte und drehte sich schnell wieder um. Aber es kam noch schlimmer, denn der Alte erblickte auch seinen Enkel und schrie auf:

„Ben Nil, mein Sohn, mein Kind, Sohn meines Sohnes! O Allah, Allah, Allah! Was ist geschehen? Was ist's mit dir, daß du gefesselt bist?"

Da, ja, da hatten wir es! Da war das Unglück fertig! Das waren die Folgen meiner Gutherzigkeit! Ich gestehe, daß ich in diesem Augenblick nichts sehnlicher wünschte, als in Giseh diesen alten Plauderhannes seinem Schicksal überlassen zu haben. Der Eindruck, den seine Worte machten, war ganz so, wie ich erwartet hatte. Ibn Asl kam nicht herbeigeschritten, sondern geradezu herbeigesprungen, und rief:

„Effendi? Ben Nil? Allah akbar – Gott ist groß! Was höre ich!"

„Schweig, Schwätzer! Du bringst dich und uns ins Verderben!" hatte ich dem Steuermann noch zuraunen können; dann standen alle, die sich auf dem Deck befunden hatten, bei uns und vor uns.

„Sag's noch einmal! Wiederhol es!" gebot Ibn Asl dem Alten. „Wer sind diese beiden Menschen?"

Meine Warnung hatte doch gefruchtet. Der Gefragte antwortete nicht. Ich sah ihm an, daß er überlegte, was er sagen sollte.

„Sprich! Wer sind sie?" wiederholte der Sklavenhändler.

„Wer?" fragte Abu en Nil, jedenfalls um Zeit zu gewinnen.

„Diese beiden, deren Namen du nanntest."

„Die? Die zwei hier? Die kenne ich ja gar nicht!"

„Und soeben hast du den einen als Effendi und den andern als deinen Enkel Ben Nil bezeichnet! Ich habe es mit meinen eigenen Ohren gehört."

„Die Namen habe ich genannt, aber diese beiden Männer nicht damit gemeint."

„Das redet dir der Teufel vor! Wie kämst du dazu, von dem Effendi und von Ben Nil zu sprechen, wenn diese es nicht wären!"

„Das war nur ein Ausruf des Schmerzes und der Reue. Weil

ich von dem Effendi und von meinem Enkel gesprochen habe, hast du mich binden lassen. Darum wiederholte ich ihre Namen."

„Du hast aber gefragt: Was ist's mir dir, daß du gebunden bist! Wie kämst du zu solchen Worten?"

„Ich habe damit ja mich selbst gemeint."

„Hältst du mich für wahnsinnig, du Sohn eines Hundes und Enkelhundes eines Hundesohnes? Holt die Peitsche! Wir wollen ihm den Mund öffnen!"

In diesem Augenblick erklang vom Ufer der laute, erschrokkene Ruf herauf:

„O Wunder, wie sonderbar, die Fässer sind leer!"

Ibn Asl sprang an den Schiffsrand und sah hinab. Da ich lag, war mir kein Blick nach unten möglich.

„Die Fässer sind leer", wiederholte man von unten herauf.

„Seid ihr toll!" rief er hinab. „Sie waren voll."

„Jetzt sind sie aber leer!"

Ich hörte einen hohlen Ton, als wenn leere Fässer umgeworfen würden.

„Maschallah – Wunder Gottes!" schrie Ibn Asl. „Sie sind leer, wirklich leer! Wer hat das getan! Wartet, ich komme hinab!"

Ich sah ihn vom Deck verschwinden, aber im nächsten Augenblick erschien er mit dem Kopf wieder, um unserm Wächter zu befehlen:

„Laß die Hunde nicht miteinander sprechen! Schlag sie auf die Mäuler, wenn sie es wagen sollten, sie aufzutun!"

Dann stieg er vollends hinab. Der Mann, dem dieser Befehl gegolten hatte, ergriff ein starkes Stück Tau und ließ es vor unsern Gesichtern schwingen, als nicht mißzuverstehende Andeutung, daß er den löblichen Auftrag ganz wörtlich erfüllen würde. Wir schwiegen also. Ich hätte überhaupt nicht gewußt, was ich sagen sollte, um den Fehler, den der Alte begangen hatte, wiedergutzumachen.

Die Leute schienen sich unten bei den Fässern zu versammeln, wie aus einem Gewirr von vielen Stimmen zu entnehmen war. Dann wurde es momentan still. Man schien zu untersuchen, zu beraten. Nach einiger Zeit kehrte Ibn Asl zurück; ihm folgten alle seine Leute, so daß das ganze Deck sich füllte. Aller Augen waren auf uns gerichtet, drohend, haßerfüllt und auch, wenn ich mich nicht irrte, bewundernd neugierig. Er trat zu mir, stieß mich mit dem Fuß an und sagte, indem seine Augen mich wütend anblitzten:

„Rede die Wahrheit, du räudiger Schakal, sonst reiße ich dir die Zunge aus! Wo bist du während der Nacht gewesen?"

Nicht zu antworten, das wäre dumm gewesen. Hätte ich auch nur eine Hand frei gehabt, so hätte ich ihm mit der Faust geantwortet. So aber mußte ich, um Mißhandlungen zu entgehen, reden:

„Natürlich bei dir in der Kajüte."

„Du bist aber einmal fort und bei den Fässern gewesen."

„Das müßte im Traum geschehen sein."

„Willst du es leugnen?"

„Was man nicht getan hat, kann man nicht leugnen."

„Die Fässer haben Löcher!"

„Das weiß ich auch. Ich habe noch kein Faß ohne Loch gesehen."

Er versetzte mir wieder einen Fußtritt und schrie:

„Willst du etwa gar Witze machen! Du bist es gewesen, der die Löcher in die Fässer gebohrt hat. Kein anderer kann es gewesen sein!"

„Laß mich in Ruh mit deinen Fässern! Ich möchte wissen, weshalb ich mich mit ihnen hätte beschäftigen sollen!"

„Um den Reis Effendina zu retten. Nun ist mein ganzer herrlicher Plan zuschanden gemacht! Gesteh es auf der Stelle, sonst zertrete ich dich unter meinen Füßen!"

Er holte mit dem Bein zum Stoß aus. Es ist keine angenehme oder gar ehrenvolle Situation, vor so vieler Augen am Boden zu liegen und völlig widerstandslos allen möglichen Mißhandlungen ausgesetzt zu sein. Diesen Menschen hatte ich haben wollen, und nun hatte er mich! Meine Lage bei ihm war ganz anders, als die seinige bei mir gewesen wäre. Er war nicht nur ein Verbrecher, ein Unmensch, sondern er war – gemein. Hatte ich denn gar keine Waffe gegen ihn? Gibt es überhaupt gegen Gemeinheit eine Waffe, wenn man nicht eben auch gemein sein will? Und wenn ich der geschickteste Fechter bin, kann ich mich mit einem anständigen Florett gegen einen Menschen wehren, der mich mit der Düngergabel anspießen will? Mein ganzes Selbstgefühl bäumte sich gegen den Gedanken auf, mich nun noch durch Leugnen retten zu wollen. Ja, vielleicht konnte es mir gelingen, ihn durch List von mir abzubringen oder wenigstens Zeit zu gewinnen; ihn zu übertölpeln, das wäre keine Schande gewesen; aber er hätte wenigstens jetzt, in diesem Augenblick, gedacht, daß ich Angst vor ihm hätte, und das sollte er sich ja nicht einbilden. Angst! Meine Lage war schlimm, aber noch keineswegs verzweifelt. Es fiel mir nicht ein, mich schon verloren zu geben; aber selbst auf die Gefahr hin, daß es mich sofort mein Leben kosten würde, antwortete ich:

„Gestehen? Nur Verbrecher, nur Sünder haben Geständnisse abzulegen. Was ich tat, war keine Sünde, kein Verbrechen."

„So gibst du zu, es getan zu haben?"

„Ja."

Er sah mir starr in das Gesicht. Das hatte er doch nicht erwartet.

„Ah, hört ihr's, hört ihr's?" rief er dann. „Er ist's gewesen; er gibt es zu! Mensch, weißt du, daß du damit dein Todesurteil gesprochen hast? Warum hast du das Öl auslaufen lassen?"

„Diese Frage hast du schon selbst beantwortet."

„Um den Reis Effendina zu retten?"

„Ja. Ich bin sein Freund!"

„Der fremde Effendi."

„Ja."

„Und dieser, den du deinen Gehilfen Omar nanntest, ist Ben Nil?"

„Er ist es."

Er trat, ganz betroffen über die Offenheit dieses Geständnisses, zwei Schritte zurück. Er war überzeugt, daß jeder andere fortgeleugnet hätte, denn seiner Meinung nach konnte in meiner Lage Rettung nur im Leugnen liegen. Er wendete sich von mir ab und seinen Leuten zu und sagte:

„Hört ihr abermals? Er bekennt es, daß er der Effendi ist. Ah, wir haben ihn; wir haben ihn! Allah sei Preis und Dank gesagt!"

Dies benutzte Ben Nil, mir zuzuraunen:

„Oh, Effendi, warum hast du es gestanden! Nun ist alles, alles verloren!"

„Noch nicht. Sei nur guten Mutes, und laß mich machen!"

Die Leute drängten sich näher herbei, um mich recht genau in Augenschein nehmen zu können. Er trat wieder ganz zu mir heran und sagte, indem er mir höhnisch zunickte:

„Du bist ein verwegener Mensch, Effendi, ein höchst verwegener Mensch; aber du hast doch noch nicht gewußt, was es heißt, dich in meine Nähe zu wagen!"

„Pah! Was soll das weiter heißen! Ich habe noch ganz andere Dinge gewagt. Wenn dir nicht der Zufall günstig gewesen wäre, hättest du nicht entdeckt, wer ich bin. Oder bildest du dir etwa ein, daß du es deinem Scharfsinn, deiner Klugheit zuzuschreiben hast?"

„Ungeziefer, wagst du, mich zu schmähen!“ rief er, indem er mir abermals einen Fußtritt versetzte.

„Jetzt magst du mich treten; ich bin gefesselt, aber ich sage dir, daß du mir jeden Fußtritt bezahlen wirst!“

„Dir? Wann denn? Du willst dich rächen? Bist du toll?“

„Ich spreche mit vollster Überzeugung. Wie lange glaubst du mich wohl bei dir zu haben?“

„So lange, bis du vermodert bist!“

„Darüber lache ich. Bedenke, daß sich der Reis Effendina hier befindet!“

„Verläßt du dich auf den? Hoffst du, daß er dich retten wird?“

„Allerdings.“

„So hoffe, bis du verendest! Ich kann diesen Hundesohn nun freilich nicht verbrennen, aber ...“

Er wurde unterbrochen. Es entstand vom Schiffsrand her ein Gedränge. Zwischen den Leuten hindurch schob sich der Posten, den er gegen Hegasi hin ausgestellt gehabt hatte. Der Mann war ganz außer Atem und meldete:

„Herr, mit dem Petroleumfeuer wird es nichts, denn der Reis Effendina kommt nicht auf dem Fluß.“

„Wo denn?“

„Allah sei Dank dafür, daß er mir den Gedanken eingab, weiter vorzugehen, als du mir geheißen hattest! Ich stand da auf einer Stelle des Ufers, welche so hoch war, daß ich nicht nur den Fluß sehen, sondern auch über die Bäume hinweg in die Steppe blicken konnte. Und da sah ich ihn kommen.“

„Weißt du denn, daß er es war?“

„Wer könnte es sonst gewesen sein? Sie waren weit, sehr weit entfernt von mir, aber ich erkannte doch, daß sie in Uniformen gekleidet waren.“

„So sind sie es gewesen. Wie viele Köpfe zählten sie?“

„Das weiß ich nicht. Sie gingen zu zweien, und es war eine lange, lange Reihe.“

„Und wann können sie hier sein?“

„Sie müssen vorsichtig verfahren und werden also längere Zeit als sonst brauchen; auch bin ich sehr schnell gelaufen; aber in einer halben Stunde können sie hier eintreffen.“

„So müssen wir fort. Dieser Hund hat uns das Öl genommen, welches uns nun freilich auch nichts nützen könnte. Wollten wir kämpfen, so würden wir siegen, aber gewiß viele unserer Kameraden verlieren. Das müssen wir vermeiden. Ich werde, um den Reis Effendina durch List in meine Gewalt zu bringen, einen andern Plan erdenken. Also auf, ihr Männer, an die Arbeit! Nehmt die Masten empor, und öffnet die Segel! Der Wind ist uns günstig und wird uns rasch aufwärts führen.“

Was sich am Ufer befand, wurde schnell an Bord geschafft; die leeren Petroleumfässer warf man in das Wasser; dann richtete man die Masten auf. Der Noquer hatte nämlich außer dem Hauptmast vorn noch einen kleineren Mast. Das Fahrzeug war überhaupt anders eingerichtet, als die Noquer es gewöhnlich sind. Der Wind begann die Segel zu blähen, wir stießen vom Land und wurden aufwärts gegen den Strom geführt.

Da jedermann beschäftigt war, hatte man auf uns wenig acht. Auch unser Wächter hielt seine Aufmerksamkeit mehr auf die Bewegung des Schiffes als auf uns gerichtet. Darum konnten wir es wagen, wenn auch nur leise, wieder miteinander zu sprechen. Wir kamen eben an dem Schiff vorüber, welches Ibn Asl zum Anlegen gezwungen hatte; da sagte Abu en Nil:

„Meinst du, Effendi, daß ich meine Leute jetzt rufe?“

„Um Allahs willen, nein! Du würdest dadurch unsere Lage nur verschlimmern, deinen Zweck aber nicht erreichen.“

„Aber ich muß doch auf meinen Posten zurück und kann unmöglich mit diesem entsetzlichen Ibn Asl fahren!“

„Dem fällt es nicht ein, dich zu fragen, ob du kannst oder willst; du mußt!“

„Aber was soll aus mir werden?“

„Ganz dasselbe, was aus uns beiden wird.“

„Nun, was wird das sein?“

„Allah weiß es, ich aber nicht. Du allein trägst die Schuld, daß du dich in dieser Lage befindest.“

„Ich war so erschrocken und konnte doch nicht wissen, daß ich eure Namen nicht nennen durfte.“

„Wir waren gefangen; daß mußte dir genug sagen.“

Noch hatten wir die Dschesireh Hassanieh zur Linken. Rechts am Ufer traten die Bäume weit auseinander. Es gab eine freie Stelle, und man konnte hindurch und hinaus auf die Steppe sehen. Obwohl ich lag, erblickte ich einen Reiter, welcher auf einem Kamel saß und im scharfen Gang durch diese Lichtung nach dem Fluß strebte. Als er das Schiff sah, richtete er seinen Oberkörper auf, wie einer tut, der etwas scharf ins Auge nehmen will. Dann winkte er, indem er sein Gewehr schwang, und schlug auf sein Tier ein, um das Ufer schnell zu erreichen. Eben stand Ibn Asl in unserer Nähe. Ich hörte ihn sagen:

„Seht! Das ist Oram, welcher uns als Bote gesendet wird! Wir können ihn nicht einnehmen; wir dürfen nicht halten, sonst werden wir von dem Reis Effendina eingeholt."

Er legte die beiden Hände hohl an den Mund und rief durch dieses Sprachrohr nach dem Ufer, an welchem der Reiter jetzt hielt, hinüber: „Maijeh es Saratin, Maijeh es Saratin!" Der Reiter hatte ihn verstanden; er drehte sein Kamel um und ritt schnellstens wieder von dannen.

Ein Maijeh ist ein sumpfiger Nebenarm eines Flusses, die Einbuchtung eines Stromes, deren Wasser still steht, also ganz dasselbe, was der Anwohner des Mississippi einen Bayou nennt. Im weiteren Sinne wird Maijeh auch jeder Sumpf genannt. Es Saratin heißt „der Krebse". Der Mann war also nach dem Krebsarm oder Krebssumpf gewiesen worden, jedenfalls einer Einbuchtung des Nils, in welcher es viele Krebse gab und an deren Ufer er das Schiff erwarten sollte. Er war ein Bote. Von wem? Ich hatte sein Gesicht nicht deutlich sehen können, und dennoch war er mir wie bekannt vorgekommen.

Doch was kümmerte mich dieser Mann! Ich hatte jetzt genug mit mir zu tun. Es verstand sich ganz von selbst, daß ich mich freute, den Reis Effendina gerettet zu haben; nun aber stak ich selbst im Pech. Konnte ich Hilfe von ihm erwarten? Möglich, aber nicht wahrscheinlich. Er wußte jedenfalls nicht genau, wo er die Vögel, welche nun ausgeflogen waren, zu suchen hatte. Fand er das verlassene Lager, so forschte er wahrscheinlich weiter nach ihnen. Und erfuhr er von Abu en Nils Schiffsleuten, daß der Noquer aufwärts gefahren war, so kehrte er nach Hegasi zu seinem Schiff zurück, um ihn zu verfolgen. Dabei mußte die kostbare Zeit verlorengehen, und Ibn Asl erhielt einen Vorsprung, welcher nicht rasch einzuholen war. Der „Falke" des Reis Effendina war zwar ein Schnellsegler und der „Eidechse" weit überlegen, aber wenn diese sich in einem versteckten Maijeh verkroch, so segelte der „Falke" vorüber, ohne sie zu finden.

Auf den Reis Effendina konnte ich mich also nicht verlassen; ich mußte Rettung einzig und allein bei mir selbst suchen. Das erklärte ich meinen beiden Mitgefangenen. Ben Nil hatte alles Vertrauen zu mir; sein Großvater wollte aber alle Hoffnung sinken lassen. Er erzählte uns in aller Kürze, daß er, als er von Ben Nil getrennt worden war, ein Schiff gefunden hatte, welches nach Faschodah bestimmt gewesen war. Der Reis, welcher ihn zufälligerweise kannte, hatte ihn mitgenommen und ihm später die Stelle des Steuermannes anvertraut. Auf der Rückfahrt begriffen, waren sie heute früh von dem Boot des Sklavenjägers angehalten worden. Ibn Asl hatte sagen lassen, daß eine gewaltige, neu angeschwemmte Omm-Sufah-Insel den Nilarm unpassierbar gemacht habe. Der Kapitän hatte sein Schiff nach dem Ufer dirigiert und den alten Steuermann im Boot des Sklavenhändlers vorangehen lassen, um die Strecke zu untersuchen. Anstatt einer Omm-Sufah-Insel aber hatte der letztere die Gefangenschaft gefunden. Nun klagte er alle Welt und Allah an und fragte, wie es gekommen sei, daß Ibn Asl eine solche Rache auf uns habe. Als sein Enkel ihm diese Frage in kurzer Weise beantwortet hatte, jammerte er:

„O Allah, o Himmel! Wer hätte das gedacht! Nun sind nicht mehr meine Jahre und Tage, sondern meine Stunden gezählt, denn dieser Sklavenhändler wird uns ermorden. Ich werde die Meinen nicht wiedersehen und ein Ende mit tausend Schrecken finden."

„Jammere nicht!" ermahnte ihn Ben Nil. „Du fällst mit deinen Klagen dem Effendi beschwerlich. Sei still, und gib ihm Ruhe zum Nachdenken, so wird er sich sicher einen Weg aussinnen, der uns zur Freiheit führt! Übrigens können nur wir beide verloren sein. Du hast Ibn Asl nichts getan, und so kann er nicht grausam gegen dich sein."

„Hast du denn nicht gehört, was er sagte? Er glaubt, daß ich euer Verbündeter bin, und hat mir ganz dasselbe Schicksal wie euch bestimmt."

Der alte Mann wollte mir als ein rechter Egoist erscheinen. Er dachte nur an sich und sprach nur von sich, nicht aber von seinem Enkel, welcher sich doch in noch viel größerer Gefahr als er befand. Aber ich hatte mich geirrt. Er war, wie ich schon damals in Giseh gesehen hatte, kein Held, und daß er plötzlich in eine so fatale Lage gekommen war, das hatte ihn vollständig verwirrt. Denn als sein Enkel ihm jetzt vorwarf: „Merkst du denn nicht, daß du den Effendi belästigst? Deine Klagen müssen ihn doch beleidigen!" antwortete er, zu mir gewendet: „Verzeih, Effendi! Ich weiß vor Schreck nicht, was ich tue und was ich sage. Man warf mich so plötzlich nieder und band mir die Arme und die Beine. Das hat mich so angegriffen, daß ich mich kaum mehr kenne. Ich weiß, was ich dir zu verdanken habe, und ich wünsche, dir beweisen zu können, daß ich dir gern danken möchte. Sag mir, was ich tun soll."

„Klag nicht, sondern füg dich still in dein jetziges Schicksal! Das ist es, was ich von dir begehre."

Wir waren jetzt an der Insel vorübergekommen und segelten im ungeteilten Strom. Kein Schiff war vor oder hinter uns zu sehen. Da ließ Ibn Asl die beiden vorn am Bug in einem spitzen Winkel aufeinanderstoßenden Bretter, auf denen der Name des Schiffes stand, wegnehmen, umdrehen und wieder dort befestigen. War da erst die „Eidechse" zu lesen gewesen, so stand nun auf den andern Seiten der Name „Karnuk" geschrieben. Karnuk heißt Kranich, speziell der Kronkranich. Er wird nach seiner Stimme so genannt. Der „Kar . . . nuk . . . nuk . . . nuk" der Kronkraniche pflegt am obern Nil das Herannahen des Morgens zu verkünden.

Ibn Asl hatte also mehrere Namen für sein Schiff. Zu welchem Zweck, das läßt sich sehr leicht denken. Es stand zu erwarten, daß der Reis Effendina die „Eidechse" verfolgen würde; unter dem Namen „Kranich" konnte sie Hoffnung haben, ihm zu entkommen. Vielleicht bedienten auch andere Sklavenschiffe sich derselben List.

Ich sah zu meinem Leidwesen, daß der „Kranich" ein sehr guter Segler war; dennoch ließ Ibn Asl auch noch mit Stoßbäumen arbeiten, und um die Schnelligkeit des Schiffes in noch höherem Grad zu vermehren, wurde das Boot an einem Tau vorgespannt. Es saßen zwölf Männer drin, welche aus Leibeskräften ruderten und halbstündlich abgelöst wurden. Das geschah, um einen möglichst großen Vorsprung vor dem „Falken" des Reis Effendina zu bekommen.

Da die Fahrt nun glatt im Gange war, hatte Ibn Asl wieder Zeit, sich mit uns zu beschäftigen. Er kam mit seinen beiden Offizieren, von denen der eine Oberleutnant und der andere Leutnant genannt wurde, zu uns. Sie standen längere Zeit da, um uns, ohne ein Wort zu sprechen, mit höhnischen, triumphierenden Blicken zu betrachten; dann fragte er mich:

„Wer war der Mann, welcher mich am Wadi el Berd verfolgte?"

„Ich war es", antwortete ich.

„Du? Ah, du selbst! Hast du mich erwischt?"

„Bläh dich nicht auf! Daß ich dich nicht einzuholen vermochte, das hast du nicht einem Vorzug von dir, sondern der Schnelligkeit deines Dschebel-Gerfeh-Kamels zu verdanken. Du hast nicht mich, sondern dein Tier hat das meinige besiegt."

„Meinst du, daß ich dich nicht auch besiegen würde, elender Wurm, der du bist!"

„Sei ohne Fesseln und nimm ein Messer in die Hand; mir aber

binde die Hände hinten los und vorne zusammen, ohne daß ich ein Messer habe; dann wollen wir kämpfen. Da wird es sich zeigen, wer ein Wurm und elend ist, du oder ich!"

„Schweig! Du hast Glück gehabt; das macht dich übermütig; aber dieser Übermut soll sich sehr bald in das Gegenteil verkehren. Ich habe bisher vergeblich gesehnt, dich in meine Gewalt zu bekommen; nun es endlich doch geschehen ist, sollst du erfahren, wie ein Gläubiger mit einem räudigen Christenhund verfährt. Dir wäre besser, wenn du nicht geboren wärest! Ich werde ..."

„Erspar dir die Drohungen! Ich weiß schon, was du mit mir tun willst."

„Nun, was?"

„Zunächst die Zunge herausreißen, dann die Augen, die Ohren, die Nase und alle Glieder einzeln abschneiden."

„Wirklich, du weißt es! Wer hat es dir gesagt?"

„Einer, welcher wiederholt erfahren hat, daß ich keine Furcht kenne und mich selbst aus der schlimmsten Lage zu retten weiß."

„Wer?"

„Abd Asl, dein Vater."

„Ja, dem bist du schon einigemal entgangen. Der Scheitan hat dich beschützt. Aber das war er, nicht ich. Mir wirst du nicht entkommen. Eher fällt der Himmel ein, als daß ich dich aus den Händen lasse!"

„Das bilde dir nicht ein! Wenn mir je ein Mensch Angst zu machen vermöchte, du aber ganz gewißlich nicht."

„Hund, du wirst schon in einigen Minuten mich um Gnade und Erbarmen anheulen!"

„Versuch es!"

„Meinst du, daß ich scherze?"

„Nein; aber du drohst nur, doch hast du nicht den Mut, es auszuführen."

„Daß dich der Scheitan fresse! Ich will dir zeigen, daß ich wohl den Mut habe. Herbei, ihr Männer! Ihr sollt sehen, wie dieser Christenhund im ersten Grad gemartert wird."

Die Menschen alle, welche nichts zu tun hatten, kamen herzu. Er trat in die Kajüte.

„Effendi, was fällt dir ein!" meinte Ben Nil. „Du reizt ihn. Ich kenne dich, den vorsichtigen Mann, nicht mehr. Du verschlimmerst unsere Lage!"

„Nein. Ich will ihm nur zeigen, daß wohl ich ihn in Furcht zu setzen vermag, nicht aber er mich."

Jetzt kam Ibn Asl zurück. Er hatte eine Zange geholt, hielt sie empor und rief:

„Diesem Sohn einer verfluchten Hündin sollen jetzt zunächst die Nägel von den Fingern gerissen werden, zuerst an den Daumen. Wer will das tun?“

„Ich, ich, ich, ich!“ schrien mehrere.

Ein kräftiger Kerl drängte die andern zurück, langte nach der Zange und bat:

„Gib sie mir, Herr! Du weißt, daß ich es verstehe. Es ist nicht das erste Mal, daß ich jemand dadurch zum Singen gebracht habe.“

„Ja, tu es. Du hast Übung darin!“

Der Mensch erhielt die Zange, stellte sich zähnefletschend vor mich hin und klappte sie abwechselnd auf und zu, um mir zunächst einen idealen Vorgeschmack der späteren Schmerzen zu geben. Dann bückte er sich über mich nieder, um mich umzuwenden, da ich die Hände auf dem Rücken hatte. Darauf hatte ich gewartet. Dieser Kerl rühmte sich, schon viele durch Schmerz zum „Singen“ gebracht zu haben! Ihm konnte eine Lehre gar nichts schaden. Und wenn er daran starb, so war es um so besser. Ich zog also schnell meine Knie an mich und schnellte ihm dann beide Füße so gegen den Leib, daß er empor und kopfüber unter die andern flog, mehrere von ihnen niederriß und dann wie tot liegenblieb. Das Blut drang ihm aus dem Mund; ich nahm an, daß er sich durch den Fall in die Zunge gebissen hatte.

Alles schrie, fluchte und drohte. Ibn Asl gebot Ruhe und untersuchte den Getroffenen, welcher kein Lebenszeichen gab. Er ließ ihn forttragen, ballte die Faust gegen mich und knirschte:

„Das sollst du büßen, zehnfach, hundertfach büßen! Nun sollen deine Qualen noch ganz anders sein, als ich vorher beschlossen hatte. Haltet ihn fest, damit er sich nicht bewegen kann, und dann herunter mit den Nägeln!“

Sechs, acht Kerls warfen sich auf mich. Ich wehrte mich nicht im geringsten. Einer holte die Zange, welche weit fortgeflogen war, und schickte sich an, die Operation zu vollziehen.

„Halt, vorher ein Wort, Ibn Asl!“ rief ich jetzt. „Tu mit mir, was du willst; du wirst keinen Laut des Schmerzes hören. Aber was mit mir geschieht, genau dasselbe wird mit Abd Asl, deinem Vater, geschehen!“

„Mit . . . meinem . . . Vater?“ fragte er erstaunt.

„Ja. Und nicht nur mit ihm allein, sondern auch mit jedem seiner Leute, die er bei sich hat.“

„Was weißt du von meinem Vater? Wo ist er?"
„Mir entgegen, um mich zu fangen."
„Das ... ist ... richtig! Du bist ihm abermals entgangen. Er hat dich nicht getroffen."
„Allerdings. Er hat mich nicht getroffen; aber ich habe ihn getroffen, und zwar in der Weise, daß er nun wohl nicht wieder wünschen wird, mir zu begegnen."
„Kullu Schejatin! Alle Teufel! Sagst du die Wahrheit?"
„Glaub es, oder glaub es nicht. Mir ist es gleich."
„Wo hast du ihn getroffen?"
„Am Brunnen."
„An welchem?"
„Das sage ich nicht."
„Ich muß es wissen."
„Fällt mir nicht ein! Zunächst bleibt es mein Geheimnis. Binde uns los, so werden wir dich zu ihm führen. Wo nicht, so hast du ihn und seinen ganzen Trupp auf dem Gewissen!"
„Das will ich gern", lachte er. „Du willst dich durch eine Lüge retten."
„Lüge? Woher könnte ich wissen, daß er mir entgegen ist?"
Er sah ein, daß dieser Einwand begründet war, denn er fragte:
„Sie waren zu Fuß?"
„Nein, zu Kamel."
„Wieviel Mann?"
„Pah, meinst du, daß ich Lust habe, mich wie einen Buben ausfragen zu lassen? Es ist genug, daß du erfährst: Sie sind alle gefangen und werden dasselbe erleiden, was du mit uns tust."
„So sind sie in der Nähe?"
„Nein. Wir sind auf Eilkamelen weit voran."
„Warum bliebst du nicht bei ihnen?"
„Sie befinden sich in sicheren Händen. Ist dir einer bekannt, welcher sich Fakir el Fukara nennt?"
„Freilich ist er mir bekannt. Wir haben ja schon gestern abend von ihm gesprochen. Was willst du mit ihm?"
„Der kam zufällig dazu und wollte sie retten."
„Ist es ihm gelungen?"
„Wäre ich dann hier? Er hat sein Unternehmen büßen müssen, denn er ist nun selbst gefangen. Ich begreife nicht, wie es dir einfallen kann, Leute auszusenden, welche mich fangen sollen. Es ist euch noch nicht gelungen und wird euch auch niemals gelingen."

„Allah! Redest du irr? Du bist ja eben jetzt mein Gefangener!"
„Nein, denn du wirst mich wieder freigeben; das weiß ich sehr genau."
„Eher soll mich der Scheitan . . ."
„Halt! Fluche und schwöre nicht! Du weißt nicht, was du tust."
„Und du bist listiger als der Fuchs. Niemand darf dir trauen. Du ahnst nur, daß wir dich fangen wollten, und tust nun so, als ob du alles genau wüßtest."
„Kann ich auch ahnen, daß dein Vater der Anführer ist?"
„Nein. Aber warum bist du nach der Dschesireh Hassanieh gekommen?"
„Um mit dir zu unterhandeln."
„Wer hat dir gesagt, daß ich mich dort befand?"
„Dein Vater. Das ist der allerbeste Beweis, daß ich mit ihm gesprochen habe."
„Über was wolltest du mit mir verhandeln?"
„Über die Loslassung meiner Gefangenen."
„Wieso? Wolltest du ein Lösegeld haben?"
„Darüber sprechen wir später."
„So begreife ich nicht, daß du nicht schon gestern abend davon gesprochen hast."
„Da hätte ich dir sagen müssen, wer ich bin, und es wäre mir unmöglich gewesen, den Reis Effendina zu retten."
„Wußtest du denn, daß ich auf ihn wartete?"
„Ja, von deinem Vater."
„Das ist unmöglich, Effendi! Mein Vater wird dir doch nicht solche Dinge mitgeteilt haben!"
„Er hat es getan, ohne es zu wissen."
„Das begreife ich nicht."
„Du wirst, wenn du mir auch fernerhin nach dem Leben trachtest, noch manches andere ebensowenig begreifen!"
„Du sprichst in einem höchst stolzen Ton und liegst doch gebunden und hilflos vor mir!"
„Hilflos? Irre dich nicht! Wenn ich nicht bis zu einer gewissen Zeit zu meinen Leuten zurückgekehrt bin, ergeht es allen unsern Gefangenen und auch deinem Vater gerade so wie denen, welche der Reis Effendina im Wadi el Berd erschießen ließ. Sogar der Fakir el Fukara muß sterben."
Es trat eine Pause ein, während welcher er den Eindruck meiner Worte verarbeitete. Dann fragte er:
„Wie viele von meinen Leuten sind euch entkommen?"

„Keiner."

„Du lügst doch, trotz der Bestimmtheit, mit welcher du sprichst, und trotz des ehrlichen Gesichtes, welches du zeigst."

„Ich sage die Wahrheit!"

„Und ich kann dir beweisen, daß du gelogen hast! Hast du vielleicht den Reiter gesehen, welcher vorhin an das Ufer kam?"

„Ja."

„Es war Oram, einer meiner Leute. Er befand sich bei meinem Vater."

„Dann aber sicher nicht zu der Zeit, in welcher ich deinen Trupp überfiel. Vielleicht wurde er irgendwohin gesandt, fand bei seiner Rückkehr seine Kameraden gefangen und machte sich schleunigst weiter, dir dieses zu melden."

„Kann ich erfahren, wie es gekommen ist, daß es dir gelang, meine gegen dich ausgesandten Leute zu fangen?"

„Ich habe nichts dagegen, daß du es hörst; aber es selbst zu erzählen, dazu habe ich keine Lust."

„So mag dieser alte Abu en Nil es erzählen!"

„Er weiß nichts davon, denn er war nicht dabei. Seit ich ihm damals in Giseh zur Flucht verhalf, habe ich ihn nicht wiedergesehen als erst heute, da er dein Schiff bestieg."

„Ist das wahr?"

„Frag mich nicht immerwährend, ob das, was ich sage, wahr ist! Du wirst es doch wohl begreifen, daß das eine Beleidigung für mich ist."

„So! Wer nannte sich denn gestern Amm Selad aus Suez und entpuppte sich heute als der gesuchte Effendi? War das etwa keine Lüge?"

„Nein, eine Kriegslist."

„Ihr Christen scheint nicht zu wissen, was man unter Lüge zu verstehen hat!"

„Und ihr Moslemin gebt euch gar nicht erst mit Kriegslisten ab, sondern ihr mordet lieber gleich. Danke Allah, daß ich mich gestern für einen andern ausgegeben habe, als ich bin! Hätte ich das nicht getan, so trügst du nun mit dir ein Gewissen herum, welches mit einem hundertfachen Mord beschwert wäre. Ben Nil war dabei. Er mag dir erzählen."

Die Leute drängten sich noch weiter heran. Jeder wollte den interessanten Bericht hören und kein Wort davon verlieren. Da ich vorhin die Örtlichkeit verheimlicht hatte, so war Ben Nil so klug, über sie auch zu schweigen. Als er davon sprechen wollte, daß ich gelauscht hatte, verbot ich es ihm. Daß ich alles wußte und doch niemand sagen konnte, wie ich es erfahren hatte, das gab der Sache einen rätselhaften, geheimnisvollen Anstrich, welcher mir nur nützlich sein konnte. Man hörte mit fast atemloser Spannung zu, bis der Erzähler geendet hatte. Dann rief Ibn Asl aus:

„Soll man es wirklich glauben! Den Löwen von El Teitel hast du getötet, Effendi?"

„Wie du gehört hast!"

„Dann hast du es getan, weil du nicht wußtest, was du dabei wagtest!"

„Mein Leben wagte ich. Was sonst?"

„Ist das nicht genug? Kann ein Mensch mehr verlieren als sein Leben?"

„Jawohl, viel, viel mehr."

„Was?"

„Das, was du schon längst verloren hast, nämlich die Ehre, den guten Namen, das Wohlgefallen bei Gott und den Menschen."

„Effendi!" brauste er auf. „Denk nicht, daß ich plötzlich langmütig geworden bin! Bedenk, daß ich jetzt dein Herr und Besitzer bin! Dein Leben steht in meiner Hand!"

„Allerdings. Aber mit dem meinigen auch das deines Vaters, des Fakir el Fukara und deiner Leute."

„Du bist gekommen, dieser Leute wegen mit mir zu verhandeln. Gib sie frei! Was verlangst du dafür?"

„Deinen Schwur, vom Sklavenhandel abzulassen, meine Freiheit und die von Ben Nil und seinem Großvater natürlich."

„Würde mein Schwur dir genügen?"

„Vielleicht, vielleicht auch nicht. Es ist möglich, daß ich Sicherstellung verlange."

„Warum nimmst du an, daß ich falsch schwören könnte?"

„Weil ich mehrere Moslemin kenne, welche falsch geschworen haben."

„Dann sind sie keine wahren, echten Söhne des Propheten."

„Nun, ich kann dir beweisen, daß der Fakir el Fukara und auch dein Vater, welcher für einen sehr heiligen Fakir gehalten wird, bei Allah und beim Barte des Propheten geschworen und dabei doch gelogen haben."

„Warst du es, dem sie den Schwur leisteten?"

„Ja."

„So taten sie keine Sünde, denn du bist ein Ungläubiger."

„Ah, ist es so? Also wenn ein Moslem einem Christen einen falschen Eid schwört, so ist das erlaubt, ist das kein Meineid?"

„Es ist, als hätte er nichts gesagt."
„Und da verlangst du, daß ich dich schwören lassen und dir glauben soll? Du hast dich selbst gefangen, und ich verzichte nun darauf, den menschenfreundlichen Vorschlag auszusprechen, den ich dir machen wollte."
„So sind wir also fertig?"
„Trotzdem noch nicht. Ich mache dir ein anderes Anerbieten."
„Laß es hören!"
„Du gibst uns drei hier frei, und ich gebe dir dafür deinen Vater und den Fakir el Fukara. Die andern Gefangenen liefere ich an den Reis Effendina aus."
„Welch eine Verwegenheit!" lachte er höhnisch grimmig auf. „Dieser Giaur befindet sich in unserer Gewalt und redet genauso, als ob er uns Befehle erteilen könnte! – Warum erhebe ich nicht die Hand, um dich zu zerschmettern!"
„Weil du nicht kannst; sie ist dir gebunden. Sterbe ich, so stirbt dein Vater auch, und zwar vielleicht eines schlimmeren Todes als ich."
„Das weißt du so genau?"
„Ja. Er ist so unvorsichtig gewesen, zu sagen, in welcher Weise ich von dir gemartert werden soll. Kehre ich nun zur bestimmten Stunde nicht zurück, so wird man ohne allen Verzug ihn ganz genau denselben Martern unterwerfen, und nicht nur ihn, sondern alle und jeden einzelnen Gefangenen. Laß die kostbare Zeit nicht verstreichen!"
„Wann mußt du zurück sein?"
„Das brauchst du nicht zu wissen. Je schneller du dich entschließt, desto weniger läuft dein Vater Gefahr."
„Also euch drei Personen soll ich gegen nur zwei ausliefern! Ist das richtig gerechnet?"
„Ja, denn Abu en Nil zählt nichts, da er euch nichts getan hat."
„Und wie hoch schätzt du dich?"
„Bei diesem Handel bin ich nur eine Ziffer. Zwei Männer gegen zwei Männer. Der Steuermann hier geht nebenbei."
„Ist dies dein fester, letzter Vorschlag?"
„Ja."
„So will ich dir auch den meinigen sagen. Ihr gebt alle eure Gefangenen frei, und ich liefere dafür Abu en Nil und Ben Nil aus."
„Und ich?"
„Du bleibst bei uns."
„Danke! Allah ist groß. Er hat dich mit einer Klugheit begna-

det, vor welcher ich, wenn ich nicht schon am Boden läge, in Demut auf den Knien kriechen würde!"

„Und deine Weisheit ist grenzenlos, denn . . . sie hat noch gar keinen Anfang gehabt! Wie kann ich dich freigeben! Denk zurück an alles, was du gegen uns begangen hast! Und dort liegt der Mann, den du vorhin ermordet hast!"

„Ermordet?"

„Ja. Er bewegt sich noch immer nicht."

„Er wird besinnungslos sein. Untersucht ihn nur!"

„Wir haben keinen Hakim an Bord. Aber – du bist ein Fremder, ein Effendi. Alle fremden Effendis sind Ärzte. Bist auch du einer?"

„Ja."

„So untersuch ihn!"

„Ich bin ja gefesselt."

„Wenn ich dir die Hände freigäbe, so würdest du einen Fluchtversuch machen!"

„Nein."

„Wer kann dir trauen! Du bist stark, verwegen und schnell."

„Meinst du, daß ich Lust habe, in den Nil zu springen und mich von den Krokodilen fressen zu lassen? Und selbst wenn ich so tollkühn sein wollte, so gebe ich dir mein Wort, daß ich ohne diese meine Mitgefangenen das Schiff auf keinen Fall verlasse. Gib mir also die Hände frei! Und wenn ich den Mann untersucht habe, lasse ich sie mir ruhig wieder fesseln."

„Gut! Aber ich nehme meine Pistole in die Hand und schieße dich bei der geringsten falschen Bewegung über den Haufen."

Man brachte den Menschen zu mir her und löste mir die Hände. Die Füße blieben zusammengebunden. Hätte ich mein Wort brechen wollen, so wäre es mir leicht gewesen, einen Streich auszuführen, der uns gewiß von Nutzen gewesen wäre. Der Mensch, welcher ohne Bewegung vor mir lag, hatte das Messer in seinem Gürtel. Es herauszuziehen und meine Fußfessel durchzuschneiden, wäre in einem einzigen Augenblick geschehen gewesen; ein zweiter Moment hätte genügt, Ibn Asl zu packen. Dieser hatte zwar die Pistole in der Hand, aber den Hahn nicht gespannt; er hielt sie auch nicht auf mich gerichtet, sondern niederwärts. Hätte ich ihn gefaßt und mit in die Kajüte, neben welcher wir uns befanden, gerissen, so wäre ich sein Herr gewesen und hätte ihm diktieren können, was mir beliebte. Aber ich hatte mein Wort gegeben und mußte es halten, obgleich ich überzeugt war, daß jeder dieser Menschen, von Ibn Asl an bis zum letzten seiner Leute herunter, nicht gezaudert hätte, mir den heiligsten Schwur zu brechen.

„Nun?“ fragte er, als er sah, daß ich fertig war. „Hat er nur die Besinnung verloren?“

„Ja, er hat nur die Besinnung verloren und wird sie für diesmal auch nicht wiederbekommen. So ist es, wenn man unbesonnen handelt und sich darauf freut, einem Menschenkind die Nägel auszureißen!“

„Was? – Er ist tot?“

„Ja. Er wird nie wieder einen Menschen zum ‚Singen‘ bringen. Mein Fußtritt hat ihm innere Organe verletzt oder gesprengt; ferner hat er sich die Zunge zerbissen; und endlich ist er so gefallen, daß ihm das Genick gebrochen ist.“

„Allah kerihm! Du bist sein Mörder!“

„Ich nicht. Zwei andere sind es gewesen, nämlich du und er selbst.“

„Nein, du warst es, denn du hast ihm den Fußtritt versetzt. Du hast von Stunde zu Stunde immer mehr zu büßen. Denk ja nicht daran, daß ich dich freigeben kann!“

„Nein, sterben muß er!“ rief der Oberleutnant.

„Sterben, sterben!“ stimmten zwanzig, dreißig, fünfzig andere ein.

„Bedenke, daß dann auch dein Vater stirbt!“

„Bedenke“, lachte er ingrimmig, „daß ich bis jetzt nur dich gehört habe und auch noch Oram hören muß! Wahrscheinlich gibt das, was er mir zu sagen hat, der Sache eine Wendung, welche dich erbeben macht. Mag es aber kommen, wie es will, dich, dich gebe ich nicht frei!“

„So willst du deinen Vater opfern?“

„Mag er sterben! Er hat lange genug gelebt. Dir habe ich nachgestrebt, ohne dich fassen zu können. Jetzt bist du mir freiwillig in die Hände gelaufen, und diese werden dich festhalten und dich erst dann wieder lassen, wenn der letzte Seufzer deines Atems mit dem letzten Tropfen deines Blutes davongegangen ist. Bringt die drei Hunde fort, mir aus den Augen, hinunter in den Raum! Riegelt sie dort ein, und laßt einen Wächter bei ihnen stehen!“

Wir wurden gepackt und über das Deck nach der Luke geschleift. Dort ließ man uns über die Stiege hinabfallen, ohne zu fragen, ob wir mit heilen Gliedern unten ankommen würden. Unten war es dunkel. Man nahm uns auf und trug uns fort, ob nach vorn oder hinten, das konnte ich nicht beurteilen. Ich hörte einen Riegel gehen; er war nicht von Eisen, sondern von Holz. Wir wurden niedergeworfen; eine Tür fiel zu; der Riegel klapperte wieder; dann sagte einer der Kerls:

„Viel zu viel Rederei mit diesen Hunden! So kurz wie möglich; das Messer ins Fleisch; das ist das beste. Allah verbrenne sie! Wer bleibt da?"

„Ich!" antwortete einer, dessen Stimme mir bekannt vorkam.

„Gut! Dann löse ich dich ab. Aufzupassen gibt es eigentlich nichts. Sie sind gebunden, und wie wollten sie auch vom Schiff kommen!"

Schritte entfernten sich; dann wurde es draußen still. Ich fühlte, daß wir auf einer Holzdiele lagen, und horchte auf das Geräusch des Wassers, um beurteilen zu können, ob wir uns im Vorder- oder Hinterteil befanden. Es war nichts zu hören. Da man den Sog unbedingt gehört hätte, so war anzunehmen, daß wir im Vorderteil lagen. Wir lagen ganz trocken, folglich hatte man uns nicht in den eigentlichen Kielraum gebracht.

Abu en Nil wollte sprechen; ich verbot es ihm. Jetzt war die Hauptsache, sich zu orientieren. Es mußte auf jedes, selbst das geringste Geräusch geachtet werden. Draußen hörte ich ein leises Tappen und Schleichen. Es entfernte sich und kam dann wieder zurück. Dann wurde an unsere Tür geklopft, so vorsichtig, daß man es nur wenige Schritt weit hören konnte. Wir antworteten nicht. Es klopfte wieder, diesmal etwas stärker, und als wir auch jetzt schwiegen, erklang es leise:

„Effendi, hörst du mich?"

„Ja", antwortete ich.

„Ich bin mit Fleiß als Wächter dageblieben. Wirst du mich verderben?"

„Verderben! – Wer bist du denn?"

„Der, mit dem du gestern in Hegasi gesprochen hast."

Ah, Gott sei Dank! Da begann uns ja ganz unerwartet ein Stern zu leuchten! Zwar kaum wahrnehmbar jetzt, aber wenn man es richtig anfing, konnte er sich zu einem hellen Doppelstern entwickeln und vielleicht gar zum Rettungsstern werden. Der Mann hatte Angst; er glaubte, daß ich im Zorn vielleicht mein ihm gegebenes Wort vergessen und plaudern würde. Diese Sorge kam mir sehr gelegen. Wenn Ibn Asl erfuhr, was er mir alles gesagt hatte, so stand ihm jedenfalls eine sehr harte Strafe bevor.

Ich hätte mich, falls alles andere mißglückte, auf meine Körperkraft verlassen. Wahrscheinlich war es mir möglich, den

Palmfaserstrick, der meine Hände hinten vereinigte, zu zerreißen oder an einer scharfen Ecke oder Kante zu zerscheuern. Das übrige hätte sich dann gefunden. Bequemer aber war es jedenfalls, die sich jetzt bietende Gelegenheit zu benutzen. Der Mann konnte uns nicht nur ein scharfes, schneidendes Werkzeug liefern, sondern uns auch die Auskünfte erteilen, ohne welche die Flucht schwer oder gar unmöglich war. Ich kroch ganz nahe zur Tür hin und sagte leise:

„Hast du gehört, daß mir die Nägel herausgerissen werden sollten?"

„Ja, Effendi."

„So weißt du, was man gegen mich vorhatte, und wie es uns noch ergehen soll."

„Ihr werdet wohl sterben müssen!"

„Aber dann Abd Asl auch mit allen seinen Leuten!"

„Oh, Ibn Asl läßt seinen Vater sterben, nur um dich martern zu können."

„Was sagen seine Leute dazu?"

„Viele sind dafür. Viele wollen aber, daß ihr freigegeben werden sollt, falls unsere Kameraden, welche ihr gefangen habt, dadurch ihre Freiheit auch erhalten."

„Welche Partei ist zahlreicher?"

„Das kann ich jetzt nicht sagen. Aber ich bitte dich um Allahs willen, nichts von dem, was du von mir erfahren hast, an Ibn Asl zu verraten! Er würde mich einfach niederschießen oder den Krokodilen vorwerfen lassen!"

„Dann tut es mir leid, daß ich dich nicht schonen kann."

„Nicht? Allah kerihm – Allah ist gnädig! Willst du nicht auch Gnade üben, da du ein Christ bist?"

„Ein Christ liebt sein Leben nicht weniger als ein Moslem."

„Aber du kannst es dir doch dadurch, daß du plauderst, gar nicht retten!"

„Da irrst du dich. Du hast mir manches gesagt, was ich zu meinem Vorteil benutzen kann."

„Aber du hast mir ja Schweigen gelobt!"

„Soviel ich mich erinnere, nur in Beziehung auf einen einzigen Punkt. Und auch dieses Gelöbnis ist hinfällig, denn ich habe es nur unter der Voraussetzung gegeben, daß ich für den gehalten würde, für den ich mich ausgegeben habe. Das ist nun aber anders geworden. Deine Mitteilungen geben mir die letzte und wichtigste Waffe in die Hand."

„O Allah, o Prophet! So bin ich verloren!"

Er schwieg, und ich sagte auch nichts. Es galt, nun zuerst die Wirkung meiner Drohung abzuwarten. Diese fiel günstiger, viel günstiger aus, als ich für so kurze Zeit hatte erwarten können. Nach einer Weile klopfte er wieder leise und fragte:

„Effendi, höre, wenn du fliehen könntest!"

„Das wäre freilich gut, auch für dich, denn da wäre ich nicht gezwungen, von dir zu sprechen."

„Es ist aber unmöglich, vollständig unmöglich! Du bist gefesselt, es wird stets eine Wache hier stehen. Und drittens, wenn das alles nicht wäre, wie wolltet ihr vom Schiff kommen?"

„Hast du noch andere Bedenken?"

„Nein, nur diese drei, und das ist jedenfalls mehr als genug."

„O nein! Diese drei Punkte genieren mich ganz und gar nicht. Nur würde ich einen brauchen, der mir behilflich ist."

„Das ist gefährlich, Effendi!"

„Ganz und gar nicht. Kein einziger Mensch würde etwas merken oder erfahren."

„Was hätte der Mann zu tun?"

„Zweierlei, wovon das eine ebenso leicht und ungefährlich ist wie das andere. Er müßte mir zunächst ein scharfes, spitzes Messer hereingeben."

Es trat eine Pause ein. Er überlegte. Dann erklärte er zu meiner Freude:

„Du sollst ein Messer haben."

„Wann?"

„Sobald unser Gespräch zu Ende ist. Es steht dort hinten eine offene Kiste mit Messern und andern Werkzeugen, die man immer braucht. Und was ist das zweite, was du verlangst?"

„Auskunft, weiter nichts. Gibst du uns diese und das Messer, so hast du alles getan, was ich verlange, und ich verspreche dir, kein Wort von dir zu reden."

„So frag! Ich werde dir antworten, denn es ist – halt, still, man kommt!"

Die Stiege knarrte. Es kam jemand herabstiegen, blieb unten stehen und brannte ein Licht an. Ich sah den Schein durch viele Ritzen, welche sich in der Wand unseres Gefängnisses befanden. Die Hitze des Sudans hatte die Bretter ausgedörrt; sie waren zurückgegangen und hatten Lücken zwischen sich geöffnet, von denen mehrere breiter als ein starker Messerrücken waren. Sofort kam mir der Gedanke an den Riegel. Ich suchte ihn mit dem Auge und fand ihn sehr leicht. Er war in der Mitte der Tür angebracht, wohl eine Elle lang und vielleicht vier Zoll breit. Er lag gerade zwischen zwei Brettern auf und verdeckte eine Spalte, welche mit zu den breitesten gehörte.

Das Herz schlug mir vor Freude. Wenn man die Messerklinge durch die Spalte schob und mit der Spitze in den Riegel stieß, konnte man ihn bewegen, also von innen öffnen. Zu dieser Beobachtung hatte ich nur zwei oder drei Sekunden gebraucht, und da stand der Mann auch schon an der Tür und öffnete sie.

Ibn Asl war's. Er hatte ein Tonlämpchen in der Hand und leuchtete herein. Ich lag auf dem Rücken und hielt scheinbar die Augen geschlossen, doch hatte ich die Lider ein ganz klein wenig geöffnet, um unser gegenwärtiges Tuskulum zu betrachten. Es war niedrig wie ein Taubenschlag, zwei Ellen hoch, drei Ellen breit und ein wenig mehr lang. Außer uns Insassen war es vollständig leer; nicht einmal ein Haken oder ein Nagel war zu sehen.

„Nun, wie gefällt es euch hier?" höhnte der Sklavenjäger. „Zeig deine Fesseln! Wollen sehen, ob sie etwa zu locker sind."

Er setzte die Lampe nieder und untersuchte meine Stricke. Nun, er konnte zufrieden sein. Man hatte mich so fest gebunden, daß mir an den betreffenden Stellen das Blut stocken wollte.

„Hast du weiter über deinen prächtigen Vorschlag nachgedacht?" fragte er.

Ich antwortete nicht.

„Oder willst du mir wohl sagen, wann die Zeit, nach welcher man dich erwartet, abgelaufen ist?"

„Gerade dann, wann ich komme", lautete meine Antwort.

„Dann ist's eine Ewigkeit, denn die Hunde, die zu dir gehören, werden dich niemals wiedersehen. Halt gut Wache, und wenn diese struppigen Schakale etwa miteinander sprechen, so nimm die Peitsche, und hau sie ihnen um die Köpfe!"

Diese letzteren Worte galten dem Wächter. Ibn Asl nahm die Lampe wieder auf, spuckte mich an und verschloß die Tür. An der Stiege löschte er die Lampe, setzte sie dort irgendwo hin und stieg dann empor. Unser Verbündeter wagte erst nach einer Weile wieder zu klopfen.

„Er ist fort, und wir sind sicher, Effendi", sagte er. „Was hast du mich zu fragen?"

„Sag zunächst, was das für ein Raum ist, in welchem wir uns befinden."

„Es ist das Sidschn el Bahriji – Matrosengefängnis –, in welchem die von uns, welche diese Strafe verdient haben, krummgeschlossen werden."

„Wo schlaft ihr des Nachts?"
„Hier in diesem Raum und auch unten im Kielraum, wenn wir keine Menschenladung haben."
„So müssen wir mitten durch die Schlafenden hindurch?"
„Ja."
„Das ist freilich schlimm!"
„Die Mannschaft befindet sich des Abends am Ufer und legt sich erst spät im Schiff nieder, gewöhnlich um dieselbe Zeit wie gestern."
„Kennst du den Maijeh es Saratin?"
„Sehr genau. Wir sind schon oft dort gewesen, um uns zu verstecken."
„Wo liegt diese Bucht des Nils?"
„Am linken Ufer jenseits des Dorfes Oaua. Ihr Eingang ist so verwachsen, daß einer, der sie nicht kennt, sie gar nicht findet. Und wenn man hineinkommt, so kann der Rumpf des Schiffes sich unter den überhängenden Ästen, Zweigen, Büschen und Schlingpflanzen vollständig verstecken."
„Dort wird Oram, der Kamelreiter, euch heute erwarten?"
„Ja."
„Wann erreichen wir den Maijeh?"
„Wohl noch vor Mitternacht, da wir uns solche Mühe geben, schell vorwärts zu kommen. Wir fahren nachmittag an der Insel Mohabileh und, wenn es Abend geworden ist, an Oaua vorüber."
„Kannst du es nicht so einrichten, daß du, wenn wir den Maijeh erreichen, die Wache wieder hast?"
„Sehr leicht. Aber wollt ihr etwa da entweichen?"
„Nein. Dadurch würden wir ja dich ins Unglück bringen. Wir gehen erst später, wenn du fort bist; aber das muß sein, wenn sich die Leute noch am Ufer befinden. Wenn sie sich hier im Raum zum Schlafen niedergelegt haben, ist es zu spät. Gibt es einen unter deinen Kameraden, einen recht bösen, schlechten Halunken, den du nicht leiden kannst?"
„Oh, mehrere!"
„Könntest du es nicht so einrichten, daß ein solcher Kerl nach dir die Wache bekommt?"
„Wenn ich es schlau genug anfange, kann ich es vielleicht fertigbringen."
„Versuch es wenigstens! Je schlimmer dieser Mensch, desto lieber ist es mir, da er, wenn uns die Flucht gelingt, jedenfalls bestraft wird. Und nun die Hauptsache: Du mußt uns sagen kön-

nen, wo sich unsere Waffen befinden, ohne welche ich nicht gehen möchte."

„Ibn Asl hat sie in seiner Kajüte. Er betrachtet sie als seine Beute."

„So paß genau auf, ob sie dort bleiben oder vielleicht an einen andern Ort geschafft werden. Ich muß das unbedingt wissen. Machst du deine Sache zu meiner Zufriedenheit, so werde ich dich nicht nur nicht verraten, sondern dir noch extra ein Geschenk geben. Man hat uns alles gelassen, was sich in unsern Taschen befindet. Das ist für uns kein gutes Zeichen, sondern ein Beweis, daß man uns ganz sicher zu haben glaubt. Im letzten Augenblick, wenn ich überzeugt bin, daß die Flucht glückt, werde ich, ehe wir vom Schiff gehen, dir deine Belohnung an eine Stelle legen, welche du mir jetzt bezeichnen magst."

„Wenn du mir etwas schenken willst, Effendi, so gibt es keinen bessern Ort, als dort unter der Stiege. Dort liegen einige alte Palmenmatten, unter welche du es stecken kannst."

„So hol es sofort, wenn wir fort sind, damit es nicht etwa ein anderer zufällig findet."

„Wie aber weiß ich denn, daß ihr fort seid? Es darf ja kein Mensch eure Entfernung hören oder sehen."

„Ich werde dir ein Zeichen geben. Es gibt in den hiesigen Wäldern kleine Meerkatzen. Hast du einmal das zornige Kreischen eines solchen Affen, wenn er von einem andern in seiner Nachtruhe gestört wird, gehört?"

„Sehr oft."

„Gut! Das ist ein Geräusch, welches nicht auffallen kann. Damit du aber weißt, daß ich es bin, der es verursacht, und nicht ein wirklicher Affe, werde ich es dreimal wiederholen, erst mit einer längern und dann mit einer sehr kurzen Pause. Sobald du das gehört hast, gehst du an Bord, wo du unter den Matten das Geschenk finden wirst."

„Effendi, ich wünsche von ganzem Herzen, daß ich es finde, einesteils um es zu bekommen und andernteils, weil es die Gewißheit gibt, daß eure Flucht geglückt ist. Was habe ich noch zu tun?"

„Ich möchte sehr gern wissen, was der Kamelreiter euch zu berichten hat; es ist aber für uns unmöglich, es zu erfahren, weil wir, wenn das Gespräch mit ihm zu Ende ist, schon fort sein müssen."

„Vielleicht könnte ich euch wenigstens etwas davon sagen."

„Auf welche Weise denn und wo?"

„Hier unten."
„In Gegenwart des Wächters?"
„Ja, denn ich werde tun, als ob ich es diesem erzählen will. Ihr könnt doch nicht sogleich fort, wenn wir ans Land legen; Oram aber wird sofort erzählen. Ich höre zu. Euer Wächter kann diese Neuigkeit nicht hören, weil er sich im Schiff befindet, und so gehe ich zu ihm, um sie ihm zu bringen. Ihr hört, was ich mit ihm spreche, und wißt also, woran ihr seid."
„Das ist ein wirklich vortrefflicher Gedanke! Mein Geschenk wird um so größer sein, je mehr ich mit dir zufrieden bin. Jetzt habe ich dir nichts mehr zu sagen. Ich weiß genug und will mit dem Übrigen dein Gewissen nicht in Unruhe versetzen."
Das Gespräch war zu Ende, und unser Verbündeter holte mir das Messer. Es war scharf und spitz, so wie ich es brauchte, scharf zum Durchschneiden der Stricke, und spitz, um es als Stichwaffe zu gebrauchen. Denn ich war fest entschlossen, jeden, der sich uns entgegenstellen sollte, zu töten, und glaubte, mir kein Gewissen daraus machen zu müssen.
Welch ein Glück, daß dieser Mann eine solche Angst hatte, von mir verraten zu werden! Ich war beinahe überzeugt, daß wir um Mitternacht frei sein würden. Er hatte eine Stunde Wache zu halten und wurde dann abgelöst. Im Lauf des Nachmittags kam mir der Gedanke, einmal nachzusehen, ob nur die Innenwände unsers Gefängnisses Ritzen und Lücken besaßen. Dazu mußte ich mich aufrichten, was mir nach einiger Mühe auch gelang.
Ich hatte alle Ursache, mit dieser Untersuchung zufrieden zu sein. Das Schiff ging, da es nicht beladen war, nicht tief im Wasser. Die Gegend der äußern Wand, welche gewöhnlich unter dem Wasser, jetzt aber darüber lag, war von den Sonnenstrahlen ausgetrocknet worden; das Pech war aus den Plankenritzen gelaufen, und indem ich den Griff des Messers zwischen die Zähne nahm, konnte ich mit der Spitze so viel Werg nach außen stoßen, daß an einigen Stellen Öffnungen entstanden, welche groß genug waren, dem Auge einen Blick ins Freie zu gestatten. Das konnte besonders am Abend von großem Vorteil für uns sein. Jetzt sah ich das Boot noch immer vorgespannt. Man hatte darauf sogar, um die Ruderer zu unterstützen, einen kleinen Mast errichtet, welcher ein Segel trug. Dies war allerdings nur durch den steifen Luftzug, welcher wehte, ermöglicht worden, sonst hätte das Boot, da es am Schlepptau zog, leicht kentern können.
Gegen Abend kam Ibn Asl abermals, um nach meinen Fesseln

zu sehen. Er schien nur mich für gefährlich zu halten, da er die Stricke der andern nicht untersuchte. Das Messer bemerkte er nicht; es lag in der hintersten Ecke bei dem alten Steuermann, welcher dort hockte. Da ich im Besitz dieses Instrumentes war, hätte ich uns leicht die Fesseln lockern können; aber ich verzichtete darauf, es zu tun, da ich annahm, daß Ibn Asl nochmals kommen und wenigstens die meinigen wieder untersuchen würde.

Ich lehnte mich an die Außenwand und sah durch die von mir gemachten Löcher hinaus auf den Nil. Wir waren längst an der Dschesireh Mohabileh vorüber und mußten bald das Dorf Oaua passieren. Die Schatten des linken Ufers lagen über der ganzen Breite des Flusses, ein Zeichen, daß die Sonne im Sinken war. Bald wurde es Abend, und da ich nun nichts mehr zu sehen vermochte, legte ich mich wieder nieder.

Es mochte nach abendländischer Zeitrechnung gegen acht Uhr sein, als unser Verbündeter die Wache wieder übernahm. Er sprach nur kurze Zeit mit uns. Er hatte seine Gesinnung nicht geändert und teilte uns mit, daß nach ihm einer kommen würde, dem es zu gönnen war, daß er wegen unserer Flucht bestraft würde.

„Und wann werden wir den Maijeh erreichen?“ fragte ich.

„Kurze Zeit nachdem meine Wache zu Ende ist“, antwortete er. „Das paßt vortrefflich für unsere Absichten. Ich werde da gleich mit an das Land gehen, und wenn etwas Unerwartetes geschehen sollte, so kann ich euch warnen. Übrigens liegen eure Waffen bei Ibn Asl in der Vorkajüte.“

Die Zeit verging, und er wurde abgelöst. Wir sprachen leise miteinander. Sein Nachfolger hörte es, öffnete die Tür und schlug mit der Peitsche herein, die er sich zu diesem Zweck mitgebracht hatte. Dabei ließ er es an „Giaurs“ und „Christenhunden“ nicht fehlen. Nun, dem Manne sollte meine Anerkennung recht bald werden. Kurze Zeit später ertönten laute Kommandorufe über uns; wir hörten Taue über das Deck streifen; man nahm die Segel ein. Der Maijeh mußte sich also in der Nähe befinden. Dann vernahmen wir das Knarren der Stemmbäume gegen die Bordkanten. Man schob das Schiff aus dem Fluß in den Maijeh.

Ich erhob mich und sah hinaus. Es war ganz dunkel; ich konnte den Himmel nicht erkennen. Das Schiff befand sich also schon unter den Wipfeln der Bäume des Maijeh. Dann aber wurde es hell. Ein Feuer brannte am Ufer, und bei ihm stand ein Mann, welcher rief:

„Hierher! Werft das Tau herab; ich winde es um den Baum."

Man hielt es für überflüssig, den Anker fallen zu lassen. Es wurde vielmehr vom Vorder- und Hinterteil je ein Tau ausgeworfen, mit denen man das Fahrzeug ganz ans Ufer ziehen und dort an zwei Bäumen befestigen konnte. Zu diesem Zweck wurde, als das Vorderteil angehängt war, die Leiter hinabgelassen, über welche mehrere Männer an das Land stiegen.

Die Wand, an welcher ich lehnte, lag nach dem Ufer zu, so daß ich, wenigstens so weit mein enger Gesichtskreis reichte, sehen konnte, was dort geschah. Das übrige mußte ich erraten. Als das Schiff vollständig fest lag, gingen auch die andern an das Land. Es stand zu erwarten, daß Ibn Asl dies auch tun, uns aber vorher noch einen Besuch abstatten würde. Darum ließ ich mich wieder niedergleiten. Kaum war dies geschehen, so knarrte die Stiege, die Lampe wurde angesteckt, und ich hörte seine Stimme:

„Nun, ist alles in Ordnung?"

„Alles", antwortete der Wächter. „Die Hunde bellten miteinander; da habe ich sie mit der Peitsche zur Ruhe gebracht."

„Recht so! Hau nur tüchtig zu!"

Er öffnete die Tür, leuchtete mit der einen Hand herein, untersuchte mit der andern meine Fesseln und sagte dann, mir höhnisch zugrinsend:

„Jetzt werde ich mit dem Mann sprechen, und euer Schicksal wird sich entscheiden. Mach dich gefaßt! Deine Martern beginnen schon am heutigen Abend."

„Du redest wie ein Kind", antwortete ich. „An meinem Schicksal kannst du nichts ändern. Es hat sich schon entschieden. Du vermagst uns nichts anzuhaben."

Er schlug ein lautes Gelächter auf und rief:

„Die Angst hat dich verrückt gemacht! In einer Stunde wirst du anders singen."

„Du hast heute erfahren, wie es denen ergeht, welche mich singen machen wollen."

„Das konnte nur einmal geschehen; zum zweitenmal wird es dir aber nicht gelingen."

Er verriegelte die Tür, löschte die Lampe aus und ging. Ich stand auf und blickte wieder hinaus. Man schnitt das am Ufer wachsende Schilf ab, um Lagerplätze zu gewinnen, und brannte noch einige Feuer an. Ich konnte sie zwar nicht sehen, vermutete es aber aus der vermehrten Helligkeit und weil die Baumstämme nicht nur einen, sondern mehrere Schatten warfen.

Jetzt war die Zeit gekommen, uns von den Fesseln zu befreien. Ich schob also mit dem Fuß das Messer aus dem Winkel vor, wälzte mich dann um und nahm es in die Hand. Ben Nil mußte sich mit seinem Rücken gegen den meinigen legen, so daß ich die Klinge in die Fesseln seiner Hände stecken konnte. Ich mußte vorsichtig sein, um ihn nicht zu schneiden oder zu stechen; es ging nicht leicht, aber es ging doch. Bald hatte er die Hände frei. Nun nahm er das Messer, um zuerst seine Füße freizubekommen und dann auch uns von den Stricken zu erlösen. Das geschah alles so geräuschlos, daß der Wächter es nicht hören konnte.

Darauf warteten wir, ob unser Verbündeter Wort halten konnte und kommen würde. Erst nach einer halben Stunde knarrte die Stiege wieder, und wir hörten seine Stimme:

„Wenn du herauf- und herauskommen könntest! Es gibt soviel zu hören."

„Willst du mich ärgern?" antwortete der Wachhabende. „Der Teufel hat es dem Leutnant eingegeben, gerade mich und gerade jetzt hier herunterzustellen. Was gibt es denn?"

„Der ungläubige Effendi hat wirklich die Wahrheit gesagt. Unsere Kameraden sind gefangen und acht von ihnen mit dem Kolben erschlagen worden!"

„Allah vernichte die Brut dieses Reis Effendina! Um diesen verdammten christlichen Effendi aber ist es nun ganz gewiß geschehen! Wie ist denn Oram entkommen? Er hat sich wohl gar nicht ergreifen lassen?"

„O doch! Aber die Askaris haben ihn nicht fest gebunden gehabt. Gegen Morgen ist es ihm gelungen, sich loszumachen. Er ist davongeschlichen und hat sogar ein Kamel mitgenommen. Natürlich ist er sofort in einer Tour nach der Hassanieh geritten, um uns zu benachrichtigen, aber einige Minuten zu spät gekommen."

„Warum kam er nicht bei unserm Lagerplatz, sondern weiter oben an den Nil?"

„Weil er nicht konnte. Er sah die Askaris des Reis Effendina sich nach dem Platz wenden. Unsere gefangenen Kameraden werden nicht nach Chartum, wie eigentlich beschlossen war, sondern nach Hegasi gebracht, wo die Askaris von dem christlichen Effendi erwartet werden sollen."

„Er wird sie niemals wiedersehen, und sie werden von uns in der gehörigen Weise empfangen werden, denn ich hoffe doch, daß Ibn Asl alles tun wird, unsere Gefährten zu retten!"

„Das ist selbstverständlich."

„Aber es ist keine Zeit zu verlieren! Wenn ich nur unten sein könnte. Willst du nicht die Wache für mich tun? Ich gebe dir dafür gern . . ."

„Fällt mir gar nicht ein!" unterbrach ihn der andere. „Ich habe soeben erst zwei Stunden hier gestanden."

Die Stiege knarrte wieder. Er ging. Er hatte Wort gehalten, und das, was er mir auf diese Weise mitgeteilt hatte, war von sehr hohem Wert für uns. Darum sollte er die ihm versprochene Gratifikation erhalten. Er war zwar unser Feind und außerdem ein schlechter Mensch, aber ich mußte Wort halten. Er sollte mich, den Christen, nicht einen Betrüger nennen können.

Übrigens war das Gespräch auch von noch anderem Vorteil für uns gewesen. Das Öffen des Riegels mit Hilfe des Messers mußte nämlich ein wenn auch geringes, aber doch immerhin ein Geräusch verursachen, welches den Posten leicht aufmerksam machen konnte. Außerdem hatte der letztere an der Angelseite gestanden, so daß, wenn wir die Tür öffneten, er uns im Wege stand und wir sie nicht ganz aufbringen konnten. Er hätte also hinter ihr gestanden, und es wäre nicht leicht gewesen, so schnell an ihn zu kommen, wie es nötig war, wenn man ihn unschädlich machen wollte, ohne daß er um Hilfe zu rufen oder gar Widerstand zu leisten vermochte.

Diesen Übelständen war nun Abhilfe geschafft worden. Der Mann war nämlich, um den andern besser verstehen zu können, mehrere Schritte nach der Stiege zu gegangen; er hatte also die Tür freigegeben. Während sie laut miteinander sprachen, steckte ich die Spitze des Messers durch die Ritze in das Holz des Riegels und schob ihn zurück. Das gab ein Geräusch, welches der Wächter aber nicht hörte. Ich stieß die Tür auf und kroch hinaus. Die andern beiden folgten. Um ihnen Platz zu machen, mußte ich avancieren und kam hart hinter den Wächter zu stehen, als er eben seinen Kameraden aufforderte, für ihn die Wache zu übernehmen. Als dieser nun ging, drehte er sich um und stieß mich an. Im Nu hatte ich ihn mit beiden Händen am Hals. Er brach aus Mangel an Luft, vielleicht auch mit vor Schreck, unter meinem Griff zusammen, wurde mit seinem Gürtel gebunden und bekam den Fez, welchen er auf dem Kopf hatte, in den Mund gesteckt.

Nun ging ich zur Stiege und stieg sehr vorsichtig, damit sie nicht knarren möge, hinauf, um zunächst zu rekognoszieren. Was ich sah, erfüllte mich mit großer Freude, denn die Umstände konnten uns gar nicht günstiger sein. Die am Ufer brennenden Feuer konnte ich zwar nicht sehen, aber sie verbreiteten einen Schein, welcher sogar das Deck genugsam erleuchtete. Ich sah, daß sich kein Mensch darauf befand, und stieg wieder hinab.

Dort nahm ich von meinem Geld soviel heraus, wie ich für angezeigt hielt, und legte es unter die unterste Palmenmatte. Dann kehrte ich, natürlich von meinen beiden Gefährten begleitet, auf Deck zurück. Aufrichten durften wir uns nicht, da wir da möglicherweise gesehen werden konnten. Wir krochen nach der Kajüte, um unsere Waffen zu holen. Das war die Hauptsache. Es war zwar dunkel in dem Vorraum, aber mit Hilfe des Tastsinnes fanden wir schnell, was wir suchten.

„Was aber nun?" flüsterte Ben Nil. „Es ist natürlich gefährlich, die Leiter hinabzusteigen."

„Da haben sie uns beim Kragen, noch ehe wir mit den Füßen den Boden erreichen", stimmte sein Großvater bei.

„Aber es gibt keinen andern Weg! Am besten ist's, wir steigen nicht, sondern wir springen hinab, mitten unter sie hinein. Sie werden erstaunen, erschrecken, und ehe sie sich besinnen können, sind wir fort."

„Werden meine alten Beine einen solchen Sprung aushalten?"

„Sorg dich nicht!" tröstete ich ihn. „Wir werden weder steigen noch springen, sondern klettern. Wir steigen in das Boot des Schiffes, das nach dem Fluß zu hängt, und rudern davon."

„Allah, Wallah, Tallah! Das ist ein prächtiger Gedanke! Aber – es wird dennoch nicht gehen."

„Warum?"

„Weil das Boot hinten am Schiff hängen wird. Da liegt es im Schein der Feuer, und wir können also nicht hinein."

„Ich vermute, daß es am Vorderteil hängt. Es ist ja vorgespannt gewesen, und so wird man, als nach dem Maijeh eingelenkt wurde, das Bugsiertau, an welchem es hing, einfach eingezogen haben. Man hatte die Segel einzunehmen und die Masten niederzulegen. Da gab es, zumal es dunkel war, soviel zu tun, daß man sich nicht die Zeit nehmen konnte, das Boot von vorn nach hinten zu bringen. Kommt, ihr werdet sehen!"

Wir krochen nach vorn, nach der dem Wasser zugewendeten Seite des Schiffes. Da unsere Feinde sich auf der andern Seite befanden, konnten wir, ohne von ihnen gesehen zu werden, uns aufrichten und über die Brüstung blicken. Ja, da hing das Boot an einem Tau, welches so stark war, daß der schwerste Mann sich ihm getrost anvertrauen konnte. Es lag im Schatten; wir konnten also nicht sehen, ob die Ruder sich darin befanden; jedenfalls aber hatte man sie nicht mit an Bord genommen; wenigstens sahen wir sie nicht hier oben liegen. Etwas Helles lag im Boot.

„Was mag das sein?" fragte Ben Nil.

„Wahrscheinlich das Segel, welches ich heute während der Fahrt aufgerichtet gesehen habe. In diesem Fall liegt auch der Mast dabei, und das ist sehr gut, da wir uns mit Rudern nicht sehr anzustrengen brauchten."

Wir befanden uns in der Nähe des kleinen Vordermastes. Dort hatte ich heute früh ein Bündel Palmfaserfackeln liegen sehen, wie sie in jenen Gegenden bei verschiedenen Gelegenheiten im Gebrauch sind. Ich kroch hin. Sie lagen noch da; ich nahm einige, kehrte an die Brüstung zurück und warf sie hinunter in das Boot.

„Wozu willst du Fackeln mitnehmen?" fragte Ben Nil.

„Davon später. Jetzt haben wir genug gesprochen und gezögert. Jetzt wollen wir über Bord. Steig du zuerst hinab; dein Großvater wird folgen, und ich mache den letzten."

Er warf seine Flinte am Riemen über den Rücken und stieg über die Brüstung, um sich am Tau hinabzuturnen. In diesem Augenblick hörte ich Ibn Asl rufen:

„Bringt auch einen Krug voll Raki mit!"

Raki ist Schnaps, den die Mohammedaner trinken dürfen. Die Worte sagten mir, daß mehrere, wenigstens zwei Männer, unterwegs nach dem Deck waren. Ich drehte mich um. Wirklich, da kam einer gestiegen, hinter ihm ein zweiter.

„Schnell, schnell!" raunte ich Abu en Nil zu. „Noch haben sie uns nicht gesehen!"

Ich kauerte mich nieder, um ihnen nicht sofort in die Augen zu fallen. Aber der alte Steuermann mußte über die Brüstung; ihn mußten sie bemerken. Und da kam auch noch ein dritter hinterher gestiegen. Der erste, vorderste sah den Alten und infolgedessen auch mich. Er begriff die Situation auf der Stelle und schrie:

„Auf, herbei ihr Männer! Die Gefangenen sind los! Sie wollen fort!"

Er stürzte herbei; die beiden andern folgten. Ich blieb kauern, um nicht erraten zu lassen, was ich beabsichtigte. Als der erste noch drei Schritte bis zu mir hatte, schnellte ich mich auf und rannte ihm den Gewehrkolben in der Weise gegen den Leib, daß er zurück- und niederflog; den zweiten, welcher eben den Arm nach mir ausstreckte, schlug ich über den Kopf; er brach auch zusammen. Der dritte war mir auch schon nahe. Er war klüger als die beiden vorigen, denn er zog seine Pistole und drückte sie auf mich ab. Ich sprang zur Seite und wurde nicht getroffen; desto sicherer aber warf ihn in der nächsten Sekunde mein Kolben nieder.

Die drei Kerls hatten aus Leibeskräften gebrüllt. Jetzt lagen sie lautlos da. Unten antwortete man. Es schrie, wer schreien konnte. Natürlich eilte man herbei; in wenigen Augenblicken konnte es zu spät für mich sein. Gleich nach dem letzten Kolbenhieb wendete ich mich um. Der alte Abu en Nil war weg. Ein Sprung nach der Brüstung, hinauf, hinüber, das Tau fassen, hinunter ins Boot, das Messer ziehen und das Tau zerschneiden – da erklang oben die brüllende Stimme Asls:

„Wo sind sie? Sucht, sucht! Sie haben uns diese drei erschlagen. Ich sehe sie nicht. Sie werden in der Kajüte stecken, die Hunde. Greift sie; schnell, schnell!"

Schon hatte ich das Boot vom Schiff abgedrängt und das Steuer ergriffen. Die Ruder lagen da.

„Setzt euch!" gebot ich mit leiser Stimme. „Ibn Asl ahnt nicht, wo wir sind. Nur erst aus dem Bereich seiner Augen; dann mag er meinetwegen schießen. Nehmt die Ruder. Macht aber leise und im Takt!"

Sie gehorchten. Die Spitze des Bootes richtete sich im rechten Winkel vom Schiff ab. Ich durfte nicht anders steuern; ich mußte in dem tiefen Schatten bleiben, welchen der Noquer auf das Wasser warf. Als wir uns in guter Entfernung befanden, ließ ich halten. Kein Mensch befand sich mehr am Ufer. Alle, alle waren an Bord geeilt, um nach uns zu suchen. Das gab ein Schreien und Brüllen, daß ein einzelnes Wort gar nicht verstanden werden konnte. Jedenfalls hatte man den Wächter gefunden, uns aber nicht. Dann trat eine plötzliche Stille ein. Unser vollständiges Verschwinden war ihnen unerklärlich. Sie berieten, wie es schien, denn während sie vorher bunt durcheinander gerannt waren, standen sie jetzt ruhig beieinander. Wir waren nur ungefähr dreißig Bootslängen von ihnen entfernt und konnten ihre Gestalten sehen.

„Jetzt kannst du die Stimme des Affen nachahmen", meinte der Steuermann. „Wir sind frei."

„Ich werde auf diese Nachahmung verzichten", antwortete ich, „und direkt mit Ibn Asl reden."

„Da hören sie, wo wir uns befinden. Viele seiner Leute haben die Gewehre in den Händen. Es ist zwar dunkel, aber wenn sie schießen, können wir aus Zufall doch getroffen werden."

„Ich führe sie irre, und das wird dir Spaß machen."

Mich nicht gegen das Schiff, sondern wasseraufwärts wendend, hielt ich die hohlen Hände an den Mund und rief durch dieses Sprachrohr, indem ich die Silben langsam ausdehnte:

„Ibn Asl, Ibn Asl, komm, hol uns!"

Der hohe und dichte Wald, welcher das Wasser einfaßte, machte, daß es so klang, als ob die Worte weit oben im Maijeh gerufen worden wären. Meine Stimme war deutlich zu erkennen.

„Das ist er, der Hund, der Hundesohn!" schrie Ibn Asl. „Da droben sind sie, auf dem Wasser! Sie müssen unser Boot haben!"

Wir bemerkten, daß man sogleich nach dem Boot sah.

„Ja, wir haben es!" antwortete ich in derselben Weise. „Jetzt laß mich doch einmal singen!"

„Hört ihr's, hört ihr's?!" brüllte er wütend. „Sie sind mit dem Boot fort. Da oben, vielleicht achtzig Schritt von hier. Schießt, schießt, ihr Männer!"

Viele Schüsse krachten westwärts, während wir uns in südlicher Richtung befanden. Auf die gegebene Örtlichkeit rechnend, wendete ich jetzt das Gesicht nach Osten, lachte so schallend wie möglich auf und fügte hinzu:

„Fehlgeschossen! Wo sucht ihr uns denn?"

Das klang von der entgegengesetzten Seite her. Alle drehten sich um, und Ibn Asl gebot:

„Nicht da oben, sondern dort unten sind sie. Schießt dorthin, dorthin!"

Man gehorchte ihm, natürlich ohne allen Erfolg. Ich wendete mich wieder nach der vorigen Richtung und ließ ein möglichst höhnisches Gelächter hören. Sofort wendeten sie sich wieder um.

„Er hat den Teufel!" schrie Ibn Asl. „Ich hab's gewußt, daß er den Teufel hat! Nun ist er wieder dort oben!"

Meine Absicht, sie irrezuführen, war geglückt, und wir konnten nun ohne Sorge vor ihren Kugeln die Flucht fortsetzen. Das war nicht etwa etwas ganz Leichtes. Keiner von uns kannte den Maijeh. Wo befand sich dessen Eingang, welcher, wie wir gehört hatten, durch Pflanzenwuchs maskiert war? Ich hatte keine Ahnung davon, und den beiden andern ging es ebenso. Wir konnten uns nur die ungefähre Richtung denken.

Dazu kam, daß diese stehenden Flußarme gewöhnlich von

Krokodilen, weiter südwärts auch mit Nilpferden bevölkert sind. Der Maijeh es Saratin lag am linken Nilufer; das war alles, was wir wußten. Glücklicherweise kannte Abu en Nil den Fluß sehr genau. Ich fragte ihn:

„Welche Richtung hat der Nil oberhalb des Dorfes Oaua?"

„Er fließt nach Nordnordwesten."

„So wollen wir versuchen, ihn zu finden. Rudert langsam."

Ich hielt noch mehr von dem Schiff ab, fast bis an das andere Ufer hinüber, und wendete dann nach links. Wir sahen die Sterne über uns. Der Himmel bildete einen schmalen Streifen, welchem wir zu folgen hatten. Dieser Streifen wurde immer schmaler, bis er vor uns zu Ende ging. Das Laubdach des Waldes nahm uns auf.

„Zieht die Ruder ein!" riet ich. „Wir müssen in der Nähe des Einganges sein. Vielleicht gibt es eine wenn auch nur geringe Strömung da. Wir wollen das Boot treiben lassen."

„Das ist gefährlich", warnte der Steuermann. „Wenn wir anstoßen und kentern, werden wir von den Krokodilen gefressen."

„Wir werden nicht anstoßen."

Ich zog das Feuerzeug, brannte eine Fackel an und gab sie Ben Nil, um sie am Vorderteil des Bootes zu befestigen. Ob Ibn Asl das Licht sah, das mußte uns gleichgültig sein.

Beim Schein der Fackel bemerkten wir, daß wir uns unter Sunutbäumen befanden, welche, wie wir mit dem Ruder maßen, gegen zwei Ellen unter Wasser standen. Das war der Eingang zum Maijeh natürlich nicht. Wir legten an einem Stamm an, und ich warf einige Blätter in das Wasser. Sie bewegten sich; sie wurden fortgeführt. Wir folgten langsam nach, links ab von der bisher eingehaltenen Richtung. Da wurde das Wasser tiefer, so tief, daß wir den Grund selbst mit unserm Mast nicht erreichen konnten. Es bewegte sich auch schneller, aber kreisförmig.

„Wir fahren irre", behauptete Ben Nil. „Wir müssen zurück."

„Nein", widersprach sein Großvater. „Wir sind richtig. Das Wasser läuft hier im Kreis, weil in der Nähe der Nil vorübergeht. Es ist durch die Pflanzen verdeckt. Wir müssen hindurch."

Hindurch! Ja, aber wo denn? Jedenfalls geradeaus. Zu beiden Seiten gab es Bäume. Das sahen wir. Die Wipfel dieser Bäume waren von Schlingpflanzen durchwuchert, welche sich von Gipfel zu Gipfel zogen und eine bis in das Wasser niederhängende Pflanzenbrücke bildeten. Da, wo diese Brücke sich links von uns aus der Flut erhob, waren die Ranken vielfach zerrissen. Auf diese Stelle deutend, sagte ich:

„Dort muß es sein. Dort sind von dem Noquer, als er hindurchgeschoben wurde, die Pflanzen zerrissen worden. Nehmt die Ruder wieder. Wir wollen es wenigstens versuchen."

Wir hielten auf die Stelle zu. Die Ranken hingen viel höher über uns, als es vorhin den Anschein gehabt hatte. Wir kamen ganz leicht hindurch, und plötzlich lag der Wald hinter uns, der offene Fluß vor uns und der mit Sternen übersäte Himmel über uns.

„Allah sei Dank!" seufzte der Steuermann. „Es wollte mir beinahe bange werden. Hätten wir den Ausgang nicht entdeckt, so wären wir vielleicht doch noch von Ibn Asl aufgegriffen worden."

„Unmöglich!" antwortete ich. „Hätten wir den Fluß nicht gefunden, wo wären wir an das Ufer gegangen, und es sollte Ibn Asl wohl schwer werden, uns da zu finden und gar zu fangen. So aber ist es doch noch besser. Wir sind frei und haben offene Fahrt zum Reis Effendina."

„Wo suchst du ihn? Meinst du, daß er sich noch unten an der Dschesireh Hassanieh befindet?"

„Um das zu wissen, müßte ich allwissend sein. Zunächst gilt es, möglichst schnell zu sein. Was haben wir für Luft?"

„Des Nachts hier meist aus Süden."

Wir prüften den hier am Ufer nur leise fühlbaren Luftzug und fanden, daß er uns günstig war. Darum richteten wir den Mast auf und befestigten das Segel daran. Da der Steuermann der Älteste von uns war und sich nicht so sehr anstrengen sollte, übergab ich ihm nun meinen bisherigen Platz und griff mit Ben Nil zu dem Ruder.

„Soll ich nach der Mitte des Stromes halten?" fragte der Alte.

„Nicht ganz."

„Warum nicht? Wir haben dort ja vollern Wind."

„Das ist wahr; aber wir könnten da den Reis Effendina verfehlen."

„So meinst du also doch, daß er jetzt aufwärts kommt?"

„Nein; aber er kann irgendwo am Ufer liegen. Mag er sich befinden, wo er will, jedenfalls hält er scharfe Wache. Darum habe ich die Fackeln mitgenommen. Er soll uns bemerken und anrufen, damit wir nicht an ihm vorüberfahren."

„So bitte ich dich, mich nach meinen Gedanken steuern zu lassen. Ich kenne die Bahn, welche die Schiffer einzuhalten pflegen, und auch die Stellen, wo man anlegen und den Fluß beobachten kann."

Ich konnte nichts Klügeres tun, als ihm seinen Willen zu lassen. Hätte ich nur gewußt, wo der Reis Effendina zu suchen war! Er hatte die Vögel ausgeflogen gefunden; er hatte jedenfalls mit den Leuten des Schiffes, welches angehalten worden war, gesprochen und da genug erfahren, um wissen zu können, in welcher Richtung er die Gesuchten finden konnte. Ich nahm an, daß er mit seinen Askaris schleunigst nach Hegasi zurückgekehrt war und dort seinen „Falken" bestiegen hatte, um südwärts zu segeln. Traf dies zu, so mußten wir ihm entweder unterwegs begegnen, oder er hatte beim Anbruch des Abends irgendwo angelegt, und zwar an einer Stelle, wo er jedes vorüberkommende Fahrzeug sehen konnte.

Unsere bisherige Nachtfahrt ging freilich schneller als die heutige Aufwärtsfahrt. Wir hatten drei Motoren, das Gefälle des Flusses, den Wind und die Ruder. Leider war das Boot sehr groß; mit einem kleinern wären wir noch viel rascher vorwärtsgekommen. Dennoch war seit dem Augenblick, an welchem wir den Maijeh verlassen hatten, noch nicht eine Stunde vergangen, als wir an die Helle Oaua gelangten. Dieses Dorf war damals das Regierungsdepot am Weißen Nil. Es lagen da ganz bedeutende Getreide- und andere Vorräte, und jedes südwärts segelnde Schiff versah sich da mit den noch notwendigen Bedürfnissen, welche von da an um so teurer werden, je weiter man nach Süden kommt.

Wir legten hier für kurze Zeit an, um uns bei dem Haris el Mischrah – Hafenwächter – zu erkundigen, ob das Schiff des Reis Effendina gesehen worden sei. Die Antwort war verneinend, und so segelten und ruderten wir weiter.

Eine Nacht auf dem Nil! Welch ein Sujet für einen Dichter! Mir aber war gar nicht sehr poetisch zumute. Ich hatte eine ganze Reihe von Nächten nur wenig geschlafen, war infolgedessen sehr abgespannt und mußte doch – rudern. Mit meinem Ben Nil war es nicht anders. Ich glaube, er ruderte zuweilen, ganz so wie ich, mit geschlossenen Augen, halb oder gar dreiviertel im Schlaf. Der alte Abu en Nil war ebenso einsilbig wie wir. Er hatte keine solchen Anstrengungen hinter sich, und so vermutete ich, daß seine Schweigsamkeit einen ganz besondern Grund haben mußte! Danach befragt, antwortete er mir:

„Müde bin ich nicht im geringsten, Effendi. Die Sorge ist's, die mir die gute Laune raubt. Ich bin ein Flüchtling."

„Ah, du hast Angst vor dem Reis Effendina?"

„Natürlich! Ich wurde damals von ihm auf dem Sklavenschiff ergriffen und wäre sicherlich sehr streng bestraft worden, wenn du mich nicht hättest entfliehen lassen. Und jetzt soll ich diesem strengen Herrn geradezu in die Hände segeln. Es wird mir schwer, die Bitte auszusprechen, aber, Effendi, gib mich noch einmal frei! Erlaub mir, an der ersten besten Stelle das Boot zu verlassen!"

„Willst du nicht wieder auf dein Schiff zurück?"

„Ehe ich es erreiche, bin ich gefangen."

„Aber du bist einsam und mittellos. Du hast nichts bei dir. Was willst du anfangen?"

„Ben Nil, mein Enkel, wird ja bei mir sein!"

„Nein", antwortete dieser. „Du bist der Vater meines Vaters, und es ist Allahs Gebot, daß ich dich achten und ehren soll. Das tue ich auch. Aber jetzt bin ich der Diener dieses meines Effendis, und nichts kann mich vermögen, ihn zu verlassen."

„Sohn meines Sohnes, wer hätte das von dir gedacht! Willst du das Blut verleugnen, welches in deinen Adern fließt? Willst du gegen die Gesetze handeln, die in der Brust eines jeden Menschen vorhanden sind?"

„Nein. Die Liebe zu dir und die Treue für meinen Effendi lassen sich wohl miteinander vereinigen. Du brauchst das Boot nicht zu verlassen. Ich kenne den Effendi. Er wird dich in seinen Schutz nehmen."

„Das kann er nicht!"

„Zweifle doch nicht daran! Er kann alles, was er will."

„Wenigstens will ich nur das, was ich kann", bemerkte ich. „Abu en Nil, du brauchst dich nicht zu fürchten. Der Reis Effendina wird dir das Vergangene verzeihen."

„Oh, Effendi, wenn das wahr wäre! Ich wollte ihm auf meinen Knien dafür danken. Ich bin kein so schlimmer Mensch, wie es den Anschein hatte!"

„Das weiß ich, und das wußte ich; darum ließ ich dich entkommen."

„Und niemals wird man mich wieder an Bord eines Sklavenhändlers sehen!"

„Auch das glaube ich dir, und darum werde ich den Reis Effendina bitten, dir das, was vergangen ist, zu vergeben."

„Effendi, du träufelst Balsam in die Wunde, welche ich selbst meinem Gewissen geschlagen habe. Wenn der Reis Effendina mir vergibt, so kann auch ich selbst mir verzeihen. Dann habe ich nichts und niemand mehr zu fürchten, kann mich vor jedermann sehen lassen und auch in die Heimat gehen, ohne denken zu müssen, daß mich der Rächer wieder von den Meinen reißt."

„Sei getrost! Ich sage dir, daß alles vergeben und vergessen sein wird."

„Ich will dir glauben. Du hast mich schon damals gerettet und würdest mich nicht mit zum Reis Effendina nehmen, wenn du nicht überzeugt wärest, daß es ohne Schaden für mich geschehen kann. Was aber soll ich ihm antworten, wenn er mich fragt, in welcher Weise ich damals die Flucht ergriffen habe?"

„Belüg ihn nicht, sondern sag ihm die Wahrheit!"

„Dann würde er dir sehr zürnen."

„Das denk nicht. Übrigens hat dein Enkel hier ihm einige gute Dienste geleistet, und so gebietet ihm die Dankbarkeit, dir die Bitte um Verzeihung zu erfüllen."

Das beruhigte ihn vollends, und nun war das Schweigen gebrochen. Sein Herz war ihm leicht geworden, und darum wurde ihm auch die Zunge leicht. Er begann, mir seine Erlebnisse zu erzählen, und er hatte soviel erlebt, daß es uns um Stoff für die Unterhaltung während der einsamen Fahrt nicht bange zu sein brauchte.

DRITTES KAPITEL

Am Sumpf des Fiebers

Die angeregte Unterhaltung, welche wir während unserer nächtlichen Talfahrt im Boot führten, tat unserer Aufmerksamkeit keineswegs Abbruch. Wir paßten sehr gut auf, hielten auch einige Male an, wenn ein phantastischer Uferschatten die Gestalt eines Schiffes zeigte, sahen uns aber allemal getäuscht. Wir verbrannten nach und nach alle sechs Fackeln, die ich in das Boot geworfen hatte, und mußten endlich ohne Licht fahren. Gegen Morgen wurde der Wind stärker und infolgedessen unsere Schnelligkeit größer. Natürlich hatten wir nicht ohne Unterbrechung gerudert, denn das wäre nicht auszuhalten gewesen. Sooft wir uns in guter Strömung befanden, hatten wir ausgeruht.

Es war noch nicht fünf Uhr früh, als wir die Stelle erreichten, an welcher die „Eidechse" geankert hatte. Eine kleine Strecke weiter oben hatte Abu en Nils Schiff gelegen; es war fort. Wir stiegen am Lagerplatz aus, in der Hoffnung, jemand zu finden. Es war vergeblich. Nun hieß es, noch bis Hegasi zu segeln. Traf ich den Reis Effendina auch dort nicht, so hatten wir ihn entweder heute nacht umgangen oder er war nach Chartum zurückgekehrt. In diesem Fall war ich in Beziehung auf die Sicherung unserer Karawane nur auf mich selbst angewiesen.

Als wir uns Hegasi näherten, glänzte uns ein kleines Licht entgegen. Die Sterne begannen bereits zu erbleichen, danach sah ich, daß das Licht zu einem Schiff gehörte, welches an der Mischrah lag. Ich erkannte den scharfen, eleganten Rumpf und die drei schiefen Masten. Es war der „Falke", den wir suchten. Das Licht kam aus der Laterne, welche am Mittelmast brannte. Wir hielten natürlich auf das Fahrzeug zu, demnach rief uns, noch bevor wir es erreicht hatten, vom Verdeck jemand an:

„Boot, hier an der Seite anlegen!"

Zum Scherz gab ich dem Alten die Weisung, etwas abzufallen, als ob wir dem uns erteilten Befehl nicht gehorchen wollten. Wir nahmen also eine mehr seitwärtige Richtung; da aber rief der Mann:

„Halt, ich schieße!"

Zur selben Zeit ertönten die scharfen Klänge einer kleinen Glocke. Es war die Alarmglocke des „Falken". Gab die Deckwache mit ihr das Zeichen, so standen gewiß binnen einer Minute alle Mann, und wenn sie im tiefsten Schlaf gelegen hätten, gefechtsfertig. Ich durfte den Scherz nicht weitertreiben, denn ich wußte, daß man sonst auf uns geschossen hätte. Darum steuerten wir auf das Fahrzeug zu.

„An Backbord anlegen", gebot die Wache, „und ruhig haltenbleiben!"

Wir gehorchten diesem Befehl. Droben wurde es lebendig, und nach sehr kurzer Zeit wurde herabgefragt:

„Wem gehört das Boot?"

Ich erkannte die Stimme des Reis Effendina. Damit er mich nicht an der meinigen erkennen sollte, sagte ich Ben Nil die Antwort vor, welche er an meiner Stelle gab:

„Der ‚Eidechse'."

Als er diese Antwort hörte, rief er in erregtem Ton:

„Steigt herauf, sofort herauf!"

Er hatte natürlich erfahren, daß das Schiff, welches kurz vor seiner Ankunft die Dschesireh Hassanieh verlassen hatte, die „Eidechse" gewesen war, und glaubte nun Aufschluß darüber zu erhalten. Eben waren mehrere Laternen angebrannt worden. Scherzhafterweise forderte ich den alten Steuermann auf, als der erste die Strickleiter, welche man herabgeworfen hatte, hinaufzusteigen.

Er gehorchte, ohne meine Absicht zu durchschauen. Als er oben ankam, hörte ich den Reis Effendina rufen:

„Das ist der erste. Doch halt, dieses Gesicht müßte ich kennen! Wer ist denn das? Höre, Patron, wo haben wir uns denn schon gesehen?"

Abu en Nil war über diesen Empfang so erschrocken, daß er vergaß, eine Antwort zu geben.

„Wenn ich mich nicht irre, so ist dein Name Abu en Nil. Gesteh es sofort!"

„Ja, Effendi, ja!" gab der Steuermann angstvoll zu.

„War es nicht in Giseh, wo wir uns sahen?"

„In Giseh, ja, Effendi."

„Nenne mich Emir! Du weißt von damals her recht gut, daß ich so genannt werde! Wenn ich mich nicht irre, so bist du der Steuermann der Dahabijeh ‚es Semek', welche ich damals konfiszierte?"

„Ich bin es."

„Ich nahm euch alle gefangen. Du aber entkamst mir wieder.

Willkommen heute und hier! Ich freue mich, das damals Versäumte nachholen zu können. Bindet den Kerl, und schließt ihn in die Gefängniskoje."

„Nein, nein, Emir, nicht binden!" rief der Alte. „Ich bin ja nicht dein Feind; ich bin freiwillig gekommen!"

„Freiwillig? Und doch hat euch meine Wache mit Schießen drohen müssen? Das ist eine Lüge. Wo ist dein Schiff, die ‚Eidechse'?"

„Im Maijeh es Saratin."

„Den kenne ich nicht. Was macht sie dort?"

„Sie hat sich dort vor dir versteckt."

„Also hat sie ein böses Gewissen! Was wollte sie an der Dschesireh Hassanieh?"

„Dich fangen."

„Mich ... fangen ...?" rief er aus. „Beim Scheitan, du bist aufrichtig, im höchsten Grad aufrichtig! Wer ist der Reis dieser ‚Eidechse', die mich fangen will?"

„Sie hat keinen Reis, denn ihr Herr, Ibn Asl, kommandiert sie selber."

Dieser Name, so kurz er war, brachte eine bedeutende Wirkung hervor.

„Ibn Asl, Ibn Asl!" klang es laut von allen Lippen, und auch der Reis Effendina gab seinem Erstaunen Ausdruck.

„Höre ich recht? Ibn Asl, sagst du? Der berüchtigte Sklavenräuber befindet sich also auf der ‚Eidechse'? So geht mir jetzt ein Licht auf. Dieser Hundesohn hat mir eine Falle legen wollen. Ist es so? Gesteh es augenblicklich!"

„Ja, Emir, du hast es erraten. Du solltest samt deinem Schiff mit Petroleum verbrannt werden."

„Allah kerihm – Gott ist gnädig! Er gab mir den Gedanken des Mißtrauens ein. Wie gut, wie gut, daß ich den Landweg einschlug! Darum also die Fässer! Ich werde augenblicklich aufbrechen, und du sollst mich nach dem Maijeh es Saratin führen! Mich verbrennen, mich und mein Schiff, also alle meine Leute! Als Vorgeschmack dessen, was dich erwartet, werde ich dir jetzt einstweilen die Bastonnade geben lassen. Binde ihm die Füße zusammen, Aziz, und gib ihm zwanzig Hiebe auf die Sohle!"

Aziz war sein Liebling, der junge Mann, welcher stets die Nilpferdhautpeitsche bei sich trug, immer bereit, die von seinem Herrn befohlenen Exekutionen zu vollführen. Abu en Nil kannte ihn von damals her nur zu gut. Er hob erschrocken beide Hände auf und schrie:

„Nicht die Bastonade, nicht schlagen, Emir; ich bin ja ganz und gar unschuldig!"

Jetzt eilte Ben Nil, sein Enkel, die Strickleiter hinauf, zu dem Emir hin und sagte:

„Du darfst ihn nicht schlagen lassen! Er ist mein Großvater und hat dir keine Lüge gesagt."

„Was, du hier, Ben Nil? Wie kommst du hierher und in die Gesellschaft eines Steuermannes der Sklavenjäger?"

„Das ist er nie gewesen. Einen Sklavenhändler hat er auf kurze Zeit gesteuert, aber keinen Sklavenjäger. Mein Effendi wird dir ganz dasselbe sagen."

„Wo ist er denn, dein Effendi?"

„Kommt schon!" antwortete ich, indem ich über die Schanzbekleidung sprang. „Hier ist er."

Ein allgemeiner Ruf freudiger Überraschung ließ sich hören. Der Emir trat einen Schritt zurück, starrte mich für einen Augenblick wie betroffen an, öffnete dann die Arme und kam mit den Worten auf mich zu:

„Effendi, du hier, du? Welch eine Freude! Eingetroffen aus dem Land der Fessarah! Komm an mein Herz; laß dich umarmen!"

Seine Freude war ebenso groß wie aufrichtig; sie ehrte mich, weil sie mich beglückte. Sein Oberleutnant und Leutnant, der alte Onbaschi und viele der andern kamen herbei, um mir die Hände zu drücken. Einer hatte bisher von fern gestanden; jetzt drängte er seine lange dürre Gestalt mit den unendlichen Gliedern durch die Menge und jauchzte mir schon von weitem zu:

„Effendi, o Effendi, meine Seele ist ganz Wonne, und mein Herz springt vor Freude, daß mein Auge dich jetzt wieder sehen darf! Du hast mir gefehlt wie ein geliebtes Weib ihrem Mann. Ohne dich ist mir das Leben dunkel gewesen wie eine zugedeckte Feueresse, in welche man von unten blickt, und wie ein Stiefel, den man am falschen Fuß trägt. Kein Mensch hat sich um mich gekümmert; keiner hat auf meine Worte geachtet. Meine Tapferkeit ist dahingestorben, und mein Heldenmut ist eingetrocknet wie ein Teerfleck auf dem Ärmel meines Gewandes. Nun aber kommt neue Wonne über mich, und meine Vorzüge und Geschicklichkeiten werden wieder wachsen und in allen herrlichen Farben spielen wie die Blase der Seife, welche unter dem sanften Hauch des Mundes sich vergrößert."

„Und dann zerplatzt!" fügte ich hinzu, indem ich ihm die Hand reichte und einen Schritt zurücktrat, denn er hatte eigentlich in höchstvertraulicher Weise seine ewig langen Arme um mich schlingen wollen. Ich glaube, sie hätten ausgereicht, sie mir nicht nur einmal, sondern zweimal um den Leib zu wickeln. „Wenn niemand auf dich geachtet hat, so bist jedenfalls nur du selbst schuld daran."

Dieser lange Mensch war natürlich kein anderer als Selim, mein zweiter Diener, den ich bei dem Reis Effendina gelassen und nicht mit zu den Fessarah genommen hatte, weil er alles verkehrt zu machen und mich aus einer Fatalität in die andere zu bringen pflegte. Er antwortete auf meine letzten Worte:

„Effendi, da verkennst du mich, wie so oft. Ich habe redlich teil an allen ihren Sorgen und Leiden genommen, bin ihnen in allem als leuchtendes Beispiel vorangegangen und habe ihnen ein Muster gegeben, welches sie freilich während ihres ganzen Lebens nicht erreichen können."

„Im Essen, ja!" rief einer. „Sonst aber hat er weiter nichts gemacht. Essen, trinken, rauchen, schlafen und prahlen!"

„Schweig!" donnerte ihn der Lange an. „Dein Mund ist eine Quelle, aus welcher ungenießbares Wasser fließt. Effendi, du hättest mich zum Beispiel nur gestern sehen sollen, als wir nach der Dschesireh Hassanieh zogen, um die Sklavenjäger zu fangen! Meine Gestalt ragte über alle empor, und in meinem Herzen brannte die Glut einer Kampfbegierde, welcher kein Mensch widerstehen konnte. Als das die Sklavenjäger sahen, liefen sie auf und davon; wir trafen sie nicht mehr an, und ihr Schiff war fort. Das hat der Emir ganz allein meiner siegreichen Anwesenheit zu verdanken."

„Fang nicht gleich jetzt beim ersten Zusammentreffen an, schon wieder aufzuschneiden!" warnte ich ihn. „Wir haben andere Dinge zu hören, als das oft gehörte Lob eines Ruhmes, den du gar nicht besitzt."

„Das ist wahr", stimmte der Emir bei. „Es müssen wichtige Dinge geschehen sein, daß du nach Hegasi anstatt nach Chartum kommst. Warum finde ich dich in der Gesellschaft eines Steuermannes der Sklavenhändler? Und wo hast du deine Askaris?"

„Sie sind noch zurück und werden dir eine Schar Sklavenjäger von Ibn Asl bringen, die ich gefangen habe."

„Schon wieder hast du welche ergriffen? Und von Ibn Asl? Effendi, was bist du für ein glücklicher Mann! Ich habe seit dem Wadi el Berd nichts, gar nichts gefangen."

„So freue dich, denn morgen wirst du, wenn mich nicht alles täuscht, Ibn Asl selbst in deine Hand bekommen."

„Wirklich, wirklich? Wo befindet er sich?"
„Im Maijeh es Saratin, wie dir dieser Abu en Nil vorhin gesagt hat."
„Wo liegt der Maijeh?"
„Oberhalb des Dorfes Oaua."
„Da oben warst du? Wie ist das zu begreifen?"
„Oh, ich war gestern auch, bevor du kamst, in Hegasi und in der Dschesireh Hassanieh. Ibn Asl hatte mich gefangengenommen."
„Gefan . . ." Das Wort blieb ihm im Munde stecken. „Effendi, scherzt du?"
„Nein."
„Ich vermutete dich in der westlichen Steppe, und du bist doch hier und schlägst dich mit Ibn Asl herum, den anzutreffen ich mir alle vergebliche Mühe gegeben habe!"
„Die Sache ist sehr einfach. Ich werde dir erzählen. Gebiete aber deinen Leuten, ruhig zu sein! Es ist für unsere Zwecke besser, wenn hier in Hegasi niemand erfährt, was hier geschieht und was wir beschließen werden, weil Ibn Asl hier Spione hat. Der hiesige Scheik el Beled zum Beispiel ist sein Verbündeter."
„Kannst du das beweisen?"
„Ja. Er wußte es, daß Ibn Asl dir hier einen Hinterhalt legte; er ist ihm dabei sogar behilflich gewesen, denn er hat einem Sklavenjäger, welcher dir aufpassen sollte, ein Pferd zur Verfügung gestellt, damit deine Ankunft auf das schleunigste gemeldet werden könnte."
„Das alles weißt du! Ich sterbe vor Begierde, deine Erzählung zu hören. Komm mit in die Kajüte. Diesen alten Steuermann der Sklavenhändler aber wollen wir binden und in das Gefängnis stecken."
„Nein, Emir! Er ist ein guter und ehrlicher Mann, den ich deinem Wohlwollen empfehle. Ich werde dir auch das erklären. Laß ihn bei Ben Nil, seinem Enkel, und befiehl, daß man beiden zu essen und zu trinken gibt. Wir haben seit gestern nichts genossen."
„So hast auch du Hunger? Komm, du sollst haben, was dein Herz begehrt!"
Als ich noch dafür gesorgt hatte, daß alle Lichter außer der Mastlaterne ausgelöscht wurden, gingen wir in seine prächtig eingerichtete Kajüte. Aziz, sein Liebling, bediente uns dort. Es wurde aufgetragen, was die Vorräte zu bieten vermochten. Auch einige Flaschen Wein waren dabei, denn der Emir hatte sich von

dem Verbot des Rebensaftes emanzipiert. Während des Essens erzählte ich, und es läßt sich denken, daß der Emir Effendina mit der gespanntesten Aufmerksamkeit zuhörte. Er konnte nicht sitzenbleiben, lief erregt hin und her und unterbrach meinen Bericht oft durch die kräftigsten Ausrufeworte. Ich hatte keine Zeit, so ausführlich zu sein, wie ich es eigentlich gern gewesen wäre. Meine Erzählung hatte nicht mehr als fünf Minuten in Anspruch genommen. Als ich geendet hatte, wollte er ausführlichere Details erfahren; ich aber sagte:

„Nicht jetzt. Die Zeit ist kostbar. Wir, du, ich und Ben Nil, müssen fort, noch ehe es Tag geworden ist."

„Wohin?"

„Wir steigen in das Boot, auf welchem ich gekommen bin, und fahren eine Strecke den Fluß hinauf. Da werde ich dir alles sagen. Ich habe einen Plan, zu dessen Ausführung es gehört, daß du sofort mit mir gehst. Eigentlich sollten wir niemand mitnehmen; aber da ich und Ben Nil zu ermüdet sind und ich auch von dir nicht verlangen kann, zu rudern, so mögen uns zwei deiner Matrosen begleiten."

„Nun gut! Du bist außerordentlich geheimnisvoll; da ich aber weiß, daß du nichts ohne gute Gründe tust, so will ich mit dir gehen. Wärst du es nicht, der mich dazu auffordert, so würde ich es nicht tun, sondern glauben, daß man mich auf diese Weise Ibn Asl in die Hände spielen wollte."

„Vertausch deine glänzende Uniform, wenigstens den Waffenrock, mit einem einfacheren Kleidungsstück. Je weniger man dich bei deiner Rückkehr bemerkt, desto leichter wird unser Plan gelingen."

Er zog den Rock aus und an dessen Stelle einen dunkeln Burnus an; ich steckte für mich und Ben Nil einige Mundvorräte ein, welche ich vom Tisch nahm. Dann brachen wir auf.

Im Osten zeigte sich das erste fahle Morgenlicht, als wir mit unserm Boot von dem „Falken" abstießen. Zwei Matrosen ruderten. Ich saß neben Ben Nil, der Emir uns gegenüber. Es war leicht erklärlich, daß er sich in einer außerordentlichen Spannung befand. Ich ließ ihn nicht lange warten, sondern lieferte ihm, während wir am linken Nilufer langsam aufwärts glitten, den gewünschten ausführlichen Bericht. Jetzt konnte ich ohne Schaden für meinen Plan alle seine Fragen beantworten, und deren waren so viele und eingehende, daß, als er sich endlich befriedigt fühlte, wir an die Stelle gekommen waren, an welcher die „Eidechse" gehalten hatte. Dort legten wir an, stiegen aus und setzten uns unter einem Baum nieder. Den beiden Matrosen befahl ich, nun zu Lande nach Hegasi zurückzukehren und sich dabei möglichst wenig sehen zu lassen. Sie gingen; der Reis Effendina aber fragte erstaunt:

„Du wirst immer rätselhafter. Kehren wir denn nicht im Boot zurück?"

„Ich und Ben Nil, ja, du aber nicht."

„Warum? Soll auch ich laufen?"

„Ja. Den Grund will ich dir nachher mitteilen. Jetzt aber möchte ich zunächst von dir hören, welchen Gedanken du über diese Ereignisse hegst."

„Zunächst bin ich ganz und gar Erstaunen. Effendi, du bist wirklich ein Mann . . ."

„Still davon!" unterbrach ich ihn. „Was du von mir denkst, das ist jetzt Nebensache."

„Aber wir alle haben dir unser Leben zu verdanken, und da kannst du doch nicht verlangen, daß . . ."

„Daß du jetzt wenigstens einstweilen darüber schweigst? Ja, das verlange ich allerdings. Die Zeit ist so kostbar, daß wir uns nur mit dem Notwendigsten beschäftigen dürfen. Natürlich hast du die Absicht und auch die Hoffnung, Ibn Asl diesmal ganz gewiß zu ergreifen?"

„Natürlich! Ich schwöre bei Allah, daß ich ihn heute oder morgen . . ."

„Schwöre nicht! Der Mensch ist nicht Herr der Ereignisse. Ein kleiner Fehler, ein unbedeutender Zufall kann alles verderben. Auf welche Weise denkst du ihn zu fassen?"

„Auf die allereinfachste: Wir segeln nach dem Maijeh es Saratin und greifen ihn dort an."

„Er ist gar nicht mehr dort. Ich bin überzeugt, daß er kurz nach unserer Flucht den Maijeh verlassen hat, und zwar aus zwei verschiedenen Gründen. Erstens fühlt er sich dort nicht mehr sicher, weil ich nun dieses Versteck kenne, und zweitens muß er sich beeilen, seinen Vater und seine Untergebenen zu befreien. Er ist hinter uns her nilabwärts gesegelt."

„So brauchen wir ihm ja nur entgegenzugehen, um . . ."

„Um ihn nicht zu sehen und zu treffen", fiel ich ein.

„Wir durchsuchen jeden Winkel des Ufers!"

„Ja, und während wir dies tun, marschiert er mit seinen Leuten schon durch die Steppe und unsern Askaris entgegen!"

„So schnell bringt er das nicht fertig!"

„Warum nicht? Er weiß, daß du ihn suchst und daß ich dir jedenfalls entgegen bin, um dich nach dem Maijeh zu bringen. Er hat die Nacht benutzt, diesen Ort zu verlassen und möglichst weit stromabwärts zu kommen. Dort legt er an irgendeiner ihm bekannten, sonst aber versteckten Stelle an, läßt einige Mann zur Bewachung des Fahrzeuges zurück und marschiert mit den andern unsern Askaris entgegen."

„Das leuchtet mir freilich ein. Ich muß mit meinen Leuten schnell aufbrechen, um die Karawane zu beschützen. Du begleitest uns natürlich."

„Ich bleibe nicht, sondern ich reite der Karawane mit Ben Nil entgegen, während du Ibn Asl einen Hinterhalt legst."

„Warum wollen wir ihm denn nicht gleich zusammen entgegengehen?"

„Weil wir in diesem Fall Ibn Asl nicht bekommen würden. Er befindet sich mit seinen Leuten oberhalb von uns; wir haben also einen Vorsprung; er kommt hinterdrein und findet unsere Spur, wird dadurch aufmerksam gemacht und – bleibt zurück."

„Aber wenn er seinen Vater retten will, muß er uns doch folgen und uns angreifen!"

„Fällt ihm nicht ein! Seine eigene Sicherheit ist ihm wertvoller als das Leben seines Vaters und als das aller seiner Leute. Das habe ich erfahren und dir erzählt. Ja, vielleicht ließe er uns durch seine Sklavenjäger angreifen, aber daß er selbst uns nicht in die Hände fallen kann, dafür würde er gewiß Sorge tragen. Oder, was noch viel wahrscheinlicher ist, würde er sich auf irgendeine List verlegen, die uns allen sehr gefährlich werden dürfte, da wir von ihr keine Ahnung haben können."

„Also sollen wir nicht voranziehen? Soll ich etwa ihn voran lassen? Dann überfällt er unsere Karawane, und ich komme zu spät."

„Für die Karawane wäre in diesem Fall wenig oder nichts zu befürchten, da ich ja bei ihr sein würde. Er könnte sie also nicht, wie er die Absicht hat, überrumpeln. Aber ich beabsichtige etwas ganz anderes. Ich habe schon sehr oft durch List sehr leicht und sehr vollständig erreicht, was mir bei Anwendung aller Gewalt nicht gelungen wäre. Du selbst hast Beispiele davon erlebt. Mit einer solchen List werde ich, wenn du es erlaubst, Ibn Asl zu fassen suchen, und wenn dabei kein Fehler unterläuft, so bin ich des Gelingens völlig sicher."

„Was willst du tun?"

„Ihm ein Fußeisen legen, in welchem er sich fangen wird. Es erleichtert den Sieg ganz bedeutend, wenn man den Kampfplatz genau kennt. Versteht es ein Feldherr, den Feind nach dem Platz zu locken, wo schon alles zum Empfang des Gegners vorbereitet ist, so ist ihm der Sieg selbst bei ungleichen Kräften beinahe sicher. Ziehst du hinaus in die offene Steppe, so weißt du nicht, wo du Ibn Asl treffen wirst und unter welchen Umständen der Kampf erfolgen wird. Um das zu vermeiden, wollen wir einen Ort bestimmen, an welchem wir auf ihn warten werden."

„Aber ob er kommen wird!"

„Er kommt. Dafür laß nur mich sorgen."

„Hast du einen bestimmten Ort im Sinn?"

„Ja, einen sehr passenden. Er muß natürlich so nahe wie möglich der Richtung liegen, aus welcher unsere Karawane kommen wird und in welche also Ibn Asl zu ziehen hat. Der Dschebel Arasch Ool ist der geeignetste Ort für meinen Plan. Warst du oft dort?"

„Fünfmal. Ich habe damals die ganze Umgebung durchstrichen."

„Das ist mir lieb, denn dann brauche ich dich wahrscheinlich nicht heimlich hinzubegleiten, um dir die Örtlichkeiten, welche ich im Auge habe, zu zeigen. Es gibt zwei Maijehs dort, zwei Sümpfe, welche durch einen Wasserarm mit dem Nil in Verbindung stehen. Der nördliche ist größer und weit länger als der südliche. Kennst du sie?"

„Ja. Der große Maijeh wird Maijeh el Humma – Sumpf des Fiebers – genannt; den Namen des kleineren kenne ich nicht."

„Diesen Sumpf des Fiebers meine ich. Er zieht sich lang und schmal hart am Fuß des Berges hin. Man muß über vier Stunden gehen, um von einem Ende an das andere zu gelangen. Ungefähr in der Mitte seiner Länge reicht eine Bucht weit in den Berg hinein. Sie ist sehr tief, mit trügerischem Omm Sufah bedeckt und an ihrem Rand mit hohen, dicht belaubten Gafulbäumen bewachsen, welche mir außerordentlich in die Augen fielen, weil keine Art des Gaful sonst eine solche Höhe zu erreichen pflegt."

„Ich kenne sie. Ihr außerordentlich lieblicher Duft erfüllt die ganze Gegend und macht den Gestank des Sumpfes weniger empfindlich. Ein Fußgänger kann da wohl bequem vorüberkommen; ein Kamelreiter aber muß sich sehr in acht nehmen. Der Felsen ist tief eingebuchtet und steigt fast senkrecht himmelan. Zwischen dem Wasser und dem Felsen gibt es einen nur sehr schmalen Streifen Weges, auf welchem große Steinstücke zerstreut liegen, die von oben herabgefallen sind und besonders den Kamelen das Gehen erschweren. Dieser Weg rund um die Bucht des Maijeh hat schon vielen Menschen Unheil gebracht und wird darum Darb el Musibi – Weg des Unglücks – genannt."

„Ganz richtig. Und er soll für Ibn Asl so ein richtiger, echter Unglücksweg werden."

„Wie willst du den Mann dorthin locken?"

„Daß ich ihn sicher hinlocken werde, weiß ich ganz genau; die Art kenne ich selbst noch nicht; der Augenblick wird sie ergeben. Der Unglücksweg liegt am westlichen Ufer; kennst du auch das östliche Ufer des Maijeh?"

„Ebenso genau."

„So kennst du wohl den dichten Hegelikwald, welcher an dessen südlichem Ende steht?"

„Ja. Dieser Wald ist beinahe undurchdringlich, da der Raum zwischen den Stämmen der Bäume fast ganz mit Nabak-Büschen ausgefüllt ist."

„Er soll euch zum Versteck dienen."

„Uns? Sollen wir etwa Ibn Asl dort erwarten?"

„Ja. Jetzt kommt die Hauptsache für dich, Emir. Merk sie dir wohl! Du fährst, wenn du nach Hegasi zurückkommst, sogleich von dort ab, suchst aber vorher den Scheik el Beled zu sprechen."

„Diesen Hund, diesen Verräter, den ich streng bestrafen werde!"

„Das wirst du später tun. Heute aber wirst du noch sehr freundlich mit ihm sein und dir den Anschein geben, als ob er dein vollstes Vertrauen besitze. Du sagst ihm, daß du hier an der Hassanieh Sklavenhändler gesucht, aber nicht gefunden habest, du seist jedenfalls von Ibn Asl irregeführt worden; dieser befindet sich sehr wahrscheinlich in Chartum, und du kehrst schnell dorthin zurück, um nach ihm zu forschen und ihn zu bestrafen."

„Warum soll ich dies gerade dem Scheik el Beled sagen?"

„Weil er in meinem Plan eine bedeutende Rolle spielt. Er soll Ibn Asl das Fußeisen legen, ohne selbst eine Ahnung davon zu haben. Er ist sein Verbündeter, und Ibn Asl kommt jetzt ganz gewiß entweder selbst, natürlich heimlich, zu ihm oder schickt ihm einen Boten, um sich zu erkundigen, wo du bist oder wie die Verhältnisse stehen. Der Scheik sagt ihm oder läßt ihm sagen, daß du zurück nach Chartum bist, und so wird Ibn Asl sich vor dir ganz sicher fühlen."

„Auch vor dir?"

„Ja, denn auch ich werde mit dem Scheik sprechen. Du kehrst jetzt zu Fuß nach Hegasi zurück und läßt dich unterwegs womöglich von niemand sehen. Damit man dich nicht von weitem erkennt, bat ich dich, deinen Waffenrock umzutauschen. Wenn du von dort fort bist, komme ich mit Ben Nil angesegelt ..."

„Wie willst du wissen, daß ich fort bin?"

„Das laß meine Sorge sein! Ich werde schon Ausguck halten. Also dann komme ich mit Ben Nil angesegelt und suche den Scheik el Beled auf. Ich tue so, als ob ich soeben erst vom Maijeh komme, und erzähle ihm, was da oben und vorher an der Dschesireh Hassanieh geschehen ist."

„Sagst du ihm da, wer du wirklich bist?"

„Natürlich! Er wird es ja doch dann von Ibn Asl erfahren. Hätte ich ihn in Beziehung auf meinen Namen belogen, so würde er auch das, was ich ihm außerdem sage, nicht glauben, und mein Plan käme in Gefahr, zu verunglücken. Ich werde ihm das größte Vertrauen zeigen. Als Scheik el Beled ist er eine obrigkeitliche Person, deren Hilfe ich scheinbar in Anspruch nehmen werde. Ich übergebe ihm das Boot zur Aufbewahrung und sage ihm, daß du es später abholen wirst."

„Du kommst nur mit Ben Nil nach Hegasi; er aber wird erfahren, daß Abu en Nil auch dabeigewesen ist. Wie willst du das Fehlen dieses letzteren erklären?"

„Oh, der ist, als er während unserer Flucht in das Boot klettern wollte, in das Wasser gefallen und, falls Ibn Asl ihn nicht wieder erwischt hat, von den Krokodilen gefressen worden."

„Warum läßt du ihn bei mir? Du könntest ihn doch mitnehmen?"

„Nein; es fehlt mir an einem Reittier. Du weißt ja, daß ich nur zwei Kamele in Hegasi stehen habe."

„Wohin, sagst du, daß du reiten wolltest?"

„Meiner Karawane wieder entgegen. Ich habe sie verlassen, um dich zu warnen. Jetzt höre ich, daß du gerettet bist, und kann sie also wieder aufsuchen. Das ist ein Coup, welcher sicher von Erfolg sein wird. Ibn Asl wird unendlich ergrimmt darüber sein, daß ich ihm entkommen bin; er zieht unserer Karawane entgegen, um unsere Gefangenen zu befreien; wenn er nun hört, daß ich wieder bei ihr bin, wird er darüber ganz entzückt sein, denn das gibt ihm die Hoffnung, mich abermals ergreifen zu können. Er wird dann also erst recht entschlossen sein, uns anzugreifen, und uns mit doppelter Sicherheit in die Falle gehen."

„Du weißt aber noch nicht, wie du es anfangen wirst, ihn in die Falle zu locken."

„Bis soeben wußte ich es noch nicht; nun aber ist mir ein Gedanke gekommen. Ich mache dem Scheik el Beled eine Bemerkung, auf welche hin Ibn Asl den Dschebel Arasch Ool ganz gewiß aufsuchen wird. Ich erzähle ihm folgendes: Ich habe das Leben meiner Gefangenen geschont, obgleich diese Halunken den Tod schon mehrfach verdient haben. Nach dem aber, was jetzt geschehen ist, kann ich nicht länger Milde walten lassen. Solches Ungeziefer muß ohne Erbarmen ausgerottet werden. Man hat mich zu Tode martern wollen; nun wohl, jeder Untergebene von Ibn Asl, der in meine Hände fällt, muß sterben, vor allen Dingen zunächst die Gefangenen, denen ich entgegenreite. Ich werde sie nach dem Dschebel Arasch Ool führen, um sie dort in den Maijeh el Humma werfen zu lassen. Wenn Ibn Asl dies hört, wird er sich sofort dorthin wenden, um auf uns zu warten und sie zu retten. Meinst du nicht auch?"

„Ja, gewiß! Ich denke, daß diese Berechnung dich nicht trügen wird. Aber wie willst du ihn verleiten, dort eine Stellung einzunehmen, welche uns den Sieg sichert?"

„Das wird der Augenblick ergeben. Er ist eher dort als ich und wird die Örtlichkeit, falls er sie noch nicht kennen sollte, sehr sorgfältig in Augenschein nehmen. Hat er nur einigermaßen offene Augen, so wird er auf den Gedanken kommen, mir ganz dieselbe Falle zu stellen, in welcher ich ihn fangen will, das heißt, mich von hinten und von vorn anzugreifen, während ich mich auf dem engen Pfad zwischen Felsen und dem Wasser befinde. Glückt ihm das, so bin ich seiner Ansicht nach verloren."

„Und willst du in diese Falle gehen?"

„Vielleicht ja, natürlich aber nur, um ihn mit hineinzuziehen und drin zu verderben. Du fährst von Hegasi ab, hältst in gleicher Breite mit dem Dschebel Arasch Ool an, versteckst dein Schiff und läßt es unter der Bewachung nur weniger Leute zurück. Mit den übrigen Matrosen und Askaris marschierst du nach dem Maijeh el Humma, um dich an dessen Südende in dem erwähnten Hegelikwald zu verstecken. Dort erwartest du, natürlich ohne dich sehen zu lassen, Ibn Asls Ankunft und auch die meinige. Es ist möglich, daß ich, bevor der Schlag ausgeführt wird, dich dort aufsuche, um dir noch nähere Mitteilungen zu machen. Sollte dies aber nicht der Fall sein, sollte ich nicht kommen, so ist das, was du zu tun hast, außerordentlich einfach. Sobald du schießen hörst, kannst du annehmen, daß ich, von Norden kommend, mich auf dem engen Kampfplatz befinde und von Süden her von Ibn Asl angegriffen werde; natürlich befindet sich dieser mit seinen Leuten auf demselben engen Raum. Du brichst schnell aus dem Wald hervor, um ihm in den Rücken zu kommen. Gelingt das, so steckt er zwischen dir und mir fest, kann nicht ausweichen und muß entweder sich ergeben oder sich in den Maijeh drängen lassen, wo er unter der trügerischen Omm-Sufah-Decke ein unerbittliches Grab finden wird."

„Effendi, dieser Plan ist gut, ist ausgezeichnet! Dennoch aber habe ich ein sehr großes Bedenken; du hast nur zwanzig Mann bei dir!"

„Brauche ich mehr Leute, so hole ich sie mir von dir."

„Wenn du Zeit dazu findest!"

„Mag sein! Dieses Bedenken ist allerdings nicht ganz unbegründet."

„Das zweite auch! Ihr habt die Gefangenen zu bewachen. Wie viele Männer bleiben dir da zum Kampf übrig? Und es ist sehr wahrscheinlich, daß Ibn Asl dich nicht nur von Süden her angreift, sondern dir im Norden der verhängnisvollen Stelle einen Hinterhalt legt. Du willst ihn zwischen zwei Feuern haben; er wird betreffs deiner ganz dasselbe beabsichtigen."

„Davon bin ich schon, bevor du mir dies mitteiltest, überzeugt gewesen. Einen Hinterhalt wird er mir natürlich legen, zumal er mehr als ausreichend Zeit dazu hat; aber da ich dies weiß, liegt in diesem Umstand gar keine Gefahr für mich. Weiß man, daß an einer gewissen Stelle eine Mine liegt, so geht man entweder nicht hin oder sorgt dafür, daß sie vorzeitig zur Explosion gelangt. Dann kan sie keinen Schaden machen. Da ich aber allerdings viel weniger Leute als du bei mir habe und von diesen die Gefangenen zu bewachen sind, so kannst du mir ja zwanzig Mann zu Hilfe senden."

„Und wohin schicke ich sie, damit sie dich auch sicher treffen?"

„Die Leute dürfen vom Feind nicht gesehen, müssen aber von mir leicht gefunden werden können. Mir ist eine Stelle bekannt, welche sich außerordentlich gut für unsern Zweck eignen würde. Ich habe einst dort gelagert. Das war an der Nordseite des Dschebel Arasch Ool. Es führt ein sehr schmales, trockenes Regenbett in den Berg hinein. Ist man fünf Minuten lang aufwärts gegangen, so erweitert sich dieses Bett zu einem kleinen Kessel, welcher mit dichten Büschen angefüllt ist."

„Das ist ein Kittrgesträuch."

„Ah, du kennst den Ort?"

„Ja. Ich bin einmal diesem Regenbett gefolgt, weil ich nach Trinkwasser suchte."

„Es gibt keins dort, da der Regen sofort ab- und in den Maijeh fließt. Was von dem Wasser in dem Kessel zurückbleibt, wird schnell faulig und ungenießbar und dient nur zur Erhaltung der Kittrsträucher. Es ist mir sehr lieb, daß du das Regenbett kennst, da auf diese Weise ein Versehen ausgeschlossen ist. Sende mir die zwanzig Mann dorthin!"

„Wann sollen sie dort sein?"

„Es ist nicht gut, wenn sie sehr lange vor meiner Ankunft dort eintreffen. In diesem Fall könnten sie von Ibn Asl leicht entdeckt werden. Stimmt meine Berechnung, so stoße ich schon heute auf unsere Karawane ..."

„Das ist unmöglich, denn sie hat fünf Tagesreisen zu machen, und heute ist erst der dritte Tag."

„Bedenke, daß dieser Oram entflohen ist, welcher gestern abend Ibn Asl das Geschehene meldete. Unsere Askaris müssen sich sagen, daß er jedenfalls zu Ibn Asl ist; infolgedessen werden sie sich beeilen und wohl nur vier Tage brauchen, anstatt fünf. Heute abend sind sie also eine Tagesreise weit von hier, und da ich bis dahin wenigstens auch einen vollen Tagesritt zurücklege, werde ich sie sehr wahrscheinlich in dieser Entfernung von hier und um diese Zeit treffen. Morgen früh brechen wir dann nach dem Dschebel Arasch Ool auf, doch reite ich nicht ganz bis zu ihm, sondern mache Nachtlager, ehe wir ihn erreichen. Ich will den Überfall natürlich nicht des Nachts haben, sondern ihn für übermorgen früh aufsparen. Vielleicht suche ich dich während der Nacht auf. Jedenfalls aber kannst du, wenn ich bis eine Stunde nach Mitternacht nicht bei dir bin, die zwanzig Mann absenden. Sie können um den Maijeh marschieren und sich in dem Kessel des Regenbettes verstecken, wo ich sie dann treffen werde. Ich lasse, wenn ich ankomme, dreimal das tiefe Gelächter einer Hyäne hören. Dies wiederhole ich, indem ich am Waldesrand hinschreite. Der Posten, welcher dies zuerst hört, kann zu mir kommen, um mich zu dir zu führen. Jetzt bin ich mit meiner Unterweisung zu Ende."

„So will ich jetzt nach Hegasi aufbrechen. Vorher aber, Effendi, muß ich dir danken für das, was ..."

„Jetzt nicht davon, Emir! Willst du mir über deine Rettung ja eine lange Rede halten, so habe ich nichts dawider, aber ich bitte dich, dies später zu tun. Jetzt haben wir keine Zeit dazu."

„Nun wohl, ich gehe, doch wird die Rede, von welcher du sprichst, dir keinesfalls erspart bleiben. Ich will hoffen, daß unser nächstes Wiedersehen fröhlich und siegreich sein möge!"

Er gab mir und Ben Nil die Hand und ging. Wir warteten, bis wir annehmen konnten, daß er in Hegasi angekommen wäre, dann stiegen wir in das Boot und ruderten uns zum gegenüberliegenden Ufer. Dort wurde das Boot im Schilf versteckt, und wir gingen soweit abwärts, bis wir Hegasi drüben liegen sahen.

Wir hielten uns so, daß wir von dort aus nicht gesehen werden konnten. Der „Falke" lag noch an der Mischrah; aber als wir ungefähr eine halbe Stunde gewartet hatten, wurden die Segel aufgezogen, er steuerte hinaus auf die Höhe des Flusses und richtete den Bug nach Norden. Wir kehrten nach unserem Boot zurück, warteten noch eine Viertelstunde und ruderten uns dann nach der Mitte des Nils. Dort richteten wir den Mast auf und öffneten das Segel. Der Wind war nicht günstig; wir lavierten also langsam auf Hegasi zu.

Ben Nil war Zeuge unsers Gespräches gewesen, und so waren für ihn, da er alles gehört hatte, nicht noch erst besondere Verhaltungsmaßregeln nötig. Er brannte, ganz ebenso wie ich, vor Verlangen, die Scharte, welche man uns gestern geschlagen hatte, auszuwetzen. Die Hauptsache war jetzt, daß wir den Scheik el Belad daheim trafen. In dieser Beziehung konnten wir es nicht besser treffen, denn als wir uns der Mischrah näherten, sahen wir ihn unten am Wasser stehen und neugierig nach uns ausschauen. Wir ließen das Segel fallen, brachten uns mit einigen Ruderschlägen an das Ufer, stiegen aus und befestigten das Boot. Er kam sogleich auf uns zu und sagte im freundlichsten Ton:

„Salam aleikum! Wie kommt es, daß ihr zurückkehrt? Ich glaubte, ihr wolltet mit der ‚Eidechse' nach Faschodah fahren. Eure Kamele konntet ihr ja später bei der Rückkehr mitnehmen."

„Ich danke! Nach Faschodah hat man von hier aus fast zehn Tage zu fahren. Eine so lange Abwesenheit konnten wir nicht beabsichtigen. Beinahe aber wären wir zu einer solchen, ja zu einer noch viel längeren gezwungen worden."

„Wieso?"

Er gab sich Mühe, ein möglichst unbefangenes Gesicht zu zeigen, konnte aber die außerordentliche Spannung, in welcher er sich befand, nicht ganz beherrschen.

„Ich werde es dir sagen", antwortete ich. „Aber komm mit uns ein wenig auf die Seite! Es ist sehr Wichtiges geschehen, was wir nur dir allein erzählen möchten."

„Du erfüllst meine Seele mit Wißbegierde, Herr", meinte er,

indem er uns seitwärts folgte. „Was kann hier in diesem kleinen Hegasi so sehr Wichtiges geschehen!"

„Du wirst dich wundern, wenn du es hörst. Kanntest du den Mann, welchem du die Pferde borgtest?"

„Näher nicht. Er sagte, daß er zur ‚Eidechse' gehöre, welche an der Dschesireh Hassanieh lag."

„Weißt du, was das für ein Schiff ist?"

„Ein Handelsschiff aus Berber, sagte mir der Mann."

„Hast du ihn nicht gefragt, wie dessen Besitzer heißt?"

„Warum sollte ich fragen? Was ging mich das Schiff an? Ich bin weder Kapitän noch Wächter eines Hafens. Warum sollte ich mein Gedächtnis mit den Namen aller hier vorüberkommenden Schiffe und deren Herren belästigen?"

„Du hast recht. Aber ich bedaure, daß du dies nicht tust, denn du hättest uns jedenfalls gewarnt und wir wären nicht in die Gefahr gekommen, unser Leben zu verlieren."

„Euer Leben?" fragte er, indem er sich sehr erschrocken stellte. „Allah 'l Allah! Habt ihr euch in einer solchen Gefahr befunden?"

„Allerdings, denn wisse, daß diese ‚Eidechse' das Schiff des größten Verbrechers und Sklavenräubers ist, den es nur geben kann. Kannst du dir denken, wen ich meine?"

„Ich weiß nicht, ob ich es zu erraten vermag. Für den schlimmsten aller Sklavenräuber halte ich Ibn Asl, den Allah verdammen möge; aber dieser kann es doch nicht wagen, sich hier sehen zu lassen!"

„Er hat es gewagt."

„Wirklich, wirklich? Allah! Hätte ich das gewußt, so hätte ich alle Männer und Jünglinge von Hegasi aufgeboten, ihn zu ergreifen und dem Reis Effendina auszuliefern."

„Kennst du den Reis des Vizekönigs?"

„Natürlich kenne ich ihn. Es ist kaum eine Stunde her, daß ich mit ihm gesprochen habe."

„So war er da?" fragte ich, indem ich mich überrascht stellte.

„Heute, hier! Gestern ist er an der Hassanieh gewesen."

„Als wir schon fort waren! Allah sei Lob und Preis gesagt! So ist es mir also gelungen, ihn zu retten! Ich glaubte nicht, daß er so unvorsichtig sein würde, zu kommen. Man wollte ihn in das Verderben locken."

„Herr, du erschreckst meine Adern und meine Gebeine! Das Blut will mir erstarren! Den Reis Effendina, dem Allah tausend Gnaden erweisen möge, in das Verderben locken! Wer denn, wer?"

„Ibn Asl."
„Ist's möglich? Die Zunge will mir den Dienst versagen! Erzähl doch, Herr, erzähl!"
„So will ich dich vorher fragen, ob du mich vielleicht kennst?"
„Nein. Ich habe dich noch nie gesehen und weiß auch nicht, wie du heißt."
„Ich bin ein Effendi aus dem Lande der Christen und ein Freund des Reis Effendina, welchen ich . . ."
„Allah, Allah, Allah!" unterbrach er mich im Ton unbeherrschten Erstaunens oder vielmehr Erschreckens. „So bist du also der fremde Effendi, welcher schon so viele Sklaven befreit hat und . . ."
Er hielt inne. Er erkannte, daß er zu weit gegangen war und zu viel gesagt hatte, denn er durfte doch eigentlich gar nichts von mir wissen. Ich tat, als ob ich dies gar nicht bemerkte, und sagte:
„So hast du also schon von mir gehört? Das freut mich, denn nun brauche ich dir keine so lange Rede zu halten, wie es sonst wohl nötig gewesen wäre. Du weißt also, daß ich dem Emir ein wenig behilflich bin, seine Aufgabe zu erfüllen?"
„Ein wenig nur? Effendi, ich weiß, daß du erreicht hast, was der Emir nicht fertiggebracht hätte."
„Nun, dann kannst du dir denken, daß Ibn Asl eine große Rache gegen mich hat."
„Eine außerordentliche! Ich glaube, er haßt dich noch weit mehr als den Reis Effendina selbst."
„Das ist wahr; ich habe es einige Male erfahren und gestern wieder. Ich muß es dir erzählen."
Ich berichtete ihm von den früheren Ereignissen soviel, wie ich für nötig hielt, das gestrige Ereignis aber auf das ausführlichste. Nur, daß ich den Emir getroffen hatte, das erwähnte ich natürlich nicht. Er spielte sich als den Ahnungslosen und also außerordentlich Erstaunten auf und rief, als ich geendet hatte, aus:
„O Allah, o Prophet der Propheten! Sollte man solche Dinge für möglich halten! Effendi, du bist ein Christ; aber Allah muß dir trotzdem unendlich gewogen sein, sonst wäre es dir nicht gelungen, den Händen dieser blutdürstigen Hyänen zu entschlüpfen! Aber wo ist denn dieser Abu en Nil? Du hast ihn nicht mit, und doch sagst du, daß er mit auf dem Deck gestanden habe."
„Er ist beim Hinabklettern in den Nil gestürzt. Wir konnten uns nicht um ihn kümmern. Wenn die Schurken ihn nicht her-

ausgefischt haben, so ist er von den Krokodilen gefressen worden."

„Welch ein Unglück! Und ihr seid jetzt eben erst hier angekommen?"

„Ja. Wir wären früher dagewesen, wenn wir nicht die Zeit damit versäumt hätten, daß wir den Reis Effendina suchten. Wir glaubten natürlich, daß er die ‚Eidechse' verfolgen würde."

„Verfolgen? Warum hätte er auf diesen Gedanken kommen können? Er hat die ‚Eidechse' gar nicht im Verdacht gehabt. Er glaubt, daß er in Chartum von Ibn Asl geäfft worden ist. Dieser hat ihn durch eine falsche Nachricht von dort fortgelockt, höchstwahrscheinlich, um Zeit und Raum zu einem guten Geschäft zu gewinnen."

„Wer sagte dir das?"

„Der Emir selbst."

„Wo ist er jetzt?"

„Nach Chartum zurück."

„Das ist mir höchst unlieb. Er hätte das Boot hier, welches ich erbeutet habe, mitnehmen können. Was tue ich damit?"

„Es fragt sich, was du überhaupt zu tun entschlossen bist. Wenn du nach Chartum willst, so kannst du das nächste Schiff, welches dorthin geht, besteigen und das Boot hinten anhängen."

„Das geht nicht. Nach Chartum kann ich nicht. Du vergißt, daß meine Askaris mit den Gefangenen nach hier unterwegs sind. Ihnen will ich entgegen."

„So kannst du das Boot hierlassen. Ich will es nach Chartum senden. Ich hoffe, daß du mich für den Mann hältst, dem du es anvertrauen kannst!"

„Was das betrifft, so habe ich kein Bedenken. Du bist die Obrigkeit, der Gebieter von Hegasi. Ich würde dir gern ein Vermögen von vielen Tausenden anvertrauen. Ich will es dir also übergeben. Aber du brauchst es nicht nach Chartum zu senden. Laß es liegen, bis der Reis Effendina wiederkommt; da wird er es mitnehmen."

„Kommt er bald wieder?"

„Das weiß ich nicht. Er hat nicht davon gesprochen. Er hätte wohl alle Ursache dazu. Er könnte Ibn Asl verfolgen, der jedenfalls nun unterwegs nach Faschodah und noch weiter hinauf ist. Der macht jedenfalls schleunigst, daß er uns aus den Augen kommt. Er wird wohl hinauf nach dem Bahr ed Dschebel oder dem Bahr es Seraf gehen, um Sklaven zu fangen. Es wäre zu langweilig und zu beschwerlich, ihm zu folgen; aber wenn er zurückkehrt, werden wir ihm auflauern, ihm die geraubten Sklaven abnehmen und die Schlußrechnung mit ihm halten. Dann soll es ihm genauso ergehen, wie es jetzt seinem Vater Abd Asl ergehen wird!"

„Wie? Was steht denn diesem bevor?"

„Der Tod. Ich hätte die Schufte alle sofort niederschießen lassen sollen, ganz so, wie der Emir es im Wadi el Berd mit ihren Genossen getan hat. Ich war zu gütig; ich schonte sie und wollte sie ihm allerdings ausliefern. Aber ich bin anderer Meinung geworden und habe vom Reis Effendina Gewalt über Leben und Tod."

„Hat er dir solche Vollmachten geben dürfen, die sonst nur vom Khedive zu erlangen sind?"

„Ja. Er hat von dem Khedive die Erlaubnis erhalten, seine Rechte, wenn er es für nötig hält, für einige Zeit an andere abzutreten. Nur auf diese Weise werden Zeitverluste und sonstige Weiterungen vermieden; nur dadurch wird der Zweck erreicht, den Sklavenräubern ein schnelles Ende mit Schrecken zu bereiten. Ich habe von diesem überkommenen Recht noch nicht Gebrauch gemacht und werde es nun zum ersten Male tun."

„Du handelst richtig und bist nur zu loben, daß du es tust, aber bedenk auch die Verantwortung, welche du dann zu tragen hast!"

„Pah! Verantwortlich bin ich auch für alle Schandtaten, welche von diesen Kerls noch begangen würden, falls ich sie entkommen ließe. Hast du vielleicht Mitleid mit ihnen?"

„Effendi, welche Frage! Je schneller sie ausgerottet werden, desto mehr werde ich mich darüber freuen. Ich wollte, ich könnte euch dazu behilflich sein!"

„Das kannst du leider nicht. Bedenk, was diese Menschen sich vorgenommen hatten! Sie wollten meine Askaris erschießen und mich langsam totmartern. Ich habe sie trotzdem geschont. Nun aber, da ich nur mit großer Not dem qualvollsten Tod entgangen bin, wäre ich geradezu ein Selbstmörder, wenn ich nicht die äußerste Strenge und Rücksichtslosigkeit walten ließe."

„Willst du vielleicht hier in Hegasi Gericht über sie halten?"

„Nein; sie werden Hegasi gar nicht zu sehen bekommen."

„Wo? Effendi, halt es nicht für eine gewöhnliche Neugierde, daß ich dich frage. Meine Seele ist so entrüstet über die Taten dieser Verbrecher, daß ich zu gern genau wissen möchte, ob die Strafe sie auch wirklich ereilt."

„Ich erkenne deine Gerechtigkeitsliebe an und habe keinen

Grund, dir aus dem, was ich beabsichtige, ein Geheimnis zu machen. Kennst du den Dschebel Arasch Ool?"

„Wie sollte ich diesen nicht kennen! Ich bin schon sehr viele Male dort gewesen."

„Auch den Maijeh el Humma, an welchem er liegt?"

„Auch diesen."

„Hat der Maijeh viele Krokodile?"

„Unzählige! Ganz besonders wimmelt die Bucht, welche sich tief in den Berg hineindrängt, von ihnen."

„Nicht wahr, um diese Bucht führt ein nur sehr schmaler Weg?"

„Ja. Auf der einen Seite steigen die Wände des Berges gerade in die Höhe, und auf der andern breitet sich auf dem Wasser schwimmende Omm Sufah aus, unter welcher die Krokodile in Massen wohnen. Der Weg ist wegen der Felsenbrocken, welche auf ihm liegen, für Kamele kaum gangbar. Wer da nicht herunter- und den Krokodilen in den Rachen fallen will, muß absteigen und sein Tier langsam und vorsichtig hinter sich herführen."

„Das weiß ich. Es gibt keinen Ort, der besser für meine Absicht paßt, als diese Bucht des Fiebersumpfes."

Der Scheik El Beled erschrak; das war ihm anzusehen.

„Dort, also dort willst du deine Rache halten? Oh, Effendi, das wird ja entsetzlich, fürchterlich sein!"

„Jeder erntet, was und wie er gesät hat. Und gar so entsetzlich, wie du meinst, ist es nicht. Mir sollten die Nägel von den Fingern gerissen werden; dann wollte man jedes Glied meines Körpers einzeln nach und nach abschneiden; ich aber will diese Leute einfach in die Omm Sufah werfen, wo sie in wenigen Augenblicken von den Krokodilen verschlungen werden. Welcher ist fürchterlicher, ihr Tod oder der, den ich sterben sollte?"

„Der deinige, Effendi. Aber wann wird das geschehen, Effendi?"

„Übermorgen früh, eine Stunde nach dem Gebet der Morgenröte werden wir den Dschebel Arasch Ool und den Maijeh des Fiebers erreichen."

„Und das ist die Todesstunde dieser Männer?"

„Ja."

„Wann brichst du von hier auf, Effendi?"

„Jetzt. Ich werde mir meine Kamele holen."

Er begleitete mich zu dem Mann, bei welchem ich die Tiere untergestellt hatte und von dem ich sie gegen ganz geringe Futterkosten zurückbekam. Wir führten sie hinab zur Mischrah, um sie trinken zu lassen, und dann wieder hinauf zur Höhe, wo sie gesattelt wurden. Eben stand ich im Begriff, den Sattelgurt festzuschnallen, da rief mir Ben Nil zu: „Effendi, schau dorthin!"

Er deutete hinaus auf die Steppe, über welche ein Kamelreiter geritten kam. Er war noch ziemlich weit entfernt, und doch erkannte ich ihn bei dem ersten Blick. Es war Oram, der meinen Askaris entkommen war und Ibn Asl die Botschaft gebracht hatte. Ben Nil hatte ihn auch erkannt, denn er hob den Finger empor und meinte:

„Aufpassen, Effendi!"

Der Scheik el Beled stand dabei und hatte es gehört. Darum antwortete ich im gleichgültigsten Ton:

„Aufpassen? Wozu? Seit du mitgefangen gewesen bist, witterst du überall Gefahr. Dieser Reiter ist ein Reisender. Was weiter? Steig auf; wir müssen fort!"

Er gehorchte, warf mir aber dabei einen sehr erstaunten Blick zu. Ich reichte dem Scheik die Hand und verabschiedete mich von ihm. Er verneigte sich und sagte:

„Allah jihfazak – Gott bewahre dich! Werde ich dich nach dem Gericht am Maijeh wiedersehen?"

„Wahrscheinlich. Unser Wiedersehen bringe dir tausend Segen!"

Wir ritten fort, in westlicher Richtung, während Oram, der erwähnte Reiter, von Süden gekommen war. Als er uns erblickt hatte, hatte er sein Tier angehalten und dann gar gewendet, um sich wieder zu entfernen. Jetzt wendete er sich im Sattel um und blickte zurück; er sah, daß wir fortritten, und blieb halten. Nach einer Weile schien er sich sicher zu fühlen, denn er trieb sein Tier wieder dem Dorf zu.

„Ich begreife dich nicht, Effendi!" meinte Ben Nil. „Der Reiter war doch Oram, der von Ibn Asl kommt?"

„Natürlich!"

„Und du hast nicht gewartet, hast ihn nicht ergriffen!"

„Bedenk doch: alles, was ich dem Scheik gesagt habe, soll Ibn Asl erfahren; er wird es durch diesen Oram erfahren, und ich habe also alle Ursache, mich darüber, daß er gekommen ist, zu freuen. Statt dessen aber war es jedenfalls deine Ansicht, daß er festgenommen werden solle. Er wird nun von dem Scheik alles erfahren und Ibn Asl davon benachrichtigen; dieser marschiert dann ganz gewiß nach dem Dschebel Arasch Ool und geht uns in die Falle."

„Allah gebe es! Hoffentlich verfehlen wir unsere Askaris nicht!"

„Davon kann keine Rede sein. Siehst du den dunklen Strich, der da im Gras vor uns herläuft?"

„Ja. Es ist eine Spur; aber weißst du, was für eine?"

„Es ist Orams Fährte. Er ist jedenfalls auf der unserigen geritten, welche, da er nur wenige Stunden hinter uns ritt, noch ganz frisch gewesen ist. Unsere Askaris sind ihm dann gefolgt, indem sie sich auf unserer und seiner Spur hielten. Wenn wir nun auf dieser letzteren zurückreiten, müssen wir mit unsern Gefährten zusammenstoßen. Laß dein Tier ausgreifen! Je eher wir sie treffen, desto besser ist es."

Unsere Kamele hatten ausgeruht und freuten sich darüber, daß sie tüchtig laufen durften. Zur Mittagszeit hielten wir eine kurze Rast. Später wurde die Fährte bedeutend undeutlicher, doch konnte ich sie noch leidlich unterscheiden, wenn Ben Nil sich auch vergebliche Mühe gab, sie zu entdecken.

Unter solchen Umständen war anzunehmen, daß auch unsere Askaris sie nicht mehr erkennen konnten und also sehr wahrscheinlich von ihr abgewichen wären. Was war zu tun? Südlich von unserer Richtung gab es einen Brunnen, welcher Bir Safi, der klare Brunnen, hieß. Der Fessarah-Führer kannte ihn und hatte die Karawane sehr wahrscheinlich dorthin geführt. Wir bogen also nach Süden ab. Wenn wir so schnell wie bisher ritten, konnten wir vor Sonnenuntergang dort sein.

Meine Vermutung trog mich nicht. Die Sonne war nur noch drei ihrer Durchmesser vom westlichen Horizont entfernt, da sahen wir Bäume und Gesträuch in der Ferne; das war der Bir Safi. Bald sahen wir Kamele liegen und Menschen sich bewegen; das war unsere Karawane.

„Was wird Abd Asl sagen, wenn wir kommen!" meinte Ben Nil. „Und der Fakir el Fukara, welcher Mahdi werden will!"

„Die Kerle haben jedenfalls schon geglaubt, daß wir zugrunde gegangen sind. Allah vernichte sie! Ich habe dem Alten das Leben geschenkt. Hätte ich gewußt, was unser an der Dschesireh Hassanieh wartete, so hätte ich es nicht getan."

„Ich hoffe, daß du dich nicht noch nachträglich an ihm vergreifst?"

„Du hast nichts zu befürchten, Effendi! Dieser alte stinkende Schakal ist mir viel zu widerwärtig, als daß ich mich an ihm vergreifen möchte. Vor meiner Berührung ist er sicher."

Jetzt waren wir dem Brunnen so nahe, daß die dort Befindlichen uns erkennen konnten.

„Der Effendi!" hörte ich jemanden rufen.

„Der Effendi! Und Ben Nil! Der Effendi, der Effendi! Preis Allah und Heil uns! Sie kommen, sie kommen!“ so riefen zwanzig Mann durcheinander, und ebenso viele Männer kamen uns entgegengerannt. Wir mußten noch vor dem Brunnen von den Kamelen herab. Man drückte uns die Hände; man rief und schrie in allen Tonarten, und ich ließ sie gern gewähren, denn ihre Freude konnte uns ja keinen Schaden bringen und war mir ein wohltuender Beweis, daß ich ihren Herzen nicht fremd geblieben war. In dieser Weise war selbst ihr Vorgesetzter, der Reis Effendina, nicht bewillkommnet worden, als er im Wadi el Berd auf uns traf.

Natürlich sollten wir erzählen. Vorher aber mußte ich wissen, wie es bei ihnen gegangen war. Wir setzten uns nieder, und der alte Askari, dem ich das Kommando anvertraut hatte, sagte:

„Es ist alles nach der richtigen Regel gelaufen, Effendi. Es gibt nur eins, was wir zu beklagen haben, es fehlt einer: Oram. Er hat sich von den Fesseln losgemacht, sich ein Kamel genommen und ist . . .“

„Uns nachgeritten“, fiel Ben Nil ein.

„Das ist ganz richtig! Wie aber könnt ihr es wissen?“

„Wir haben ihn gesehen.“

„Wo denn?“

„Das werden wir euch noch erzählen“, antwortete ich. „Vor allen Dingen möchte ich wissen, ob die Gefangenen gut gebunden sind.“

„Effendi, seit Oram uns entschlüpft ist, entkommt uns keiner mehr. Ich hoffe, daß du uns dessen Flucht nicht anrechnen wirst. Als er gefesselt wurde, warst du ja selbst noch da!“

„Nun, was das betrifft, so war der Mangel an Wachsamkeit wohl mehr schuld an seinem Entkommen als die ungenügende Fesselung. Ihr habt doch gewacht! Ihr habt einen Kreis um die Gefangenen gebildet. Da es ihm geglückt ist, aus ihm zu gelangen, so nehme ich an, daß ihr alle zusammen geschlafen habt.“

„Nein, Effendi, wir haben abwechselnd gewacht; aber dieser Hund muß einen Zauber besitzen und sich unsichtbar machen können.“

„So ist der Zauber bei mir und Ben Nil wirkungslos, denn wir haben ihn gesehen, und zwar mehrere Male. Aber ich zürne euch nicht; ich habe sogar alle Veranlassung, mich über seine Flucht zu freuen. Sie hat uns Schaden bringen sollen, wird aber im Gegenteil von großem Vorteil für uns sein.“

„Ist das möglich!“

„Sehr! Heute konnten wir ihn fangen, wenn wir wollten; wir haben ihn aber laufen lassen, weil er uns, wenn er frei ist, mehr Nutzen schafft, als wenn er sich in Gefangenschaft bei uns befindet."

Da rief der alte Abd Asl unter höhnischem Gelächter herüber: „Prahle nicht! Du redest solche Lügen, um uns zu ärgern; aber du täuschst uns nicht. Hättet ihr Oram gesehen, so hättet ihr ihn ergriffen. Da ihr das nicht getan habt, habt ihr ihn auch nicht gesehen."

„Dein Kopf ist ein Brunnen aller Weisheit, o heiligster aller Moslemin", antwortete ich ihm.

„Weißt du denn, wohin er gegangen ist?" fragte er lachend.

„Zu Ibn Asl, deinem Sohn, natürlich."

„Wenn du ihn gesehen hättest, müßtest du bei Ibn Asl gewesen sein!"

„Wir waren bei ihm, waren sogar auf seinem Schiff und haben mit ihm gesprochen."

„Lüge! Lüge!"

„Nimm dich in acht, oder du bekommst die Peitsche. In deiner Lage hat man sich der Höflichkeit zu befleißigen."

Da richtete sich der Fakir el Fukara in sitzende Stellung auf und sagte:

„Du forderst Höflichkeit? Behandelst du uns so, daß wir sie dir bieten können?"

„Ich behandle euch so, wie ihr es verdient habt."

„Ich habe nichts getan! Ich war euer Gast, und ihr habt mich gefesselt. Das ist ein Verbrechen, welches gar nicht vergeben werden kann."

„Wer hat dich zu unserem Gast gemacht? Habe ich das Wort Daif – Gast – gegen dich gebraucht? Habe ich ‚Habakek' oder ‚Wasahlan', ‚Marhaba' – Willkommen – zu dir gesagt?"

„Nein; aber ich habe bei euch gesessen!"

„Und dich dann wieder weggesetzt! Ich habe, wie du zugeben mußt und auch eingestanden hast, dir das Leben gerettet, und dennoch wolltest du fort, um uns an Ibn Asl zu verraten!"

„Beweis es!"

„Ich weiß es, also ist es bewiesen! Diese Undankbarkeit hat dich in Fesseln gebracht, und wenn dir diese nicht gefallen, so zanke mit dir, aber nicht mit uns!"

„Ich verlange aber meine Freiheit, und gibst du mir sie nicht sofort, so rufe ich den Fluch Allahs auf dich nieder!"

„Allah wird deinen Fluch in Segen verwandeln."

„Und den Fluch des Propheten."
„Dein Prophet geht mich nichts an!"
„Du wirst bald anders denken und anders sagen. Wenn du erfährst, welche Macht mir gegeben ist, wirst du mich um Gnade anwinseln!"
„Zunächst besitze ich die Macht, und zwar über dich. Über wen du später Macht ausüben wirst, ob über deinen Harem oder auch wohl über deine Hunde, das ist mir gleichgültig. Und nun schweig, sonst kommt die Peitsche über dich. Ich habe keine Lust, mich von einem Mann anbrüllen und verfluchen zu lassen, welcher sich so sehr von Allah und dessen Geboten entfernt hat, daß er sogar imstande ist, an seinem Lebensretter zum Verräter zu werden."
„Gut, ich schweige; bald aber kommt die Zeit, und sie ist schon nahe, in welcher ich sprechen werde. Dann werden Millionen auf meine Stimme hören, und du wirst der erste sein, der vor mir im Staub kriecht!"
Er legte sich wieder nieder. Er sah doch ein, daß Schweigen klüger als Sprechen war. Abd Asl aber konnte es nicht zu derselben Erkenntnis bringen; oder stand ihm die Vorsicht nicht so hoch wie die Begierde, zu erfahren, was ich während der Zeit meiner Abwesenheit getan und erlebt hatte? Er hatte wohl geglaubt, daß ich in mein Verderben geritten sei; jetzt war ich wohlbehalten zurückgekehrt; wie konnte das geschehen? So fragte er sich. Er wollte und mußte Antwort haben, und anstatt ruhig zu warten, was ich tun oder sagen würde, fuhr er im Anschluß an die letzten Worte des Fakir el Fukara auf:
„Ja, im Staub kriechen, und auch vor mir! Du hast keine Ahnung, in welcher Lage du dich befindest und welche Gefahren dich umschwirren. Mein Sohn wird als Rächer über dich kommen und dich vernichten, wie er den Reis Effendina vernichtet hat!"
„Ja, den hat er allerdings vernichtet!" antwortete ich ernst, indem ich eine sehr trübsinnige Miene zeigte.
„Hat er? Hamdulillah, Allah sei Dank!" jubelte er. „Es ist gelungen. Die Feinde sind zermalmt und werden niemals wieder erstehen!"
„Zermalmt? Nein, sondern verbrannt sind sie worden."
„Es ist geglückt, es ist geglückt! Hört ihr es, ihr Männer, ihr Freunde, ihr Gläubigen, es ist geglückt! Ich habe es euch mitgeteilt; ich habe es euch leise gesagt. Meine Seele war voller Erwartung, ob es gelingen würde. Nun ist der Teufel mit seinen

Askaris zu Staub und Asche verbrannt, und der oberste der Teufel, welcher da vor uns sitzt und es uns erzählen muß, hat die Macht verloren und wird uns freigeben müssen, denn wenn er dies nicht tut, heute gleich tut, erwartet ihn ein Klappern der Zähne, welches ohne Ende ist!"

„Verrechne dich nicht!" warnte ich ihn im ruhigsten Ton. Darauf fuhr er, im höchsten Grad begeistert, fort:

„Mich verrechnen! Wie kann ich mich irren! Mein Sohn, der Tapferste der Tapfern, der Gefürchtetste der Gefürchteten, der Schrecklichste der Schrecklichen, hat den Reis Effendina verbrannt und wird nun kommen, uns zu erlösen. Wehe euch, wenn er findet, daß einem einzigen von uns ein einziges Haar von seinem Haupt fehlt! Was an Qualen und Foltern nur zu erdenken ist, wird euch treffen, und ihr werdet heulen, wie die Verdammten heulen, welche auf dem tiefsten Grund der Hölle wohnen. Frei will ich sein, frei, und zwar sofort! Du hast deine Ohnmacht einsehen und deine Lächerlichkeit erkennen müssen, Effendi. Laß uns los, und eile fort; fliehe, soweit dich deine Füße und die Füße deines Kamels tragen, sonst kommt das Entsetzen über dich wie der Löwe über das Schaf, welches sich gegen die Krallen des Mächtigen nicht zu wehren vermag!"

„Daß ich vor einem Löwen nicht fliehe, hast du erfahren; du kannst dir also denken, daß ich auch vor diesem deinem Entsetzen nicht davonlaufe. Dein Sohn mag kommen; er wird sehen, wie ich ihn empfange."

„Er wird dich ebenso verbrennen, wie er den Emir mit Feuer vernichtet hat!"

Es läßt sich denken, welchen Eindruck diese Reden auf die Askaris machten. Ihr Emir verbrannt, mit seinen Soldaten ermordet! Sie sprangen auf und fielen mit Fragen über mich her. Ich gebot Stille und fügte hinzu:

„Ihr sollt alles erfahren, und ich will euch schon im voraus sagen, daß ihr ruhig sein könnt. Der Triumph dieses heiligen Moslems wird nicht lange währen. Ich ritt fort, um den Reis Effendina zu retten, und was ich mir vorgenommen habe, das pflege ich, zumal wenn es etwas so Wichtiges ist, auch auszuführen. Der Emir lebt; er ist gerettet."

„Allah sei Dank!" erklang es rundum. Abd Asl aber rief:

„Er lügt! Er will uns unsere Freude verkümmern; aber das soll ihm nicht gelingen. Er gönnt uns unsern Jubel nicht; aber wir werden weiterjubeln, bis der Retter erscheint, welchen wir alle Augenblicke erwarten können!"

„So warte, bis du schwarz wirst und dir das sündige Fell im Grimm der Enttäuschung zerplatzt!" rief ihm Ben Nil zu. „Du wirst sogleich hören, ob unser Effendi seine Ohnmacht hat einsehen und seine Lächerlichkeit hat erkennen müssen! Hört, ihr Männer, ihr Askaris des Emirs; der Effendi wird sprechen!"

Aller Augen waren auf mich gerichtet. Es gab keinen bei den Askaris sowohl wie auch bei den Gefangenen, der sich nicht in der größten Spannung befand. Die Sonne versank soeben; es war also Zeit, das Mogreb zu beten; aber niemand dachte an die Erfüllung dieser Pflicht. Ich erzählte, und zwar berichtete ich alles ausführlich bis zum Augenblick, an welchem wir drei die Flucht von der „Eidechse" ergriffen hatten. Bis hierher konnten, ja sollten die Gefangenen alles hören; das Spätere aber mußte ihnen verschwiegen bleiben. Hätten sie erfahren, welche Falle ich Ibn Asl stellen wollte, so konnte es ihnen durch irgendeinen Zufall gelingen, mir meinen Plan zunichte zu machen. Man bestürmte mich zwar, weiterzuerzählen, doch tat Ben Nil dem Drängen Einhalt, indem er sagte:

„Seid still! Ihr habt für heute genug erfahren. Der Emir ist errettet; wir waren bei Ibn Asl auf seinem Schiff; er hat uns erkannt und in Banden geschlagen; mehr als hundert Männer waren bei ihm, dennoch sind wir entkommen. Als wir im Boot nicht weit von der ‚Eidechse' hielten, konnten wir ihn leicht erschießen. Wir haben es nicht getan; wir sind noch einmal gnädig mit ihm gewesen. Aber wehe ihm, wenn er sich wieder treffen läßt!"

„Aber was geschah dann, als ihr vom Schiff wart?" fragte wieder einer. „Was habt ihr dann gemacht? Wo ist dein Großvater, der Steuermann, der doch bei euch war?"

„Deine Neugierde ist viel größer als mein Mund; dennoch will ich versuchen, sie zu befriedigen. Wir sind natürlich in dem Boot nach Hegasi gesegelt und von dort mit unsern Kamelen hierhergeritten. Mein Großvater aber ist in Hegasi geblieben, um dort unsere Rückkehr zu erwarten."

„Und der Reis Effendina? Wo befindet er sich?"

„Auch in Hegasi, denn dorthin werden wir ihm diese Gefangenen bringen."

„Warum hat er uns keine weiteren Askaris mitgesandt?"

„Weil, du Vater der Neugierde, keine Kamele zu haben waren und wir Manns genug sind, diese feigen Kröten zu transportieren. Abd Asl aber, der heiligste der Moslemin und die häßlichste der Kröten, mag nun fortfahren in dem Jubel, den er vorhin anstimmte und in dem er sich nicht unterbrechen lassen wollte!"

Das hatte Ben Nil nicht schlecht gemacht! Er hatte die Neugierde vollständig gestillt, ohne unsere weiteren Absichten auch nur mit einem Wort zu verraten. Es war jedenfalls besser, wenn selbst die Askaris noch nichts erfuhren. Eine unvorsichtige Äußerung, von einem Gefangenen gehört, hätte uns Schaden bringen können. Übrigens waren die ersteren froh, daß ich mich wieder bei ihnen befand. Sie hatten doch eine große Verantwortlichkeit zu tragen gehabt, und der alte Askari holte tief und erleichtert Atem, als ich ihm sagte, daß er nun nichts mehr zu verantworten habe. Ebenso befriedigt war der Fessarah-Führer davon, denn bei jedem vorkommenden Fehler hätte er auch einen Teil der Schuld auf sich zu nehmen gehabt.

Ich gab die Reihenfolge der Wachen an und legte mich dann zum Schlafen nieder. Ben Nil tat ebenso, obgleich es noch nicht spät war. Wir hatten während der letzten Nacht gar nicht geschlafen. Früh weckte mich das Gebet der Morgenröte. In kurzem wurde aufgebrochen.

Es war ein ganz eigenartiges Geschäft, die Gefangenen auf die Kamele zu bringen, denn sie machten es uns so schwer wie nur immer möglich. Bei hartnäckigen Fällen mußte natürlich die Peitsche nachhelfen.

Da der Bir Safi südlich von der geraden Richtung lag und ich aus begründeter Vorsicht die letztere vermeiden wollte, hielt ich mich bis Mittag genau östlich und bog dann nach Süden ab. Auf diese Weise kamen wir fast streng nach Norden auf den Dschebel Arasch Ool zu, während wir sonst aus Nordwesten gekommen wären. Ich hatte diese Richtung vermieden, weil der Scheik el Beled und infolgedessen auch Ibn Asl uns in ihr wußte. Möglicherweise konnte man auf den Gedanken gekommen sein, uns nicht erst am Maijeh, sondern schon vorher draußen auf der Steppe zu überfallen; dann befanden wir uns nicht in der Richtung, in welcher man uns suchte. Ibn Asl hatte wohl hundert Mann, ich aber nur zwanzig; ein Kampf auf offener Steppe hätte für uns leicht verhängnisvoll werden können.

Um der erste zu sein, der das Ziel erblickte, ritt ich den andern weit voran. Es war noch gar nicht spät am Nachmittag, als ich den Berg wie einen Nebelfleck im Süden liegen sah. Ich kehrte sogleich wieder um, um der Karawane, welche vielleicht eine englische Meile hinter mir gefolgt war, Halt zu gebieten. Ich tat dies, damit keiner der Gefangenen den Dschebel Arasch sehen solle. Es war auf jeden Fall besser, wenn sie nicht wußten, wo sie sich befanden. Sie wurden von den Kamelen gehoben, und wir lagerten.

Die Askaris konnten sich den Grund nicht denken, warum dies schon so früh am Tag geschah. Es war nun Zeit, sie zu unterrichten. Erst wurden die Gefangenen gespeist und getränkt; dann führte ich die Soldaten weit zur Seite, ließ sie einen Kreis um mich bilden und teilte ihnen mit, was heute geschehen sollte. Kein Gefangener konnte es hören. Hätte ich ihnen gesagt, daß jeder von ihnen tausend Piaster erhalten solle, die Freude wäre auch nicht größer gewesen. Ibn Asl und alle seine Sklavenhändler in einer Falle fangen! Das war ein Gedanke, welcher sie begeisterte. Jeder wollte wissen, welche Aufgabe ihm dabei zufiel, welche Rolle er dabei zu spielen hatte. Ich konnte es keinem sagen, denn es war vorher notwendig, zu rekognoszieren, und das konnte erst am Abend geschehen. Ibn Asl befand sich jedenfalls schon am Berg. Hätte ich mich ihm jetzt am hellen Tag genähert, ich wäre höchstwahrscheinlich bemerkt worden.

Die Askaris erhielten den Befehl, selbst untereinander jetzt noch um keinen Preis ein Wort über unser Vorhaben zu sprechen, und bildeten dann, wie dies bisher täglich geschehen war, einen Kreis um die Gefangenen. Die Kamele lagerten, von einem Mann bewacht, außerhalb dieses Kreises.

Der Nachmittag verging, ohne daß auf der Steppe außer uns ein menschliches Wesen erblickt worden war. Die Sonne ging unter, und die Askaris beteten das Mogreb. Nun senkte sich schnell der Abend nieder, und ich konnte meine Rekognition beginnen. Es stand zu erwarten, daß ich mehrere Stunden, vielleicht sogar bis gegen Morgen, abwesend sein würde. Ich übergab trotz seiner Jugend meinem Ben Nil den Befehl über die Karawane und unterrichtete ihn, wie er in jedem einzelnen Fall, welcher vorauszusehen war, sich zu verhalten habe. Dann bestieg ich mein Kamel und ritt dem Ziel entgegen.

Die Aufgabe, welche ich mir gestellt hatte, war nicht leicht. Ich wußte, wo der Hegelikwald lag, in welchem ich den Reis Effendina finden sollte, nämlich am Südende der Ostseite des Sumpfes; aber bei der herrschenden Dunkelheit diesen Wald treffen, das war die Sache! Ja, wenn ich nur diese eine Sorge gehabt hätte! Aber wo war Ibn Asl mit seinen Leuten? Wohl auch am Südende des Sumpfes. Aber wenn er sich vorgenommen hatte, seine Leute zu teilen, um mich in die Mitte zu bekommen, so war es für ihn weit bequemer, während der Nacht in der Mitte der östlichen Sumpfseite zu lagern. Dann konnte er am Morgen einen Teil seiner Leute rechts und die andere Abteilung links um den Sumpf schicken und mich auf diese Weise von vorn und von hinten packen. Lagerte er jetzt da, so mußte ich, um zu dem Emir zu kommen, an ihm vorüber und konnte, wenn er keine Feuer brennen hatte, ganz unerwartet mitten in sein Lager geraten. Er schien aber ein Freund von nächtlicher Helligkeit zu sein; wenigstens hatte er während der beiden Abende an der Hassanieh und am Maijeh es Saratin mehrere große Feuer brennen gehabt. Er wußte mich jetzt noch fern; er wußte ferner von der Anwesenheit des Emirs nichts; darum konnte er sich für sehr sicher halten, und es stand zu erwarten, daß er den Abend nicht im Dunkeln zubringen würde. In diesem Falle mußten seine Feuer mir sein Lager verraten, und ich konnte mich fern von ihm halten.

So ging es in raschem Schritt südwärts. Die Sterne waren aufgegangen, und ich konnte mich also nicht in der Richtung irren. Nach einer halben Stunde hatte ich das Sumpfgebiet erreicht, und es galt, auch wegen des trügerischen Bodens vorsichtig zu sein. Der Maijeh el Humma sendet mehrere Ausläufer in das Land, und darum war es geraten, möglichst weit ostwärts auszubiegen.

Eine Stunde und noch eine war ich geritten; es mochte nach unserer Zeit abends neun Uhr sein, da kam ich an einem einzelnen Baum vorüber, dessen Umrisse mir bekannt vorkamen, obgleich sie sich nur undeutlich gegen den Himmel abzeichneten. Ich ritt hin. Ja, das war der Hegelik, unter welchem ich bei meiner frühern Anwesenheit Schutz gegen die Sonne gesucht hatte. Ich hatte damals diese mächtigen Formen bewundert und sie mir eingeprägt. Gar nicht weit von hier, nur einige hundert Schritt rechts, begann der Hegelikwald, den ich suchte.

Ich ritt hinüber und an seinem Rand hin. Er lag mir wie eine hohe, dunkle Wand zur Seite, als Vorposten einzelne Büsche aussendend, zwischen denen ich mich hindurchwinden mußte. Nirgends ein Feuer zu sehen oder zu riechen. Ibn Asl befand sich gewiß nicht in der Nähe. Ich ließ halblaut das bekannte tiefe Lachen der Hyäne hören. Es klingt wie „Ommu ommu“ und ist trotzdem einem Gelächter ähnlich. Keine Antwort erfolgte. Im langsamen Weiterreiten wiederholte ich dieses Zeichen mehrere Male. Endlich, nach dem siebenten oder achten Mal hörte ich rechts unter den Bäumen eine Stimme:

„Effendi?“

„Ja“, antwortete ich, das Kamel anhaltend.

„Komm hierher!“

Ich ritt hin. Ein Mann trat auf mich zu, blieb vor dem Tier stehen, sah mich an und sagte dann:

„Ja, du bist es. Steig ab! Ich werde dich zu dem Emir führen."
„Ist er weit von hier?"
„Ziemlich! Wir haben eine lange Postenkette, damit dir das Auffinden des Emirs nicht so schwer fallen sollte."
„Führe mich zu dem Posten, welcher der nächste beim Emir ist. Der mag mein Kamel halten."
Während wir nebeneinander hinschritten, fragte ich ihn, ob sie Ibn Asl mit seinen Leuten bemerkt hätten.
„Ja", antwortete er. „Sie kamen kurz nach Mittag an und lagerten ganz am südlichen Ende des Maijeh."
„Habt ihr sie, seit es dunkel geworden ist, beobachtet?"
„Der Reis Effendina war dort."
„Brennen sie Feuer?"
„Ich weiß es nicht; ich konnte es nicht erfahren, da ich mich seit jener Zeit auf dem Posten befand."
Wir kamen an mehreren Askaris vorüber, bis einer von ihnen mein Tier zu halten bekam. Mein Führer meinte, ich solle ihm nun tiefer in den Wald folgen; ich aber gab ihm den Auftrag, mir lieber den Emir zu holen. Ich hatte mich mehr angestrengt als der Emir, mußte mich vielleicht auch noch mehr anstrengen und wollte mir den Weg durch den Wald und die dichten Nabakbüsche, welche das Unterholz bildeten, ersparen. Der Mann ging also allein und brachte mir bald den Reis Effendina geführt. Er war sehr erfreut, mich zu sehen, besonders, da ich nicht sicher hatte sagen können, ob ich kommen würde. Er begrüßte mich mit einem kräftigen Händedruck und sagte:
„Sie sind da, schon seit der Mittagszeit. Sie lagern am Ende des Maijeh."
„Brennen sie Feuer?"
„Sechs, jedenfalls schon um der vielen Stechfliegen willen, vor denen es dort am offenen Sumpf ohne Feuer gar nicht auszuhalten wäre. Hier im dichten, ziemlich trockenen Wald sind wir glücklicherweise nicht sehr von ihnen geplagt."
„Kennst du den Plan, den Ibn Asl morgen verfolgen will?"
„Nein. Wie soll ich ihn kennen?"
„Ich denke, du bist dort gewesen. Hast du nicht gelauscht?"
„Werde mich hüten! Soll ich etwa so weit hinangehen, bis ich sie sprechen hören kann? Dann kann ich auch gesehen und ergriffen werden!"
„Aber es gibt oft gewisse Anzeichen, aus denen sich Schlüsse ziehen lassen. Hast du nichts Derartiges bemerkt?"
„Nein. Sie saßen um die Feuer und aßen und schwatzten. Aber

was sie sprachen, das verstand ich nicht, da ich nicht nahe genug war."

„Hast du Ibn Asl gesehen?"

„Ja. Er saß an dem ersten Feuer, welches man von hier aus erreicht."

„Wie weit ist's bis dahin?"

„Fast eine halbe Stunde."

„Ich muß hin. Willst du mich begleiten?"

„Sehr gern, wenn du nicht etwa verlangst, daß ich mich zu Ibn Asl setzen soll. Dir ist nämlich so etwas wohl zuzutrauen."

Meinen hellen Haik hatte ich in meinem Lager zurückgelassen; jetzt ließ ich auch die Gewehre hier, und dann gingen wir, immer zwischen einzelnen Büschen hindurch, bald rechts, bald links einer sumpfigen Lache, die sich durch phosphoreszierenden Glanz verriet, ausweichend. Nach über einer Viertelstunde sah ich den Schein des ersten Feuers, dann noch eins und noch eins, bis ich auch sechs zählte. Es gab hier nur Gafulbäume, und zwar ohne Unterholz. Man lagerte ohne einen besonderen Plan, hier ein Feuer und dort eins, wie der Zufall oder Einfall es ergeben hatte. Wir standen hinter einem breiten Busch, wohl sechzig Schritt von dem ersten Feuer, an welchem ich Ibn Asl sitzen sah, entfernt. Es saßen außer ihm noch seine Offiziere und zwei Männer daran. Man hörte sie sprechen, ohne aber die einzelnen Worte verstehen zu können.

„Ich muß hin, unbedingt hin!" sagte ich mehr zu mir als zu dem Emir. „Ich muß wissen, was sie reden."

„Um Allahs willen, was fällt dir ein! Du würdest verloren sein. Man müßte dich ja sehen!"

„Nein. Ich habe mich schon unter ganz anderen Verhältnissen angeschlichen. Hier ist es geradezu ein Kinderspiel."

„Ich sage dir, mich bringst du keinen Schritt weiter!"

„Das will ich auch nicht; ich gehe allein. Zwischen hier und dem Feuer stehen in gerader Linie zwei starke Bäume, deren Stämme einen ganz geraden breiten Schatten hinter sich werfen. Krieche ich in diesem Schatten auf der Erde hin, so bin ich von dem Boden gar nicht zu unterscheiden. Dazu habe ich erst den ersten und dann den zweiten Baum als Deckung. Dieser letztere hat in Mannshöhe auf der nach uns gerichteten Seite einen starken Ast. Schwinge ich mich da hinauf, so sitze ich, hinter Zweigen und Blättern verborgen, höchstens fünfzehn Schritt vom Feuer entfernt und kann alles hören, was gesprochen wird."

„Und wie kommst du dann zurück?"

„Auf demselben Weg, auf dem ich hingekommen bin."

„Nein, Effendi, ich gebe es nicht zu! Ich will nicht haben, daß du dein Leben wagst."

„Wage ich es nicht morgen, wenn wir kämpfen? Wagt es da nicht jeder? Warum also gerade jetzt nicht? Und wie nun, wenn dadurch, daß ich es jetzt wage, der Kampf vermieden werden kann?"

„Hältst du das für möglich?"

„Ja. Vielleicht erfahre ich etwas, was mich veranlaßt, eine Disposition zu treffen, nach welcher von seiten der Gegner jeder Widerstand vergeblich ist."

Er griff nach mir, um mich zurückzuhalten; aber er war nicht schnell genug gewesen. Ich war rasch hinter dem Busch hervorgetreten, hatte mich niedergeduckt und kroch nun im dunkeln Schatten vorwärts. Es war gar keine Kunst. Um rechten Qualm zu erzeugen und die Stechfliegen abzuhalten, wurden feuchte Äste in die Feuer geworfen; dies gab einen Rauch, der zuweilen so dick war, daß man nicht hindurchzusehen vermochte. Er zog sich, da die Sumpfluft schwer und drückend war, zuweilen ganz nahe am Boden hin. Solche Augenblicke benutzend, kam ich an den ersten, dann an den zweiten Baum und saß oben in den Ästen und Zweigen, bevor seit dem vergeblichen Griff des Reis Effendina zwei Minuten vergangen waren. Ich hatte es außerordentlich glücklich getroffen, denn eben hatte ich mich zurechtgesetzt und spitzte die Ohren, da hörte ich weiter vorn ein Rufen, welches meine Aufmerksamkeit sogleich auf sich zog.

„Der Scheik, der Scheik el Beled!" hörte ich sagen. „Er ist da! Endlich ist er gekommen!"

Wahrhaftig, da kam er, vom hintersten Feuer her, ein Kamel am Zügel führend. Man hatte ihm dort gesagt, wo er Ibn Asl finden würde. Die Disziplin hielt die Leute ab, ihm zu folgen. Er ließ sein Tier sich legen und trat an das Feuer, wo er mit sichtlicher Genugtuung bewillkommnet wurde. Ich ahnte, um was es sich handelte. Er hatte nach uns ausspähen müssen. Einer von Ibn Asls Leuten hätte dies nicht tun dürfen, denn hätte ich ihn gesehen, so hätte ich ihn auch erkannt und wäre mißtrauisch geworden. Begegnete uns aber der Scheik el Beled, so standen ihm mehrere Ausreden zu Gebot, denen ich wohl Glauben schenken konnte.

„Setz dich, und berichte!" forderte ihn Ibn Asl auf. „Hast du sie gesehen?"

„Nein", antwortete der Gefragte, indem er Platz nahm.

„Nicht? Dann hast du mir falsch berichtet. Sie kommen entweder später als morgen oder wohl gar nicht."

„Sie kommen!" behauptete der Scheik mit Bestimmtheit. „Ich habe ihre Fährte gesehen."

„Hat man die Fährte, so hat man bald auch den Mann. Du hättest nicht ruhen sollen, bis du sie wirklich sahst."

„Es war zu spät, denn es wurde dunkel. Der Effendi hatte mit seinem Ben Nil eine sehr sichtbare Fährte gemacht. Ich folgte ihr. Sie lief immer schnurgerade fort und bog dann plötzlich mehr nach Süden. Er muß nach dem Bir Safi geritten sein. Heute früh paßte ich auf. Sie mußten kommen, aber sie kamen nicht. Ich wartete bis gegen Mittag, und da ich sie auch bis dahin nicht gesehen hatte, nahm ich an, daß sie ganz unerwartet eine andere Richtung eingeschlagen hatten. Dies konnte nur die nördliche sein. Wenn ich gerade nach Norden ritt, mußte ich also auf ihre Spur stoßen, da sie sich später doch östlich wenden mußten. So geschah es auch. Der Abend war nahe, als ich auf die Fährte traf, welche nach Osten führte."

„Natürlich gerade auf den Dschebel Arasch Ool zu?"

„Nein, sonderbarerweise nicht. Wenn sie von da aus immer in gerader Richtung geritten sind, haben sie den Dschebel weit südlich von sich liegen lassen."

„Warum das? Der Effendi hat bei dem Geringsten, was er tut, seine Absicht!"

„Hier liegt keine besondere Absicht vor. Sie haben sich einfach geirrt. Es ist ja niemand aus dieser Gegend bei ihnen. Der Fessarah, welcher ihnen als Führer dient, kann unser Gebiet unmöglich genau kennen."

„Aber der Effendi selbst! Aus allem, was er dir gesagt hat, geht hervor, daß er den Dschebel und auch den Maijeh kennt."

„Er ist ein Fremder, ein Christenhund, von soweit her, daß er wohl nur ein einziges Mal dort gewesen sein kann. Da ist es ja gar nicht zu verwundern, wenn ein Irrtum vorkommt. Sie werden schon noch nach Süden eingebogen sein."

„Sie werden . . .! Mir wäre es lieber, wenn du sagen könntest. Sie sind . . .! Dann hätte ich Gewißheit. Du hättest ihnen weiter folgen sollen!"

„Das war unmöglich, denn ich hätte, da der Abend nahe war, ihre Spur nicht mehr sehen können. Auch mußte ich unbedingt zu dir, da du auf Nachricht wartetest. Bedenke, welche Strecken ich in dieser kurzen Zeit habe zurücklegen müssen! Ein gewöhnliches Kamel hätte dies unmöglich leisten können. Es war nur gut, daß du mir erlaubtest, deine Dschebel-Gerfeh-Stute zu besteigen. Die ist wie ein Sturm mit mir über die Steppe gegangen."

Also er hatte die berühmte weiße Kamelstute des Sklavenjägers geritten, die Stute, welcher Ibn Asl des Gelingen so vieler Unternehmen zu verdanken hatte! War es ihm doch auch nur durch ihre unvergleichliche Schnelligkeit gelungen, mir damals am Wadi el Berd zu entkommen! Aber das Kamel, welches der Scheik jetzt mitgebracht hatte, besaß die gewöhnliche Farbe der ordinären Kamele. Wie war das zu erklären? Hatte er kurz vor seiner Ankunft hier die weiße Stute mit einem andern Hedschihn vertauscht? Ich wurde sogleich über diesen Punkt aufgeklärt, denn Ibn Asl fragte:

„Wenn der Giaur gewußt hätte, daß meine Kamelstute bei dir steht, daß ich stets, wenn ich zu Schiff gehe, sie bei dir lasse, da ich sie dann unmöglich mitnehmen kann! Er hat sie doch nicht etwa gesehen?"

„Nein. Und wenn er sie gesehen hätte, so hätte er sie doch nicht erkannt, denn sooft du sie mir übergibst, wird sie gefärbt, damit niemand weiß, welches berühmte Tier ich bei mir habe. Schau sie an! Ist sie von einem gewöhnlichen Hedschihn zu unterscheiden?"

„Allerdings! Ich würde mich schämen, wenn sie einem solchen ähnlich sähe. Sieh doch nur die Formen! Ein Kenner merkt doch sofort, welch ein Tier sie ist. Aber das ist jetzt Nebensache. Wir haben nicht von meinem Kamel, sondern von diesem Effendi und seinen Leuten zu sprechen. Warum soll übrigens die Stute hier hungrig liegen! Sie hat einen weiten Weg gemacht und mag fressen. Fesselt ihr die Vorderbeine kurz, damit sie sich nicht weit entfernen kann!"

Einer von den beiden Männern, welche bei ihm saßen, stand auf, um diesen Befehl auszuführen. Die herrliche Stute durfte weiden. Ich beobachtete ihre Bewegung fast mit noch mehr Aufmerksamkeit als der, mit welcher ich auf die Worte ihres Herrn hörte. Dieses Kamel, ah, es mußte mein werden! Lieber wollte ich Ibn Asl selbst entkommen als seine Stute laufen lassen!

Er war sichtlich von dem Resultat, welches der Scheik el Beled ihm brachte, enttäuscht. Er fuhr fort:

„Da du die Stelle nicht kennst, an der die Gefangenenkarawane lagert, so ist unser erster Plan nicht auszuführen. Jammerschade! Zwanzig Askarihunde! Und wir zählen fünfmal mehr! Wie leicht hätten wir sie draußen auf der freien Steppe umzingeln können!"

Ah, da hörte ich es ja! Ich hatte ganz richtig gedacht. Wie gut, daß ich diesen Umweg nach Norden, Osten und endlich Süden gemacht hatte! Wären wir in gerader Richtung geblieben, so hätte Ibn Asl uns überfallen, heute abend schon, bevor wir den Dschebel Arasch Ool erreichten! Der Scheik antwortete auf den ihm gemachten Vorwurf:

„Wahrscheinlich ist es gut für uns, daß dies nicht geschehen ist. Du kennst den Effendi. Er ist wachsam und versäumt keine Vorsicht. Überraschen hätten wir ihn unmöglich können."

„Aber eingeschlossen wäre er worden, eingeschlossen von hundert Mann! Bedenk das! Er hätte sich auf Gnade oder Ungnade ergeben müssen, ohne die Hand rühren zu können!"

„Glaub das nicht! Der und sich ergeben! Du kennst ihn ja noch besser als ich. Ich bin überzeugt, daß du an der Wahrheit deiner eigenen Worte zweifelst. Es wäre gewiß zum Kampf gekommen. Rechne, daß jeder Askari nur einen von uns erschossen hätte! Auf den Effendi aber mußt du mehrere rechnen. Ich bin sogar überzeugt, daß der Giaur sich sofort persönlich gegen dich gewendet hätte."

„Mich hätte er gar nicht gesehen. Ich weiß, was ich mir schuldig bin. Ich bezahle meine Leute gut; dafür müssen sie kämpfen. Meine Sicherheit aber ist allzu wichtig für sie, als daß sie verlangen könnten, daß ich mich selbst am Kampf beteilige. Das ist nicht Mutlosigkeit, sondern Berechnung, Vorsicht von mir. Meinst du, ich hätte mich dahin gestellt, wo die Kugeln pfeifen mußten? Aber wenn sie wirklich kommen, so werden sie unser, ohne einen Schuß tun zu können."

„So triff die Vorbereitungen ja nicht etwa zu spät. Der Effendi sagte, daß er eine Stunde nach dem Gebet der Morgenröte am Dschebel Arasch Ool ankommen würde, und er hält gewiß Wort. Also muß die Abteilung, welche du nordwärts senden willst, spätestens um Mitternacht hier abgehen."

„Ich sende sie schon vorher ab. Du bist also der Überzeugung, daß sich diese Leute im Regenbett verstecken können, ohne bemerkt zu werden?"

„Ja. Geht man nur einige Minuten in diesem Bett aufwärts, so erweitert es sich und ist da mit Kittrbüschen angefüllt, die eine prächtige Deckung bieten. Wenn dann, wenn der Tag anbricht, einer auf den Felsen steigt, kann er die Karawane kommen sehen. Man läßt sie vorüber und folgt ihr dann langsam und unbemerkt, bis sie sich zwischen den steilen Wänden des Dschebel und den Krokodilen des Maijeh auf dem schmalen Weg befindet. Diese unsere Abteilung befindet sich hinter der Karawane; unsere anderen Leute stehen schon vor ihr bereit, und gerade dann, wenn die Gefangenen in den Sumpf geworfen werden sollen, lasse ich als Führer der ersteren Abteilung den ersten Schuß hören. Das Ergebnis ist nicht zweifelhaft. Der Effendi muß einsehen, daß er von einer übermächtigen Anzahl Feinde eingeschlossen ist und daß Widerstand der reine Wahnsinn sein würde. Er wird sich ergeben. Um ihm dies zu erleichtern, kannst du ja auf Bedingungen eingehen, welche du dann nicht zu halten brauchst."

Das war ja ganz vortrefflich! Dieser Scheik el Beled wollte nach demselben Regenbett, in welches ich mich in den Hinterhalt hatte legen wollen. Die Falle, welche mir gestellt werden sollte, war genau die, welche ich ihnen legen wollte. Wie gut, daß ich gegen den Willen des Emirs herbeigeschlichen war, um zu lauschen.

„Wieviel Mann gibst du mir mit?" fragte der Scheik weiter.

„Wieviel brauchst du?"

„Die Hälfte von deinen hundert wäre eigentlich richtig, aber ich brauche sie nicht und begnüge mich mit weniger."

„Ich gebe dir vierzig, so bleiben mir sechzig. Ihr marschiert eine Stunde vor Mitternacht ab, also vielleicht in einer Stunde. Ist es notwendig, daß wir in gegenseitiger Verbindung bleiben?"

„Nein. Es wäre überhaupt schwer, sie zu unterhalten. Sie müßte um den langen Maijeh herum stattfinden, und das würde viel zu viel Zeit erfordern. Der Plan ist ja so einfach. Sobald es Tag wird, besetzt du die Südseite der Bucht. Die Karawane kommt von Norden her, und ich folge ihr. Sobald ihr meinen Schuß hört, ist die richtige Zeit gekommen. Welch ein Glück, daß der Effendi zu spät nach Hegasi kam! Der Reis Effendina war soeben fort. Hätten sie sich getroffen, so wäre der Emir dageblieben, und wir hätten es ruhig geschehen lassen müssen, daß dein Vater mit den übrigen Gefangenen in den Sumpf geworfen wurde. Jetzt haben wir alles Nötige besprochen, und ich will versuchen, ein wenig zu schlafen, denn ich bin von dem langen Ritt ermüdet. Weck mich, wenn meine Abteilung zum Marsch bereitsteht!"

Er legte sich nieder, und ich konnte mich entfernen. Es war klar, daß ich nichts Wichtiges mehr zu hören bekommen würde. Darum benutzte ich einen Augenblick, in welchem zwischen meinem Baum und dem Feuer sich wieder eine Rauchwolke niedersenkte, schwang mich herab, legte mich zu Boden und kroch schnell zurück. Ich kam, ohne bemerkt zu werden, bei dem Emir an, welcher noch auf derselben Stelle hinter dem Busch stand.

„Effendi, ich habe fast um dich gezittert!" meinte er. „Diese Verwegenheit konnte dir ans Leben gehen."

„O nein! Du wirst sogleich hören, daß sie mir außerordentliche Vorteile gebracht hat. Ich kenne den ganzen Plan der Leute."

Ich teilte ihm mit, was ich erlauscht hatte. Als ich zu Ende war, flüsterte er mir erregt zu:

„Sie gehen in die Falle; sie gehen hinein, Effendi! Aber durch welche List bekommst du den Scheik mit seinen vierzig Mann vor dich, anstatt daß er dir folgt?"

„Durch die List ist da nichts zu erreichen. Ich muß sie gefangennehmen."

„Das ist gefährlich, da es nicht ohne Angriff und Gegenwehr geschehen kann!"

„Gar nicht gefährlich! Ich besetze den Platz, ehe diese Leute kommen. Sie müssen sich entweder ergeben oder bis auf den letzten Mann erschießen lassen."

„Aber du hast nur zwanzig Askaris bei dir!"

„Diese brauche ich unter den jetzigen Verhältnissen freilich alle zur Bewachung der Gefangenen. Kannst du mir auch vierzig Köpfe mitgeben?"

„Ganz gern!"

„Dir bleiben immer noch genug. Wenn es Tag geworden ist, besetzt Ibn Asl den schmalen Paß. Du folgst ihm. Ich komme, indem ich die Gefangenen unter guter Bewachung zurücklasse, von Norden her, und so haben wir die Gegner zwischen uns. Ich sage jetzt ganz dasselbe, was vorhin der Scheik sagte: Wenn du den ersten Schuß hörst, ist die Zeit gekommen!"

„Gut, dann werfe ich mich auf den Feind."

„Aber eins muß ich dir sehr ans Herz legen: Ich hörte, daß Ibn Asl sich nie am Kampf zu beteiligen pflegt. Vielleicht bleibt er auch hier zurück. Sorg ja dafür, daß er nicht entkommt! Beauftrage lieber eine kleine Abteilung von vielleicht zehn Mann, speziell auf ihn zu sehen und ihn nicht entwischen zu lassen!"

„Ich werde mein möglichstes tun. Wann soll ich dir die vierzig Männer geben?"

„Gleich! Geh zurück und stell sie mir bereit! Ich werde dir bald folgen."

„Du willst nicht gleich mit mir gehen? Warum?"

„Weil ich mir die weiße Dschebel-Gerfeh-Stute des Sklavenhändlers holen will."

„Laß sie doch! Du könntest dadurch alles verderben. Wenn man dich dabei erwischt, sind wir verraten."

„Mich erwischen? Pah!"

„Aber wenn man merkt, daß sie fehlt, muß man auf einen Dieb, also darauf schließen, daß Menschen anwesend sind. Das muß doch jedenfalls Mißtrauen erwecken."

„Man wird zunächst meinen, daß die Stute schlecht gefesselt worden und zu weit fortgelaufen ist, sich aber morgen leicht wiederfinden lassen wird. Ich habe außer dem hohen Wert dieses Kamels noch einen andern triftigen Grund, mich seiner zu bemächtigen. Wenn nämlich Ibn Asl sich nicht direkt am Kampf beteiligt, so kann er dir trotz aller Vorsicht, die du anwendest, entschlüpfen. Hat er dann die Stute, so kann kein Mensch ihn einholen; habe ich sie, so ergreife ich ihn, er mag dagegen machen und versuchen, was er will."

„Das ist richtig; aber ich befürchte nur, daß du bemerkt wirst!"

Er widerstrebte nur noch kurz und entfernte sich dann. Ich schlich in einem Bogen jenseits des Feuers hinüber. Das Hedschihn stand im Dunkeln bei einem Busch, dessen Blätter es knusperte. Es ließ mich ganz ruhig herankommen. Dieser Ibn Asl verstand es nicht, ein solches Tier zu erziehen; es hätte bei meiner Ankunft fliehen oder wenigstens laut schnauben müssen. Ich band ihm die Vorderfüße los, schlang den Leitstrick vom Halfter und führte es fort. Es folgte so gutwillig, als ob es mir gehörte. Auf einem Umweg kehrte ich nach meinem früheren Standort zurück und schritt dann dem Hegelikwald zu, wo der Reis Effendina mich in großer Spannung erwartete. Die vierzig Mann standen schon bereit.

„Allah! Es ist gelungen", sagte er. „Effendi, du bist ein sehr gefährlicher Kameldieb; man sollte dich lebenslänglich einsperren lassen!"

„Verzeih mir, hoher Vertreter der ägyptischen Gerechtigkeit; ich stehle nur bei Dieben und Räubern!" lachte ich. „Ich werde sofort aufbrechen. Aber, sind diese Leute mit Material versehen? Wir werden sehr wahrscheinlich vierzig Gefangene zu binden haben."

„Es ist alles da. Wir haben das Nötige vom Schiff mitgebracht."

„So lebe wohl, und morgen früh ein siegreiches, fröhliches Wiedersehen!"

„Allah gebe es!"

„Laß Ibn Asl nicht entkommen!" warnte ich ihn noch; dann

ging es vorwärts; einer der Askaris führte mein Kamel, ein anderer hatte das weiße Hedschihn am Halfter.

Erst den einzelstehenden Hegelik aufsuchend, schlug ich dann denselben Weg ein, den ich gekommen war. Natürlich ging es jetzt viel langsamer als vorher, da ich ritt. Es vergingen mehrere Stunden, ehe wir das Nordende des Sumpfes erreichten und es dann westlich umschritten. Jetzt sahen wir die dunkle kompakte Masse des Berges vor uns liegen. Ich nahm meine Erinnerung zusammen, um das Regenbett nicht zu fehlen. Zweimal ging ich irre, fand es dann aber doch.

Jetzt galt es zunächst, die beiden Kamele, welche wir nicht weiter mitnehmen konnten, zu verstecken. Ich führte sie eine genügende Strecke fort, pflockte sie da fest und ließ einen Wächter bei ihnen zurück. Dann stiegen wir das Regenbett empor, bis wir den Kessel erreichten.

Dessen Wände waren nicht allzu steil. Dreißig Mann mußten hinauf und sich dort rundum verteilen. Sie erhielten den Befehl, sich völlig laut- und geräuschlos zu verhalten, bis ich selbst den Angriff beginnen würde. Sie sollten möglichst hinter Steinen Deckung suchen, um, falls die Feinde sich verteidigen würden, von deren Kugeln nicht getroffen zu werden. Sollte einer der Gegner noch während der Dunkelheit hinaufgestiegen kommen, so war er von zweien oder dreien zu empfangen, am Hals festzuhalten, um nicht schreien zu können, und mit dem Messer unschädlich zu machen.

Mit den vierten Zehn ging ich eine kurze Strecke zurück und erstieg dann die halbe Höhe des Ufers des Regenbettes. Dort setzten wir uns nieder, um den Scheik el Beled mit seiner Schar vorüberzulassen und dann zu folgen.

Elf Uhr nachts hatte er aufbrechen wollen; unser Marsch hatte kurz nach zehn Uhr begonnen. Wir hatten also höchstwahrscheinlich eine Stunde zu warten; aber es dauerte länger, viel länger. Er kam erst kurz vor Tagesgrauen. Er hatte sich nicht zu sehr beeilt, da er ja wußte, daß meine Karawane erst eine Stunde nach der Morgenröte kommen würde. Wir hörten sie an uns vorüberschreiten, stiegen dann leise von der Höhe herab und folgten ihnen. Nahe am Eingang des Kessels blieben wir halten. Die Sklavenjäger glaubten sich natürlich allein und sprachen laut miteinander. Sie lagerten sich zwischen den Büschen und bewiesen durch ihr munteres Lachen, daß sie sich in sehr guter, siegesgewisser Stimmung befanden.

Der Scheik war in Beziehung auf die Lustigkeit trotz der

Würde, welche er eigentlich zu bewahren hatte, allen voran. Er scherzte übermütig, sprach von der Beute, die zu machen war, und deren Verteilung. Wie ich später erfuhr, war ihm für seine Mitwirkung ein reicher Anteil versprochen worden. Der brave Mann hatte sich verspekuliert; er bekam etwas ganz anderes.

Der Tag mußte in ganz kurzer Zeit anbrechen, da hörte ich ihn sagen, daß er nach der Morgenröte ausschauen wolle. Ich glaubte, er werde innen, an der Wand des Kessels, emporsteigen, aber er kam durch den Ausgang heraus und auf uns zu.

„Bückt euch nieder!" raunte ich meinen Leuten zu, indem ich mich selbst schnell niederkauerte. Der Scheik sollte uns nicht zu früh bemerken. Er kam in langsamen Schritten heran; fast stieß er schon an mich, da fuhr ich vor ihm auf und nahm ihn mit beiden Händen am Hals.

„Nur die Hände binden, nicht die Füße!" befahl ich den Askaris. Sie gehorchten.

Ich drückte ihm den Hals nicht so fest zu, daß er die Besinnung verlor, und drohte ihm leise an das Ohr:

„Ein Laut von dir, und das Messer fährt dir in das Herz! Willst du schweigen, so nicke!"

Er nickte. Es war von ihm kein Widerstand zu fürchten; der Schreck war mächtiger als die Energie, und es zeigte sich später, daß er ein Feigling war, der nur für den Verrat, nicht für den Kampf paßte und die Führung der vierzig Sklavenjäger nur übernommen hatte, weil er überzeugt war, bei uns keinen Widerstand zu finden.

Acht Mann ließ ich stehen; zwei mußten mit mir den Scheik im Regenbett zurückführen, bis so weit, daß unsere Stimmen im Kessel nicht gehört werden konnten. Die beiden Askaris hielten ihn hüben und drüben fest. Ich hatte mein Messer in der Hand, ließ ihn dessen Spitze auf der Brust fühlen und fragte ihn:

„Kennst du mich?"

„Ja. Du . . . du bist der . . . der Effendi", stammelte er. „Warum behandelst du mich wie einen Feind? Du hast mir ja gesagt, daß du die Obrigkeit in mir achtest."

„Und du hast das geglaubt! O du größter und oberster aller Dummköpfe! Nur ein so hirnloser Mensch wie du durfte glauben, daß er mich täuschen kann. Aber während du überzeugt warst, mich zu übervorteilen, habe ich dir einen Fuß gestellt, über den du nun stürzt."

„Du bist nun im Irrtum, bei Allah, im Irrtum! Ich bin als dein Freund, als dein Gönner und Bewunderer gekommen."

„Und die vierzig Männer, welche du bei dir hast, sind sie auch meine Bewunderer, Gönner und Freunde?“

„Ja. Ich habe sie in der Umgegend von Hegasi gesammelt und hierhergeführt, um dir gegen deine Feinde beizustehen.“

„Gegen meine Gefangenen, willst du sagen! Gegen sie brauche ich keine Hilfe. Und warum versteckt ihr euch hier?“

„Nur um dich da zu erwarten. Ich weiß nicht, wie du auf den Gedanken kommst, diese Männer für Leute von Ibn Asl zu halten!“

„Schweig!“ unterbrach ich ihn. „Dein Doppelspiel ist durchschaut. Mit dem heutigen Tage wird ihm ein Ende gemacht. Ich habe dich erkannt, sofort als ich dich sah. Du hattest keine Ahnung, daß ich dich täuschte. Du borgtest Ibn Asl dein Pferd; das hat dich verraten. Als ich mit Ben Nil im Boot zu dir kam, war ich schon vorher bei dem Reis Effendina auf seinem Schiff gewesen und hatte dich angezeigt. Er war dann ebenso freundlich zu dir wie ich; wir taten das, um Ibn Asl durch dich hierherzulocken. Es ist uns gelungen, weil deine Dummheit fast noch größer ist als deine Schlechtigkeit. Jetzt ist Ibn Asl da, der Reis Effendina aber auch. Dieser wird jenen ebenso nehmen, wie ich jetzt dich genommen habe. Wir schließen Ibn Asl mit seinen sechzig Männern gerade so auf dem Felsenweg ein, wie ihr mich einschließen wolltet. Ich habe gestern, ohne daß ihr es wußtet, mit bei euerm Feuer gesessen und alles gehört, deinen Bericht und auch das, was darauf gesprochen wurde.“

„Das ist unmöglich!“ entfuhr es ihm, ohne daß er daran dachte, daß in diesen Worten ein Geständnis enthalten war.

„Ich will es dir beweisen. Du kamst auf der gefärbten Kamelstute; sie legte sich nieder. Ibn Asl befahl einem der beiden Männer, die außer ihm, dir und den Offizieren mit dort saßen, sie aufstehen zu lassen und ihr die Vorderbeine zu fesseln, damit sie fressen könne. Ist sie dann nicht vermißt worden?“

„Ja. Sie war fort; sie hat sich verlaufen.“

„Nein, sie hat sich nicht verlaufen, denn ich habe sie mitgenommen. Das werde ich dir gleich auch beweisen.“

Und mich an den einen der beiden Askaris wendend, fragte ich ihn:

„Kannst du ein Kamel reiten?“

„Ganz gut, Effendi“, antwortete er.

„Im Norden von Maijeh lagern deine Kameraden mit den Gefangenen. Hol sie alle schnell herbei! Du gehst jetzt das Regenbett hinab, wendest dich links und wirst in einiger Entfernung auf die Wache treffen, welche ich bei den beiden Kamelen zurückgelassen habe. Findest du sie nicht gleich, so kannst du rufen. Du besteigst die Dschebel-Gerfeh-Stute des Sklavenhändlers und reitest gerade ostwärts, am Ende des Maijeh vorüber. Bis dahin ist es Tag geworden, und du wirst meine Spur sehen, welche dich genau nordwärts nach dem Lager führt. Spute dich, und treib auch die andern zur größten Eile an!"

Er ging. Ich fuhr zu dem Scheik fort:

„Jetzt hast du gehört, wo unser Lager ist. Du wolltest es gestern erforschen, damit wir auf offener Steppe überfallen würden; ich aber ahnte das und schlug einen Umweg ein. Während du mich im Westen suchtest, war ich längst im Norden von hier. Daß der ehrliche Mann stets gescheiter ist und weiser handelt als der Verbrecher, das könnt und wollt ihr nicht eher glauben, als bis es euch zu eurem Schaden bewiesen wird. Jetzt hast du genug gehört. Willst du noch leugnen?"

„Effendi, wie viele Askaris befinden sich jetzt hier bei dir?" fragte der Feigling.

„Mehr als genug, um euch zu vernichten. Wir kamen eine Stunde vor euch hier an und haben die Höhen und, wie du bemerkt hast, auch den Eingang des Kessels so besetzt, daß nicht ein einziger von euch zu fliehen vermag. Du, der Anführer, bist bereits gefangen. Wenn du deinen Leuten befiehlst, ihre Waffen auszuliefern und sich uns zu ergeben, so will ich meinen Einfluß bei dem Emir für dich verwenden, daß deine Strafe möglichst milde wird."

„Allah 'l Allah! Die Waffen abliefern! Sich ergeben! Vierzig Mann!"

„Ja, das klingt freilich anders als vorhin, da ihr so siegesgewiß bereits die Beute verteiltet! Beantworte meine Frage! Ich habe keine Zeit. Sag ja, so erhaltet ihr wenigstens das Leben; sag nein, so schießen wir euch alle über den Haufen!"

„Effendi, sei gütig, sei gnädig! Laß mich die Zahl deiner Leute sehen!"

„Du glaubst mir nicht? Ich lüge nicht; das muß dir genug sein."

„Oh, du bist schlau! Was du nicht durch Gewalt fertigbringst, das suchst du durch List zu erreichen. So wird es auch hier sein, denn . . . O Allah, o Mohammed! Da haben wir's! Da geht es schon los!"

Vom Kessel herab erklang ein wüstes Geschrei. Schüsse knallten; dann wurde es ebenso plötzlich ruhig.

„Da hast du den Beweis der Wahrheit meiner Worte", sagte

ich. „Komm! Du wirst meinem Körper als Schild dienen. Wenn jemand auf mich schießt, trifft die Kugel dich. Das merk dir!"

Ich zog ihn mit mir fort, wieder das Regenbett hinauf. Am Eingang des Kessels standen die acht Askaris, die Gewehre schußbereit in den Händen. Der Tag graute; man konnte jetzt zur Genüge sehen. In jenen Gegenden bricht der Tag ebenso schnell herein wie die Nacht.

„Was hat's gegeben; warum ist geschossen worden?" fragte ich.

„Da es hell geworden ist", antwortete man mir, „wollten einige drin im Kessel emporklettern; unsere Leute verboten es von oben herab, und da nicht gehorcht wurde, so haben sie geschossen."

„Wie steht es drin? Es ist ja schnell still geworden?"

„Die Sklavenjäger haben sich unter die Büsche verkrochen."

„Da siehst du, welchen Mut deine Helden besitzen", sagte ich zu dem Scheik. „Komm mit herein! Beim geringsten Anlaß aber stoße ich dir das Messer in den Leib."

Ich hatte das Messer in der Rechten, nahm ihn mit der Linken beim Genick und schob ihn vor mir her, in den Kessel hinein. Auf einen Wink folgten mir die neun Askaris.

„Nun schau einmal da hinauf, und sieh dir die Flinten an!" forderte ich den Scheik auf.

Die Askaris steckten hinter Felsen oder hatten Steine vor sich aufgebaut. Man sah von ihnen nichts als die Läufe ihrer Flinten, welche von allen Seiten nach unten gerichtet waren. Ein Blick auf die Büsche brachte mich beinahe zum Lachen, obgleich meine Lage nicht ungefährlich war. Wie leicht konnte einer auf mich schießen! Aber es gab keinen, welcher den Mut dazu hatte. Sie wußten übrigens noch gar nicht, von wem sie eingeschlossen waren; sie hatten nur die Gewehrläufe gesehen und sich sofort versteckt. Als ob die Büsche sie hätten schützen können! Hier sah ein Arm, ein Ellbogen, dort ein Schuh, ein nackter Fuß unter dem Grün hervor; sie alle lagen still; keiner regte sich.

„Wo hast du denn deine Helden?" fragte ich den Scheik. „Fordere sie doch einmal auf, hervorzukommen und sich zu verteidigen!"

„Der Effendi, der fremde Effendi!" klang es unter den Büschen heraus.

„Ich gebe dir nur eine Minute Zeit", fuhr ich fort. „Hast du sie bis dahin nicht aufgefordert, die Waffen auszuliefern, so bekommst du das Messer bis an das Heft in den Leib."

„Werde ich begnadigt?“ fragte er.

„Ich verspreche dir Milde. Mehr kannst du nicht verlangen. Die Gnade steht beim Reis Effendina. Schnell, schnell, ehe die Minute vergeht!“

Er wandte sich unter meinem Griff hin und her; ich hob das Messer wie zum Stoß, da schrie er voller Angst:

„Laß mich los, Effendi! Ich werde tun, was du von mir forderst.“

„Von Loslassen ist keine Rede, denn du bist mein Gefangener. Befiehl deinen Leuten, einzeln hierherzukommen, um die Waffen abzugeben und sich binden zu lassen, so wie du auch selbst gebunden wirst. Zeigt einer nur die geringste verdächtige Bewegung oder Miene, so bekommt er von den Leuten, welche da oben liegen, eine Kugel. Nun mach rasch; ich habe keine Zeit!“

Die Todesangst veranlaßte ihn, den betreffenden Befehl zu erteilen. Seine Leute gehorchten, indem einer nach dem andern unter dem Gesträuch hervorgekrochen kam. Nach Verlauf einer Viertelstunde waren sie alle entwaffnet und gefesselt. Der erste Akt des heutigen Dramas hatte sich ganz nach meiner Erwartung und ganz so, daß wir zufrieden sein konnten, abgespielt.

Nun galt es, die Ankunft meines Ben Nil mit der Karawane zu erwarten. Ich stieg das Regenbett hinab und setzte mich draußen nieder. Es verging fast eine Stunde, ehe ich sie kommen sah. Ben Nil ritt mit dem Boten, der auf dem Kamel saß, voran. Als sie mich erblickten, trieben sie ihre Tiere an, um noch vor der Karawane bei mir anzukommen.

„Effendi, wir hatten Sorge um dich“, meinte der treue Jüngling, als er sein Tier bei mir niederknien ließ und aus dem Sattel sprang. „Du kehrtest bis zum Morgen nicht zurück, und da glaubten wir, es sei dir ein Unfall passiert. Sind die Feinde in deine Hände geraten?“

„Ja. Wissen eure Gefangenen davon?“

„Nein, denn dein Bote hat leise mit uns gesprochen. Aber sie haben die Dschebel-Gerfeh-Stute gesehen und müssen sich sagen, daß sie Ibn Asl, ihrem Herrn, abgenommen worden ist. Draus können sie natürlich schließen, daß es ein Ereignis gegeben hat, welches dem, wenn nicht gefährlich, so doch wenigstens unwillkommen gewesen ist. Wo sind die Leute, welche du ergriffen hast?“

„Sie stecken da oben in einer Schlucht. Wir werden deine Gefangenen zu ihnen bringen, die Kamele aber unter der Aufsicht einiger Leute hier unten lassen.“

Als die Karawane ankam, wurden die Gefangenen von den Kamelen gebunden; die Füße ließen wir ihnen frei, damit sie nach dem Kessel des Regenbettes laufen konnten. Man sah es ihnen an, daß der Anblick des Kamels sie mit Befürchtungen erfüllt hatte. Sie warfen auffällig forschende Blicke umher und tauschten leise Fragen und Antworten aus. Nur der Fakir el Fukara und Abd Asl gaben sich den Anschein, als ob sie nichts bemerkt hätten und sich ganz sicher fühlten.

„Effendi", fragte der erstere, „warum werden wir hierhergebracht? Was sollen wir hier?"

„Ich will euch eine frohe Überraschung bereiten", antwortete ich.

„Spottest du unser? Es scheint, daß wir etwas Frohes von dir nie zu erwarten haben. Ich bin durch die Schuld eines der obersten der Teufel in deine Gewalt geraten, und obgleich ich dir nichts getan habe, schleppst du mich wie ein wildes Tier mit dir herum. Du bist weder Herr meiner Person noch Besitzer meiner Rechte. Ich verlange, daß du mich losbindest und mir ein Kamel gibst, wie du mir versprochen hast, damit ich in meine Heimat reiten kann."

„Wo ist diese Heimat?"

„Für jetzt in Chartum."

„So gedulde dich nur noch eine kleine Weile; dann wirst du in Begleitung vieler deiner Freunde nach dort abreisen können."

„Ich mag keine Begleitung. Ich bin allein zu dir gekommen und will auch wieder allein gehen. Du mußt mich fortlassen, denn du hast keine Macht über mich."

„Und über uns auch nicht!" behauptete Abd Asl. „Woher nimmt der Reis Effendina die Erlaubnis, dir seine Rechte abzutreten? Und wenn er dies tun dürfte, warum schleppst du uns nach allen möglichen Richtungen hier in der Steppe herum? Ich verlange, nach Chartum gebracht zu werden!"

„Dieser Wunsch wird dir sehr bald in Erfüllung gehen", sagte ich ihm.

„Wann aber denn? Heute haben wir einen Umweg hierher machen müssen. Meinst du etwa, daß dies klug von dir gehandelt ist? Wenn du meinem Sohn begegnest, was doch sehr leicht geschehen kann, so bist du unbedingt verloren."

„Ich bin ihm schon wiederholt begegnet, ohne verloren gewesen zu sein."

„Du hattest Glück, welches du gewiß nicht wieder haben wirst. Läufst du ihm noch einmal in den Weg, so bist du von Allah gerichtet! Du weißt, wie viele Krieger er bei sich hat. Hier in der Steppe könntest du nicht gegen ihn aufkommen. Er würde dich mit deinem Häuflein zerdrücken! Der Prophet kann unmöglich dulden, daß ein Christ sich ungestraft so über uns erhaben dünkt. Das Schwert seiner Rache flammt schon über dir. Wer weiß, nach wie wenigen Augenblicken schon es dich treffen und zerschmettern wird!"

„Ich werde dir zeigen, über wem es flammt. Folgt mir jetzt diesen Weg hinauf!"

Die Kamele waren abgesattelt worden und weideten im Gras. Drei Askaris blieben bei ihnen zurück. Die andern Soldaten nahmen die Gefangenen zwischen sich und führten sie hinter mir her das Regenbett empor. Es läßt sich denken, wie die letzteren erschraken, als sie, oben angekommen, vierzig Kameraden gefangen an der Erde liegen sahen. Abd Asl schrie vor Wut laut auf und überflutete mich dann mit solchen Grobheiten und Beleidigungen, daß mein Ben Nil sich sofort der Peitsche bediente, um ihn zum Schweigen zu bringen. Die andern verhielten sich still; sie wurden alle wieder an den Füßen gebunden und zu den übrigen gelegt.

Jetzt konnte ich aufbrechen. Die zwanzig Mann, welche ich mit bei den Fessarah gehabt hatte, blieben da, um die Gefangenen und die Kamele zu bewachen; die vierzig, welche mir der Reis Effendina mitgegeben hatte, begleiteten mich. Eigentlich sollte Ben Nil die ersteren befehligen; aber er bat mich so dringend, ihn mitzunehmen, daß ich ihm die Erlaubnis dazu gab. Ich konnte dem Fessarah-Führer und dem alten Askari, welcher den Befehl über seine Kameraden schon einmal geführt hatte, gar wohl das nötige Vertrauen schenken. An eine Überrumpelung war nicht zu denken, und da die Gefangenen gut gefesselt waren, so gab es gar keinen Grund, die zwanzig Askaris, deren Treue unzweifelhaft war, noch durch einen besonderen Vertrauensmann überwachen zu lassen. Sie hätten sich überhaupt dadurch beleidigt fühlen können.

Es war bestimmt worden, daß ich eine Stunde nach der Morgenröte den Dschebel Arasch Ool erreichen würde. Als wir jetzt aufbrachen, war es etwas später, was aber keineswegs von Nachteil sein konnte. Ich schärfte den zurückbleibenden Askaris auf das entschiedenste ein, gute Wache zu halten, gab ihnen für gewisse Fälle, deren Eintreten immerhin im Bereich der Möglichkeit lag, bestimmte Verhaltungsmaßregeln und war nun überzeugt, daß keine Unregelmäßigkeit, kein Fehler, vorkommen würde. Es war mir undenkbar, damit einen Fehler begangen zu haben, und doch hatte ich mich, wie sich später zeigte, eines zu großen Vertrauens schuldig gemacht.

Während ich mich gestern auf der Ostseite des Maijeh gehalten hatte, marschierten wir jetzt auf seiner westlichen Seite nach Norden. Der Raum zwischen ihm und dem Berg war hier von der Breite einer Viertelstunde, doch gab es verschiedene Aus- und Einbuchtungen, durch welche diese Breite zeitweilig verringert oder vergrößert wurde. Der Berg war oben kahl und nur an seinem Fuß mit Grün bestanden. Je weiter wir kamen, desto höher stieg er an und desto steiler wurden seine Felsen, auch trat der Maijeh immer weiter zu ihm heran.

Nachdem wir längere Zeit gegangen waren, näherte sich der Sumpf von rechts her so weit, daß wir stellenweise nur zu zweien nebeneinander gehen konnten. Vor uns tauchten einzelne Laubbäume auf, deren Blätter unpaarig gefiedert waren. Ich erkannte sie schon von weitem. Es waren die Gafulbäume, welche uns andeuteten, daß wir uns der Stelle näherten, an welcher wir auf Ibn Asl und seine Leute zu treffen rechneten. Als ich Ben Nil, welcher neben mir ging, darauf aufmerksam machte, sagte er:

„Wollen wir nicht haltenbleiben, Effendi? Es muß einer heimlich vorkriechen, um zu erkunden, wo die Sklavenjäger stekken."

„Das ist überflüssig. Es ist ja heller Tag."

„Aber du hast dich auch schon bei Tag angeschlichen!"

„Weil das Terrain es mir erlaubte. Hier aber ist die Örtlichkeit, auf welcher man sich bewegen kann, zu schmal. Ibn Asl hat jedenfalls einen Posten ausgestellt. Dieser braucht nur auf den schmalen Weg zu achten, um einen etwaigen Kundschafter von uns sofort gewahren zu können. Nein, wir marschieren ruhig weiter."

„Dann laufen wir ihnen doch gerade in die Hände."

„Das will ich ja! Man wird keineswegs sofort auf uns schießen, sondern uns anrufen. Ibn Asl will mich lebendig haben; er hat jedenfalls Befehl gegeben, nicht auf mich zu schießen. Wenn ich also vorangehe, seid ihr sicher. Bleib mit den andern ein wenig zurück und laß mich ungefähr dreißig Schritt weit vor euch herschreiten. Wenn ich stehenbleibe, so bleibt auch ihr solange halten, bis ich euch befehle, heranzukommen."

„Ich muß dir leider gehorchen, möchte aber lieber an deiner Seite bleiben, denn die Entscheidung liegt ganz nahe vor uns."

„Noch nicht. Ibn Asl wird sich nicht eher zeigen, als bis wir uns mitten in der eigentlichen Enge befinden, die wir noch gar nicht betreten haben."

„Aber wenn der Reis Effendina dann noch nicht zur Stelle ist!"

„So hätte es auch keine Gefahr für uns. Wir würden ihm Ibn Asl zutreiben. Zu befürchten wäre für uns nichts, da wir ja keinen Feind hinter uns haben. Es wäre nur der eine Nachteil zu befürchten, daß Ibn Asl uns entkommen könnte."

Wir setzten den Weg in der angedeuteten Weise fort. Ich ging allein voraus, und die andern folgten mir in der angegebenen Entfernung. Als ich die ersten Gafulbäume passiert hatte, bog der hier nun ganz schmal werdende Weg scharf nach rechts ab, denn die bereits erwähnte Bucht des Sumpfes begann hier an dieser Stelle. Sie trat von links her weit in den Felsen hinein. Dieser stieg senkrecht empor und bildete, um mich so ausdrükken zu dürfen, einen halben Hohlzylinder, an dessen Wand der Fuß eines Menschen unmöglich zu halten vermochte. Zu meiner linken Hand lag der Sumpf, vollständig mit Omm Sufah bedeckt, zwischen welcher einzelne freie ölig glänzende Wasserstellen wie triefende Hexenaugen zu mir heraufstarrten. Von der obern Kante der Felsen waren Steine abgebrochen und heruntergestürzt. Sie lagen neben- und übereinander, von feuchtem Moos überzogen oder von verwesenden, stinkigen Pflanzenresten bedeckt, durch oder über welche der oft ausgleitende Fuß nur mit Vorsicht schreiten durfte.

Wer hier von vorn und zugleich von hinten angegriffen wurde, der konnte sich unmöglich wehren, der mußte sich ergeben. Rechts boten ihm die unersteiglichen Felsen keinen Weg zur Flucht, und links gähnte der Sumpf, aus dessen Schilf die widerlichen Köpfe unzähliger Krokodile glotzten. Es war so recht ein Ort des Schreckens, des Verderbens. Also ich allein sollte hier geschont werden, um für noch viel entsetzlichere Qualen aufgehoben zu werden; meine Askaris aber sollten in den Sumpf gedrängt, hineingeschleudert werden, ein Fraß für die Saurier, welche da unten in solcher Menge vorhanden waren, daß es schien, sie könnten nur dadurch das Leben fristen, daß die stärkeren die schwächeren verzehrten.

Wäre es unmenschlich gewesen, wenn ich den Sklavenjägern ganz das gleiche Schicksal bereitete? Wieviel Blut klebte an ihren Händen! Wie viele tausend und aber tausend Neger waren von ihnen unglücklich gemacht worden! Es schien mir, als sei es für sie keine zu harte, sondern nur eine sehr gerechte Strafe, sie in den Maijeh hinabzustoßen. Wie du mir, so ich dir, das ist das Gesetz der Wüste ebenso wie das der Prärie, der Savanne, der Pampas und Llanos Südamerikas, und wenn . . . Aber ich konnte diesen Gedanken nicht vollständig ausdenken, denn gar nicht weit von mir ertönte eine laute, gebieterische Stimme:

„Halt, keinen Schritt weiter, sonst schießen wir!"

Ich blieb stehen und blickte scharf nach vorn. Da standen zwei Gafulbäume nebeneinander, und vor ihnen lagen einige große Felsstücke, hinter denen drei Männer versteckt sein mußten, denn ich sah ebensoviele Gewehrläufe, welche auf mich gerichtet waren, eine fatale Situation, denn es bedurfte dort nur eines Fingerdruckes, so fuhr mir das tödliche Blei in den Körper.

„Wer bist du denn?" fragte ich, indem ich tat, als ob ich nur einen vor mir zu haben glaubte.

„Ich bin ein alter Bekannter von dir. Willst du mich sehen?" antwortete er.

„Natürlich!"

„Leg deine Waffen weg, dann trete ich hervor!"

„Daß ich ein Tor wäre!"

Ich tat einen Sprung nach dem nächsten Baum, hinter dessen Stamm ich vollste Deckung fand. Diese Leute befanden sich jedenfalls in Verlegenheit. Sie waren zur rechten Zeit hier eingetroffen und warteten auf das Zeichen, welches ihnen der Scheik el Beled hatte geben wollen. Ich war ihnen auf den Leib gerückt; sie konnten mich unmöglich näher kommen oder gar vorüberlassen, und doch hatten sie sich erst dann sehen lassen sollen, wenn der Schuß des Scheiks gefallen war. Was nun tun? Durch Redensarten Zeit gewinnen? Fast schien es so, denn der Sprecher erwiderte:

„Wir können dich leicht zwingen, wenn wir nur wollen; aber du sollst auf friedliche Weise erfahren, was wir von dir verlangen."

„So sag es!"

„So nicht. Laß deine Waffen zurück, und komm bis zu dem Stein, der mitten zwischen uns liegt! Ich werde dasselbe tun."

„Gut, ich komme. Aber wenn ich nur die geringste Waffe, das kleinste Messer bei dir bemerke, fährst du dorthin, von wo du nicht wiederkommen kannst!"

Ich steckte die Revolver in die Hosentaschen, lehnte das Gewehr an den Stamm und legte das Messer daneben. Ich hätte die Revolver ruhig zurücklassen können, denn ich war meiner Sache vollständig sicher. Ein Blick nach rückwärts belehrte mich, daß meine Leute haltengeblieben waren. Die Vordersten von ihnen, dabei Ben Nil, standen hinter einem Gebüsch, welches eine Ecke bildete; sie konnten zwar von mir, nicht aber von dem, der mit mir sprach, gesehen werden. Wer dieser war, das wußte ich, denn ich hatte ihn an der Stimme erkannt. Es war der Oberleutnant von Ibn Asl. Warum aber redete mich dieser nicht selbst an?

Ganz getrost hinter meinem Baum hervortretend, ging ich nach dem mir bezeichneten Stein und blieb dort stehen. Da ließ sich auch der Oberleutnant sehen; er kam auf mich zu, blieb einige Schritt vor mir stehen und fragte in höhnischem Ton: „Mich hast du hier wohl nicht erwartet?"

„Ja und auch nein", antwortete ich ruhig. „Ich wußte, daß ich von euch hier erwartet werde. Und sage auch nein, weil ich glaubte, nicht von dir, sondern von Ibn Asl angeredet zu werden."

„Allah! Du wußtest, daß wir hier auf dich warten?"

„Pah! Ich weiß noch mehr; ich weiß alles. Jetzt wartest du auf das Zeichen, welches der Scheik el Beled euch geben wollte. Oder ist's nicht so, daß ein Schuß aus seiner Flinte euch den Beginn der Feindseligkeit andeuten sollte?"

„Allah ist allwissend. Er hört, sieht und kennt alles. Wie aber kannst du von dem Scheik und seiner Absicht wissen!"

„Das werdet ihr erfahren. Ruf Ibn Asl herbei!"

„Er ist nicht da."

„Ich weiß, daß er sich hier befindet!"

„Du weißt es? So ist deine berühmte Allwissenheit doch nicht so bedeutend, wie du uns glauben machen willst. Wenn du wüßtest, wo Ibn Asl sich jetzt befindet, so würdest du dich weit weniger zuversichtlich, als du jetzt bist, zeigen!"

Diese Worte gaben mir zu denken. Hätte ich doch Ben Nil bei den Gefangenen zurückgelassen! Ich ahnte nämlich jetzt sofort, daß Ibn Asl seinen Plan, soweit es nämlich seine Person betraf, geändert hatte. Er traute dem Scheik wohl nicht genug Umsicht zu und hatte darum das Kommando hier seinen beiden Offizieren übergeben und war nach dem nördlichen Ende des Maijeh gegangen, um die dortigen vierzig Sklavenjäger hinter mir herzuführen. Glücklicherweise war er zu spät dort angekommen. Wir hatten diese Leute gefangengenommen. Wenn ich mir nun auch sagte, daß er allein sie unmöglich befreien könnte, so konnte er doch noch Leute bei sich haben, oder es konnte irgendein Zufall ihm eine unvorhergesehene Gunst erweisen.

Auf alle Fälle aber stand uns seine Gefangennahme nicht so sicher bevor, wie wir bisher geglaubt hatten. Natürlich ließ ich mir von meiner Besorgnis nichts merken, sondern antwortete mit einem überlegenen Lächeln:

„Wo er sich befindet, brauchst du mir nicht zu sagen. Er ist hier am Maijeh. Steht er nicht da vorn bei den sechzig Mann, so ist er zu den vierzig Mann gegangen, welche in dem Talkessel des Regenbettes auf mich warten sollten."

„Ja latif! – Du meine Güte! Er weiß es von dem Regenbett!" rief der Oberleutnant. „Wer hat es dir verraten?"

„Ich weiß es; das ist genug. Ich habe dir schon gesagt, daß ich alles weiß. Ihr Dummköpfe solltet euch nun endlich doch einmal sagen, daß ihr mich nicht täuschen oder mir gar eine Falle, in der ich mich fange, stellen könnt. Die Falle, in welcher wir uns jetzt befinden, habe ich euch gestellt, nicht ihr uns."

„Du? Uns diese Falle?" lachte er höhnisch auf. „Ich will nicht sagen, daß Allah dich mit Blindheit geschlagen hat, denn du hast bisher nur mich sehen können; aber ich will dir mitteilen, daß du mit deinen zwanzig Askaris rundum eingeschlossen bist. Du hast uns vorhin Dummköpfe genannt, und doch ist mir noch nie im Leben so ein Dummkopf, wie du bist, vorgekommen!"

„Wirklich? Willst du mir das beweisen, du Klugkopf aller Klugköpfe?"

„Der Beweis ist sehr leicht. War es nicht die größte Dummheit, die es geben kann, daß du dem Scheik el Beled erzähltest, daß du die Absicht hattest, deine Gefangenen hierherzuführen, um sie den Krokodilen vorzuwerfen?"

„Eine Dummheit ist das gewesen? Mann, ich möchte vor Mitleid über dich weinen! Nicht eine Dummheit war es, sondern eine sehr schlaue Berechnung, welche sich in diesem Augenblick als ganz richtig erweist." Und nun erzählte ich ihm, wie ich es angefangen und was ich bereits erreicht hatte. Da schlug er die Hände zusammen und rief aus:

„O Allah, o Mohammed! Das ... das ... das soll man glauben?"

„Wenn du es nicht glauben willst, wirst du es glauben müssen. Wo ist der Scheik mit seinen vierzig Männern? Warum gibt er nicht das verabredete Zeichen? Warum schießt er nicht?"

„Er kommt noch; er kommt ganz sicher noch! Und wenn er nicht käme, so dürftest du doch nicht triumphieren. Du hast nur zwanzig Mann bei dir; wir aber sind noch über sechzig Köpfe und werden ..."

„Nichts werdet ihr, gar nichts! Ihr könnt nichts anderes tun, als euch auf Gnade und Ungnade ergeben."

„Hältst du uns für wahnsinnig?"

„Da ihr so bereitwillig und unüberlegt in meine Falle gelaufen seid, sollte ich euch freilich für unsinnig halten. Aber du gehst mit dieser deiner Frage von einer sehr falschen Voraussetzung aus. Du glaubst, den Rücken frei zu haben; dies ist aber keineswegs der Fall, denn hinter euch steht jetzt der Reis Effendina mit seinen Askaris."

„Der ... Reis ... Effen ... dina?" stotterte er. „Du lügst!"

„Ich sage die Wahrheit. Und auch ich habe nicht zwanzig Köpfe, sondern viel, viel mehr bei mir. Zwanzig hatte ich erst, und ich habe dir ja gesagt, daß mir gestern abend der Reis Effendina noch andere Leute mitgegeben hat. Ich fordere dich hiermit auf, die Waffen zu strecken. Wenn du dich dessen weigerst, wird mit euch geschehen, was ihr uns tun wolltet: Wir werden euch den Krokodilen vorwerfen."

„Effendi, was fällt dir ein! Du willst mich durch Lügen ..."

„Sei still und beleidige mich nicht!" unterbrach ich ihn in strengem Ton. „Ich will die Gnade haben, dir die Wahrheit meiner Worte zu beweisen, damit unnützes Blutvergießen verhütet wird; Reis Effendina ...! Emir ...!"

Ich rief diese beiden Namen, indem ich die beiden Hände hohl an den Mund legte, über die Bucht des Sumpfes hinüber.

„Hier sind wir, Effendi, hier!" ertönte die Antwort, und zwar aus viel größerer Nähe, als ich sie zu hören geglaubt hatte.

„Nun?" fragte ich den Oberleutnant. „Hörst du an dem Schall, daß der Emir nicht zweihundert Schritt von mir steht?"

„War er das?"

„Wer sonst soll es gewesen sein? Mein Ruf hat ihm gesagt, daß ich da bin, und nun wird er vorwärtsrücken. Ich rate dir, dich zu ergeben. Du sollst auch meine Leute sehen."

Ich wendete mich rückwärts und winkte. Da brach Ben Nil mit seinen vierzig Askaris hinter dem Gesträuch hervor und kam schnell herbei. Die Leute hielten ihre Gewehre schußbereit. Zwar mußten sie hintereinander gehen; aber da der Weg einen Bogen machte, brauchten sie sich nicht bloß nach vorn zu richten, sondern konnten ihre Kugeln über die Bucht hinüber und zu den Sklavenjägern senden. Als der Oberleutnant diese meine Leute kommen sah, rief er aus:

„O Allah! Das sind ja fast hundert Mann! Ich lasse mich nicht von ihnen erwischen. Effendi, ich gehe, ich gehe!"

Er sprang nach den Bäumen, hinter welchen er gesteckt hatte, und holte sein Gewehr. Dann eilte er noch weiter zurück, gefolgt von den beiden andern, die ihm dort Gesellschaft geleistet hatten. Wir avancierten eine kurze Strecke hinter ihm her, bis ich sah, daß es leidliche Deckung für uns gab. Ich glaubte nicht, daß es zum Kampf kommen würde, dennoch stellte ich meine Leute so, daß sie hinter Steinen, Bäumen oder Büschen möglichst verborgen steckten.

Nun wartete ich, was geschehen würde. Ich war bereit und mußte vorerst erfahren, was auf der Seite des Emirs geschah. Der Oberleutnant hatte einen heilsamen Schreck erhalten. Er war von der langen Einzellinie meiner Leute so getäuscht worden, daß er sie für viel zahlreicher hielt, als sie waren. Das konnte mir nur lieb sein. Für je übermächtiger er uns hielt, desto größer mußte seine Besorgnis sein und also auch seine Bereitwilligkeit, sich zu ergeben.

Da hörte ich jenseits der Bucht laute Stimmen; die Worte aber, welche gesprochen wurden, konnte ich nicht verstehen. Dann erdröhnte ein Schuß, noch einer, ein dritter und ein vierter. Menschen schrien. Dann wurde es plötzlich wieder ruhig. Eine Viertelstunde verging. Da kam ein Mann um die Krümmung des Weges; er trug die Uniform der Askaris des Emirs. Ich trat hinter dem Baum, an welchem ich stand, hervor. Ich kannte ihn; ein Betrug war unmöglich. Als er mich sah, kam er schnell auf mich zu.

„Die Sklavenjäger haben dich durchgelassen?" fragte ich voller Hoffnung.

„Ja, Effendi; sie mußten, denn sie haben die Waffen gestreckt", antwortete er.

„Gott sei Dank! Aber es fielen Schüsse!"

„Der Emir wollte ihnen zeigen, daß wir Ernst machen. Es sind vier von ihnen erschossen worden; dann erst baten die beiden Offiziere um Gnade. Nun sollst du mit deinen Leuten näherkommen, um mitzuhelfen, den Gefangenen die Hände zu binden."

Auf diese Weisung hin marschierten wir vorwärts und stießen sehr bald auf die ersten Feinde. Die, welche ich sehen konnte, hielten ihre Gewehre noch in den Händen, machten aber keine Miene, sie gegen uns zu gebrauchen.

„Effendi!" hörte ich die Stimme des Emirs rufen.

„Hier!" antwortete ich.

„Die Gegner legen die Waffen nieder und werden, die Hände

hinten gefesselt, immer einer an den andern gebunden, so daß sie eine Einzelreihe bilden und so auf dem schmalen Weg transportiert werden können. Laß keinen entkommen. Wir marschieren nach dem Regenbett."

Dieses Arrangement war bei der Schmalheit des Weges das einzig richtige. Oft konnten nur zwei nebeneinander stehen. Die Stricke und Riemen zum Binden, ebenso die erbeuteten Waffen, mußten von dem einen dem andern zugereicht werden. Als ich vorn fertig war und der Emir von sich dasselbe gemeldet hatte, setzten wir uns in Bewegung, zunächst meine Askaris voran, darauf die Gefangenen und dann der Emir mit seinen Leuten. Nachdem später der Weg breiter geworden war, bildeten wir aus der Einzelreihe der Sklavenjäger eine doppelte, neben welcher die Askaris marschierten, immer ihre Waffen zum Gebrauch bereit, um einen etwaigen Fluchtversuch zu vereiteln. Später konnten wir es uns noch bequemer machen, und da kam auch der Emir nach vorn, um mit mir zu sprechen. Er war natürlich ebenso wie ich über das Gelingen unseres Unternehmens erfreut, ärgerte sich aber auch in demselben Grad darüber, daß wir Ibn Asl nicht mit erwischt hatten.

„Wo mag er stecken?" fragte er.

„Hat der Oberleutnant es dir nicht gesagt?"

„Er gestand mir, daß er nach dem Regenbett sei. Dieser Gedanke scheint ihm erst gegen Morgen gekommen zu sein. Vielleicht ergreifen wir ihn noch."

„Schwerlich! Nämlich wenn er nicht schon ergriffen worden ist."

„Von unseren Wächtern im Kessel des Regenbettes?"

„Nein, sondern von den Kamelwächtern. Ehe er den Kessel erreichen konnte, mußte er an diesen Leuten vorüber."

„Wie viele sind es?"

„Solange ich dort anwesend war, hielt ich drei Personen für ausreichend; aber als ich fortging, befahl ich, daß noch zwei dazukommen sollten."

„Das genügt vollständig. Gegen fünf Mann hat Ibn Asl unmöglich etwas machen können."

„Durch Gewalt wohl nicht, aber ob auch nicht durch List . . .?!"

„Welche List hätte er in Anwendung bringen können?"

„Hm! Ist er allen deinen Askaris persönlich bekannt?"

„Nein."

„So steht zu erwarten, daß er sich für einen andern ausgegeben hat. Ist ihm Glauben geschenkt worden, so kann er uns wohl bedeutenden Schaden angerichtet haben."

„Das ist wahr. Wollen uns beeilen!"

„Soll ich nicht lieber vorausgehen? Je eher einer von uns ankommt, desto leichter ist ein etwa vorgefallener Fehler gutzumachen."

„Ja, eile vor uns her, und nimm deinen Ben Nil mit, auf den du dich verlassen kannst! Wir kommen so schnell wie möglich nach."

Es zeigte sich leider, daß meine Befürchtung nicht unbegründet gewesen war. Als ich mit Ben Nil an die Nordseite des Berges gelangte und da die weidenden Kamele erblickte, sah ich zugleich etwas, was mir bewies, daß nicht alles in Ordnung war. Außerhalb des Platzes, auf welchem sich die Kamele befanden, standen fünf Wächter, und innerhalb dieses Halbkreises, da, wo das Regenbett in den Berg zu schneiden begann, gab es eine Gruppe von Menschen, welche sich nicht hier befinden durften, wenn nichts Regelwidriges geschehen war. Es waren fünf Personen. Zwei lagen an der Erde, und drei kauerten bei ihnen, indem sie sich mit ihnen beschäftigten. Als diese drei uns kommen sahen, sprangen sie auf und blieben stehen, um unser Nahen zu erwarten. Es war der Fessarah-Führer, der alte Askari, dem ich den Befehl übergeben hatte, und noch ein Soldat. Schon von weitem sah ich es ihnen an, daß sie sich in einer nicht ungewöhnlichen Verlegenheit befanden.

„Was ist denn geschehen?" fragte ich sie. „Warum liegen diese zwei, ohne sich zu bewegen, an der Erde?"

„Sie sind . . . verwundet, Effendi", antwortete der Alte.

„Von wem?"

„Von einem Fremden."

„Wie ist das möglich gewesen? Kanntet ihr den Mann?"

„Nein. Ich habe ihn gar nicht gesehen, und dieser da", er deutete auf den Soldaten, „welcher mit Wache stand, hat ihn nicht gekannt."

„Und die andern Wächter?"

„Ob diese den Mann gekannt haben, weiß ich nicht; ich kann sie nicht danach fragen, da sie ohne Besinnung sind."

„Aber das sind zwei, und dieser Soldat hier, das ergibt drei; ich hatte aber doch befohlen, daß fünf bei den Kamelen sein sollten!"

„Effendi, es sind jetzt ja fünf Mann da!" meinte der Alte, indem er die Augen niederschlug.

„Fünf?" zürnte ich. „Jetzt sind insgesamt zehn Mann hier; also befinden sich nur zehn, anstatt fünfzehn Personen droben bei den Gefangenen. Was ist das für eine Wirtschaft! Wenn du meinen Anordnungen nicht besser Gehorsam leistest, ist es freilich nicht zu verwundern, daß solche Dinge geschehen. Du bist der Älteste der Askaris; aber hätte ich einem Kind den Oberbefehl übergeben, so wären meine Weisungen jedenfalls gewissenhafter befolgt worden. Und diese beiden Männer sollen nur verwundet sein?"

„Ich denke es, Effendi; ich hoffe es, daß sie nur besinnungslos sind und bald wieder zu sich kommen."

„Habt ihr euch mit ihnen beschäftigt?"

„Schon seit einer Stunde; sie wollen aber trotz unserer Bemühungen nicht erwachen."

„Das glaube ich wohl. Sieh doch ihre Gesichter an! Das sind hippokratische Züge. Wollen einmal sehen!"

Ich kniete nieder, um die Verwundeten, welche in einer Blutlache lagen, zu untersuchen. Der eine war in den Hinterkopf und der andere in die Brust geschossen. Man hatte ihnen nicht einmal die Jacken geöffnet. Sie waren tot.

„Mensch", fuhr ich den Alten zornig an, „hast du denn keine Augen gehabt! Diese beiden Leute sind nach den Schüssen, welche sie erhielten, sofort tot gewesen. Und nun will ich wissen, wie dieses Unglück geschehen konnte und wie es geschehen ist!"

„Effendi, frag den; der war dabei!"

Er deutete auf den Soldaten.

„Erzähl!" gebot ich diesem.

„Herr", begann dieser zaghaft, „mich trifft keine Schuld; das glaube mir! Wir drei hatten eben die Wächter abgelöst . . ."

„Ihr drei?" fiel ich ihm in die Rede. „Also sind es selbst nach der Ablösung trotz meines bestimmten Befehles nur drei Personen gewesen?"

„Ja; aber ich kann nicht dafür."

„Das weiß ich, denn du warst es ja nicht, der zu bestimmen hatte. Weiter!"

„Also wir drei hatten eben die Wächter abgelöst, als wir einen Mann sahen, der um den Sumpf herum und über die Steppe kam. Seine eiligen Schritte waren gerade auf uns gerichtet; aber als er uns erblickte, blieb er wie erschrocken stehen. Dann kam er langsam auf uns zu."

„Er war bewaffnet?"

„Ja. Ich stand ihm am nächsten und rief ihn an. Er gehorchte, blieb stehen und kam erst dann vollends heran, als ich ihm die Erlaubnis dazu erteilt hatte."

„Das war ein Fehler. Entweder durftet ihr ihn gar nicht heranlassen, oder ihr mußtet ihn gefangennehmen."

„Dieses letztere wollten wir ja auch, und nur darum erlaubten wir ihm, zu uns zu kommen."

„Fragte er, wer ihr seid?"

„Ja."

„Und du antwortetest?"

„Ja. Es gab doch keinen Grund, ihm zu verschweigen, daß wir Askaris des Reis Effendina sind!"

„Es gab wohl Grund, und zwar allen, allen Grund! Du hast eine Albernheit begangen, welche ganz unverzeihlich ist. Er wollte erfahren, wen er vor sich hatte, um danach seine Antworten und Auskünfte einzurichten. Siehst du das nicht ein? Er war klüger als ihr. Ich muß unbedingt ganz genau erfahren, was geschehen ist; ich muß jedes Wort wissen, was gesprochen wurde, womöglich sogar die Reihenfolge der Fragen und Antworten. Besinne dich also und gib ehrlich Auskunft! Nur dadurch kannst du dir meine Verzeihung, welche du gar nicht verdient hast, erwerben. Also er fragte zuerst, was?"

„Wer wir seien. Ich sagte es ihm. Dann wollte er wissen, wo unsere Kameraden seien. Ich wollte es ihm nicht sagen, und da teilte er mir mit, daß er ein Freund des Emirs sei."

„Das glaubtest du?"

„Nicht sofort. Ich war vorsichtig, Effendi, und sagte ihm in das Gesicht, daß seine Worte Lügen seien. Da aber begann er, sehr stolz zu sprechen. Er behauptete, ein Eilbote des Gouverneurs von Chartum zu sein; er sei an den Reis Effendina abgesandt, um diesem höchst wichtige Befehle zu bringen."

„Der Gouverneur von Chartum hat dem Emir nichts zu befehlen!"

„Das wußte ich nicht. Er gab sich für einen hohen Offizier, nämlich für einen Mir Alaj – Oberst – aus und sprach in einer so befehlshaberischen Weise zu uns, daß wir ihm Glauben schenken mußten."

„Mußten? Wenn ein Hund dich anbellt, anstatt demütig zu winseln, mußt du ihn deshalb für einen Löwen halten? Doch weiter! Er hat sich jedenfalls nach allem erkundigt?"

„Ja. Er kannte auch dich und sprach so freundlich von dir, daß unser Mißtrauen völlig schwand. Er wollte wissen, wo du seist, wo die Gefangenen sich befänden; kurz, wir mußten ihm alles, alles sagen."

„Daß die Gefangenen da oben im Kessel des Regenbettes sind?"

„Ja. Wir mußten ihm erzählen, wie die vierzig Mann heute früh in unsere Hände geraten sind."

„So erfuhr er auch, daß der Reis Effendina sich hier am Maijeh befindet und wieviel Askaris er bei sich hat?"

„Auch das."

„Sagtet ihr auch, wie wir Ibn Asl fangen wollten?"

„Danach fragte er uns ganz besonders und eindringlich."

„Nun, da haben gerade die richtigen Kerle für ihn dagestanden. Er konnte sie sich gar nicht dümmer und leichtgläubiger wünschen! Wo habt ihr nur eure Köpfe, eure Gedanken gehabt! Diesem fremden Mann alles, alles zu sagen, anstatt ihn festzunehmen und ihm bis zu meiner Rückkehr alles zu verheimlichen, wie es eure Pflicht und Schuldigkeit war! Wie sah er aus?"

„Er trug einen weißen Haik, Effendi."

„Seine Gestalt?"

„Er war nicht lang, aber sehr breit."

„Sein Gesicht?"

„Es war ganz von einem schwarzen Vollbart bedeckt."

„Dachte es mir! Weißt du denn, du Sohn, Enkel und Urenkel eines Großvaters der Albernheit, mit wem du da gesprochen und wem du diese wichtigen Dinge verraten hast? Ibn Asl war es, der berüchtigtste Sklavenjäger, der Anführer unserer Feinde in eigener Person!"

„Allah w' Allah! Wäre es möglich?!"

„Natürlich! Denn bei dir ist alles möglich, selbst die allerunmöglichste Kopflosigkeit, wie du ja bewiesen hast! Was tat er denn, nachdem du ihm eine so schöne und ausführliche Auskunft erteilt hattest?"

„Er verlangte mit dem zu sprechen, dem du das Kommando hier übergeben hast."

„Gut! Weißt du dann, was eigentlich nun geschehen mußte?"

„Was, Effendi? Ich glaube keinen Fehler gemacht zu haben."

„Hättet ihr richtig gehandelt, so stände es jetzt hier anders. Während einer von euch hier bei den Kamelen blieb, mußten die beiden andern ihm die Waffen abfordern und ihn dann in die Mitte nehmen, um ihn zu dem Kommandierenden zu bringen. Habt ihr dies etwa getan?"

„Nein, das nicht."

„Und warum nicht?"

„Weil er befahl, es sollte einer von uns gehen, um den Kommandanten zu holen."

„Und wer ging?"

„Ich."

„Das hat dir das Leben gerettet. Drei waren ihm doch zu viel und zu gefährlich; darum schickte er einen fort, um mit den andern leichter fertig werden zu können. Erzähl weiter!"

„Ich ging. Ich hatte doch noch Verdacht gegen ihn und blieb, als ich mich zwischen den hohen Ufern des Regenbettes befand, stehen, um zu überlegen, ob es nicht vielleicht besser sei, ihn gleich mitzunehmen. Indem ich so darüber nachdachte, hörte ich zwei Schüsse schnell hintereinander fallen. Das war bei den Kamelen. Ich sprang auf das eiligste zurück und sah diesen Mann das weiße Hedschihn besteigen; meine beiden Kameraden aber lagen an der Erde. Wie du jetzt gesagt hast, sind sie von ihm erschossen worden."

„Schossest du nicht nach ihm?"

„Natürlich! Ich legte mein Gewehr sofort auf ihn an und zielte nach seinem Kopf; aber die Kugel ging leider fehl, und dann war er mit dem Kamel so schnell und so weit fort, daß ihn meine zweite Kugel gar nicht erreichen konnte."

„Wohin ritt er?"

„Dahin, woher er gekommen war."

„Also östlich?"

„Ja; er verschwand hinter dem Sumpf."

„Und dann?"

„Dann kam der Alte hier, denn er hatte die Schüsse auch gehört. Ich erzählte ihm, was geschehen war. Da stellte er fünf Wächter her, und wir gaben uns Mühe, die Toten aufzuwecken, haben aber, bis du kamst, keinen Erfolg gehabt."

„Ja, jeder Dummkopf macht erst dann, wenn es zu spät ist, seine Fehler gut! Ich seid schuld am Tod eurer Kameraden und an dem Entkommen des Sklavenjägers. Ich will nicht mit euch rechten, sondern dies dem Reis Effendina überlassen. Ich will lieber versuchen, eure Torheit ungeschehen zu machen, obgleich ich überzeugt bin, daß dies fast unmöglich ist. Helft mir schnell, mein und Ben Nils Kamel zu satteln; sie sind die schnellsten von allen. Wir werden Ibn Asl nachreiten. Du aber, Alter, kehre jetzt zu den Gefangenen zurück! Da du nur zehn Wächter bei ihnen gelassen hast, könnte zu dem ersten Unfall leicht noch ein zweiter kommen. Dem Reis Effendina melde, daß ich wohl nicht sehr lange fortbleiben werde."

Zwei Minuten später saßen wir im Sattel und ritten nach dem Sumpf, hinter dessen nördlichem Ende, wie wir gehört hatten, Ibn Asl verschwunden war.

Am Wadi el Berd, als ich und Ben Nil den Sklavenjäger auf seinem weißen Kamel verfolgten, hatten wir auf denselben Tieren gesessen, welche wir heute noch ritten. Es war uns damals unmöglich gewesen, die weiße Dschebel-Gerfeh-Stute einzuholen; sie war unsern Tieren noch heute ganz in derselben Weise überlegen. Da wird man nun mit gutem Grund fragen, wie es kam, daß ich dennoch den Versuch machte, Ibn Asls habhaft zu werden. Ich wollte mich einfach nicht auf die unzulängliche Schnelligkeit meiner Kamele, sondern auf meine List verlassen. Ben Nil folgte dem soeben bezeichneten Gedankengang, als er, während wir zunächst langsam nebeneinander herritten, mich fragte:

„Effendi, meinst du wirklich, daß wir Ibn Asl einholen? Denk an damals, als wir ihn am Wadi el Berd verfolgten! Wir saßen auf den schnellsten Hedschihn, welche der Reis Effendina auftreiben vermocht hatte, und doch verschwand Ibn Asl auf seinem weißen Kamel vor uns, wie eine Sternschnuppe hinter dem Horizont verschwindet."

„Das ist richtig; aber ich will ihn nicht verfolgen, sondern er soll mir in die geöffneten Arme laufen. Ich behaupte, er ist noch hier."

Bei diesen Worten deutete ich hinaus in die nordwärts von uns liegende Steppe.

„Da wäre er der größte Tor, den ich mir denken kann!"

„O nein! Du hast die Erfahrung gemacht, daß meine Berechnungen, selbst wenn sie einmal kühner als gewöhnlich sind, meist stimmen."

„Das ist wahr. Ob aber auch die jetzige?!"

„Ibn Asl schwamm schon im Siegesrausch, desto größer wird jetzt seine Enttäuschung sein. Er hat, als er hörte, was geschehen war, oder vielmehr was geschehen sollte, sich nicht in den Kessel des Regenbettes zu seinen gefangenen Genossen getraut; er sah ein, daß er verspielt hat und sein Heil nur in der Flucht suchen muß. Entkommen konnte er aber nur durch die Schnelligkeit seines Kamels. Es war ihm gestern abhanden gekommen; aber er sah es vorhin hier bei den unserigen weiden. Da mußte ihm der Gedanke kommen, sich wieder in dessen Besitz zu setzen. Es ist ihm gelungen, indem er die Wächter betörte. Auf dem Rücken dieses unvergleichlichen Tieres weiß er sich nun vor jeder Verfolgung sicher, da kein anderer Reiter ihn einzuholen vermag. Aus diesem Grund braucht er es mit der Flucht nicht so eilig zu nehmen, sondern er kann das tun, was ihm nächst der

Rettung seiner eigenen Person am meisten am Herzen liegen wird, nämlich nachforschen, was aus seinen Leuten geworden ist. Es liegt ja im Bereich der Möglichkeit, daß sie nicht in unsere Hände geraten sind. In diesem Fall braucht er nicht zu fliehen, sondern kann uns im Gegenteil noch höchst gefährlich werden. Er wird unsere Rückkehr belauschen. Wenn unser Zug zwischen dem Sumpf und dem Berg hervorkommt, um den letzteren nach dem Regenbett hin zu umbiegen, bietet er einen so offenen Anblick, daß ein heimlicher Beobachter sogleich erkennen muß, wie die Verhältnisse liegen."

„Aber einen heimlichen Beobachter kann es doch da gar nicht geben, weil sich hier niemand verstecken kann."

„Da täuschst du dich eben. Die offene Steppe bietet ein außerordentlich gutes Versteck, eben weil sie offen ist. Hinter einem Busch oder Baum kann man einen Lauscher vermuten und suchen; sag mir aber mit Sicherheit genau den Punkt, wo ich einen auf der Steppe verborgenen Menschen antreffen werde!"

„Du hast im allgemeinen recht; aber Ibn Asl hat ein weißes Kamel, welches ihn verraten würde."

„Du ziehst nicht in Betracht, daß es jetzt gefärbt ist."

„Ja, das hatte ich vergessen. Aber er trägt einen weißen Haik, den man unbedingt sehen muß."

„Den zieht er aus."

„So gibt es aber doch noch einen Einwand, den du mir wohl nicht widerlegen wirst. Wenn er uns beobachten will, muß er doch so nahe herankommen, daß er uns deutlich sehen kann; dann sehen wir aber auch ihn."

„Ich habe auf der ‚Eidechse' ein Schiffsfernrohr gesehen; das hatte er mit, wie ich gestern abend, als ich ihn am Feuer beobachtete, bemerkt habe. Mit dessen Hilfe kann er uns aus einer Entfernung beobachten, welche für unsere bloßen Augen zu groß ist, als daß wir ihn da sehen könnten. Er hat dieses Rohr jedenfalls auch vorhin umhängen gehabt. Leider dachte ich nicht daran, mich danach zu erkundigen. Also ich stelle mir das so vor: Er ist ein tüchtiges Stück fortgeritten und dann wieder umgekehrt, bis er dem Regenbett so nahe war, daß er es durch das Rohr beobachten kann. Dort stieg er ab; sein Kamel mußte sich legen, und er hält nun das Rohr auf die Gegend gerichtet, aus welcher unser Zug kommen muß."

„Dann sieht er aber doch jetzt uns beide, Effendi!"

„Allerdings; jedoch das schadet nichts. Er ahnt ja nicht, was wir beabsichtigen. Nun fragt es sich, wohin er dann, wenn er uns beobachtet hat, seinen Ritt oder vielmehr seine Flucht wenden wird."

„Jedenfalls nilaufwärts nach der Stelle, an welcher er sein Schiff liegen hat."

„Das denke ich auch. Hier unten muß er seine Sache verloren geben. Er ist ganz allein und hat keine Leute, um uns die Gefangenen abzujagen. Er findet sein Heil nur in der schleunigsten Entfernung. Er wird zunächst sein Schiff aufsuchen und dann, entweder mit diesem Schiff oder auf seinem viel schnelleren Kamel, nach Faschodah gehen, wo Freunde und Verbündete auf ihn warten. Dort und in der Gegend Fanakama kann er neue Leute anwerben, um sein schmachvolles Handwerk weiterzutreiben. Daraus geht hervor, daß er von hieraus südwärts reiten wird, ungefähr in der Richtung nach Hegasi zu, woher er ja auch gekommen ist. Darauf gründe ich meinen Plan, bei dessen Ausführung du mir helfen sollst."

„Ich werde alles, was du willst, gern tun, Effendi. Gib mir nur deine Befehle."

„Wenn er wirklich das tut, was ich erwarte, so kann ich mir ungefähr denken, an welcher Stelle er sich jetzt befindet. Unser Zug kommt zwischen dem Berg und dem Maijeh hervor und wendet sich dann links. Dieser Gegend gegenüber muß Ibn Asl Posto fassen, wenn er alles deutlich sehen will. Die Breite, in welcher sich sein Versteck befindet, kenne ich also, und die Länge ergibt sich aus der Tragweite seines Fernrohres. Da, wo die Länge mit der Breite sich schneidet, habe ich ihn zu suchen."

„Das verstehe ich nicht, und ich bitte dich also, es mir zu erklären!"

„Das ist nicht notwendig; du brauchst mich nicht so genau zu verstehen, da du ihn nicht aufsuchen sollst; das werde vielmehr ich tun. Ich umreite ihn, so daß er keinen Verdacht faßt, komme dann in seinem Rücken zurück und stöbere ihn auf. Er wird fliehen, und zwar in südlicher Richtung. Diese hast inzwischen du verfolgt. Du bist an einer Stelle, an welcher er voraussichtlich vorüberkommen muß, abgestiegen. Dein Tier liegt am Boden; du auch; er kann euch also nicht eher sehen, als bis es zu spät ist. Sobald er nahe genug ist, zielst du auf sein Kamel und schießt es nieder."

„Warum nicht ihn?"

„Er mag noch so schlecht sein, bleibt aber doch ein Mensch. Und sein Kamel ist zwar kostbar, aber doch nur ein Tier. Es wird stürzen; er springt auf, um zu fliehen, und du steigst schnell in den Sattel. Dann haben wir ihn zwischen uns, denn du bist vor und ich bin hinter ihm; er muß sich ergeben."

„Er wird auf uns schießen!"

„Glaub das nicht! Ich werde dafür sorgen, daß er das nicht wagt. Wollte er im Ernst zielen, so würde meine Kugel ihn treffen, bevor er abzudrücken vermag. Ich hoffe, du hast mich begriffen?"

„Ja. Aber wo ist die Stelle, an welcher ich anhalten soll, an welcher er deiner Ansicht nach vorüberkommen wird? Ich bin sehr begierig, zu erfahren, wie du das in der offenen Steppe bestimmen willst."

„Es ist leichter als du denkst."

„Wirklich, Effendi? Er reitet nach Süden, ja; aber wie weit er sich dabei östlich oder westlich hält, das kannst du nicht wissen."

„Wenn ich es noch nicht weiß, so berechne ich es mir. Zu weit nach Osten kann er nicht gehen, weil das ein Umweg wäre und ihn zugleich in die Nähe des Nils bringen könnte, wo er gesehen würde; er wird sich also eher so weit wie möglich nach Westen halten. Da aber sendet der Sumpf einen langen, schmalen Arm in die Steppe hinein, über den er nicht kann, den er also umreiten muß. Er wird, dessen bin ich überzeugt, hart am Ende dieses Sumpfarmes vorüberkommen, und dort ist es, wo du ihn zu erwarten hast."

„Ist das weit von hier?"

„Gar nicht. Wir befinden uns am nördlichen Ende des Sumpfes. Blick nach Südosten, so wirst du dort am Horizont eine dunkle Linie sehen!"

„Ich sehe sie, Effendi."

„Das sind die Büsche, welche diesen Arm des Sumpfes markieren. Da, wo links diese Linie aufhört, ist auch der Sumpf zu Ende, und dort hältst du an."

„So weiß ich, was ich zu tun habe. Ich soll natürlich jetzt sogleich hin?"

„Ja. Aber mach keinen Fehler! Ziele gut, damit du keinen Fehlschuß tust."

„Du weißt, daß ich nicht schlecht schieße, Effendi."

Wir trennten uns. Er ritt nach Süden und ich nach Norden, in die Steppe hinaus. Wenn Ibn Asl wirklich ungefähr da lag, wo ich ihn vermutete, so mußte er, wie bereits erwähnt, mich sehen und sich also fragen, weshalb ich diesen Ritt unternahm. Höchstwahrscheinlich kam er nicht auf die Idee, daß der ihm galt; ich hielt ihn nicht für klug genug, mir eine solche Berechnung zuzutrauen; dennoch hielt ich mich mehr nach Westen, um ihm nicht allzu nahe zu kommen. Hätte er schon jetzt meine Absicht bemerkt, so wäre er geflohen, und ich hätte ihn nicht Ben Nil zutreiben können.

Als ich mich so weit, wie meiner Vermutung nach sein Fernrohr trug, von dem Berg entfernt hatte, mußte ich mich sehr wahrscheinlich in gleicher Breite mit ihm befinden und hielt nun mehr östlich hinüber, aber nur nach und nach, damit es ihm nicht auffiel. Ich ritt noch einmal so weit, als ich bisher gekommen war, bog dann um und wendete mich zurück, nach Süden, auf die Gegend zu, welche mir nun einmal als sein Aufenthalt oder Versteck im Sinne lag. Ich trieb mein Tier zum schärfsten Gang an, um Ibn Asl so wenig wie möglich Zeit zu lassen, und nahm mein Gewehr vom Sattelknopf. Vielleicht gelang es mir doch, ihn so zu überrumpeln, daß ich auf sein Tier zum Schuß kam.

Dabei rechnete ich darauf, daß er seine Aufmerksamkeit vorzugsweise nach der Richtung wenden würde, in welcher unsere Askaris erscheinen mußten. Ich war außerordentlich gespannt, zu erfahren, ob ich meine Berechnung in die Luft geschrieben hatte oder nicht. In die Steppe zu reiten, um einen Menschen zu fangen, der sich gar nicht in ihr befindet, das hätte mich denn doch geärgert und wohl auch ein wenig – blamiert.

Glücklicherweise sollte ich wenigstens dieser Blamage entgehen, denn plötzlich bemerkte ich da vorn vor mir eine Bewegung im Gras. Ich sah ein Kamel am Boden liegen; ein Mann sprang in den Sattel; das Tier schnellte sich auf und rannte fort.

Also war er doch dagewesen! Er hatte gerade und genau da gelegen, wo meine Vermutung ihn gesucht hatte. Jetzt schoß er gerade vor mir her, drehte sich nach mir um und schwang höhnisch die Flinte über dem Kopf, gerade wie damals, als er mir am Wadi el Berd entfloh. Schießen konnte oder vielmehr wollte ich nicht; ich hätte ihn vielleicht noch treffen können, aber die Entfernung war doch zu groß, als daß ich meiner Kugel hätte sicher sein können.

Es fiel mir auf, daß er nicht in der Richtung floh, welche meiner Erwartung entsprochen hätte. Er hielt sich mehr rechts, als ob er gerade nach dem Regenbett reiten wolle. Die Ursache blieb mir nicht lange verborgen. Nämlich eben jetzt waren unsere Askaris zu sehen, welche mit ihren Gefangenen anmarschiert kamen. Er hielt gerade auf sie zu, um so viel wie möglich sehen zu können. Um mich schien er sich gar nicht zu kümmern.

Ich war überzeugt, daß er sich nur so weit an sie wagen würde, daß er noch außerhalb ihrer Schußweite blieb. Dann aber mußte er sich wieder nach links wenden, um an dem Sumpf vorüberzukommen. Er hatte trotz der kurzen Zeit schon einen bedeutenden Vorsprung gewonnen und hielt jetzt sogar an, um besser beobachten zu können. So sehr verließ er sich auf die Schnelligkeit seines Tieres. Ich benutzte dies, um ihm später näherzukommen; ich ritt nicht gerade auf ihn zu, sondern wendete mich mehr nach dem Maijeh. Ich konnte ihm dadurch den Weg freilich nicht abschneiden, aber doch die Entfernung zwischen uns verringern und dadurch vielleicht zum Schuß kommen.

Unsere Askaris sahen ihn; sie sahen auch mich und vermuteten, daß er ein Feind war. Sie erhoben ein lautes Geschrei; er antwortete ihnen in derselben Weise und sah sich dann nach mir um. Da bemerkte er, daß ich ihm zuvorkommen wollte, und trieb sein Tier wieder an. Er kam jetzt schräg auf meine Richtung zu. Welch ein herrliches Kamel war diese Dschebel-Gerfeh-Stute! Sie warf die Distanzen nur so hinter sich! Ich kam nicht zum Schuß und trieb mein Hedschihn mit Schlägen zur äußersten Eile an. Es tat sein möglichstes, aber von Schritthalten oder gar Einholen konnte keine Rede sein.

Zu meiner Genugtuung hielt Ibn Asl jetzt ganz genau die Richtung ein, welche ihn zu Ben Nil führen mußte. Ich trachtete noch weiter nach links, um ihn zu veranlassen, mehr rechts zu bleiben und ihn also an das Ende der erwähnten Zunge des Sumpfes zu drängen. Dabei kam es darauf an, seine Aufmerksamkeit soviel wie möglich von vorn abzulenken, damit er Ben Nil nicht zu zeitig erblickte. Deshalb rief ich hinter ihm drein, gab ihm die gröbsten Schimpfnamen, kurz, machte einen Skandal, der weit über die Steppe hin zu hören war. Er wendete sich einige Male nach mir um und antwortete mit einem schallenden Gelächter. Dieser Lärm hatte zugleich die gute Wirkung, Ben Nil auf unsere Annäherung aufmerksam zu machen.

Wir ritten so schnell, daß es schien, als ob die Büsche, bei denen ich den letzteren wußte, auf uns zugeflogen kämen. Der Sklavenjäger war noch zwölfhundert, noch tausend, noch acht-, noch sechshundert Schritt davon entfernt. Er mochte dem Sumpf doch nicht recht trauen, denn er bog mehr nach links ab, um ihm noch weiter auszuweichen. Er war auf vier-, auf dreihundert Schritt heran und bog immer weiter ab. Auf diese Weise kam er so weit von Ben Nil vorüber, daß dieser gar nicht treffen konnte.

Da sah ich diesen hinter den letzten Sträuchern hervorkommen und, das Gewehr in der Hand, gerade in die Steppe hinein- und auf Ibn Asl losrennen. Dieser sah ihn natürlich ebenfalls und faßte Verdacht. Er lenkte seitwärts, aber sein Kamel war so im Schuß, daß es noch eine Strecke geradeaus rannte, ehe es die Wendung zu machen vermochte. Zur selben Zeit blieb Ben Nil stehen, legte an und schoß. Ich sah den Rauch seines Gewehres, hörte den Schuß und sah, daß die weiße Stute mitten im Rennen hielt, als ob sie einen Schlag von vorn erhalten habe. Dann raffte sie sich auf und flog, von ihrem Reiter mit der Flinte angetrieben, davon, als ob sie aus einem Kanonenrohr geschossen worden sei. Da krachte Ben Nils zweiter Schuß hinter ihr her, doch ohne zu treffen. Ibn Asl jagte an der Sumpfzunge vorüber . . . Er war uns entkommen. Einige Sekunden später hatte ich Ben Nil erreicht und hielt bei ihm an.

„Effendi", rief er, „ich kann nichts dafür; ich habe das Kamel getroffen. Hast du es nicht gesehen? Es blieb mitten im Lauf für einen Augenblick stehen."

„Ich habe es gesehen", antwortete ich, indem ich abstieg. „Dein erster Schuß traf, der zweite aber nicht."

„Auch diesen hatte ich gut gezielt!"

„Zu spät abgedrückt!"

„Aus Überraschung, Effendi. Kann man ohne Erstaunen bleiben, wenn man genau weiß, daß man getroffen hat, und doch läuft das Tier ganz unverletzt davon. Ich weiß, daß ich getroffen habe. Das Tier muß in kurzer Zeit niederfallen. Ich habe gerade auf die Brust gezielt."

„Wollen sehen, ob wir Blut finden."

Wir folgten der Spur eine ganz bedeutende Strecke, doch ohne einen einzigen roten Tropfen zu bemerken. Der Reiter verschwand indessen am südlichen Horizont. So schnell hätte das nicht geschehen können, wenn das Kamel schwerverletzt gewesen wäre.

„Vielleicht war es ein Streifschuß, der nur die Haut berührte", sagte ich.

„Nein, Effendi; ich bin meiner Sache so sicher, daß ich bei Allah, dem Propheten und allen Kalifen schwören kann, daß ich die Brust getroffen habe. Bedenke, daß die Entfernung nur fünfzig, höchstens sechzig Schritt betrug! Wie wäre da ein Streifschuß möglich?"

„Aus Aufregung. Aber ich halte dies selbst auch nicht für möglich. Ein Streifschuß hätte dem Kamel nicht einen solchen Ruck nach hinten gegeben. Du mußt es voll getroffen haben. Laß uns einmal suchen! Vielleicht ist die Kugel an irgend etwas abgeglitten."

Die Stelle war leicht zu erkennen, da das Kamel mit den Zehen den Boden aufgerissen hatte. Wir suchten im Gras, und wirklich, da glänzte uns etwas metallisch entgegen. Ich hob es auf; es war die plattgedrückte Kugel aus Ben Nils Gewehr.

„Wie schade, wie jammerschade!" rief dieser aus. „Sie muß an einem festen Gegenstand breitgedrückt worden sein."

„So ist es", bestätigte ich. „Ich habe gesehen, daß der Brustriemen des Kamels mit Platten und großen Knöpfen verziert war. Die Kugel hat einen dieser Gegenstände getroffen. Du siehst, wie gut es gewesen wäre, wenn du schnell zum zweitenmal geschossen hättest."

„Verzeih mir, Effendi! Ich war wirklich ganz betroffen, als ich das Tier nicht fallen sah."

„Ärgere dich nicht über diesen wirklichen Schuß, sondern über den, den du dann nicht abgefeuert hast!"

Die Betrübnis verschwand allmählich aus seinem Angesicht. Er holte sein Kamel aus dem Gesträuch, in welchem er es versteckt gehabt hatte, hervor. Wir stiegen auf und ritten nach dem Regenbett. Wir sahen schon von weitem, daß dort ein sehr reges Leben herrschte. Man hatte die früheren und heute erst Gefangenen aus dem Kessel geholt und sie den neuen zugesellt. Sie saßen, nur an den Händen gefesselt, auf der offenen Steppe im Gras und waren von zahlreichen Wächtern umstellt. Nahe dabei lagerten die Askaris. Unweit von ihnen hatte sich der Emir mit seinen Offizieren niedergelassen, und hinter diesen Gruppen weideten die Kamele. Die Askaris waren sehr lustig und guter Dinge. Sie hatten gesiegt, ohne daß einer von ihnen verletzt worden war, und einen ausgezeichneten Fang gemacht, welcher ihnen reiche Prämiengelder einbringen mußte. Desto schweigsamer waren die Gefangenen. Sie warfen, als ich kam, finstere, haßerfüllte Blicke auf mich, und als ich nahe bei ihnen aus dem Sattel stieg, hörte ich, daß der alte Abd Asl zu seinem Nachbar sagte:

„Nur diesem räudigen Giaur, diesem stinkenden Hund haben wir das alles zu verdanken. Möge ihn Allah zerreißen und in alle Lüfte zerstreuen!"

Ich achtete nicht auf diese Worte. Der Reis Effendina stand auf, kam mir entgegen und benachrichtigte mich:

„Ich habe während deiner Abwesenheit alles erfahren und werde die Schuldigen streng bestrafen. Dort liegen sie."

Er deutete auf eine Stelle, welche ich noch nicht beachtet hatte. Dort lag der alte Askari, dem ich das Kommando anvertraut gehabt hatte, mit dem Posten, welcher gegen Ibn Asl so mitteilsam gewesen war und ihn hatte entwischen lassen. Beide waren gebunden. Dann fuhr er fort:

„Man sagte mir, daß du mit deinem Ben Nil hast Ibn Asl nachjagen wollen. Wer war der Reiter, den du verfolgtest, als wir kamen? Ich sah ihn, konnte aber sein Gesicht nicht erkennen."

„Eben Ibn Asl."

Ich erzählte ihm, während wir uns zu seinen Offizieren setzten, den Hergang. Als ich geendet hatte, strich er sich nachdenklich den Bart und sagte, aber zu meiner Freude nicht mit dem von mir erwarteten ärgerlichen Ausdruck:

„Hätten wir ihn erwischt, so wäre uns viele Mühe und Anstrengung erspart. Ich darf nicht ruhen, bis ich diesen Halunken in meine Gewalt bekommen habe. Ich werde ihn nicht zu Atem kommen lassen, sondern ihn hetzen, bis er vor meinen Füßen zusammenbricht. Dieser Mensch allein ist noch gefährlicher als alle seine Leute zusammengenommen. Es wäre ein Triumph, ein Glück, eine Genugtuung, wenn wir ihn gefaßt hätten; dennoch will ich nicht klagen, sondern einstweilen zufrieden sein. Denn sieh die Gefangenen, und zähl sie! Hundertsechzig Sklavenjäger! Ist jemals so ein Fang gemacht worden, Effendi?"

„Ich habe wenigstens noch nichts davon gehört."

„Ja, es ist noch nie geschehen. Man kennt mich bereits. Von jetzt an aber wird mein Name von allen solchen Schuften mit doppelter Scheu genannt werden, und das habe ich dir zu verdanken."

„Lange nicht in der Weise, wie du es denkst! Ich habe dich ein wenig unterstützen können, aber nur, weil mir der Zufall günstig gewesen ist."

„Das nennst du ‚ein wenig'? Wer hat die Sklavenjäger im Wadi el Berd gefangen und die Fessarahfrauen befreit? Du! Wer hat dann die sechzig Jäger dort am Brunnen der Steppe ergriffen? Du! Wem habe ich es zu verdanken, daß ich nicht mit meinem Schiff und allen meinen Leuten verbrannt worden bin? Dir! Und wer hat mir den heutigen Fang in die Hände geliefert? Wieder du! Und von ‚Zufall' darfst du gar nicht sprechen. Was du so nennst, ist nichts anderes als eine Folge deiner Schlauheit, deiner Verwegenheit, deiner scharfen Berechnungen, welche dich fast niemals täuschen. Also nicht mir, sondern eigentlich dir gebührt die Ehre, welche ich ernten werde. Aber du sollst erfahren und erkennen, daß ich dankbar bin. Die größte Dankbarkeit aber könntest du dir erwerben, wenn du mir eine Bitte erfüllest."

„Welche?"

„Wann mußt du in deiner Heimat eintreffen?"

„Wann es mir beliebt."

„So bleib jetzt noch bei mir! Ich will dir etwas sagen; ich werde dir ein Versprechen geben: Wenn du mir hilfst, diesen Ibn Asl zu fangen, so bin ich bereit, dir dann . . ."

„Halt, kein Versprechen!" unterbrach ich ihn. „Du hast mir erlaubt, dich als meinen Freund zu betrachten, und ich habe bewiesen, daß ich der deinige bin. Zwischen Freunden aber gibt es keinen Handel, kein Versprechen, keinen Preis und keinen Lohn. Ich habe Zeit. Warum soll ich sie dir nicht zur Verfügung stellen? Ich habe das Spiel mit Ibn Asl angefangen. Warum soll ich es nicht zu Ende führen, um es zu gewinnen? Die Sklavenfrage interessiert mich auf das höchste. Warum soll ich mich nicht praktisch mit ihr beschäftigen, da mir eine so passende Gelegenheit geboten wird? Das, was ich außerdem und früher beabsichtigte, kann ich gerade auf diesem Weg am besten erreichen. Ich bleibe also bei dir."

„Bis wir den Hund haben?"

„Ja, bis er unschädlich gemacht worden ist."

„Ich danke dir, Effendi! Nun erst bin ich sicher, daß ich ihn ergreifen werde. Wo denkst du, daß er von jetzt an zu finden sein wird? Wohin wird er sich von heute an wenden?"

Ich erklärte und begründete ihm meine Ansichten, über die ich vorhin schon mit Ben Nil gesprochen hatte. Er hörte aufmerksam zu und sagte, als ich fertig war:

„Ich stimme dir vollständig bei. Er ist erst zu seinem Schiff und wird dann nach Faschodah gehen, um seine dort auf ihn wartenden Freunde aufzusuchen. Was ist da zu tun!"

„Wir müssen ihm nach!"

„Natürlich! Aber leider muß ich erst nach Chartum, um die Gefangenen dort abzuliefern. Da muß ich mich mit Proviant und Munition für eine lange Fahrt versehen, denn es ist möglich, daß wir Ibn Asl bis weit hinauf in den Süden, bis in die Sumpfgegenden der Nilarme verfolgen müssen. Das nimmt mehrere Tage in Anspruch. Dann mußt du bedenken, daß ich eine Woche nilaufwärts bis Faschodah brauche. Wenn wir nach so langer Zeit dort ankommen, ist Ibn Asl bereits fort."

„Könntest du nicht in Chartum einen Regierungsdampfer nehmen, welcher dich am Schlepptau in viel kürzerer Zeit nach Faschodah bringt?"

„Wenn sich eins dieser kleinen Waburat – Dampfschiffe – zufällig dort befindet, so werde ich es allerdings in Beschlag nehmen. Aber selbst dann würde Ibn Asl noch vor meiner Ankunft den Ort verlassen haben."

„So folgen wir ihm; das ist doch einfach."

„Für mich nicht so einfach wie wohl für dich. Wäre einer von uns eher oben in Faschodah, so könnte er Erkundigungen einziehen und Vorbereitungen treffen, so daß ich bei meiner Ankunft mich nicht aufzuhalten brauchte und wir sofort hinter ihm her sein könnten."

„Daran habe auch ich schon gedacht. Ich hatte mir sogar schon einen Plan gemacht, den ich dir vortragen wollte. Unsere Ansichten harmonieren, und unsere Absichten begegnen sich in der glücklichsten Weise. Ich will voranreisen!"

„Hamdulillah! Jetzt wird mir das Herz wieder leicht. Einen bessern Beweis deiner Freundschaft könntest du mir nicht geben als durch diesen so wertvollen Dienst. Ich nehme ihn mit Dankbarkeit an und werde dich mit allem, wessen du bedarfst, versehen. Wie aber willst du diesen Weg zurücklegen?"

„Das deinige natürlich ausgenommen, da das besser segelt, braucht jedes Schiff von hier aus, wenn es während der Nächte am Ufer liegt, volle elf Tage, bei ungünstigem Wind auch noch länger. Einer solchen Zeitverschwendung dürfen wir uns nicht schuldig machen, wenn wir Ibn Asl erwischen wollen."

„Er braucht aber doch ebensolange!"

„Meinst du, daß er auf seiner ‚Eidechse' fahren wird? Gewiß nicht. Er muß sich ja vor deinem ‚Falken' fürchten. Ich bin vollständig überzeugt, daß er reitet. Er kann ja gar nichts Besseres tun, da er ein so unübertreffliches Kamel besitzt."

„Ich gebe dir recht. Und so willst wohl auch du reiten?"

„Ja, vorausgesetzt, daß ich zu einem guten Kamel kommen kann."

„Du hast ja eins, sogar zwei von ganz gleicher Güte. Oder bist du nicht mehr mit ihnen zufrieden?"

„Sie würden mehr als genügen. Es sind sehr vortreffliche Tiere. Bedenke, welchen Weg sie zurückgelegt haben! Und doch sind sie noch so frisch wie an dem Tag, an welchem ich sie bekam. Freilich sind sie sehr gut behandelt worden und haben bei den Fessarah längere Zeit ausruhen können. Aber du hattest sie requiriert. Mußt du sie nicht abliefern?"

„Ganz nach meinem Belieben. Der Vizekönig braucht sie; das ist für den Besitzer genug. Du kannst sie also getrost behalten."

„Gut! Dann bin ich überzeugt, daß Ibn Asl keinen allzu großen Vorsprung vor uns erlangen wird."

„Und wie nun, willst du allein reiten?"

„Das wäre freilich das beste. Ein Begleiter würde mir nur hinderlich sein. Darum denke ich, daß . . ."

Ich wurde unterbrochen, und das hatte ich erwartet. Nämlich Ben Nil hatte sich mit zu uns setzen dürfen und also alles gehört. Jetzt fiel er mir in die Rede:

„Unzuverlässig ist nicht jeder, Effendi! Es gibt einen, der bereit ist, sein Leben für dich zu geben, und der dir nachlaufen wird, wenn du ihn nicht mitnimmst. Du hast zwei gleichschnelle Kamele. Wenn ich mich auf eins davon setze, wirst du nicht zurückgehalten. Und wenn ich dir auch in Gefahren nicht viel nützen kann, so wirst du doch an mir einen Diener haben, welcher wenigstens zu den gewöhnlichen Handreichungen zu gebrauchen ist. Ich bitte dich inständig, nimm mich mit! Wirst du deinen Ben Nil zurückweisen?"

„Ich würde dich mitnehmen, wenn ich nicht an Abu en Nil, deinen Großvater, dächte."

„Hindert dich dieser, mir die Erlaubnis zu geben?"

„Willst du dich denn abermals von ihm trennen, nachdem ihr euch ebenso unerwartet wie glücklich gefunden habt?"

„Ben Nil braucht sich nur kurze Zeit von ihm zu trennen", sagte der Reis Effendina. „Während ich von der Dschesireh Hassanieh bis hier herab fuhr, habe ich erkannt, welch ein brauchbarer Steuermann dieser Abu en Nil ist. Ich habe ihm alles Frühere verziehen und bin bereit, ihn bei mir anzustellen. Er wird dann mit mir nach Faschodah kommen und dort mit seinem Enkel vereinigt werden."

Der alte Abu en Nil war nämlich ebenso wie Selim, der Aufschneider, nicht mit hierher nach Dschebel Arasch Ool gekommen, sondern auf dem Schiff zurückgeblieben. Ben Nil wäre dem Emir vor Freude über dessen Worte am liebsten um den Hals gefallen. Er erging sich in den lebhaftesten und aufrichtigsten Dankesworten, und wenn ich nicht weniger freundlich als der Emir sein wollte, so mußte ich versprechen, ihn mitzunehmen. Dies hatte übrigens schon vorher in meiner Absicht gelegen. Ben Nil war trotz seiner Jugend zuverlässiger als jeder andere, und einen so langen Ritt in einem fremden Land ganz allein zu unternehmen ist auch nicht jedermanns Sache. Es war also ausgemacht, daß wir beide wie bisher zusammenhalten würden.

Nachdem dies besprochen war, sagte der Reis Effendina:

„Ich weiß, daß du am liebsten gleich jetzt aufbrechen würdest, aber du wirst mich vorher doch bis an das Schiff begleiten müssen. Darauf befindet sich einiges, was ich dir mitzugeben habe, und dort findest du auch Munition und frischen Proviant, während du hier nur schlechte Reste bekommen könntest."

„Dann würde es mir aber lieb sein, wenn wir uns hier nicht lange verweilten, Emir."

„Wir werden sogleich abmarschieren, wenn ich einige Akte der Gerechtigkeit vollzogen habe."

„Willst du Gericht halten?"

„Ja."

„Wer sind die Betreffenden?"

Mir grauste schon, denn ich dachte an das Wadi el Berd und die Sklavenhändler, welche er dort so prima vista hatte erschießen lassen.

„Zunächst die beiden Askaris dort", antwortete er. „Sie haben beide den Tod verdient."

„Den Tod?" fragte ich, ganz erschrocken über diese Strenge. „Ihre kleinen Vergehen sind doch nicht schwere Verbrechen, welche man mit dem Tode bestraft!"

„Ungehorsam, zumal wenn er solche Folgen hat, wird mit dem Tode bestraft, wenigstens bei mir."

„Der andere, welcher keinen Befehl zu führen hatte und nur Posten stand, ist aber jedenfalls nicht so strafbar!"

„Ebenso! Er hat ohne Erlaubnis alles ausgeplaudert; seine Dummheit hat ebenso den Tod seiner Kameraden wie das Entkommen Ibn Asls verschuldet. Bedenke, was für Menschen ich unter mir stehen habe! Die sind nur durch Strenge zu regieren."

„Ich bin in Milde ganz gut mit ihnen ausgekommen!"

„Für so kurze Zeit, ja, da ist es möglich. Bald aber würden sie dir über den Kopf wachsen. Meine Askaris kennen mich, und diese beiden Missetäter wissen ganz genau, was ihrer wartet."

„Also wirklich der Tod?"

„Ja; ich werde sie jetzt erschießen lassen."

Vielleicht hatte er recht, vielleicht auch nicht; ich aber konnte mich nicht zwingen, eine solche Strenge für nötig zu halten. Die beiden armen Teufel dauerten mich; darum ließ ich mich nicht irremachen, sondern sprach so lange auf ihn ein, bis er sagte:

„Gut, ich schenke dir das Leben dieser Kerle. Sie mögen laufen und mir nie wieder vor die Augen kommen!“

„Halt, Emir, so hatte ich es nicht gemeint! Was man tut, das soll man ganz und richtig tun. Schenkst du ihnen die Strafe und jagst sie fort, so ist das keine vollkommene Begnadigung.“

„Soll ich sie etwa gar im Dienst behalten?“

„Ja; ich bitte dich ganz besonders darum.“

„Ganz besonders? Daß du dir ihr Leben erbeten hast, war wohl gar nichts Besonderes?“

Ich lachte ihn an, hielt ihm die Hand hin und antwortete:

„Schlag ein; sie bleiben bei dir! Du bist kein so finsterer Barbar, obwohl du ein solcher scheinen willst. Ich sage dir, daß ein Gehorsam aus Liebe tausendmal mehr wert ist als ein Gehorsam aus Furcht und Angst. Ich kenne dich besser als du denkst und weiß genau, daß deine Askaris dich trotz deiner Strenge lieb haben.“

„So? Hast du das erfahren?“ fragte er in sehr mildem Ton und indem ein beinahe sonniges Lächeln über seine Züge glitt.

„Nicht nur einmal, sondern oft. Also, Emir, wirst du mir meinen Wunsch erfüllen?“

„Du sollst es sogleich sehen und hören.“

Er befahl, die beiden Männer loszubinden und zu ihm zu bringen. Als sie dann vor uns standen, war es ihren Armesündergesichtern anzusehen, daß sie die strengste Strafe erwarteten. Er sagte ihnen:

„Ich wollte euch jetzt erschießen lassen, ihr Söhne des Ungehorsams; aber dieser Effendi bat für euch um Gnade, und da ich ihm seinen Wunsch erfüllte, verlangte er sogar, daß ich euch bei mir behalten soll. Ich habe ihm auch dies gewährt. Kniet vor ihm nieder, ihr Hunde, und dankt ihm im Staub! Denn seine barmherzige Hand hat euch vor der Pforte des Todes ergriffen und ins Leben zurückgeführt.“

Sie warfen sich wirklich vor mir nieder und küßten mir die Hände, zwei Mohammedaner einem Christen! Als sie sich dann entfernt und zu ihren Kameraden gesetzt hatten, sah ich die Blicke dieser sonst so gefühllosen Menschen mit dem Ausdruck liebevoller Dankbarkeit auf mich gerichtet. Ich behaupte doch immer und immer wieder, daß die Liebe, die christliche Liebe, die größte Macht im Himmel und auf Erden ist, und daß es keinen einzigen Menschen gibt, dessen Herz sie sich nicht früher oder später zu öffnen vermöchte!

„Eigentlich freue ich mich, dir deinen Wunsch erfüllt zu haben“, meinte der Reis Effendina, „denn das gibt mir die Sicherheit, daß du mich nun jetzt nach meinem Ermessen handeln läßt. Trotzdem sage ich dir jetzt vorher, daß meine Dankbarkeit und meine Freundschaft für dich, so groß auch beide sind, mich nicht veranlassen könnten, dir eine ähnliche zweite Bitte zu erfüllen. Ich ersuche dich also dringend, mich nicht in Verlegenheit zu bringen! Schafft den Fakir el Fukara herbei!“

Der Genannte wurde hergebracht. Er stand, an den Händen gefesselt, zwischen zwei Askaris als seinen Wächtern. Sein Blick ruhte trotzig auf dem Emir, welcher ihn verächtlich musterte und dann fragte:

„Wie ist dein Name?“

„Man nennt mich den Fakir el Fukara“, antwortete der Gefragte.

„Ich habe nach deinem Namen gefragt, aber nicht, wie man dich nennt! Also antworte!“

„Fakir el Fukara“, wiederholte der andere jetzt trotzig.

„Aziz, öffne ihm den Mund!“

Man wird sich erinnern, daß Aziz, der Liebling des Emirs, der junge Mann war, welcher die Nilpeitsche mit solcher Virtuosität zu führen wußte. Er war mit da und saß bei den Soldaten. Auf den Ruf seines Herrn sprang er auf, trat heran, zog die Peitsche aus dem Gürtel und knallte sie dem Fakir so schnell fünf- oder sechsmal über den Rücken, daß der Gezüchtigte die Hiebe hatte, ehe er nur eine Bewegung der Abwehr machen konnte. Dann aber drehte er sich nach Aziz um, spuckte ihm in das Gesicht und schrie, indem sein dunkles Negergesicht sich zu einer wütenden Fratze verzog:

„Hund, du wagst es, mich zu schlagen, mich, den Heiligen der Heiligen, den Fakir el Fukara, vor welchem Millionen niederknien werden, um ...“

„Aziz“, unterbrach der Emir mit donnernder Stimme diese Strafrede, „die Bastonade!“

Der Fakir fuhr schnell zu ihm herum und rief:

„Mir die Bastonade? Hat Allah sich denn so weit von dir abgewandt, daß du der Gottlosigkeit fähig bist, seinen Liebling ...“

„Aziz, einen Knebel!“ unterbrach ihn der Emir wieder.

Die Askaris, welche mit mir bei den Fessarah gewesen waren und sich so oft über diesen Mann geärgert hatten, freuten sich darüber, daß er jetzt endlich seinen Meister fand. Sie traten herbei und sorgten dafür, daß die Befehle des Emirs auf das schnellste ausgeführt wurden. Der Fakir el Fukara wurde niedergerissen und erhielt, als er den Mund zum Schreien und Fluchen aufriß, den Zipfel seines eigenen Gewandes als Knebel in den Mund. All sein Sträuben half nichts; es hielten ihn so viele Hände fest, daß er sich schließlich gar nicht mehr bewegen konnte. Man legte ihn auf den Bauch. Mehrere Männer setzten sich ihm auf die Oberschenkel, die Arme, den Leib und den Kopf. Noch andere hielten ihm die Unterschenkel empor, so daß seine entblößten Fußsohlen eine waagerechte Lage bekamen.

„Wieviel Hiebe, Emir?“ fragte Aziz.

„Zwanzig auf jede Sohle“, lautete die Antwort.

Die vierzig Streiche wurden gewissenhaft aufgezählt, und als der letzte gefallen war, bildeten die Füße zwei geschwollene, hochrot gefärbte und aufgeplatzte Fleischmassen. Jetzt nahm man ihm den Knebel wieder aus dem Mund und ließ ihn los. Er richtete sich stöhnend in sitzende Stellung auf und sah den Emir an, mit welchem Ausdruck, das war bei seinen jetzt mit Blut unterlaufenen Augen nicht eigentlich zu bestimmen.

„Jetzt noch einmal: Wie ist dein Name?“ fragte der Reis Effendina.

„Mohammed Achmed“, gurgelte der Gefragte hervor.

„Hättest du das gleich gesagt, so wäre dir die Bastonnade erspart geblieben. Ich verlange Gehorsam. Daß du dich den Fakir el Fukara nennst, flößt mir nicht den geringsten Respekt ein. Dieser Effendi hat dir das Leben gerettet, indem er den Löwen tötete; du aber hast ihm mit Undank gelohnt. Du hast meine Askaris an Ibn Asl verraten wollen. Eigentlich sollte ich dich töten; aber ich verachte dich und will dir gar nicht die Ehre antun, von mir gerichtet zu werden. Man schleife diesen Enkel der Undankbarkeit hinüber nach dem Sumpf und lasse ihn am Rande liegen! Dort mag er dem Ungeziefer, welches seinesgleichen ist, vom Mahdi erzählen, der er werden will, und stinkendes Wasser trinken, bis seine Füße ihm erlauben, über die Steppe nach Hause zu wanken!“

Dieser Befehl wurde buchstäblich ausgeführt. Zwei Männer ergriffen den Fakir el Fukara und schleiften ihn nach dem Sumpf. Mit welchen Gefühlen mag er später, als er es wirklich, wenigstens auf einem bestimmten Raum, zum Beherrscher der Gläubigen gebracht hatte, an diese nichts weniger als ehrenvolle Episode seines Lebens zurückgedacht haben!

Mir war es nicht eingefallen, ein gutes Wort für ihn einzulegen. Mir schien, daß er die Züchtigung mehr als reichlich verdient hatte. Mit dieser letzteren war der heutige Gerichtsakt noch nicht zu Ende, denn der Emir befahl, nun den alten Abd Asl vorzuführen.

Dieser hatte vorhin gewünscht, Allah möge mich zerreißen und in alle Winde streuen. Jetzt hätte er vielleicht gern ganz anders zu mir gesprochen. Wenigstens nahm ich dies an, obgleich er festen Schrittes und trotzigen Gesichtes dahergegangen kam. Ich dachte an die Höhle von Maabdah, bei welcher ich ihn zum erstenmal gesehen hatte. Wie fromm und ehrwürdig war er mir da erschienen! Und als wie einen ganz andern hatte ich ihn dann kennengelernt! Er hatte mir ja gleich am nächsten Tag schon nach dem Leben getrachtet und mich von damals an bis heute mit einer geradezu diabolischen Feindschaft verfolgt. Man soll das Alter ehren, aber ein Mensch, welcher mit einer wahren Wollust die schwersten Verbrechen begeht, obgleich er schon mit einem Fuß im Grabe steht, ist doppelt strafbar. Das mochte auch der Emir denken und fühlen, denn sein Blick ruhte mit dem Ausdruck des Ekels, des Abscheus auf dem Alten, als er ihm im strengsten Ton sagte:

„Dich habe ich lange gesucht, du heiligster der Fakire. Du bist mir immer entwischt, nun aber werde ich Gericht über dich halten."

„Ich verlange einen andern Richter!" antwortete Abd Asl.

„Es gibt keinen, der dich streng genug zu verurteilen vermag. Sei ich's oder sei's ein anderer, keiner kann dich so bestrafen, wie du es verdient hast! Deine Schandtaten zählen nach Hunderten; Tausende von Menschen verdanken dir die Sklaverei, den Tod oder die Verarmung der Ihrigen. Wie viele Dörfer hast du ausmorden und ausbrennen lassen! Und dabei zeigtest du das Gesicht eines Heiligen, ließest die Gebete eines Ehrwürdigen hören und gabst dich für einen anbetungswürdigen Marabut aus. Diese Rolle ist zu Ende, und ich schicke dich dahin, wo du hingehörst, nämlich in die Hölle."

„Du hast nicht das Recht, mich zu töten!" kreischte der Alte auf.

„Viele, sehr viele hatten es und haben es noch heute! Daß sie es nicht übten, war eine große Sünde, denn sie ließen dir dadurch Zeit zu immer neuen Missetaten. Ich will und darf nicht dieselbe Sünde begehen. Ich habe die heilige Pflicht, dich auszurotten, damit dein Hirn endlich einmal aufhört, Bluttat nach Bluttat zu gebären. Ich spreche dir das Urteil, und es lautet auf den Tod."

Das waren Worte wie Hammerschläge. Hatte der Alte bisher auf Befreiung gehofft – und das hatte er ganz gewiß –, so mußte er diese Hoffnung jetzt aufgeben. Er versuchte aber doch noch ein Mittel, sich zu retten, indem er, seine frömmste, ehrwürdigste Miene annehmend, drohte:

„Ich bin dennoch ein Heiliger, ein Marabut! Wenn du dich an mir vergreifst, verfluche ich dich. Dann werden dich alle Gläubigen meiden, und du wirst sein wie die Hyäne in der Wüste, welche verfolgt wird und das Aas fressen muß, bis sie vor Hunger stirbt."

„Fluche immer zu! Der Fluch eines solchen Ungeheuers wird zum Segen. Deine Drohung kann dich nicht retten; sie ist lächerlich. Du mußt und wirst sterben. Aber wie? Es gibt keinen Tod, welcher gerecht genug für dich ist. Du und dein Sohn, ihr wolltet diesem Effendi die Zunge und jedes Glied seines Körpers einzeln ausreißen. Eigentlich sollte ich dich dieses Todes sterben lassen; aber du sollst von deinesgleichen sterben. Du bist ein Ungeheuer, und Ungeheuer werden dich verschlingen. Ich lasse dich in den Maijeh unter die Krokodile werfen."

„O Allah!" schrie da der Alte auf. „Das darfst du nicht tun! Schone mich, Reis Effendina!"

„Schonen? Denk doch zurück! Dieser Effendi schonte dich, dieser Ben Nil schenkte dir das Leben; dafür hast du immer von neuem nach dem ihrigen getrachtet. Du bist ein Teufel, in dessen Natur es liegt, Wohltat mit Missetat zu vergelten. Es bleibt bei meinem Spruch: Du wirst den Krokodilen vorgeworfen!"

Es war der absoluteste Ernst, mit dem der Emir gesprochen hatte. Dennoch blickte Abd Asl ihn forschend an, ob er es doch vielleicht anders meinte. Als er aber an den wie steinernen Zügen des Richters erkannte, daß dieser einen festen, unerschütterlichen Entschluß ausgesprochen habe, heulte er auf:

„Das ist nicht möglich! Das ist unmenschlich!"

„Schweig! Dir geschieht nur dein Recht. Wann hast du einmal menschlich gehandelt? Wehe dem, der wehe tut! Das ist mein Wahlspruch, an welchem du sterben wirst. Und dein Sohn wird auch daran untergehen. Bindet ihm auch die Füße zusammen und schafft ihn dann in den Sumpf! Sein Freund, der große Fakir el Fukara, mag Zeuge sein, wie er von den Krokodilen verschlungen wird."

„Gnade, Gnade! Nur noch ein Wort!" zeterte der Alte, als man ihn ergreifen wollte.

„Was?" fragte der Emir, indem er mit der Hand ein Zeichen

gab, noch zu warten. Abd Asl wendete sich an mich anstatt an ihn:

„Effendi, du bist ein Christ. Du darfst nicht dulden, daß man mich eines so schrecklichen Todes sterben läßt! Bitte mich frei; laß mich begnadigen! Ich weiß, daß der Emir auf deine Stimme hören wird."

„Du hast es nicht verdient", antwortete ich in der Überzeugung, daß mir der Emir eine solche Bitte nicht erfüllen würde.

„Muß ich es verdient haben? Ist deine Lehre nicht die Lehre der Liebe, Gnade und Barmherzigkeit? Du hast mir das gesagt und erklärt, als wir in Siut waren."

„Ja, und nachdem ich es dir erklärt hatte, locktest du mich unter die Erde, wo ich elend verschmachten sollte!"

„Denk nicht daran, sondern denk jetzt nur an die Gebote deines Glaubens, damit dein Jesus, wenn er einst als Richter kommt, gnädig auch mit dir verfährt!"

„Schweig!" gebot ihm der Emir, welcher wohl glaubte, daß ich mich doch noch zu einer Fürbitte bewegen lassen würde. „Der Effendi kann nichts für dich tun, denn ich werde nicht auf seine Stimme hören. Bindet ihn!"

Der Alte wehrte sich mit den gebundenen Händen und mit beiden Füßen gegen die Ausführung dieses Befehls. Er brüllte dabei nicht wie ein Mensch, sondern wie ein wildes Tier. Man kann sich denken, daß diese Szene keineswegs meinen Beifall hatte. Der Unhold hatte den Tod verdient, und dieser mochte ihm auch werden; aber ihn den Krokodilen vorwerfen, das war nicht nötig; das konnte unterbleiben; das wenigstens wollte ich verhüten.

Dabei kam mir ein Gedanke. Ich dachte an den Führer in der Höhle von Maabdah, welchem ich versprochen hatte, nach seinem verschollenen Bruder zu forschen. Was ich seit damals erfahren hatte, ließ mich vermuten, daß Abd Asl das Schicksal kannte. Darum gebot ich jetzt:

„Laßt noch einmal von ihm ab! Ich habe mit ihm zu sprechen."

Man gehorchte mir, und der Alte rief mir zu:

„Ich danke dir, Effendi! Das war Hilfe in der größten Not. Du bist entschlossen, für mich zu bitten?"

„Vielleicht. Beantworte mir einige Fragen!"

„Frag mich, Effendi! Kann ich dir Auskunft geben, so soll es geschehen."

„Du kennst Ben Wasak, den Führer in der Höhle zu Maabdah?"

„Ja. Du hast mich doch mit ihm sprechen sehen."
„Hast du auch Hafid Sichar, seinen Bruder, gekannt?"
„Auch", nickte er.
„Kennst du seinen jetzigen Aufenthalt?"
Er sah, anstatt zu antworten, mich eine kleine Weile forschend an und fragte dann: „Warum willst du das wissen?"
„Ich suche ihn, denn ich will ihn seinem Bruder zurückbringen."
„Ja, ich kann dir sagen, wo er ist. Ich sage es dir, wenn ich dafür mit allen Gefangenen hier freigelassen werde."
„Mensch, bist du toll!" rief der Reis Effendina. „Das ist ein Verlangen, welches nur ein Wahnsinniger aussprechen kann."
„Ich habe es aber gestellt und bleibe dabei."
„So sag mir, Effendi, welche Bewandtnis es mit diesem verschollenen Hafid Sichar hat!"
Diese Aufforderung war an mich gerichtet. Ich antwortete: „Er ist nach Chartum gereist, um sich dort von dem Kaufmann Barjad el Amin eine große Summe Geldes auszahlen zu lassen. Er hat das Geld auch wirklich erhalten, ist aber seit jener Zeit verschwunden. Damals befand sich Ibn Asl im Geschäft jenes Kaufmannes; er war arm, wurde aber nach dem Verschwinden Hafid Sichars plötzlich reich und begann den Sklavenhandel."
„So hat er Hafid Sichar ermordet und ihm das Geld abgenommen."
„Nein, Hafid Sichar ist nicht ermordet worden!" rief der Alte. „Ich sage dir, wo er lebt, wenn du uns freigibst."
„Das kann nicht geschehen. Aber aus Freundschaft für diesen Effendi will ich dir einen Vorschlag machen. Du gibst den Ort an, wo jener Verschollene lebt, und dafür will ich dich nicht den Krokodilen vorwerfen lassen. Du wirst erschossen."
Da schlug der Alte ein hämisches Gelächter auf und antwortete:
„Wie gnädig du bist, o Emir! Meinst du, daß der Tod durch die Kugel kein Tod ist? Leben will ich, leben! Und soll das nicht sein, so erfahrt ihr auch mein Geheimnis nicht. Für die Verkürzung meines Todeskampfes um eine oder höchstens zwei Sekunden verlangt ihr die Befreiung dieses Hafid Sichar, den mein Sohn eigentlich hätte umbringen sollen? Dieser Preis ist mir zu teuer, viel zu teuer."
„Nun wohl, so schafft ihn endlich fort!"
Jetzt wurde der Alte an den Beinen gebunden und fortgetragen; er verhielt sich dabei ganz ruhig. Auch wir waren still. Kein

Mensch im Lager sprach ein Wort, bis vom Sumpf her mehrere Rufe, ein jammerndes Winseln und endlich ein Schrei, welcher mir durch Mark und Bein ging, zu hören war. Der Alte hatte geendet. Als die Männer, die ihn fortgeschafft hatten, zurückkamen, sagte einer von ihnen:

„Erst tat er, als ob er fest und furchtlos sei; als er die Bestien aber liegen sah, da heulte er. Die Teufel des Sumpfes haben ihn sofort zerrissen."

Es schauderte mir. Und doch war es mir, als ob auch diese Strafe nicht zu hart bemessen gewesen sei. Der Reis Effendina aber meinte sogar zu mir:

„Schade, daß es so schnell gegangen ist! Er hat einen viel, viel längeren Todeskampf verdient; aber wir müssen leider fort. Du wirst mir zürnen, Effendi, daß ich nicht auf sein Verlangen eingegangen bin."

„Nein, das habe ich dir nicht übelnehmen können, denn was er forderte, war wirklich wahnsinnig. Er und alle frei! Und schließlich hätte er mich doch belogen. Aber ich habe doch wenigstens ein Resultat gehabt. Bis jetzt besaß ich nicht die mindeste Spur von dem Verschollenen; da sich aber der Alte zu den Worten hinreißen ließ: ‚Diesen Hafid Sichar, den mein Sohn hätte töten sollen', so weiß ich jetzt, wo ich volle Auskunft erlangen kann, nämlich bei Ibn Asl, welcher den Verschollenen jedenfalls ausgeraubt hat. Kennst du den Kaufmann Barjad el Amin in Chartum?"

„Ja. Ich bin oft bei ihm gewesen."

„Ist er ehrlich oder nicht?"

„Die Ehrlichkeit selbst könnte nicht anders handeln als er."

„Sollte mir lieb sein. Auch der Führer von Maabdah beschrieb ihn mir als einen ehrlichen Mann; aber es gab in dieser Beschreibung doch einige Punkte, welche noch der Aufklärung bedürfen. Wenn er eine Maske trägt, werde ich sie ihm vom Gesicht reißen, sobald ich nach Chartum komme, was leider nun nicht sobald geschehen wird. Wann brechen wir von hier auf?"

„Wir können es jetzt gleich tun."

„Bist du heute fertig mit dem Gericht?"

„Ja. Es galt eigentlich nur dem Alten, welcher auf alle Fälle unschädlich gemacht werden mußte. Das mußte hier geschehen, und ich konnte es tun, weil ich glücklicherweise die Macht dazu besitze. In Chartum habe ich nicht Zeit, mich lange mit dem Schicksal dieser Leute zu befassen; ich muß sie dem dortigen Gericht übergeben, und da war es sehr leicht möglich, daß man diesen Abd Asl gegen eine tüchtige Summe entkommen ließ."

„Man sollte doch meinen, daß, besonders wenn es sich um einen solchen Fall handelt, von der Bestechung der Richter keine Rede sein kann!“

„Ja, meinen sollte man es, und was mich betrifft, so ließe ich mir die Gerechtigkeit meines Urteils nicht für Millionen abkaufen; aber ich habe einmal gehört, daß es ein christliches Land gibt, in welchem die Göttin der Gerechtigkeit als blindes Weib dargestellt wird ...“

„Das war ein heidnisches Land, nämlich Griechenland.“

„Ob christlich oder heidnisch – oder mohammedanisch, das bleibt sich gleich; es ist bei uns ganz dasselbe. Hast du vielleicht von dem Mudir von Faschodah gehört?“

„Ja. Er heißt Ali Effendi el Kurdi und ist auch in weiteren Kreisen bekannt durch die grausige Niederwerfung der Militärrevolte in Kassala.“

„Dort hat er zuviel Gerechtigkeit walten lassen, später desto weniger. Es war eine Schande! Man kannte unter ihm in Faschodah zwar das strenge Verbot des Sklavenhandels, aber man sah nichts davon. Die Sklavenjäger gingen ganz offen in seinem Haus ein und aus. Sie zahlten ihm für jeden Sklaven heimlich eine Kopfsteuer und fanden dafür bei ihm Schutz gegen das Gesetz. Ich kannte sie alle, konnte aber keinen fassen. Wenn ich kam, um einmal die Schlinge über einem solchen Schurken zuzuziehen, wurde sie mir von ihm zerschnitten. Wenn das der oberste Regent einer Provinz, der Mudir, tut, was kann man dann von den unteren und untersten Beamten erwarten! Faschodah war geradezu der Ausgangspunkt aller Sklavenraubzüge geworden. Die Sklavenjäger versammelten sich dort, um sich vorzubereiten, und wenn ich ein Wort darüber fallen ließ, wurde ich von dem Mudir entweder angebrüllt oder ausgelacht. Das durfte ich nicht länger dulden. Ich ging direkt zum Vizekönig, sagte es ihm, legte ihm die Beweise vor, und der Erfolg ist nun dieser Tage bekannt geworden: Ali Effendi el Kurdi ist ab- und ein neuer Mudir eingesetzt worden.“

„Wird dieser gerechter sein als der vorige?“

„Ja; ich bin überzeugt davon, denn ich kenne ihn; ich bin es, dem er dieses sein Amt zu verdanken hat, denn ich habe ihn dazu vorgeschlagen und freue mich außerordentlich, daß der Vizekönig dieser meiner Empfehlung Folge geleistet hat. Der neue Mudir heißt Ali Effendi und wurde von seinen bisherigen Untertanen stets nur Abu Hamsah miah – Vater der Fünfhundert – genannt.“

„Welchem Umstand hat er diesen Namen zu verdanken?"

„Einer sehr löblichen Gepflogenheit, durch welche er sich in großen Respekt gesetzt hat. Er ist nämlich der allgemeinen Bestechlichkeit und andern derartigen Schwächen vollständig unzugänglich und pflegt, wenn er zu Gericht sitzt, jedem, den er für schuldig hält, fünfhundert Hiebe zu diktieren. Da er diese Gabe mit ganz derselben Güte an Arme und Reiche, Geringe und Vornehme austeilt, hat man eine heillose Angst vor ihm, und ich traue es ihm zu, daß er auch in Faschodah sehr bald reine Wirtschaft machen wird. Er ist mein Freund, und ich habe dich meist nur deshalb ersucht, jetzt mit nach dem Schiff zu gehen, weil ich dir ein Empfehlungsschreiben an ihn mitgeben will, damit du auch während meiner Abwesenheit die nötige Unterstützung findest."

„Ein solches Schreiben muß mir natürlich höchst willkommen sein, da es mir sehr wahrscheinlich manches erleichtern oder auch ermöglichen wird, was mir sonst schwerfallen oder gar unmöglich sein würde."

Wir hatten während dieses ernsten, in unterdrücktem Ton geführten Gespräches natürlich auch ernste Gesichter gemacht; dies schien in den Gefangenen den Glauben erweckt zu haben, daß die Gerichtssitzung noch nicht vorüber sei und wir uns über die Bestrafung der übrigen unterhielten. In diesem angenommenen Fall wären natürlich die beiden Offiziere des Sklavenjägers zunächst an die Reihe gekommen. Dies schien sie in große Besorgnis zu versetzen, denn der „Oberleutnant" sandte uns einen der Wächter her, um anfragen zu lassen, ob er mit uns sprechen dürfe, er habe uns eine sehr wichtige Mitteilung zu machen. Es wurde ihm natürlich gestattet. Als ihn zwei Askaris zu uns gebracht hatten und der Reis Effendina ihn fragte, was er vorzubringen habe, antwortete er:

„Du hast das Urteil an Abd Asl vollstrecken lassen, o Emir. Wirst du nun auch über uns zu Gericht sitzen?"

„Erwartest du vielleicht, daß ich euch laufen lasse?"

„Nein. Wir kennen dich. Wir befinden uns in deinen Händen und dürfen also nicht hoffen, straflos auszugehen, aber wir bitten dich um die Gnade, mit uns zu machen, was dir gefällt, aber uns nur nicht auch den Krokodilen vorwerfen zu lassen. Wie kann der Erzengel Dschibrail – Gabriel – am Tage der Auferstehung unsere Gebeine finden, wenn sie von diesen Ungeheuern zermalmt und aufgefressen worden sind!"

„Schurke! Jetzt, in der Todesangst, berufst du dich auf die

Verheißungen des Korans. Hast du auch bei deinen Missetaten an die Gebote der Religion gedacht?"

„Emir, der Sklavenfang war seit Jahrhunderten gestattet. Was hat die Religion damit zu tun, daß diese Erlaubnis von Menschen aufgehoben wurde?"

„Und was hat der Islam mit deinen Gebeinen zu tun? Wenn sie im Magen eines Krokodils schmoren, brauchen sie nicht später in der Hölle gebraten zu werden. Du mußt mir also dankbar dafür sein, daß ich dich Abd Asl jetzt unverzüglich folgen lassen werde."

„Um Allahs willen, tu das nicht! Ich werde dir beweisen, daß ich nicht so schlimm bin, wie du denkst, und keinen solchen Tod verdiene."

„So? Ich möchte wissen, wie du, der Anführer dieser tollen Hunde, einen solchen Beweis zu führen gedenkst."

„Erlaube mir, ihn vorzubringen. Ich hörte vorhin, daß dieser Effendi sich nach einem Mann erkundigte, welcher verschwunden ist. Wenn ich über ihn Auskunft gebe, wirst du mich dann mit den Krokodilen verschonen?"

„Nein, denn du wirst irgendeine Lüge vorbringen, um dich zu retten."

„Nein, Emir. Allah weiß es, daß ich die Wahrheit sagen werde! Nimm mich mit dir und halt mich gefangen, bis du dich überzeugt hast! Wenn du findest, daß ich dich belogen habe, so magst du mich den Krokodilen zu fressen geben oder, wenn es dir beliebt, eine noch entsetzlichere Todesart für mich erdenken."

„Voraus kann ich dir nichts versprechen. Wir werden deine Worte prüfen. Finden wir sie wahr, so bin ich vielleicht bereit, dich nicht fressen zu lassen. Weißt du, wo jener Hafid Sichar sich befindet?"

„Ja, aber das Land und das Dorf weiß ich nicht."

„Wie? Du kennst seinen Aufenthalt, weißt aber weder das Land noch das Dorf? Mensch, du redest ja Unsinn!"

„Es ist wirklich so, Emir."

„Hast du etwa mit Ibn Asl oder seinem Vater darüber gesprochen? Haben sie dich in das Geheimnis gezogen?"

„Nein. In so vertraulicher Weise haben diese beiden nie mit uns verkehrt; aber ich hörte einmal, daß sie von diesem Hafid Sichar sprachen, und sie wußten nicht, daß ich mich in der Nähe befand."

„Was sagten sie denn von ihm?"

„Die einzelnen Worte kann ich dir nicht mehr sagen, aber den Inhalt habe ich mir gemerkt. Du sollst ihn jetzt erfahren. Ibn Asl war früher arm und ist nur durch Hafid Sichar reich geworden. Er hat ihm eine große Summe abgenommen und sie mit einem andern geteilt."

„Wer ist der andere?"

„Das weiß ich nicht; ich konnte es aus dem, was ich hörte, nicht entnehmen; es wurde weder sein Name noch sein Stand genannt. Ibn Asl hat Hafid Sichar töten wollen, um den Zeugen des Diebstahls aus der Welt zu bringen; dieser andere aber hat es nicht zugegeben. Mit dem geraubten Geld wurde eine Ghasuah – Sklavenfang – unternommen, und um Hafid Sichar unschädlich zu machen, schleppte man ihn mit und hat ihn tief im Süden an den Anführer eines wilden Stammes verkauft."

„Welcher Stamm ist das?"

„Das eben weiß ich nicht, Emir. Du hast jetzt alles erfahren, was ich dir sagen konnte. Wirst du nun die Barmherzigkeit üben, mir meine Bitte zu erfüllen?"

„Wende dich an den Effendi, den diese Sache angeht! Vielleicht ist er geneigt, Fürbitte für dich einzulegen."

Der Gefangene folgte dieser Weisung, indem er mich bat, für ihn zu sprechen. Ich mußte seine Todes- oder vielmehr Krokodilangst für meine Zwecke möglichst ausnutzen und antwortete ihm daher:

„Ob ich etwas für dich tue, hängt ganz von deiner weiteren Aufrichtigkeit ab. Hast du einmal den Namen Barjad el Amin gehört?"

„Ja. Dieser Mann ist Kaufmann in Chartum. Du hast vorhin schon Abd Asl nach ihm gefragt."

„Steht Ibn Asl noch in Geschäftsverbindung mit ihm?"

„Nein. Wenigstens weiß ich nicht das geringste davon."

„So ist diese Sache erledigt. Aber weiter: Hat Ibn Asl jetzt viel Geld bei sich?"

„Ja, fast sein ganzes Vermögen. Er wollte eine Sklavenjagd unternehmen, wie so groß es noch keine gegeben hat. Wo aber, das ist selbst für mich ein Geheimnis geblieben. Er behandelte diesen Zug sehr geheimnisvoll. Wohin er gerichtet sein würde, sollte ich erst in Faschodah erfahren."

„Wolltet ihr lange dort bleiben?"

„So lange, bis unsere Ausrüstung beendet sein würde."

„Wie ich gesehen habe, war euer Schiff, die ‚Eidechse' leer. Wollte sie in Faschodah die nötigen Tauschwaren aufnehmen?"

„Ja, und die andern Schiffe auch."
„Was? – Es sollten mehrere Schiffe ausgerüstet werden?"
„Ja. Wie viele aber, auch das wurde mir vorher nicht gesagt."
„Ibn Asl muß in Faschodah sehr vertraute Geschäftsfreunde besitzen. Kennst du sie?"
„Er pflegt selbst gegen seine nächsten Untergebenen stets sehr vorsichtig und verschwiegen zu sein. In seine Freundschaften und Verbindungen hat er mich nie blicken lassen. Darum kenne ich in Faschodah nur einen einzigen Mann, von dem ich mit Sicherheit sagen kann, daß Ibn Asl mit ihm verkehrt, er heißt Ibn Mulei und ist Major der Arnauten, welche in Faschodah stehen."
„Das genügt. Nun nur noch eins: Wo habt ihr euer Schiff gelassen, als ihr euch auf den Weg nach hier machtet?"
„Es liegt im rechten Arm des Nils bei der Dschesireh Mohabileh. Zehn Mann blieben zurück, um es zu bewachen."
„Genug! Ich sehe dir an, daß du mir die Wahrheit gesagt hast, und bin mit dir zufrieden."
„Ich danke dir, Effendi! Wirst du nun die Gnade haben, Fürbitte bei dem Emir einzulegen?"
„Der letztere antwortete anstatt meiner:
„Da du uns nicht belogen hast, will ich dir hiermit versprechen, daß du vor den Krokodilen sicher bist; aber mehr kann ich nicht tun. Wehe dem, der wehe tut! Straflos könnet ihr unmöglich bleiben. Es ist gut!"
Der Oberleutnant kehrte, wenigstens nun für den Augenblick beruhigt, an seinen Platz zurück, und es wurden jetzt die Vorbereitungen zum Abmarsch getroffen. Meine Erkundigungen hatten Erfolg gehabt, aber einen solchen, daß ich mir sagte, es würde wohl außerordentlich schwierig, wo nicht gar unmöglich sein, den Bruder des Führers von Maabdah aufzufinden. Es gab nur eine einzige Person, von der ich den Aufenthaltsort dieses unglücklichen Mannes erfahren konnte, nämlich Ibn Asl selbst. Und vorausgesetzt, daß es mir gelang, diesen zu ergreifen, so war es doch sehr zweifelhaft, ob es mir gelingen würde, ihm die gewünschte Auskunft abzuzwingen. Ich mußte mich eben auch in dieser Angelegenheit auf meinen guten Stern verlassen.
Der „Falke", das Schiff des Reis Effendina, lag in gleicher Höhe mit dem Sumpf am linken Ufer des Nils. Um es zu erreichen, mußte ein Fußgänger vielleicht zwei Stunden lang marschieren. Das konnten die Gefangenen sehr wohl aushalten. Sie sollten unter Deck gebracht werden. Da man die vorhandenen

Kamele nicht verladen konnte, sollten sie auf dem Landweg nach Chartum transportiert werden, wozu zehn oder zwölf Askaris vollständig genügten.

Es war kurz vor Mittag, als wir aufbrachen. Der Emir hatte sich an die Spitze des Zuges gesetzt, und ich stieg mit Absicht zuallerletzt in den Sattel. Das geschah des Fakir el Fukara wegen. Er lag hilflos am Sumpf, den Myriaden Stechfliegen, dem Hunger und dem Durst preisgegeben. Das erregte mein Mitleid, obgleich er es nicht verdiente. Ich besaß zwar einen Wasserschlauch, wollte ihn aber nicht opfern; darum hatte ich einen andern, ohne daß man darauf achtete, an mich genommen und an den Sattel gehängt; er war noch halb voll.

Als die Letzten des Zuges sich schon eine Strecke entfernt hatten, ritt auch ich fort, aber nicht ihnen nach, sondern zum Maijeh. Ich wußte die Stelle nicht, wo der Fakir el Fukara sich befand und bei welcher man jedenfalls auch Abd Asl in den Sumpf geworfen hatte, konnte sie aber gar nicht fehlen, weil eine sehr deutliche Spur zu ihr führte. Man hatte den Fakir ja nicht getragen, sondern über das Gras geschleift.

Ich sah ihn neben einem häßlichen Oscherbusch liegen, welcher ganz hart am Ufer stand. Der Sumpf war hier mit stinkendem Grün bedeckt, auf und in welchem riesige Krokodile in träger Ruhe lagen. Das waren die Totengräber und auch die Gräber des alten Abd Asl!

Als der Fakir mich kommen hörte, wendete er den Kopf nach mir und starrte mich mit seinen blutunterlaufenen Augen an. Über sein tiefdunkles Gesicht ging ein beinahe tierisch zu nennendes Grinsen. Seinen Lippen entfuhren einige röchelnde Silben, jedenfalls Schimpfwörter, welche ich nicht verstand. Die Hände waren ihm noch gebunden, und an den aufgesprungenen Füßen wimmelte es bereits von Insekten, welche seine Schmerzen vermehrten. Ich stieg ab und durchschnitt die Schnur, so daß er nun die Hände frei hatte; dann legte ich ihm den Wasserschlauch hin und fügte schließlich den Mundvorrat hinzu, den ich in dem Sattelbeutel bei mir führte. Es war genug für einige Tage. Er sah mir dabei zu, ohne ein Wort zu sagen.

„Hier hast du, damit du nicht verschmachtest“, bedeutete ich ihm. „Mehr kann ich nicht für dich tun.“

Er antwortete mir nur mit einem giftigen Zischen.

„Hast du einen Wunsch?“

Er schwieg.

„Nicht? Dann lebe wohl! Zwei Stunden von hier, gerade gegen

Osten, liegt der Nil. Du wirst ihn, noch ehe der Proviant ausgeht, erreichen können."

Ich stieg wieder auf. Als mein Kamel zu schreiten begann, ertönten hinter mir die dankbaren Worte:

„Allah verdamme dich. Fürchte die Rache, die Rache!"

Bald hatte ich den Zug erreicht und gesellte mich zu dem voranreitenden Emir. Es war gar nicht notwendig, daß wir bei dem ersteren blieben, da ein Unfall nicht zu befürchten stand. Wir waren nicht nötig und ritten darum voraus, um Zeit zu ersparen und eher bei dem Schiff anzukommen. Dort begaben wir uns in die Kajüte, wo der Emir das erwähnte Empfehlungsschreiben anfertigte. Dann drückte er mir einen Beutel in die Hand, indem er sagte:

„Du wirst in Faschodah Ausgaben für mich zu machen haben. Verfüge über dieses Geld, als ob es dein Eigentum wäre! Ich nehme nichts davon wieder."

Als der Zug anlangte, bekümmerte ich mich um nichts als um die Vorbereitungen, welche wir zu dem bevorstehenden Ritt zu treffen hatten. Wir wurden mit allem Nötigen reichlich versehen und verabschiedeten uns kurz nach dem Nachmittagsgebet, da wir heute noch eine tüchtige Strecke zurücklegen wollten.

Meine Löwenhaut nahm der Emir nach Chartum mit, wo sie zubereitet werden sollte und ich sie später abholen wollte. Unser Weg führte nicht am Nil hin, dessen Krümmungen wir vermeiden mußten, sondern wir suchten die freie Ebene auf, welche uns ein viel schnelleres Fortkommen bot. Um das, was wir erleben würden, sorgten wir uns nicht.

VIERTES KAPITEL

Beim „Vater der Fünfhundert“

Zwei Menschen, ganz allein in der weiten Wüste! Die Sonne brennt so glühend hernieder, daß man sich wie gebraten fühlt und, um nicht geblendet zu werden, die Kapuze des Haiks weit über das Gesicht ziehen muß. Zu sprechen gibt es nichts; man hat sich ja längst ausgesprochen. Zudem liegt die Zunge zu schwer in dem trockenen Mund, daß man, auch wenn Unterhaltungsstoff vorhanden wäre, doch lieber schweigen würde. Vorn, hinten, rechts und links Sand! Die Kamele gehen ihren Schritt, mechanisch wie aufgezogene Maschinen. Sie besitzen nicht das Temperament des edlen Rosses, welches dem Reiter zeigt, daß es sich mit ihm freut und auch mit ihm leidet. Der Herr kann mit seinem Roß eins sein, mit dem Kamel aber nie, selbst wenn es das kostbarste Hedschihn wäre. Dies spricht sich schon äußerlich durch die Art und Weise aus, wie er auf dem ersteren und wie er auf dem letzteren sitzt.

Der Reiter umarmt den Leib seines Rosses mit den Beinen; er hat „Schluß“ und macht dadurch die Sage vom Centauren wahr. Diese Umschlingung bringt die Glieder, die Muskeln und Nerven des Mannes mit denen des Pferdes in innige Berührung. Das Roß fühlt die Absichten des Reiters, noch ehe dieser sie äußerlich zur Andeutung bringt. Es gewinnt ihn lieb; es wagt mit ihm; es fliegt mit ihm, und es geht mit vollem Bewußtsein dessen, was es tut, mit ihm in den Tod.

Ganz anders beim Kamel. Auf hohem Höcker im Sattel sitzend, berührt der Reiter das Tier nur, indem er seine Füße über den Hals kreuzt. Es gibt nicht den mindesten „Schluß“, keine äußere und also auch keine innere Vereinigung. So hoch er auf oder über ihm thront, so tief bleibt es im geistigen Verständnis für ihn zurück. Ist es gutmütig, so gehorcht es ihm wie ein Sklave, ohne die Spur einer eigenen Individualität zu zeigen; ist es aber bösartig und störrisch, wie die meisten sind, so steht es mit ihm in einem immerwährenden Kampf, welcher ihn ermüden und endlich gar mit Widerwillen erfüllen muß. Wirkliche Liebe für seinen Herrn wird man bei einem Kamel nur äußerst selten beobachten.

Das ist es, was einen einsamen Ritt durch die Wüste noch einsamer macht. Man fühlt ein lebendes Wesen unter sich und kann sich doch nicht mit ihm beschäftigen. Das Pferd gibt durch Wiehern, Schnauben, durch die Bewegung der Ohren und des Schwanzes, durch verschiedene Modulationen des Ganges seine Gefühle zu erkennen; es spricht mit dem Reiter; es teilt sich ihm mit. Das Kamel schreitet gleichmäßig weiter und weiter; es trägt seinen Herrn tage- und wochenlang, lernt ihn aber trotzdem nicht kennen.

Dann wird ein solcher Ritt durch die Einöde zur wahren Pein, und mit Freuden begrüßt man die kleinste Unterbrechung, welche einem ein günstiger Zufall entgegenschickt.

Unsere beiden Hedschihn gehörten zur Klasse der gutwilligen Kamele. Hatten wir uns aufgesetzt, so begannen sie zu laufen „wie die Schneider", sagt der Deutsche, und sie liefen wie die Schneider und immer weiter, immer in einem und demselben Tempo, ohne sich zu weigern, ohne einmal anzuhalten, ohne die leiseste Spur irgendeiner selbständigen Willensregung zu zeigen. Das war entsetzlich langweilig; man verlor zuletzt selbst den Willen; man schlief innerlich ein und behielt nichts als nur das öde Bewußtsein, daß man in einer endlosen geraden Linie durch den Sand getragen würde.

Da weckte mich ein scharfer Schrei aus dem Zustand der seelischen Erschlaffung, in welchen ich gesunken war. Auch Ben Nil fuhr auf und blickte empor in die Luft, in welcher der Schrei erklungen war.

„Schahin!" sagte er, mit der Hand nach oben deutend; dann sank er wieder in sich selbst zusammen. Ja, es war ein Schahin, ein Falke, dessen Schrei wir gehört hatten. Er kreiste hoch über uns. Das Erscheinen dieses Vogels schien für Ben Nil gar nicht beachtenswert zu sein; ich aber hatte sofort meine ganze Energie wiedergewonnen.

„Aufpassen! Es kommt jemand!" sagte ich.

Ben Nil richtete sich wieder empor und sah sich um. Als er innerhalb des Gesichtskreises keinen Menschen erblickte, meinte er:

„Hat mir denn die Sonne die Sehkraft geraubt! Ich sehe niemand, Effendi."

„Ich auch nicht; aber wir werden jedenfalls bald eine Begegnung haben. Ein Falke schlägt nur lebende Beute; er frißt niemals Aas. Wenn er sich hier in der Wüste befindet, welche keine Lebewesen beherbergt, so muß er einer Karawane gefolgt sein."

„Oder er hat sich verflogen oder befindet sich auf der Reise."

„Ein Falke, hier, sich verfliegen? Nein. Passen wir auf, wie dieser Vogel sich verhält."

Die Blicke auf den Falken gerichtet, beobachteten wir ihn. Er schwebte noch immer über uns, um uns zu beobachten. Da hörten wir wieder einen Schrei, und ein zweiter Falke kam geflogen, von Westen her, und gesellte sich zu dem ersten; sie kreisten miteinander einige Male über uns und flogen dann wieder fort, der Richtung entgegen, aus welcher sie gekommen waren.

„Das waren wohl Männchen und Weibchen", meinte Ben Nil.

„Ja", antwortete ich, indem ich mein Kamel anhielt und das Fernrohr ergriff, um damit den Flug der Vögel zu verfolgen. „Bleib auch halten! Es ist immer gut, zu wissen, was geschehen wird."

„Hier kannst du doch nicht eher etwas wissen, als bis du es siehst."

„Ich habe es ja schon gesehen, nämlich die Falken. Sie sind in gerade westlicher Richtung fort; ich sehe sie deutlich – jetzt beginnen sie wieder im Bogen zu fliegen; sie kreisen." Und nachdem ich die Vögel vielleicht zwei Minuten lang beobachtet hatte, fuhr ich fort: „Sie ziehen noch immer ihre Kreise, bewegen sich aber dabei nach Süden. Daraus ziehe ich den Schluß: Da drüben bewegt sich eine Karawane. Sie kommt von nordwärts her und bewegt sich nach Süden, und zwar so langsam, daß ich fast vermuten möchte, daß Fußgänger dabei sind!"

„Woher weißt du, daß sie sich so langsam bewegt?"

„Die Falken schweben über der Karawane; das Tempo der Vögel ist auch das der Menschen."

„Effendi, du weißt wirklich Dinge aus Gedanken hervorzuzaubern! Werden wir auf diese Leute treffen?"

„Ja, wenn wir sie nicht absichtlich vermeiden wollen. Sie sind so weit von uns entfernt, daß ein Fußgänger den Weg in einer Stunde zurücklegen kann."

„W' Allah! Wie kannst du das denn so genau wissen? Das haben dir die Falken doch jedenfalls nicht gesagt!"

„Wer sonst als sie! Man weiß doch wohl, wie schnell ein Falke fliegt; ich weiß auch, wie lange diese beiden brauchten, um von uns wieder dort hinüberzukommen; aus diesen beiden Zahlen ist die Entfernung sehr leicht zu berechnen."

„Ist es möglich, sie zu beobachten, ohne daß sie uns sehen können?"

„Durch das Fernrohr allerdings. Wollen einmal hinüber. In einer Viertelstunde werden wir sie erblicken."

Es war mit unserer geistigen Müdigkeit vorbei. Der Schrei des Falken hatte uns wachgerufen. Wir lenkten nach Südwesten, und ich behielt, indem wir dieser Richtung folgten, die Falken scharf im Auge. Dies tat ich, um die Entfernung abzuschätzen und der Karawane nicht etwa so nahe zu kommen, daß wir von ihr aus mit dem unbewaffneten Auge gesehen werden konnten. Der Boden war nämlich eben; wir konnten uns nicht verstecken. Der Charakter der Wüste mußte sich erst gegen Abend verändern, um welche Zeit wir an das Nid en Nil zu gelangen gedachten, ein langes und stellenweise sehr breites Regenbett, welches um diese Jahreszeit viel Wasser enthielt. Ich hatte von diesem Nid en Nil sagen hören, daß es sogar in der trockensten Jahreszeit Wasser enthielt und, da es eigentlich niemals austrocknete, den Aufenthalt von Nilpferden bildete. Daß diese Tiere so weit nördlich vorkommen könnten, hatte ich bisher nicht gedacht.

Nach ungefähr einer Viertelstunde waren mir die Falken im Fernrohr so nahe gekommen, daß ich es für gut fand, anzuhalten und das Rohr nun gegen die Erde zu richten. Ich versuchte es erst mit dem bloßen Auge; da war nichts zu sehen. Aber durch das Perspektiv – wirklich, da ritten und da liefen sie, eine lange Reihe von Tieren und Menschen. Ich hatte mich also nicht geirrt. Als ich genug gesehen hatte, gab ich Ben Nil das Rohr. Er mußte lange suchen, ehe er die Karawane fand; dann beobachtete er sie ebenso lange und sagte endlich:

„Effendi, du hattest recht. Es ist eine Karawane. Ich hätte das nicht erraten und wenn noch so viele Falken gekommen wären. Es sind zwanzig Reiter und fünfundvierzig Fußgänger. Was für eine Karawane mag dies sein? Man geht doch nicht zu Fuß durch die Wüste! Es wird doch nicht etwa eine Sklavenkarawane sein!"

„Beinahe undenkbar! Wo sollen hier die Sklaven herkommen? Und eine Sklavenkarawane am Weißen Nil, welche von Norden nach Süden zieht, das wäre jedenfalls höchst sonderbar. Die entgegengesetzte Richtung ist die gewöhnliche; die Sklavenjäger holen ihre Ware aus dem Süden und schaffen sie nordwärts."

„Was für ein Land liegt denn in der Gegend, aus welcher diese Leute zu kommen scheinen?"

„Das Land der Takaleh. Doch warte! Bei der Nennung dieses Namens fällt mir ein, daß die Takaleh, obwohl sie Mohammedaner sind, die verwerfliche Gewohnheit haben, ihre Kinder zu verkaufen."

„Allah! Welch eine Sünde und welch eine Schande! Wer wird

seinen Sohn oder seine Tochter um Geld verschachern! Diese Takaleh sind gewiß Neger!“

„Sie sind nicht ganz schwarz, und man darf sie nicht etwa für tiefstehende und unbefähigte Menschen halten. Als Ägypten den Sudan eroberte, haben die Takaleh am längsten widerstanden. Sie sind tapfere Krieger und durch den Kampf mit den Ägyptern sehr berühmt geworden. Das Land Takaleh zeichnet sich aus durch seine reichen Kupferminen und durch die Gastfreundschaft, welche seine Bewohner gegen jeden Fremden, welcher bei ihnen einkehrt, üben. Dies letztere darf aber nicht dazu verleiten, ihnen außerhalb der Gastverhältnisse eine allzu große Freundlichkeit zuzutrauen. Sie stehen unter einem Mek – König –, welcher das Recht hat, die Untertanen, welche ihm nicht gehorchen oder ihm sonst aus irgendeinem Grund mißliebig geworden sind, als Sklaven zu verkaufen. Kriegsgefangene können auch, wenn sie nicht, wie der alte Gebrauch vorschreibt, alle niedergemetzelt werden, verkauft werden.“

„Dann ist es sehr leicht möglich, daß diese Karawane aus solchen Verkauften besteht. Meinst du, daß wir, wenn wir diesen Leuten begegnen, etwas von ihnen zu befürchten haben?“

„Wohl nicht. Es gibt ja weder bei uns noch bei ihnen ein Interesse, sich an dem andern zu reiben.“

„Wollen wir hinüber zu ihnen?“

„Nein. Wenn wir sie auch nicht zu scheuen haben, so gibt es auch keinen Grund, sie gerade aufzusuchen. Wir wollen noch vor Abend am Nid en Nil sein und machen dort Lager. Treffen sie da auf uns, nun, so sind sie eben da; aber geradezu aufzusuchen brauchen wir sie nicht.“

Wir schwenkten wieder nach Süden ein. Die Monotonie des Rittes war glücklich unterbrochen worden, und die Erwartung, ob wir eine Begegnung mit der Karawane haben würden oder nicht, ließ es nicht wieder zu dem Zustand innerlicher Versenktheit kommen, in welchem wir uns vorher befunden hatten.

Der Nachmittag verging, und gegen Abend bemerkten wir, daß wir uns dem heutigen Ziel näherten. Der südliche Horizont, welcher bis dahin mit dem Himmel verschwommen gewesen war, stach jetzt dunkel gegen ihn ab, und da diese dunkle Linie hier in dieser Gegend unmöglich einen Bergzug bedeuten konnte, mußten wir sie als das Anzeichen eines Waldes nehmen.

Wir erreichten ihn an einer Stelle, wo er nur schmal war, weil das Nid en Nil hier eine so tiefe Einsenkung bildete, daß das Wasser die hohen Ufer fast nie berühren und befruchten konnte.

Die Steilung, hüben hinab und drüben wieder hinauf, war so bedeutend, daß wir sie unmöglich mit unsern Kamelen passieren konnten. Darum mußten wir solange am Ufer hinreiten, bis wir eine zum Übergang geeignete Stelle fanden.

Dieses Nid en Nil ist ein Regenbett, welches im Charif – Regenzeit – jedenfalls eine reiche Menge Wassers führt; jetzt aber war die Stelle, an welcher wir auf dieses Bett gestoßen waren, schon vollständig trocken. Nach einer Viertelstunde jedoch verflachten sich die Ufer und bildeten einen Maijeh oder vielmehr eine Art See, dessen Wasser so hell und klar war, daß er nicht wohl ein Sumpf genannt werden konnte. Er war so breit, daß man das andere Ufer nicht sehen konnte. Das unsrige war mit hohen Bäumen besetzt.

Da wir hier nicht hinüberkonnten, mußten wir weiterreiten. Der See machte bald eine Krümmung nach links und ging dann in einen schmalen Arm stehenden Gewässers über, welcher ihn mit einem zweiten, noch größern See verband. Das Wasser dieses Armes konnte nicht tief sein, denn es ragten zahlreiche stark bewipfelte Bäume daraus empor; jedenfalls trocknete es noch vor der heißen Jahreszeit vollständig aus. Hier war es wohl nicht schwer, hinüberzukommen; darum beschloß ich, an dieser Stelle halt und Lager zu machen.

Wir stiegen also ab, ließen die Kamele von dem ziemlich reinen Wasser trinken und banden sie dann an die Sträucher, welche am Ufer unter den Bäumen standen. So konnten sie von deren saftigen Zweigen fressen. Als wir nachher beschäftigt waren, dürres Geäst für ein Feuer zu suchen, um uns gegen die am Wasser stets vorhandenen Stechmücken zu schützen, sahen wir die Karawane kommen, welche wir vorhin beobachtet hatten. Die voranreitenden Männer, bei denen sich ein wahrer Goliath befand, hielten an und betrachteten uns von weitem. Dann kam der Riese auf uns zu, musterte uns aufmerksam und mit finsterm Blick, ritt auch an die Sträucher, um zwischen ihnen hinein- und über sie hinwegzublicken, und fragte dann, ohne vorher zu grüßen:

„Was tut ihr hier an der Mahada ed Dill?"

Dieser Name bedeutet Furt des Schattens, schattige Furt; wir hatten also richtig eine Stelle getroffen, an welcher man über das Nid en Nil kommen konnte. Wenn im Orient jemand bei irgendeiner Begegnung nicht grüßt, so ist das stets ein schlechtes Zeichen. Dieser Mann machte überhaupt keinen vertrauenerweckenden Eindruck. Darum antwortete ich kurz:

„Wir ruhen aus, wie du siehst."
„Werdet ihr des Nachts hierbleiben?"
„Das kommt darauf an, ob es uns hier gefällt und ob wir ungestört sein werden."
„Seid ihr allein?"
„Frag nicht uns, sondern deine Augen!"
„Dir scheint man die Vorzüge der Höflichkeit nicht beigebracht zu haben!"
„Ich besitze sie; aber ich pflege sie nur dann zu zeigen, wenn man auch gegen mich höflich ist. Du hast uns den Gruß versagt."
„Ich kenne euch nicht; sag, wer du bist!"
„Erst dann, wenn ich deinen Namen und Stand erfahren habe."
„Ich stehe höher als du, folglich mußt du mir zuerst Auskunft geben. Wisse, ich bin Schedid, der tapferste Krieger des Königs der Takaleh!"
„Und ich bin der Mudir von Dscharabub. Hoffentlich kennst du diesen Ort!"
Wie mir dieser Name auf die Zunge kam, das hätte ich damals ebensowenig sagen können, wie ich es heute sagen kann. Der Ort ist bekannt, weil der berühmteste mohammedanische Orden der Neuzeit dort gegründet wurde; aber einen Mudir gibt es da nicht und hat es nie gegeben. Ich legte mir diesen Rang bei, um dem Takaleh zu imponieren. Wer und was ich war, wollte und durfte ich ihm aus naheliegenden Gründen nicht sagen. Eine Unwahrheit ist wohl ein geringeres Verbrechen als eine Aufrichtigkeit, durch welche man nicht nur zum Selbstmörder wird, sondern auch das Wohl oder gar das Leben anderer auf das Spiel setzt.
„Ich habe von diesem Ort noch nie etwas gehört", antwortete er in wegwerfendem Ton. „Deine Mudirieh wird wohl von den Termiten zernagt sein!"
„Allah verzeihe dir diese Unwissenheit! Hast du denn noch nie von Sihdi Senussi gehört?"
„Allah durchbohre dich! Wie kannst du einen frommen Gläubigen mit dieser Frage beleidigen! Alles, was auf der Erde lebt, weiß, daß Sihdi Senussi der größte Prophet ist, welcher das Wort des Islams predigt. Kennst du die Orte Siwah und Farafrah?"
„Natürlich!"
„Sie leuchten wie die Sterne vor allen Orten der Erde, denn

dort befinden sich die Universitäten, in denen die Schüler und Jünger von Sihdi Senussi gebildet werden."

„Das weißt du und kennst doch Dscharabub nicht, welches noch viel heller leuchtet? Ja, in Dscharabub residiert Sihdi Senussi; in Siwah und Farafrah befinden sich nur seine Schulen. Alle drei Orte aber gehören zu meiner Mudirieh. Von ihnen geht das reinste Licht des Islams aus, vor welchem die Schatten aller Irrlehrer weichen müssen. Mein Haus und das des Sihdis haben miteinander ein einziges Tor; wir leben unter einem Dach und trinken aus demselben Schlauch. Nun sag mir, wer höher steht, du oder ich? Wehe dem, der mir den Gruß verweigert! Es wird ihm ergehen wie dem Lästerer, von welchem die hundertvierte Sure spricht: ‚Er wird hinabgeworfen in die Hutama – Hölle –.' El Hutama aber ist das angezündete Feuer Allahs, welches über die Frevler zusammenschlägt! Jetzt brüste dich weiter, o Schedid, der du nichts als nur der Diener eines Menschen bist!"

Da ließ er sein Kamel vor mir niederknien, stieg ab, verneigte sich tief und sagte:

„Laß die Sonne deiner Verzeihung über mir aufgehen, o Mudir! Ich konnte doch nicht ahnen, daß du der Freund und Gefährte dieses heiligen Senussi bist. Euer Orden wird die ganze Welt umfassen, und vor eurer Macht werden sich beugen alle Menschen, welche leben und noch leben werden. Wie soll ich deinen jungen Gefährten nennen?"

„Die Zahl seiner Jahre beträgt nicht viel, aber die Vorzüge seines Geistes haben ihn schon berühmt gemacht. Er wurde auf der Universität von Farafrah gebildet und ist mit mir ausgezogen, um den Glanz unsers Ordens auch in diesem Lande hier leuchten zu lassen. Er ist Chatib – Prediger –. Nenne ihn so!"

Das wäre etwas für Selim, den Aufschneider, gewesen! Dieser hätte gewiß sofort eine fulminante Rede gehalten, welche von Eigenlob übergeflossen wäre. Ben Nil aber sagte nur, und zwar im würdevollsten Ton, der ihm möglich war:

„Du hast dich gegen uns vergangen, weil du uns nicht kanntest. Wir verzeihen dir."

Daß er als Mohammedaner die Unwahrheiten, deren ich mich schuldig gemacht hatte, bestätigte, war ein Zeichen, wie lieb er mich hatte. Der Takaleh befand sich in einer sichtbaren Verlegenheit. Ich sah es ihm an, daß er gern in unserer Nähe lagern wollte, dies aber mit der Hochachtung, welche er uns schuldig zu sein glaubte, nicht für vereinbarlich hielt. Er blickte nach seiner Karawane, welche haltengeblieben war, zurück und sagte:

„Wir wollten bis morgen hier an dieser Stelle bleiben; nun aber werden wir uns wohl einen andern Ort suchen müssen, weil wir es doch nicht wagen können, in der Nähe so heiliger Männer zu lagern."

„Vor Allah sind alle Menschen gleich. Ich erlaube euch also, hier bei uns Platz zu nehmen", antwortete ich.

„Ich danke dir, o Mudir, und gebe dir die Versicherung, daß meine Leute sehr andachtsvolle Zuhörer eurer Reden sein werden."

„Glaub nicht, daß wir euch Predigten halten. Alles zu seiner Zeit und am rechten Ort. Das Wort darf nur dann vom Mund fließen, wenn der Geist im Innern mächtig wird."

Es konnte mir natürlich nicht einfallen, hier als mohammedanischer Missionar aufzutreten. Ich hatte imponieren wollen und weiter nichts, und das war mir gelungen, wie das völlig veränderte Benehmen dieses Takaleh bewies. Aber trotz seiner gezeigten tiefen Ehrerbietung stieß er mich in einer Weise ab, daß ich ihn am liebsten weit fort von mir gewünscht hätte. Seine Züge waren regelmäßig, und seine Stimme hatte einen kräftigen, wohllautenden Klang; daß er mir trotzdem so sehr unsympathisch war, hatte keine äußeren, sondern innere Gründe, über welche ich mir freilich selbst keine Rechenschaft zu geben vermochte.

Er winkte seinen Leuten, herbeizukommen. Wir hatten uns nicht geirrt; es waren gerade so viele Personen, wie wir gezählt hatten. Jetzt konnten wir, was vorhin durch das Rohr nicht möglich gewesen war, auch die beiden Geschlechter unterscheiden. Die Hälfte der Fußgänger waren nämlich eigentlich Fußgängerinnen; allen aber waren, was wir erst jetzt bemerkten, die gefesselten Hände an einem langen Seil befestigt; sie waren also Gefangene.

Die Reiter brachten sie getrieben. Schedid rief ihnen einige Worte zu, auf welche hin man uns mit großer Demut begrüßte. Nachdem die ersteren abgestiegen waren, versorgten sie erst ihre Tiere und führten dann die Gefangenen am Seil zum Wasser, damit auch sie trinken sollten. Dann mußten die letzteren, welche gar nicht losgebunden wurden, sich in unserer unmittelbaren Nähe niederlegen. Sie gehorchten in einer Weise, daß man sah, sie hatten sich in ihr Schicksal vollständig ergeben.

Was mir auffiel, war, daß zwischen den Gefangenen und ihren Begleitern nicht der geringste Unterschied im Typus zu entdecken war; sie schienen zu demselben Volk und Stamm zu gehören. Ihre Farbe war nicht schwarz, sondern schwärzlichbraun, ihr Bart schwach und ihr Haar nicht gekräuselt, sondern starr. Der Anführer erteilte fünf von seinen Leuten die besondere Aufgabe, auf die Gefangenen zu achten, und sagte zu den übrigen:

„Öffnet eure Augen, ihr Leute, und seht hier zwei Männer, deren Gebete euch den Himmel zu öffnen vermögen! Hier sitzt der berühmte und heilige Mudir von Dscharabub, welcher ein Oberster der Senussi ist und mit Sihdi Senussi in einem Haus wohnt, und neben ihm erblickt ihr einen frommen Jüngling, dem trotz seiner Jugend die Gabe gegeben ist, die reinen Lehren des Korans zu verkündigen. Beugt euch vor ihnen, und laßt es euch nicht einfallen, ihnen durch unbedachte Worte lästig zu werden!"

Diese letztere Mahnung konnte auch in andern Worten lauten: „Seid klug und vorsichtig und verratet nicht durch unbedachte Reden, daß wir schlechte Kerle sind!" Sie verschlangen die Arme über der Brust und beugten sich dann fast bis zur Erde nieder. Nachher setzten sie sich so nahe zu uns, daß sie uns zwar nicht lästig fielen, aber alles, was wir sprachen, hören konnten. Sie nahmen ihre Speisevorräte aus den Säcken, um einen Imbiß zu halten, aber die Gefangenen bekamen nichts. Darum fragte ich Schedid:

„Meinst du nicht, daß die andern auch Hunger haben?"

„Was geht es mich an, wenn sie hungern?" antwortete er. „Sie bekommen täglich einmal zu essen und zu trinken. Wenn sie jetzt Hunger haben, so mögen sie schlafen. Sie sind Requiq und haben übrigens heute schon mehr erhalten, als sie erwarten können, denn sie haben hier getrunken."

„Wasser aus dem See, während ihr aus den Schläuchen nahmt!"

„Für Requiq ist Wasser Wasser. Wenn es ihnen nicht schmeckt, so kann ich es nicht ändern."

„Sie sind also Sklaven. Wo hast du sie gekauft?"

„Gekauft? O Mudir, wie sind die Heiligen, welche alle Himmel kennen, doch so unerfahren auf der Erde! Ein Takaleh kauft niemals Requiq, sondern er macht sie sich."

„So sind diese Sklaven deine Stammesgenossen?"

„Natürlich!"

„Was haben sie getan, daß man sie zu Requiq gemacht hat?"

„Getan? Eigentlich nichts. Der Mek braucht Geld; darum verkauft er sie."

„Kann er alle seine Untertanen verkaufen?"
„Alle, welche ihm ungehorsam sind oder ihm aus sonst einem Grund nicht mehr gefallen. Jeder Vater kann seine Kinder, jeder Mann seine Weiber und jeder Mächtige die verkaufen, über welche er zu gebieten hat."
„Was würdest du dazu sagen, wenn der Mek auch dich verkaufte?"
„Ich müßte mich fügen." Aber so leise, daß nur ich es hörte, fügte er hinzu: „Ich würde es nicht dulden, sondern ihn erwürgen!"
Der Umstand, daß er mich für einen Heiligen hielt, hinderte ihn gar nicht, mir diese Wahrheit anzuvertrauen. Entweder galt ihm selbst ein Oberster der Senussi weniger, als er sich vorhin den Anschein gegeben hatte, oder es war ihm überhaupt nichts heilig. Daß dieses letztere der Fall war, zeigte sich sofort, als ich ihn fragte:
„Hast du auch schon Requiq verkauft?"
„Schon oft. Auch bei diesen hier sind ein Weib und zwei Töchter von mir."
„Warum verkaufst du sie?"
„Weil ich mir ein anderes Weib genommen habe, und weil es besser ist, man bekommt die Töchter bezahlt, als daß man sie ernähren muß."
Er sagte das mit einer vollständig unbegreiflichen Gefühllosigkeit und in einem Ton, als ob er mit seinen Worten ganz selbstverständlich nicht nur seine eigene, sondern die Ansicht aller Menschen überhaupt ausgesprochen habe.
„Haben sie sich gutwillig gefügt?" erkundigte ich mich.
„Was wollten sie dagegen tun? Sie haben gefleht und geweint; aber was bedeutet die Träne einer Frau? Das Weib hat keine Seele und kann also auch nicht in den Himmel kommen."
„Wohin führst du diese Sklaven?"
„Nach Faschodah zu einem Mann, welcher mir meine Requiq regelmäßig abnimmt."
Er hatte mir eine andere Antwort, vielleicht eine genaue Auskunft geben wollen, sich aber unterbrochen. Er traute mir also doch nicht ganz.
„Warst du schon oft in Faschodah?" fragte ich weiter.
„Ich ziehe nach jedem sechsten Monat hin, um Requiq zu verkaufen. Wohin wird denn dich deine jetzige Reise führen, o Mudir?"
„Zunächst nach Makhadat el Kelb, wo ich über den Weißen

Nil setzen werde, um das Volk der Fungi, dem ich predigen will, aufzusuchen."

„Wirst du auch nach Faschodah kommen?"

„Jetzt nicht, vielleicht aber später."

Nun hatte die Sonne scheinbar den Horizont berührt, und also war die Zeit des Mogrebgebetes gekommen. Die Leute, welche gesessen hatten, selbst auch die aneinandergebundenen Gefangenen, erhoben sich auf die Knie, und aller Augen richteten sich auf mich. Der Vornehmste hat nämlich stets das Gebet zu sprechen, und die andern fallen nur an gewissen Stellen ein. Das war ein kritischer Augenblick für mich. Ich hatte schon sehr oft mit Mohammedanern gebetet, aber natürlich nicht laut und nicht zu Allah und den Propheten; aber jetzt so vielen Leuten die verschiedenen Verbeugungen vorschreiben und die Fathha, die vorgeschriebenen Koranverse, den Gruß an Mohammed und den Erzengel vorbeten, das war unmöglich; das wäre eine große, große Sünde gewesen. Aus dieser Verlegenheit zog mich Ben Nil, indem er sagte:

„Mudir, du hast stets nur die drei Tagesgebete gesprochen und mir die beiden Gebete des Abends überlassen. Erlaubst du, daß es auch heute so geschieht?"

„Ja, bete vor, o Chatib, du Liebling des Propheten", antwortete ich. „Deine Worte gehen denselben Weg wie die meinigen und werden das Ziel, nach welchem jedes Gebet gerichtet ist, ebenso erreichen, als ob sie aus meinem eigenen Mund kämen."

Als das Mogreb gesprochen war, aß ich mit Ben Nil. Die Takaleh wendeten dabei ihr Gesicht zur Seite, um mich nicht essen zu sehen, wie es einem vornehmen oder frommen Mann gegenüber die Höflichkeit vorschreibt.

Da ich mich darauf schweigsam verhielt, wagte Schedid es nicht, zu sprechen; auch die andern waren vollständig still, denn sie hielten mich und meinen jungen „Prediger" für in fromme Gedanken versunken, in denen man uns nicht stören durfte.

Dann ging der Mond auf und warf die Schatten der Baumwipfel über uns. Zu meiner Rechten lag die sterile, erbarmungslose Wüste, und zu meiner Linken glänzten wie winzige Elfenleiber die Blüten jener ewig ruhelosen Pflanze auf dem Wasser, welche nicht im Boden wurzelt und deshalb immerwährend ihren Standort ändert. Sie kommt besonders im Tschadsee in großen Mengen vor, und die Bewohner von Bornu und Baghirmi singen ein Ruderlied, eine allerliebste Gondeliera von ihr, welche deutlich beweist, daß auch jene Völker poesiereich sind. Das Lied würde, frei ins Deutsche übersetzt, lauten:

„Es treibt die Fanna heimatlos
Auf der bewegten Flut,
Wenn auf dem See gigantisch groß
Der Talha Schatten ruht.
Er breitete die Netze aus
Im klaren Mondenschein,
Sang in die stille Nacht hinaus
Und träumte sich allein.
Da rauscht es aus den Fluten auf,
So geisterbleich und schön;
Er hielt den Kahn in seinem Lauf
Und ward nicht mehr gesehn.
Nun treibt die Fanna heimatlos
Auf der bewegten Flut,
Wenn auf dem See gigantisch groß
Der Talha Schatten ruht."

Anstatt in die Tiefe des Islams versunken zu sein, dachte ich beim Anblick der hellen Blüten der „heimatlosen Fanna" an dieses Lied und an dessen Schauplatz, wo nächtlicherweile Löwen, Elefanten, Nashörner und Nilpferde, die Riesen der Tierwelt, friedlich einander am Ufer begegneten; friedlich, aber nur aus Furcht, dem gewaltigen Gegner unterliegen zu müssen. Da unterbrach einer der Takaleh die Stille, indem er, hinaus in die Wüste deutend, rief:

„Ein Mann, ein Reiter; wer mag er sein?"

Es kam wirklich jemand geritten, und zwar gerade auf die „Furt des Schattens" zu. Er mußte sie genau kennen. Er schien aus Nordwesten, also vom Nil, herzukommen, während unsere Richtung eine nordwestliche gewesen war. Sein heller Burnus glänzte im Mondschein. Unser Feuer brannte; er mußte es sehen. Daraus, daß er trotzdem so unbedenklich näher kam, ließ sich vieles schließen. Erst als er sich ganz nahe befand, hielt er sein Kamel an und grüßte:

„Allah gebe euch hunderttausend solche Nächte! Erlaubt ihr mir, meine Ruhe bei euch zu halten?"

Da ich schwieg und Ben Nil ebenso, antwortete Schedid, der Anführer der Takaleh:

„Steig ab und setz dich! Du bist willkommen."

Der Mann sprang aus dem Sattel, ließ sein Kamel ans Wasser laufen und trat an unser Feuer, um sich zwischen Schedid und Ben Nil niederzusetzen. Da die Gefangenen nicht so nahe am Feuer, sondern mehr im Schatten lagen, hatte er sie nicht deutlich erkennen können; jetzt aber sah er, daß diese Personen an ein Seil gebunden waren. Sein Gesicht nahm sofort einen merklich befriedigten Ausdruck an, und sein Ton klang wie erleichtert, als er sagte:

„Allah hat mich gerade zur richtigen Zeit nach der Furt des Schattens geführt, denn ich vermute, daß diese Gefangenen zum Volk der Takaleh gehören. Habe ich richtig geraten?“

„Ja“, antwortete der Anführer.

„So muß sich auch Schedid, der oberste Diener des Königs, hier befinden. Welcher von euch ist es?“

„Ich bin es. Wer aber bist du, daß du meinen Namen kennst?“

„Ich bin ein Ben Baqquara und wohne an der Mischrah Omm Oschrin. Ich bin der Freund eines Mannes, den auch du kennst, Ibn Asl.“

„Hat deine Bekanntschaft mit ihm etwas mit deinem jetzigen Ritt zu tun?“

„Ja, denn ich bin als sein Bote an dich gesandt.“

„Er sendet dich zu mir? Nicht dahin, wo ich wohne, sondern hierher an diese Stelle, wo es so sehr zweifelhaft ist, ob und wann ich da angetroffen werden kann? Das muß einen ganz außenordentlichen Grund haben!“

„Den hat es auch. Er war aber gar nicht ungewiß darüber, daß ich dich hier finden würde. Er sagte, daß du jährlich zweimal dein Land verläßt, um nach Faschodah zu gehen, und daß diese Reisen zu ganz bestimmten Zeiten von dir unternommen werden.“

„Das ist wahr.“

„Er kennt die Tage deiner Abreise und deiner Ankunft genau und kann also ziemlich leicht berechnen, wo du dich an einem gewissen Tag befindest. Er sagte, daß ich dich ganz sicher morgen oder übermorgen hier an der Furt treffen würde.“

„Er hat sich um einen Tag geirrt, weil ich diesmal um einen Tag eher aufgebrochen bin. Welche Botschaft ist es, die du mir bringen sollst?“

„Es ist eine Warnung. Du sollst dich während des Marsches nicht dem Nil zu weit nähern und die Requiq diesmal nicht direkt nach Faschodah bringen, sondern die Leute in der Nähe verstecken und dann zu Ibn Mulei, dem Sangak der Arnauten, gehen, um ihm zu sagen, wo sie zu finden sind.“

„Wozu diese Umstände?“

„Weil es einen fremden Effendi gibt, welcher sich in dieser Gegend umhertreibt, um die Sklavenhändler zu fangen und an den Reis Effendina abzuliefern.“

„Allah vernichte diesen Hund!“

„Er ist noch dazu ein Christ!“

„So möge Allah ihn nicht vernichten, sondern ihn in alle Ewigkeit im schrecklichsten Winkel der Hölle aufbewahren! Was hat dieser Christenhund sich um die Sklavenhändler zu kümmern!“

„Ich soll dir sagen, daß er sich jetzt höchstwahrscheinlich mit dem Reis Effendina auf der Nilfahrt nach Faschodah befinden wird. Da diese Leute öfter an das Land steigen, könnten sie dich leicht entdecken und ergreifen, falls du dich dem Strom zu nahe hältst. Aus diesem Grund sendet mich Ibn Asl, um dich zu warnen.“

„Das war nicht nötig. Was gehen mich die Gesetze des Vizekönigs an! Ich diene meinem König. Unser Gesetz erlaubt es, Menschen zu verkaufen. Wenn ich danach handle, kann kein Mensch mir etwas tun. Zudem haben wir einen mächtigen Beschützer in Ali Effendi el Kurdi, dem Mudir von Faschodah, welcher dem Reis Effendina schon manchen Fang vor der Nase weggeschnappt hat. Was hätten wir also zu fürchten? Ich werde meinen gewöhnlichen Weg nicht ändern, eines verfluchten Christen wegen erst recht nicht. Es sollte mich im Gegenteil freuen, auf ihn zu treffen; ich würde ihn hier zwischen meinen Fäusten zermalmen!“

Er rieb die gewaltigen Hände gegeneinander, wobei der Ausdruck seiner sonst nicht unangenehmen Züge ein ganz anderer geworden war. Man kann sich leicht denken, mit welchem Interesse ich Zeuge dieses Gespräches war. Dabei freute es mich, zu hören, daß weder Schedid noch der Bote etwas von der kürzlichen Absetzung des Mudirs Ali Effendi el Kurdi zu wissen schien; ebenso froh war ich, zu erfahren, daß der Sangak der Arnauten wirklich der war, als welchen ihn uns der Oberleutnant des Sklavenjägers bezeichnet hatte. Ich wußte nun mit Sicherheit, an welche Person ich mich wenden mußte. Die Worte Schedids bewiesen ein großen Selbstvertrauen; dies konnte mir nur lieb sein, denn je sicherer er sich fühlte, desto mehr arbeitete er mir in die Hände. Und doch ahnte ich jetzt noch nicht, was ich alles noch hören würde! Der Bote eiferte gegen dieses Selbstvertrauen, indem er warnte:

„Fühl dich ja nicht so sicher! Meinst du, daß Ibn Asl mich zu dir gesandt hätte, wenn er nicht vollständig überzeugt wäre, daß dies notwendig ist? Jener christliche Effendi soll viel gefährlicher sein als der Reis Effendina selbst!"

Da stand Schedid auf, reckte seine mächtige Gestalt in die Länge und Breite und rief:

„Schweig lieber davon und schau mich einmal an! Sehe ich aus, als ob ich mich vor einem Menschen, noch dazu vor einem Christen zu fürchten hätte. Ich schlage fünf oder zehn solche Hunde auf einmal nieder!"

„Ja, du bist stark; das sagte mir Ibn Asl; aber er meinte dennoch, daß dieser Christ ebenso stark, vielleicht noch stärker ist als du."

„Als ich?! Wie kann Ibn Asl mich auf diese Weise beleidigen wollen! Ich bin noch von keinem Menschen besiegt worden!"

„Er hat dich nicht beleidigen wollen, denn er meinte wohl nicht nur die Körperkraft, sondern auch die Stärke oder den Vorteil, welchen ein listiger Mann vor seinem Gegner besitzt. Dieser Giaur soll nämlich ein Ausbund von Verschlagenheit sein. Er vermag alles, selbst das Geheimnisvollste, zu erraten, und stets ist der, der ihm eine Falle stellte, selbst hineingefallen. Ibn Asl hat mir einiges erzählt. Er hatte nicht viel Zeit; aber das Wenige, was er mir über den Christen berichtete, müßte dich zur größten Vorsicht bewegen."

„So erzähl einmal! Ich möchte mit meinen eigenen Ohren hören, warum ein gläubiger Moslem sich vor einem ungläubigen Hund fürchten soll."

Er setzte sich wieder nieder, und der Bote erzählte unsere Abenteuer. Obgleich dies nur in kurzen Umrissen geschah, meinte, als er geendet hatte, doch der Takaleh:

„Dieser Hund scheint wirklich äußerst gefährlich zu sein. Man hat sich vor ihm in acht zu nehmen. Da er mich aber nicht kennt und auch ganz und gar nichts von mir weiß, so habe ich ihn nicht zu fürchten."

„Kannst du behaupten, daß er nichts von dir weiß? Er hat die Leute Ibn Asls gefangen. Wenn es ihm nun gelungen ist, einen dieser Leute zum Sprechen zu bewegen."

„Das ist wahr!"

„Und selbst wenn er nichts von dir erfahren hätte, er würde dich doch anhalten, wenn du ihm mit deinen Requiq begegnetest."

„Ich würde ihn besiegen!"

„Vielleicht, ja, wenn es ihm einfiele, dich offen anzugreifen;

aber du hast ja gehört, wie vorsichtig und listig er ist. Weiche ihm also aus, so sehr du kannst!"

„Gut, ich werde dies tun, aber nicht, weil ich mich fürchte, sondern weil Ibn Asl es wünscht. Wo befindet sich dieser jetzt?"

„Es war gestern mittag, als er auf seiner Kamelstute nach der Mischrah Omm Oschrin kam. Ich bin dann sofort aufgebrochen und jetzt hier angekommen. Da kannst du rechnen, daß er heute abend schon weit über Makhadat el Kelb hinaus ist."

„Will er ganz bis Faschodah reiten?"

„Ja."

„Und, da alle seine Leute gefangen sind, wo will er neue Männer für den Sklavenfang hernehmen?"

„Er will Schilluks und Nuehrs anwerben, vielleicht auch Dinkas, ganz wie er die Gelegenheit findet. Das muß aber bald geschehen, denn der Reis Effendina ist hinter ihm her. Er muß sich in Faschodah verstecken, weil er auf dich warten will. Und da fällt mir ein, daß er mich beauftragt hat, dir besonders einen dieser Sklaven an das Herz zu legen. Ich soll dir sagen, es sei der, den er vor sechs Monaten bei deiner letzten Reise bestellt hat."

„Also Hafid Sichar! Dort liegt er. Er ist der erste am Seil."

„Es war Ibn Asl ganz besonders darum zu tun, diesen Mann wiederzubekommen. Du sollst ihn auf das strengste beaufsichtigen lassen."

„Ich werde auf ihn achten und nicht unvorsichtig sein. Aber gerade die Hauptsache hat Ibn Asl vergessen. Das, worauf es am meisten ankommt, hat er mir nicht sagen lassen. Wie nun, wenn ich diesem christlichen Effendi begegne? Ich kenne ihn nicht und kann also sehr leicht, wenn nicht seiner Stärke, so doch seiner List verfallen. Ibn Asl hat ihn gesehen und sogar mit ihm gesprochen. Wie konnte er vergessen, mir durch dich eine Beschreibung dieses Hundes zu senden!"

„Allah! Was bin ich für ein Bote!" rief der Mann, indem er sich mit der Hand gegen die Stirn schlug. „Nicht er hat, sondern ich habe es vergessen. Er gab mir sogar eine sehr genaue Beschreibung und fügte auch noch einen Namen bei, welcher Ben Nil lautet."

O weh! Ich griff unwillkürlich mit der Hand nach dem Revolver, denn das Gespräch begann eine für mich unerquickliche Wendung zu nehmen. Wenn dieser Mann unser Signalement genau behalten hatte, so war ich verraten. Ben Nil hatte ganz denselben Gedanken und warf mir einen besorgt forschenden Blick zu.

„Ben Nil?" fragte Schedid. „Wer ist das?"

„Ein junger Mensch, welcher, obgleich er Moslem ist, sich stets an der Seite dieses Effendis befindet. Allah zerreiße ihn! Nie ist der eine ohne den andern zu sehen. Darum hat Ibn Asl mir eine Beschreibung von beiden gegeben."

„So gib sie nun mir!"

„Dieser Ben Nil ist ungefähr achtzehn Jahre alt und ohne Bart, von schmächtiger Gestalt, besitzt aber bedeutende Körperkraft. Haare und Augen sind dunkel, die Wangen voll. Die Kleidung, welche er zuletzt trug, bestand aus . . ."

Er hielt inne, musterte Ben Nil mit erstaunten Augen und rief dann aus:

„Welch ein Wunder! Die Beschreibung, welche ich von diesem abtrünnigen jungen Moslem erhalten habe, paßt ganz und genau auf diesen Jüngling, welcher da an meiner Seite sitzt!"

„Du irrst, oder es ist ein Zufall."

„Ich sage dir aber, es stimmt genau, sehr genau."

„Das ist möglich, da du jenen Ben Nil nicht gesehen hast. Dunkle Haare und Augen, schmächtige Gestalt und volle Wangen besitzen tausend junge Leute. Dieser Jüngling aber ist über jeden Zweifel erhaben, denn er ist ein berühmter Chatib, vom heiligen Orden des Sihdi Senussi."

Der Bote kreuzte die Arme über die Brust, verneigte sich gegen Ben Nil und sagte:

„Dann irre ich mich allerdings; aber ich habe diesen frommen Chatib, den Allah segnen wird, nicht beleidigen wollen."

Gott sei Dank! Der kleinere Teil der Gefahr war überstanden! Wie würde es aber mit dem andern, größern Teil werden! Um dies zu erfahren, hatte ich gar nicht lange zu warten, denn Schedid sagte:

„Dieser Ben Nil ist überhaupt eine Nebenperson für mich. Die Hauptsache ist doch die Beschreibung des Effendis. Du wirst sie mir so genau wie möglich geben."

Ich wünschte im stillen, daß sie so ungenau wie möglich ausfallen möge; aber leider war dies keineswegs der Fall. Ibn Asl hatte seinem Boten meinen „Steckbrief" auf das sorgfältigste eingeprägt. Kaum war meine Gestalt, mein Gesicht und ein Teil meiner Kleidung beschrieben, so erging es dem Sprecher wie vorhin bei der Beschreibung Ben Nils: Er hielt inne, fixierte mich betroffen und fuhr dann fort:

„Allah ist groß! Sollte man es für möglich halten! Da sitzt ja der, den ich beschreiben soll, in eigener Person! Er ist's, er ist's!

Da ist gar kein Zweifel möglich!" Man kann sich denken, welches Aufsehen diese Worte erregten. Alle blickten auf mich; sogar die Gefangenen hoben ihre Köpfe, und einer von ihnen rief: „Hamdulillah! Vielleicht bin ich nun gerettet!"

Glücklicherweise schenkte niemand diesen Worten Aufmerksamkeit, weil die letztere ausschließlich auf mich gerichtet war. Nur ich allein achtete auf sie, weil ich mich mit dem, der sie gesprochen hatte, schon seit einiger Zeit eingehend beschäftigt hatte. Er war nämlich von Schedid Hafid Sichar genannt worden, und so hieß der, den ich eifrig suchte, nämlich der verschollene Bruder des Führers von Maabdah. Sollte es dieser sein? Ibn Asl hatte durch seinen Boten sagen lassen, daß man auf ihn ganz besonders aufmerksam sein sollte. Er mußte ihm also wichtig sein. Ich neigte mich sehr der Ansicht zu, daß ich, so vieles auch dagegen sprach, den Gesuchten hier gefunden hatte. Und in dieser Ansicht wurde ich durch den Ausruf bestärkt, den ich jetzt von ihm gehört hatte. Die Erzählung des Boten war von ihm verstanden worden; er mußte mich für einen unternehmenden und unerschrockenen Menschen halten; er glaubte, wenn ich der gefürchtete fremde Effendi sei, könne mich nur die Absicht, die Gefangenen zu befreien, hierhergeführt haben, und darum entfuhren seinen unvorsichtigen Lippen die Worte, daß er nun vielleicht gerettet sei. Ich hatte jetzt natürlich nicht mehr Zeit, auf ihn zu achten, sondern ich mußte meinen äußern und innern Menschen ausschließlich der Gefahr widmen, in welche ich selbst geraten war.

Ein kurzer Blick auf Ben Nil beruhigte mich. Dieser zeigte sich keineswegs erschrocken, sondern auf seinem Gesicht lag ein so überlegen lächelndes Staunen, als sei er ganz gewiß und sicher der, für den ich ihn ausgegeben hatte, und wundere sich nun über die Möglichkeit, für einen andern gehalten zu werden. Ich konnte mich auf ihn verlassen und in Beziehung auf sein Verhalten vollständig ruhig sein.

Was nun mich selbst betraf, so blickte ich dem Boten wie fragend in sein erregtes Gesicht und sagte kein Wort. Ich tat so, als ob ich nicht imstande sei, das, was er gesagt hatte, zu verstehen. Schedid sah bald ihn und bald mich an. Er war überzeugt worden, daß meine Person genau mit dem Signalement stimmte; aber die würdevolle Ruhe, welche ich bewahrte, machte ihn irre.

„Was sagst du?" fragte er den Boten. „Dieser Mann, welcher hier an meiner rechten Seite sitzt, soll jener ungläubige Effendi sein?"

„Ja, er ist's! Er kann kein anderer sein."
„Du irrst dich abermals. Dieser heilige Mann ist der Mudir von Dscharabub, der Vertraute und beste Freund des Sihdi Senussi."
„Ist das wahr? Kannst du das beweisen?" fragte der Bote.
„Ich weiß es von ihm selbst."
„Von ihm selbst, von ihm selbst!" lachte der Baqquara-Araber. „Wenn du es von keinem andern, von keinem sicheren Mann weißt, so ist es um deinen Beweis sehr schlecht bestellt. Habe ich dir nicht erzählt, daß der Giaur sich schon öfter einen falschen Namen gegeben hat?"
„Allah! Ich habe es gehört. Sollte . . .!"
Er sah mich mit Augen an, in denen das Vertrauen mit dem Mißtrauen um den Sieg rang. Ich antwortete mit einem festen, verwunderten Blick und fragte:
„Was sagt dieser Mann? Spricht er von mir?"
„Natürlich meint er dich!" antwortete Schedid. „Hast du denn nicht verstanden?"
„Hätte ich ihn verstanden, so müßte ich ihn für toll halten; lieber will ich annehmen, daß ich falsch gehört habe."
„Er behauptet, du seist der christliche Effendi, von welchem er gesprochen hat."
„Allah sei ihm gnädig! Also hat er es wirklich gesagt! Sein Geist ist krank. Er mag Tücher ins Wasser tauchen und sie sich um die Stirn legen, dann wird ihn das Fieber verlassen."
„Ich bin nicht krank; ich weiß, was ich sage!" rief der Baqquara. „In einer einzelnen Person mag man sich irren, aber in zwei Menschen zugleich, das ist unmöglich. Der junge Mann stimmt ganz auf Ben Nil und der andere auf den Effendi. Sie sind es! Was haben sie für Kamele? Ibn Asl sagte, daß sie auf grauen Hedschihn reiten."
„Das ist richtig", antwortete Schedid.
„Richtig? Also ein neuer Beweis, daß ich mich nicht irre! Laß dich nicht betrügen, o Schedid! Untersuch den Fall genau!"
Schedid war jetzt doppelt bedenklich geworden. Er meinte zu mir:
„Du hörst, was er sagt. Ich hege alle Ehrerbietung für deine Heiligkeit; aber ich habe keinen Beweis, daß sie richtig ist. Also bitte ich dich, mir dazu zu verhelfen, daß ich dir vertrauen kann."
„Also du mißtraust mir wirklich?" fragte ich in scheinbar maßlosem Erstaunen. „Ich soll beweisen, daß ich bin, der ich bin! Sag mir doch, wo wir uns befinden!"

„Nun, hier an der Machada ed Dill.“
„Und wo ist jener Effendi, wie Ibn Asl selbst gesagt hat?“
„Unterwegs auf dem Nil.“
„Kann ich also er sein?“
„Das, was Ibn Asl gesagt hat, ist ja nur eine Vermutung. Wenn nur einer von euch mit der Beschreibung übereinstimmte, so wäre ein Irrtum denkbar, da aber eure beiden Personen stimmen, so steht es hier sehr schlimm um dich. Wenn du jener Effendi bist, muß ich dich töten.“
„Aber ich bin es nicht!“
„Das ist nicht erwiesen. Hast du einen Beweis bei dir, daß du die Wahrheit sagst?“
„Der einzige und beste Beweis bin ich selbst.“
„Dann muß ich dich festnehmen und bei mir behalten, um dich Ibn Asl zu zeigen!“
„Das wirst du nicht tun, denn dadurch würde unser heiliges Werk gestört werden.“
„Wenn du mich nicht in den Stand setzt, an dieses heilige Werk glauben zu können, kann ich es nicht berücksichtigen.“
„Du wirst es berücksichtigen, denn ich bin überzeugt, daß du weißt, im Besitz welcher Mächte und Geheimnisse mein Orden sich befindet. Ich würde sie gegen dich in Anwendung bringen.“
In der Bevölkerung jener Gegend herrscht der finsterste Aberglaube; darum riefen diese Worte den heilsamen Schrecken hervor, den ich beabsichtigt hatte. Schedid befand sich in einer schlimmen Lage. War ich der Effendi, so mußte er mich töten oder wenigstens festnehmen; war ich aber wirklich der Senussi, für den ich mich ausgab, so war ich nicht nur ein heiliger Mann, sondern auch ein Zauberer, welcher, um sich zu rächen, alle guten und alle bösen Geister auf die Beine bringen konnte. Vor diesen meinen Zauberkräften hatte er eine heillose Angst, doch hetzte ihn der Bote durch weitere Bemerkungen immer mehr gegen mich auf, daß er endlich zu mir sagte:
„Ich weiß nicht, was ich tun soll. Ich möchte dir nicht mißtrauen, und du kannst dich doch nicht legitimieren. Aber du kannst auf zweierlei Art meine Zweifel beseitigen. Wirst du darauf eingehen?“
„Sprich zuerst!“
„Du hast gehört, daß dieser Effendi ein sehr starker Mann sein soll. Kämpfe mit mir, damit ich erfahre, ob du die Kraft besitzt, welche er haben soll.“
Das war nun freilich eine Pfiffigkeit und Findigkeit von ihm,

die ihm keine Prämie eintragen konnte. Der gute Mann schien es gar nicht für möglich zu halten, daß ein Starker sich verstellen kann. Ich wäre sofort auf seine Forderung eingegangen, wenn ich nicht die Ehre meines angenommenen geistlichen Standes zu wahren gehabt hätte; darum antwortete ich:

„Du sagst, ich könne mich doppelt legitimieren, zunächst durch den Zweikampf mit dir. Wir sind ausgezogen, um zu predigen, nicht aber um zu kämpfen. Vergleich deine Gestalt mit der meinigen! Wollte ich mit dir kämpfen, so müßte ich unterliegen; das ist sicher."

„Es kommt nicht immer nur auf die Gestalt an."

„Ja", stimmte der Bote des Sklavenjägers bei. „Der fremde Effendi besitzt, wie ich von Ibn Asl vernommen habe, auch nicht die Figur eines Riesen, und doch hat er eine Körperkraft, welcher kein anderer, kein einzelner gewachsen ist. Bist du dieser Giaur, so kannst du Schedid hier wohl überwinden. Besiegst du ihn nicht, so ist dies dann ein Beweis, daß du der Effendi nicht bist."

„So ist es", nickte Schedid. „Hast du ein gutes Gewissen, so ringe mit mir. Tust du dies nicht, so nehme ich an, daß du befürchtest, dich durch deine Körperstärke zu verraten. Also entscheide dich!"

Der Rolle, welche ich spielen mußte, getreu, stand ich zwar auf, als ob ich bereit sei, sagte aber in bedenklichem Ton:

„Wenn man in Dscharabub erführe, daß ich mit dir gerungen habe und besiegt worden sei, würde die Achtung, welche ich zu fordern habe, zum größten Teil verloren sein."

Da kam mir mein pfiffiger Ben Nil sehr klug zu Hilfe, indem er meinte:

„Wer soll es verraten, o Mudir? Von diesen Männern hier wird wohl keiner jemals in unsere Heimat kommen, und meiner Verschwiegenheit kannst du, wie du weißt, vollständig sicher sein."

„Du hörst es", sagte jetzt Schedid. „Falls ich dich überwinde, wird deine Würde keinen Schaden nehmen. Dieses dein Bedenken ist also gegenstandslos geworden, und ich fordere dich noch einmal auf, dich zu entscheiden."

„Nun wohl, es mag geschehen. Unter welchen Bedingungen soll der Kampf vor sich gehen?"

„Wir legen die Oberkleider ab und umarmen uns. Der, welcher den andern in dieser Stellung emporhebt und dann niederwirft, ist der Sieger. Bist du einverstanden?"

„Ja, ich habe nichts dagegen", antwortete ich, indem ich, ebenso wie er den seinigen, meinen Haik auszog.

Natürlich nahm ich mir vor, mich von ihm werfen zu lassen. Doch durfte ich ihm auch nicht zu wenig Widerstand entgegensetzen, da dies seinen Verdacht hätte erregen müssen. Aufrichtig gestanden, hätte ich mich sehr gern im Ernst mit diesem Goliath gemessen, um zu erfahren, ob es mir möglich war, ihn niederzuringen; leider aber durfte ich nicht.

Wir standen bereit. Er trat auf mich zu und legte seine gewaltigen Arme um mich, ich die meinigen um ihn. Nun versuchte er, mich emporzuheben. Ich setzte ihm den Widerstand eines kräftigen Mannes entgegen. Zweimal hob er mir die Füße aus, doch wurde es mir nicht schwer, den Boden wiederzugewinnen. Beim drittenmal aber nahm er alle seine Kraft zusammen, hob mich empor, griff, während er den linken Arm an meinem Oberkörper ließ, mit der Rechten nach meinen Schenkeln, so daß er mich nun waagerecht an sich hatte, und legte mich dann auf die Erde nieder. Indem ich dies geschehen ließ, hegte ich die Überzeugung, daß ich, wenn ich nur wollte, ganz dasselbe mit ihm tun konnte.

„Er ist nicht schwach", sagte er; „sondern er hat ganz gute Kräfte; aber außergewöhnlich sind sie nicht."

„Ich wußte, daß ich besiegt werden würde", meinte ich, indem ich aufstand. „Einem Mann wie dir kann ich unmöglich gewachsen sein. Ich habe verspielt."

Dabei tat ich, als ob ich vor Anstrengung außer Atem sei.

„Ja, zweimal gelang es dir, die Erde wieder zu erreichen; aber dafür geht nun auch deine Brust auf und nieder, als ob du lange Zeit Galopp gelaufen seist. Du bist kein Riese. Die erste Probe hast du bestanden. Jetzt werden wir die zweite vornehmen."

„Welche?"

„Es soll Christen geben, welche den Koran kennen, so vollständig auswendig aber wie ein Moslem kann kein Giaur ihn lernen. Ich bin überzeugt, daß wenn man einem Ungläubigen die Sure El Kuiffar vorbetet, er sie nicht richtig nachsprechen kann. Kennst du sie?"

„Ja."

„Kannst du sie auch ohne Fehler hersagen?"

„Vielleicht, wenn du sie mir richtig und deutlich vorsprichst."

Ich brauchte sie mir nicht vorsagen zu lassen, denn ich konnte und kann sie auswendig. Sie ist die hundertneunte Sure und soll Mohammed geoffenbart worden sein, als einige Araber von ihm verlangten, er solle ein Jahr lang ihre Götter verehren, dann wollten sie ebensolange seinen Gott anbeten. Sie ist sehr kurz, nur einige Zeilen lang, aber ihrer eigenartigen Wortstellung wegen selbst für einen Araber nicht leicht fehlerfrei zu rezitieren. Darum wird sie besonders dann angewendet, wenn man einen im Verdacht hat, betrunken zu sein, da es einem Betrunkenen geradezu unmöglich ist, sie ohne Anstoß zu Ende zu bringen. Ganz dasselbe setzte Schedid auch bei einem Christen voraus.

„Wollen sehen!" meinte er mit einem überlegenen Lächeln. „Ich werde sie dir also vorbeten. Übrigens hast du dich schon verraten, indem du verlangst, daß ich sie vorsagen soll. Ein guter Senussi, und noch dazu ein Mudir, ein hervorragendes Glied dieser heiligen Bruderschaft, muß diese Sure unbedingt, ohne sie vorher zu hören, aufsagen können."

Er stellte sich in Positur, neigte den Kopf, faltete die Hände und begann:

„Im Namen des allbarmherzigen Gottes! Sprich: O ihr Ungläubigen, ich verehre nicht das, was ihr verehret, und ihr verehret nicht, was ich *nicht* verehre, und ich werde auch nie verehren das, was ihr *nicht* verehret, und ihr werdet verehren – nicht verehren das, was ich nicht – was ich verehre, denn ihr habt *meine* Religion, und ich – ich – ich habe – ich habe nicht – nicht – nicht –"

Er hielt inne, denn er sah jetzt ein, daß er sich verfahren hatte. Die falsche Satzstellung abgerechnet, hatte er schon zweimal das Wort „nicht" und einmal das Wort „meine" gebraucht, ohne daß sie in der Sure enthalten sind.

„Nun!" lächelte ich. „Bist du kein Moslem, oder bist du betrunken?"

„Keins von beiden!" rief er ärgerlich. „Diese Sure ist wirklich die schwierigste, welche es gibt. Du aber als Senussi mußt sie unbedingt ohne Anstoß sagen können!"

„Wenn ich mich nur ein einziges Mal verspreche, sollst du alles erhalten, was ich besitze!"

„Wirklich? Ich nehme dich beim Wort. Übrigens brauchst du mir dieses Versprechen gar nicht zu machen, denn wenn du nur den geringsten Fehler begehst, nehme ich an, daß du ein Christ oder gar jener Effendi bist. Dann hast du das Leben verwirkt, und alles, was du bei dir hast, ist mein Eigentum."

„Wirst du denn beurteilen können, ob ich Fehler mache oder nicht? Du hast es ja selbst nicht fertiggebracht, und was man begutachten will, muß man doch wohl auch selbst können und verstehen."

„Ich kenne die Sure, wenn ich sie auch nicht ohne Anstoß aufsagen konnte. Also sprich!"

Ich kam dieser Aufforderung nach, indem ich so schnell, daß sein Ohr wohl kaum zu folgen vermochte, rezitierte:

„Im Namen des allbarmherzigen Gottes! Sprich: O ihr Ungläubigen, ihr verehre nicht das, was ihr verehret, und ihr verehret nicht, was ich verehre, und ich werde auch nie verehren das, was ihr verehret, und ihr werdet nie verehren das, was ich verehre. Ihr habt eure Religion, und ich habe die meinige."

In der deutschen Übersetzung klingt diese Sure nur schwülstig; im Arabischen aber ist es noch ganz anders. Die Beugung des Wortes „ihtaram" – verehren – ist da so eigenartig, daß es wirklich schwierig ist, die Affirmation nicht mit der Negation und die erste Person der Einzahl nicht mit der zweiten Person der Mehrzahl zu verwechseln. Als ich geendet hatte, sagte Schedid:

„Wahrhaftig, er kann es, so schnell und ohne den geringsten Anstoß! Er kann kein Ungläubiger sein!"

„Aber", fiel der Bote ein, „ich erinnere mich, von Ibn Asl gehört zu haben, daß der ungläubige Effendi die arabische Sprache und den Koran so genau kennt, als ob er hier bei uns geboren sei und beim besten Muderri – Lehrer – in Kahira studiert habe. Nimm dich in acht! Fälle dein Urteil nicht zu früh, denn du könntest dich leicht irren!"

„Meinst du? Wie sollte ich ihn denn noch auf die Probe stellen?"

Das klang für mich gefährlich. Dieser Bote war wirklich der festen Meinung, daß ich der Effendi war; unter seinem Einfluß konnte die gute Ansicht, welche Schedid jetzt von mir zu haben schien, sich leicht in ihr Gegenteil verwandeln. Es war geraten, dies nicht abzuwarten; darum sagte ich, indem ich mich stellte, als ob ich zornig sei:

„Noch mehr auf Probe? Das fällt mir nicht ein! Weißt du, was ein Mudir von Dscharabub zu bedeuten hat? Dennoch habe ich mich herbeigelassen, nicht nur mit dir zu ringen, sondern auch die Sure El Kuiffar herzusagen. Das war mehr als genug. Soll ich mich noch weiter vor euch demütigen? Nein! Wer einen Mudir der Senussi und einen Chatib dieser frommen Brüderschaft in solcher Weise beleidigt, der darf nicht erwarten, längere Zeit in die Angesichter solcher Leute schauen zu dürfen. Wir sind gastfreundlich gegen euch gewesen und haben euch erlaubt, in unserer Nähe zu sein; nun aber verlassen wir diesen Ort und kehren euch den Rücken, um . . ."

„Nein, das dürft ihr nicht!" rief der Bote, indem er mich unterbrach. „Wir lassen euch nicht fort!"

„Nicht?“ fragte ich, indem ich ihn stolz und von oben herab fixierte. „Wie willst du uns hindern, von hier zu gehen?“

„Ich halte euch mit Gewalt zurück!“

„Du willst dich an uns, an den Männern Allahs, vergreifen?“

„Ja; setz dich!“

Er streckte die Hand nach mir aus, um mich niederzudrükken; ich trat einen Schritt zurück und donnerte ihn an:

„Halt, Unvorsichtiger! Soll ich dir den Fluch entgegenschleudern, unter welchem dein Körper vertrocknen und deine Seele verschmachten würde? Wenn du versuchen willst, ob der Lani – Fluch – Allahs in unsere Hände gegeben ist oder nicht, so habe ich nichts dagegen; aber ich sage dir, daß dein Leben dann entsetzlich und dein Ende voller Schrecken sein wird. Wer uns zurückhalten will, der halte uns! Wessen Hand wagt es, uns zu berühren?!“

Ich blickte rundum. Alle schwiegen; sie standen oder saßen unbeweglich, erschrocken nicht nur über meine Worte, sondern wohl noch mehr über den Ton, in welchem ich sie gesprochen hatte. Ich ging an das Gesträuch und band mein Kamel los. Ben Nil tat dasselbe mit dem seinigen. Wir stiegen auf und trieben die Tiere in das Wasser, ohne daß es nur einem einfiel, uns zu hindern oder auch in gutem zu bitten, dazubleiben. Kein Wort wurde gesprochen; kein Ruf des Abschiedes scholl hinter uns her. Ich war froh darüber.

Das Wasser war, wie ich vermutet hatte, an dieser Stelle nicht tief; es reichte den Kamelen noch nicht einmal an den Leib. Drüben am andern Ufer gab es zunächst einiges Gesträuch, dann folgte Graswuchs, jedenfalls so weit, wie die Feuchtigkeit des Nid en Nil zu dringen vermochte.

Sobald ich annehmen konnte, daß man uns nicht mehr zu sehen vermochte, wendete ich mich nach links nach dem See. Ben Nil war bis jetzt still gewesen, nun aber sagte er:

„Du reitest ja nach Osten, Effendi! Unser Weg führt uns ja nach Süden! Warum weichst du von ihm ab?“

„Aus zwei Gründen. Erstens sollen die Takaleh unsere Fährte nicht sehen. Wären wir weitergeritten, bis dahin, wo das Gras aufhört und der Sand wieder beginnt, so würden in dem letzteren unsere Spuren morgen früh zu finden sein, im Gras aber nicht, denn dieses wird sich bis zum Morgen wieder aufgerichtet haben. Es gibt Wasser in der Nähe, auch wird Tau fallen, und infolge dieser Feuchtigkeit richtet sich das von unsern Kamelen niedergetretene Gras schon nach einigen Stunden auf.“

„Hast du die Takaleh im Verdacht, daß sie uns verfolgen wollen?“

„Nicht nur im Verdacht, sondern ich weiß es ganz genau. Sie werden uns Hafid Sichar wieder abnehmen wollen?“

„Hafid Sichar? Ja, dieser Name wurde genannt. Er fiel mir auf. Er ist der Name des Bruders des Führers in der Höhle von Maabdah. Denkst du etwa, daß er sich hier bei den Takaleh befindet?“

„Ich bin fast überzeugt davon.“

„Und du willst ihn befreien?“

„Ja. Und das ist der zweite Grund, weshalb ich jetzt ostwärts nach dem See einbiege.“

„Allah! Das gibt wieder ein Abenteuer! Effendi, wer mit dir reitet, darf um Ereignisse, Unterbrechungen und sogar Gefahren keine Sorge tragen. Fast wurde es mir angst um uns, als man vorhin erriet, wer wir sind. Warum hast du dich erniedrigt und dich prüfen lassen!“

„Weil dies das klügste war. Wüßte Schedid bestimmt, daß ich der christliche Effendi bin, so würde er nicht nach Faschodah gehen und überdies einen Eilboten dorthin senden, Ibn Asl und auch den Sangak der Arnauten warnen zu lassen. Unser Ritt nach Faschodah würde dann umsonst und erfolglos sein. Wir haben ja soviel gehört; das weiß und das überlegt sich Schedid ebensogut wie wir.“

„Das ist wahr, Effendi. Also wir reiten jetzt ostwärts, um die Takaleh irrezuführen, und biegen dann aber nach Süden ein?“

„Nein. Wir reiten am diesseitigen Ufer des Sees zurück, bis wir an die schmale und steile Vertiefung kommen, über welche wir vorhin die Kamele nicht hätten bringen können. Dann bleibst du hüben bei den Tieren zurück, und ich klettere hinüber, um Hafid Sichar zu holen.“

„Was willst du mit ihm anfangen?“

„Er muß natürlich mit nach Faschodah.“

„Dazu bedarf es eines Kamels!“

„Ich werde den Takaleh eins abnehmen.“

„Hm! Hafid Sichar vom Seil losmachen, ohne daß jemand es bemerkt, und dann auch noch die kostbare Zeit auf die Habhaftwerdung eines Kamels verwenden, das ist zuviel für eine Person.“

„Ich hätte nichts dagegen, dich bei mir zu haben, wenn nicht der wilden Tiere wegen jemand bei den Kamelen bleiben müßte.“

„Glaubst du, daß es hier welche gibt?“

„Wo Wasser ist, da gibt es Leben, und wo es hier Leben gibt, findet man auch sicher reißende Tiere.“

„Glaubst du, daß ich die Kamele gegen Löwen zu verteidigen vermag? Wenn du mit Ja antwortest, werde ich dir sehr dankbar für das Vertrauen sein, welches du mir dadurch erweist; aber ich glaube nicht, daß ich ihm entsprechen könnte. Daß ich mich nicht fürchte, das weißt du ja; aber einen Löwen zu erlegen, dazu gehört mehr als bloße Furchtlosigkeit. Du würdest bei deiner Rückkehr mich und auch die Tiere zerrissen vorfinden. Darum ist es auf alle Fälle besser, du nimmst mich mit.“

Er hatte recht, und darum zeigte ich mich bereit, seinen Wunsch zu erfüllen. Es war ja richtig, daß ich in die Lage kommen konnte, einen Gehilfen zu brauchen.

Wie schon bereits beschrieben, hatte das Nid en Nil an der Stelle, an welcher wir es erreicht hatten, aus einer schmalen, wasserleeren Schlucht bestanden. Dann hatten wir uns rechts gewendet und waren an zwei seeartigen Erweiterungen des Nid vorübergekommen, worauf wir erst dann die Furt erreicht hatten. Wir waren da an der Nordseite hingeritten. Jetzt aber ritten wir an der Südseite des einen Sees zurück, kamen dann an den zweiten und langten nacher an der trockenen Schlucht an, gerade gegenüber der Stelle, an welcher wir auf das Nid en Nil gestoßen waren. Der Weg war gar nicht schwierig, denn es schien der Mond. Dennoch wäre es mir lieber gewesen, wenn wir Finsternis gehabt hätten. Mein Vorhaben war derart, daß der Mondschein mir gefährlich werden konnte.

Wir hielten an, stiegen ab und banden die Kamele an Baumstämme fest. Die Gewehre hätte ich gern zurückgelassen; aber wir konnten leicht einem größeren Raubtier begegnen, gegen welches mit Messern und Revolvern nichts zu machen war; darum nahmen wir sie mit.

Nun kletterten wir diesseits in die Schlucht hinab und jenseits wieder hinauf. Dann verfolgten wir denselben Weg, auf welchem wir bei unserem Kommen die Furt erreicht hatten. Natürlich ging dies jetzt langsamer als vorher, wo wir zu Kamel gesessen hatten.

In der Nähe der Furt bemerkten wir, daß dort kein Feuer mehr brannte. Das war mir lieb, denn es bewies, daß die Takaleh nun schliefen. Ich ließ Ben Nil unter einem Baum zurück und schlich nun allein weiter. Ungefähr hundert Schritt vom Lagerplatz entfernt legte ich mich nieder, um zu kriechen.

Der Mond stand schon tief und ließ die Schatten der Bäume auf den Platz fallen, was mir außerordentlich nützlich war. Die Takaleh hatten aber einen Wächter ausgestellt, wohl nur ihrer Sklaven wegen, denn er schritt da, wo diese lagen, langsam auf und ab. Ich sah ihn zwar nicht, aber ich hörte seine leisen Schritte. Bevor ich etwas Direktes unternehmen konnte, mußte ich mich ganz genau orientieren; darum umkroch ich das ganze Lager in einem Bogen. Ich fand alles so, wie ich es verlassen hatte. Die Gefangenen lagen da, wo sie vorher lagen; die andern ebenso. Um zu dem zu kommen, den ich für Hafid Sichar hielt, mußte ich den Wächter unschädlich machen. Die Sättel lagen in zwei Haufen nebeneinander. Die Kamele lagen teils an der Erde, teils standen sie mit gefesselten Vorderbeinen am Wasser hin bei den Büschen oder im Gras, um zu fressen. Nach dieser Lage der Dinge galt es zu handeln. Ich kehrte also zunächst zu Ben Nil zurück, um diesen zu holen. Er schlich dann mit mir so nahe heran, wie es bei seinem Mangel an Übung geraten war; dann mußte er das Lager umgehen, um jenseits, wo sich die Kamele befanden, auf mich zu warten. Ich bezeichnete ihm einen Baum, hinter dessen Stamm er sich zu verstecken hatte. Dann kroch ich wieder zu den Gefangenen hin.

Als mich höchstens noch zehn Schritt von ihnen trennten, hielt ich an und lauschte. Sie schienen alle zu schlafen, was freilich kein Wunder war, da sie, schlecht genährt und schlecht getränkt, während des ganzen Tages im Sonnenbrand marschiert waren. Nichts regte sich und nichts bewegte sich; nur der Wachtposten schritt noch immer hin und her. Er bewegte sich immer auf einer und derselben Linie. Ich näherte mich ihr so weit wie möglich, ließ ihn an mir vorüber, sprang dann auf, packte seine Kehle von hinten mit der Linken und gab ihm mit der rechten Faust einen Hieb auf den Kopf. Er breitete die Arme aus und sank nieder. Auffälliges Geräusch war dabei nicht zu hören gewesen. Ich ließ die Linke vorsichtig locker. Er blieb still; er war besinnungslos. Ich hob ihn auf und trug ihn zu Ben Nil, der ihn bewachen sollte. Als ich dabei über eine vom Mond beschienene Stelle kam, fiel das Licht für einen Augenblick auf sein Gesicht, und ich sah zu meiner Verwunderung, daß es kein Takaleh, sondern der Baqquara-Araber war, der Bote, den Ibn Asl an Schedid gesandt hatte. Das war mir aus mehreren Gründen außerordentlich lieb.

„Wen bringst du da?“ fragte Ben Nil leise, als ich zu ihm kam. „Ist es Hafid Sichar?“

„Noch nicht. Es ist der Baqquara, welchen die Takaleh als Wächter zu den Gefangenen gestellt haben."

„Er war schlimm gegen uns und muß zum Schweigen gezwungen werden. Soll ich ihn erstechen?"

„Nein. Wir nehmen ihn mit. Er ist ein Verbündeter Ibn Asls. Indem wir ihn an den Reis Effendina ausliefern, erfüllen wir unsere Pflicht."

„Wenn wir ihn erstechen, erfüllen wir sie noch weit besser."

„Dann aber kann Schedid sich leicht sagen, wer hier gewesen ist. Nehmen wir ihn aber mit, so kommt er in den Verdacht, Hafid Sichar befreit und mit sich fortgenommen zu haben."

„Das ist sehr wahr, Effendi. Aber dann müssen wir auch gerade seinen Sattel und gerade sein Kamel haben!"

„Das ist nicht nötig. Je besser die Kamele und die Sättel sind, welche wir mitnehmen, desto größer ist gegen ihn der Verdacht, sein geringes Eigentum mit Absicht gegen besseres vertauscht zu haben. Laß mich nur machen. Wir können uns Zeit nehmen; die Takaleh schlafen fest."

Der Baqquara wurde gebunden und bekam einen Knebel in den Mund. Dann kroch ich wieder zu den Gefangenen. Hafid Sichar, den ich suchte, war der vorderste am Seil gewesen, ein Umstand, welcher mir sehr günstig war. Ich hatte mir die Stelle, wo er lag, genau gemerkt, und ich fand sie sehr leicht. Die Gefangenen lagen, noch immer an das Seil gefesselt, im Kreis. Sie schliefen, als wären sie tot. Nur einer schlief nicht, nämlich gerade der, den ich suchte. Als ich, mit meinem Kopf bei dem seinigen angekommen, ihn mit dem Finger leise berührte, flüsterte er:

„Effendi, bist du es?"

„Ja."

„Allah! Ich habe dich erwartet. Mein Herz hämmerte vor Sorge, daß du vielleicht nicht der wärst, von dem ich Rettung erwarten kann."

Der Kreis der Gefangenen war so gebildet, daß sie mit den Füßen nach innen und mit den Köpfen nach außen lagen. Da ich mich, wie selbstverständlich, außerhalb dieses Ringes befand, lag ich, wie schon erwähnt, mit meinem Kopf vor dem seinigen, und er konnte mich nicht sehen. Ich hob den Oberkörper, schob mein Gesicht über das seinige und raunte ihm zu:

„Wie heißt du?"

„Hafid Sichar aus Maabdah."

„Wie heißt dein Bruder?"

„Ben Wasak."
„So bist du wirklich der, den ich haben will. Ich grüße dich von deinem Bruder!"
„O Himmel, o Allah! Was will ...!"
„Pst, still! Nicht so laut! Schlafen deine beiden Nachbarn?"
„So fest, wie du es nur wünschen kannst."
„So lieg still; ich werde machen."
Ich untersuchte mit den tastenden Fingern, auf welche Weise er gefesselt und dann an das Seil gebunden war; darauf gab es einige Schnitte mit meinem Messer, und er war los. Aber frei noch nicht. Falls er versuchte, aufzustehen, konnte er leicht einen seiner Nachbarn wecken. Ich ergriff ihn also unter den Armen und zog ihn aus dem Kreis heraus, langsam und vorsichtig, so daß er weder rechts noch links anstieß. Dann mußte er hinter mir her zu Ben Nil kriechen. Dort angekommen, wollte er sich in Danksagungen ergehen, ich aber schnitt ihm das Wort ab:
„Jetzt still! Später kannst du sprechen, soviel es dir beliebt. Wir müssen uns beeilen."
Ich untersuchte den Araber. Er kam eben jetzt zu sich. Er versuchte, seine Fesseln zu zerreißen und zu schreien; es gelang ihm aber weder das eine noch das andere. Die ersteren hielten fest, und das, was ein Schrei, ein Hilferuf sein sollte, kam als leises, röchelndes Stöhnen aus der Nase. Ben Nil setzte ihm das Messer auf die Brust und drohte:
„Noch einen solchen Laut, und ich stoße dir die Klinge in das Herz!"
Das half; der Baqquara blieb still und bewegte sich von jetzt an nicht wieder, als bis wir ihn später in Sicherheit hatten.
„Nun zwei Kamele, Effendi", meinte Ben Nil. „Für jeden eins."
„Wir brauchen drei", antwortete ich. „Da wir jetzt mehr Wasser haben müssen als vorher, so müssen wir ein Tier haben, welches die Schläuche trägt. Auch einige Schläuche müssen wir von hier mitnehmen, denn wir haben jetzt nur zwei."
„Erlaube mir, die Kamele auszusuchen, Effendi! Ich kenne unsere Tiere", sagte Hafid Sichar. „Ich werde die drei besten wählen."
Er huschte, ehe ich ihn halten konnte, fort, und so blieb uns freilich nichts anderes übrig, als zu warten, bis er zurückkehren würde. Natürlich war ich mit seiner Entfernung ganz und gar nicht einverstanden; er konnte uns alles verderben. Glücklicherweise aber war dies nicht der Fall. Nach ungefähr einer Viertel-

stunde, welche mir aber wie eine ganze Stunde vorkam, kehrte er zurück und sagte:

„Ich bin fertig, Effendi. Wir können aufbrechen."

„Fertig? – Womit?"

„Ich habe nach und nach drei Sättel und auch drei Schläuche über die Furt getragen. Hast du es nicht gesehen?"

„Nein. Du mußt sehr vorsichtig gewesen sein."

„Das war notwendig. Und die drei besten Kamele stehen auch bereit. Wir können gehen."

„Hast du nicht bemerkt, ob einer der Schläfer aufgewacht ist?"

„Sie schlafen alle. Kommt und folgt mir getrost."

„Nimm zuvor dieses Messer und diese Flinte! Ich habe beides dem Baqquara abgenommen. Du mußt ja nun auch Waffen haben."

Ich warf den Baqquara über die Schulter, um ihn zu tragen. Hafid Sichar führte uns nach der Furt. Dort hatte er die drei Kamele angebunden. Wir durften sie nicht besteigen, da sie dabei geschrien hätten. Ben Nil und Hafid führten die Tiere; ich trug den Baqquara, und so stiegen wir in das Wasser, welches mir bis an den Gürtel ging.

Als wir drüben ankamen, löste ich dem Baqquara die Beinfesseln, damit er laufen konnte. Die Sättel wurden den Kamelen im Stehen nur lose aufgelegt, was sie sich ruhig gefallen ließen; dann ging es vorwärts, an der Südseite des größeren Sees hin. Jeder von uns führte ein Tier, ich auch noch den Baqquara, während Ben Nil und Hafid die Wasserschläuche trugen.

Als wir die geeignete Strecke zurückgelegt hatten, hielten wir an, um die Kamele richtig zu satteln. Jetzt mochten sie Lärm machen, sie konnten von den Takaleh nicht mehr gehört werden. Sie mußten niederknien. Ich stieg auf und nahm den Baqquara quer vor mir über; als auch die beiden andern saßen, ging es im scharfen Schritt fort, auch an dem andern See vorüber und dann nach links, wo wir unsere Tiere gelassen hatten.

Würden wir sie noch finden? Ja, sie waren noch da. Wir stiegen ab und banden die mitgebrachten drei Tiere in der Nähe an, nachdem wir sie von den Sätteln befreit hatten. Wir lagerten uns unter einem Baum, an welchen der Baqquara befestigt wurde. Ich nahm ihm den Knebel aus dem Mund und fragte ihn dann:

„Ben Baqquara, weißt du nun genau, wer ich bin?"

Er gab keine Antwort.

„Ich weiß, daß du nicht taub bist, und bin gewöhnt, eine Antwort zu bekommen, wenn ich frage. Ist dir der Mund jetzt geschlossen, so kann er mit der Peitsche wohl leicht geöffnet werden. Also antworte!"

„Ja, ich weiß es!" stieß er zornig hervor. „Du bist der Effendi, und dein Begleiter ist Ben Nil."

„Der Effendi soll doch aber so ungeheure Körperkräfte besitzen, und ich bin von Schedid besiegt worden?"

„Du hast dich verstellt. Ich ahnte es."

„Aber ich habe doch die Sure Kuiffar ohne Anstoß hersagen können! Wie kann ich da jener christliche Effendi sein!"

„Du kannst alles!"

„Nicht alles, aber viel. So kann ich zum Beispiel sehr leicht einen Baqquara-Araber unter einer Schar Takaleh herausholen, um ihn nach Faschodah zu schaffen und dort dem Reis Effendina zur Bestrafung auszuliefern."

„Weshalb sollte man mich bestrafen? Was habe ich getan?"

„Du besitzt noch weniger Gedanken, als das Krokodil Federn hat; aber ich werde dafür sorgen , daß du Gedanken bekommst! Der Reis Effendina . . ."

„Den fürchte ich nicht!" fiel er mir in höhnischem Ton in die Rede.

„Ich weiß wohl, warum. Du meinst, daß der Mudir von Faschodah dir gegen ihn beistehen wird."

Er gab dies, wenn auch nicht direkt, aber doch indirekt zu, indem er antwortete:

„Was ist ein Effendi gegen einen Mudir! Welche Macht besitzt ein Effendi?"

„So kann nur ein Dummkopf, ein Mensch fragen, welcher nichts gelernt hat, nichts weiß und nichts versteht. Dein Kopf gleicht einem ausgelaufenen Ei, von welchem nur noch die Schale übriggeblieben ist. Ich sage dir, daß die großherrlichen Prinzen, die Söhne des Sultans, Effendi tituliert werden. Die Minister nennen sich Effendi, und auch der Vizekönig von Ägypten sieht es gern, wenn man ihn Effendi nennt. Was aber ist der Mudir von Faschodah gegen diese mächtigen Herren! Kennst du denn überhaupt diesen Mudir?"

„Ja."

„So sag mir seinen Namen!"

„Er ist auch ein Effendi, denn er heißt Ali Effendi el Kurdi."

„Das ist nicht wahr."

„Wie kannst du mich der Lüge strafen, du, ein Fremder, der dieses Land und seine Verhältnisse unmöglich kennen kann!"

„Es scheint, daß ich das alles doch besser kenne als du, denn der Mudir von Faschodah heißt anders. Ist dir vielleicht der Name Ali Effendi Abu Hamsah Miah bekannt?"

„Ja."

„So höre weiter. Der berühmte General Musah Pascha ist infolge der Wünsche des Reis Effendina jetzt in Faschodah gewesen, um el Kurdi ab- und Abu Hamsah Miah einzusetzen. El Kurdi wurde als Gefangener nach Chartum geschafft. Das ist auf Veranlassung des Reis Effendina geschehen. Nun leugne noch, daß dieser nicht so mächtig ist wie dein untreuer und verräterischer Mudir el Kurdi!"

Er schwieg. Jedenfalls erschreckte ihn das, was er von mir hörte. Ich fuhr fort:

„Jetzt weißt du, wie sehr du dich auf deinen el Kurdi verlassen kannst. Diesem ist es nun nicht mehr möglich, ausgesprochene Verbrecher in seinen Schutz zu nehmen; er würde jetzt Allah danken, wenn er selbst jemand hätte, der für ihn sprechen wollte. Wenn ich dich dem Reis Effendina überantworte, wird er dich zum neuen Mudir bringen, und dann wirst du erfahren, daß dieser seinen Namen mit vollstem Recht trägt. Das soll heißen: Der Vater der Fünfhundert wird dir sofort als Einleitung zum ersten Verhör fünfhundert Hiebe geben lassen."

„Mir, einem freien Araber!"

„Dir, einem Boten des Sklavenjägers! Was oder wer du sonst noch bist, das geht uns nichts an."

„Da will ich dich darauf aufmerksam machen, daß dich die Rache aller Stämme der Baqquara treffen wird! Werde ich geschlagen, so ist das noch viel schlimmer, als wenn man mich tötet. Das merk dir!"

„Deine Stämme, und wären es ihrer hundert oder tausend, können mir nichts tun. Sie haben ebensowenig Macht über mich, wie sie dich jetzt beschützen können. Dennoch, und obgleich ich sie nicht im geringsten fürchte, bin ich bereit, dich morgen freizugeben, doch knüpfe ich eine Bedingung daran."

„Welche?"

„Du sagst mir der Wahrheit gemäß, auf welche Weise du Ibn Asl kennengelernt hast. Auch beantwortest du mir alle Fragen, welche ich in Beziehung auf ihn sonst an dich richten werde."

„Das tue ich nicht!"

„So sind wir miteinander fertig. Wenn du jetzt, wo ich dich mit der Freiheit dafür belohnen würde, nicht reden willst, so wird dir später der Vater der Fünfhundert den Mund öffnen."

Da fiel Hafid Sichar ein:

„Effendi, wenn du die Bosheit dieses Ibn Asl kennenlernen willst, so bin ich der richtige Mann, dir ein Beispiel davon zu erzählen."

„Ich möchte dich allerdings darum bitten. Vorher aber mußt du ein weniges über mich erfahren, denn . . ."

„Oh, Effendi", unterbrach er mich, „ich kenne dich schon; ich habe genug über dich gehört von dem Baqquara, als vorhin Schedid von dir erzählte. Ich lag in der Nähe und hörte alles. Ich hatte keine Ahnung davon, daß du meinen Bruder kennst, aber es war mir, als ob Allah mir eine Stimme sende, welche mir heimlich zuflüsterte: Dieser Effendi hat schon so viele andere befreit; wenn er und der Mann, welcher dort sitzt, ein und derselbe ist, so ist er wohl gekommen, um auch dich zu retten. Darum war ich so unbedacht, meinen Namen zu nennen und dazu Worte der Hoffnung auszusprechen. Hätte Schedid sie gehört, so wär es mir schlimm ergangen."

„Es war sehr gut, daß du deinen Namen nanntest, denn nur dadurch wurde meine Aufmerksamkeit auf dich gelenkt, und du bist schon jetzt frei. Übrigens wärst du später in Faschodah auch in den Besitz der Freiheit gelangt, denn ich hatte mir vorgenommen, dort den Mudir auf euch aufmerksam zu machen. Du kennst mich aus der Erzählung dieses Baqquara einigermaßen, und ich habe nur weniges hinzuzufügen. Ich kam nach Maabdah, um die dortige berühmte Krokodilhöhle zu sehen. Dein Bruder führte mich in ihr herum und schenkte mir dann die Hand einer weiblichen Mumie . . ."

„Die Hand einer weiblichen Mumie?" fiel er rasch ein. „Beschreib sie mir!"

Als ich dieser Aufforderung nachgekommen war, rief er aus: „Effendi, da mußt du ihm einen sehr großen Dienst erwiesen haben!"

„Gar nicht!"

„Nicht? Nun, so hast du einen so guten Eindruck wie noch kein anderer auf ihn gemacht. Es ist die Hand einer Pharaonentochter, einer altägyptischen Prinzessin. Ich weiß, welchen Wert mein Bruder auf sie legte, und freue mich außerordentlich darüber, daß es dir so schnell gelungen ist, sein Wohlwollen zu erwerben."

„Dieses Wohlwollen ist gegenseitig, wie ich dir versichern kann. Ich habe die Hand noch bei mir und kann sie dir zeigen, sobald es hell geworden ist. Sie befindet sich in meiner Satteltasche. Als dein Bruder hörte, daß ich nach Chartum wollte, erzählte er mir von deinem Verschwinden, welches er sich nicht zu erklären vermochte, und bat mich, nach dir zu forschen."

„Hatte er dies denn nicht auch schon vorher getan?"

„Natürlich hat er sich alle Mühe gegeben, dich zu finden, leider aber vergeblich. Wie mir schien, hat er dabei einen sehr großen Fehler begangen, indem er dem Kaufmann Barjad el Amin, eurem Geschäftsfreund, zuviel Vertrauen geschenkt hat. Dieser durfte gar nicht wissen, daß man nach dir suchte. Ich habe ihn sehr stark im Verdacht, daß er mit deinem plötzlichen Verschwinden in Verbindung steht."

„Natürlich, ganz natürlich!" rief Hafid Sichar aus. „Er ist es ja, welcher mich an Ibn Asl ausgeliefert hat!"

„Ah, dachte es mir! Als dein Bruder mir von ihm erzählte, kam mir einiges nicht recht sauber vor. Barjad führt zwar den Beinamen el Amin, der Ehrliche, kam mir aber nicht sehr ehrlich vor. Er wollte dir das viele Geld ausgezahlt haben, behauptete aber, weiter gar nichts von dir und über dich zu wissen. Das erschien mir als eine Unmöglichkeit. Ich nahm diesen Menschen sofort aufs Korn; ich wollte ihn heimlich beobachten, ihn, ohne daß er es merkte, ausforschen. Leider aber drängten mich dann meine Reiseerlebnisse so seitwärts, daß ich bis heute noch nicht nach Chartum gekommen bin."

„Und zwar zu meinem Glück! Wärst du uns heute nicht begegnet, so hätte ich die Freiheit niemals wiedererhalten."

„Diese Voraussetzung ist vielleicht doch trügerisch. Ibn Asl war in dem Geschäft von Barjad el Amin tätig gewesen. Als ich das hörte, vermutete ich sofort, daß dein Aufenthalt oder Schicksal bei ihm am sichersten zu erfahren sei. Dann kamen weitere Gründe dazu, diesen Menschen zu verfolgen, um seiner habhaft zu werden. Dies mußte uns früher oder später gelingen, und dann hätte er mir unbedingt und unter allen Umständen gestehen müssen, was aus dir geworden war."

„Dennoch preise ich Allah, daß ich es dir schon jetzt und selbst erzählen kann. Ich hätte nie geglaubt, daß mir ein solches Unglück widerfahren könne und weiß wirklich nicht, wie ich es verdient habe."

„Was dieses letztere betrifft, so sind alle Menschen, auch du und ich, Sünder, welche nur von Allahs Gnade und Barmherzigkeit leben. Jedes Ereignis, wenn wir es ein Unheil nennen, haben wir reichlich verdient, und dennoch fügt es Allah, daß dieses Unheil, wenn wir es in der rechten Weise auf uns wirken lassen, uns zum Heil und Segen wird. Sprich also nicht vom Verdienen!

Es war eine Prüfung, von Allah gesandt, vielleicht um dein Herz zu läutern, deinen Sinn nach innen und nach oben zu lenken."

Er antwortete nicht; es entstand eine längere Pause. Dann ergriff er meine Hand und sagte, indem er sie mir herzlich drückte:

„Effendi, du hast mit deinen Worten das Richtige getroffen. Ich habe im Elend mit Allah gehadert; ich habe mein Leben verflucht und die Menschheit verwünscht. Zuweilen kamen bessere, lichtere Gedanken, doch verschloß ich ihnen die Tür meines Herzens. Jetzt aber, wo ich wieder in das Leben trete und mein Inneres vor Wonne bebt, wo du von Läuterung redest und von dem Gerichtetsein des Sinnes nach innen und oben, da überkommt mich wie ein heller Blitzstrahl die leuchtende Erkenntnis, daß du recht hast. Wer und wie ich früher gewesen bin, davon werde ich dir später erzählen. Heute stehe ich plötzlich, ohne daß ich selbst eine Vorahnung davon hatte, als ein Neuer auf. Ja, ich habe nicht umsonst gelitten. Allah sei gelobt dafür!"

„Es freut mich aufrichtig, solche Worte aus deinem Mund zu hören. Du hast Monate und Jahre deines Lebens verloren, dafür aber innere Schätze gefunden, deren Wert nicht wie die Zeit vergänglich ist. Und was dir an Hab und Gut genommen wurde, das, hoffe ich, werde ich dir später zurückgeben können."

„Du?" fragte er verwundert. „Bist du so reich, Effendi?"

„O nein; ich bin sogar arm. Aber ich weiß, daß Ibn Asl sehr viel Geld bei sich führt. Erwische ich ihn, ehe er es ausgegeben hat, so muß er dir und deinem Bruder all eure Verluste ersetzen."

„Dazu bedarf es Ibn Asls nicht. Er ist mir nicht so sicher wie Barjad el Amin."

„So hat auch dieser von dem Verbrechen profitiert?"

„Natürlich! Barjad war arm, aber brav. Mein Bruder wußte dies und gab ihm das Geld, welches zur Errichtung eines Geschäftes in Chartum gehörte. Später lieh er ihm eine noch höhere Summe, um sein Geschäft zu vergrößern. Dann, als die Zeit kam, in welcher diese Beträge zurückzuzahlen waren, reiste ich nach Chartum, um sie in Empfang zu nehmen. Ich kam zu Barjad el Amin. Er war ein anderer geworden. Er hatte einen Gehilfen, welcher Ibn Asl hieß, in sein Geschäft genommen und war von diesem auf die hohe Erträglichkeit des Sklavenfanges aufmerksam gemacht worden. Es gelüstete ihn nach den Reichtümern, welche auf diesem Wege zu erlangen sind; die Habgier hatte in seinem Herzen Einzug gehalten. Aber zum Sklavenfang gehört, wenn er kaufmännisch betrieben werden soll, Geld, sehr viel Geld. Wenn er soviel an mich zu zahlen hatte, blieb ihm nicht genug. Da raunte ihm der Teufel zu: Gib es ihm nicht, oder noch besser, gib es ihm, verlange Quittung, und nimm es ihm dann wieder! Er gehorchte dieser Teufelsstimme. Ich hatte keine Ahnung davon. Ich wurde freundlich empfangen, bekam das Geld und quittierte. Ich wohnte dann noch einige Tage bei ihm. Am Tag vor meiner Abreise verabschiedete ich mich von den andern Bekannten in Chartum, denn die Dahabijeh, mit welcher ich nilabwärts zu fahren beabsichtigte, sollte schon beim Morgengrauen ihre Fahrt beginnen. Ich legte mich zeitig schlafen und erwachte von einem Schlag, den ich auf den Kopf erhielt; ich sage, erwachte, verlor aber die Besinnung sogleich wieder. Als ich dann wieder zu mir kam, fühlte ich schaukelnde Bewegungen unter mir. Lag ich in einem Schiff? Nein, denn in dieser Weise schaukelt höchstens ein kleiner Kahn, aber kein Schiff. Ich öffnete die Augen; es war dunkel. Ich wollte aufstehen, mich bewegen; ich war gebunden. Da rief ich laut um Hilfe, hörte aber nur eine drohende Stimme unfern von mir sagen, daß man mich peitschen würde, falls ich nicht vollständig ruhig sei."

„Du befandest dich wohl auf einem Kamel?"

„Ja. Es war Nacht, aber ich sah keine Sterne, denn ich lag, wie ich beim Anbruch des Morgens sah, in einem Tachtirwahn, einer Frauensänfte, welche von einem Kamel getragen wurde und mit dicken Decken verhängt war. Denk dir, man hatte mir, wie ich später bemerkte, Frauenkleider angezogen und sogar einen mehrfachen Schleier über das Gesicht befestigt. Ich sollte bei einer etwaigen Begegnung als Weib gelten. Du weißt ja, daß sich niemand um die Insassin eines Tachtirwahns kümmern darf. Am Vormittag wurde haltgemacht. Das Kamel kniete nieder, und man nahm mich aus der Sänfte. Wir befanden uns in der Steppe. Fünf Reiter waren meine Begleiter. Vier davon kannte ich nicht; den fünften aber kannte ich desto besser; es war . . . Ibn Asl."

„Wie? Er wagte es, vor dein Angesicht zu treten?"

„Oh, er wagte noch viel mehr. Er hatte die Stirn, mir alles zu sagen. Ohne diese geradezu unvergleichliche Frechheit und ohne seine Anwesenheit damals wüßte ich heute noch nicht, wie damals alles gekommen ist. Er erzählte mir mit lachendem Mund, daß man meines Geldes zum Sklavenfang bedürfe, daß er und Barjad el Amin Compagnons seien und den Ertrag der Jagden teilen würden. Er selbst sei dafür gewesen, daß ich getötet würde, aber Barjad habe die Schwachheit besessen, dies nicht zuzugeben, weil er meinem Bruder große Gefälligkeiten zu verdanken habe. Da ich aber unschädlich gemacht werden müsse, wolle man dafür sorgen, daß ich niemals einem Bekannten begegnen und auch nie zurückkehren könne. Was man damit meinte, erfuhr ich erst am Ende der Reise, als wir in das Land der Takaleh kamen und ich dem Mek dieses Volkes als Sklave übergeben wurde. Er brauchte nichts für mich zu bezahlen, hatte aber dafür zu sorgen, daß mich niemand, dem ich vielleicht bekannt sei, sehen könne. Ich hörte noch, daß Ibn Asl mit dem Mek den Vertrag abschloß, daß der letztere ihm jährlich zweimal an ganz bestimmten Terminen Sklaven nach Faschodah zu senden habe, welche sofort mit gewissen Waren zu bezahlen seien. Dann wurde ich fortgeschafft."

„Wohin?"

„An einen schrecklichen Ort, welchen ich seit jenem Tag nur verlassen habe, um jetzt nach Faschodah transportiert und Ibn Asl wieder ausgeliefert zu werden. Weißt du vielleicht, daß es bei den Takaleh berühmte Kupferwerke gibt?"

„Das ist mir allerdings bekannt."

„Nun, in eine solche Grube wurde ich geschafft, um, angefesselt, in ihr zu arbeiten. Ich habe von jenem Tag an die Sonne nicht mehr gesehen. Und als man mich vor kurzem von der Kette löste, sagte mir einer, der wenig Erbarmen mit mir hatte, daß man mich jetzt dem Tod entgegenführe."

„Wieso dem Tode?"

„Beim letzten Sklaventransport hat Ibn Asl mich zurückverlangt. Er ist mit Barjad el Amin uneinig geworden und führt nun sein Geschäft auf seine eigene Rechnung fort. Er hat auf die Wünsche seines frühern Compagnons nicht mehr Rücksicht zu nehmen und glaubt sich sicherer, wenn ich nicht mehr lebe. Er könnte zwar dem Mek sagen, daß er mich töten lasse, traut ihm aber nicht. Darum hat er meine Auslieferung verlangt, welche für mich mit dem Tode gleichbedeutend ist. Soll ich dir erzählen, was ich erlitten und ausgestanden habe? Jetzt nicht, aber vielleicht später einmal. Und soll ich dir nun sagen, welche Wonne ich jetzt empfinde, da ich gewiß bin, der bisherigen Sklaverei und dem auf mich wartenden sicheren Tod entgangen zu sein? Ich sehe in dir einen Engel, von Allah gesandt, welchem ich . . ."

„Sprich nicht so!" fiel ich ihm in die Rede. „Allah hat es gefügt. Ihm allein hast du zu danken. Fühlst du dich stark genug, den Ritt nach Faschodah auszuhalten?"

„Ja. Hätte ich doch sonst durch die Wüste dahinmarschieren müssen! Die schwere Arbeit hat meine Muskeln gestählt. Du brauchst um mich keine Sorge zu tragen. Wann werden wir in Faschodah sein?"

„Ich hoffe, in vier Tagen dort anzukommen."

„Und Ibn Asl ist dort?"

„Sehr wahrscheinlich."

„Dann wehe ihm! Ich werde mich rächen. Ich werde ihn nicht etwa dem Mudir übergeben, sondern ich will . . ."

„Erlaub, daß ich dich unterbreche! Zerbrich dir nicht den Kopf mit dem Gedanken, wie du dich an ihm rächen willst. Du bist nicht der einzige, der mit ihm abzurechnen hat. Ich werde dir davon erzählen. Jetzt wollen wir ruhen. Wir haben einen weiten Ritt vor uns, und ich denke, daß besonders du des Schlafes nicht entbehren darfst."

„Ich schlafen? Effendi, welch ein Gedanke! Einer, der tot war und wieder lebendig wurde, soll im Augenblick des Erwachens an den Schlaf denken! Nein, nein! Wenn ich auch wollte, ich könnte nicht schlafen. Schlaft aber ihr. Ich will hier sitzen, still und ohne mich zu regen, die Seligkeit durchkosten, das Firmament und den Himmel Allahs über mir zu haben und tausend und aber tausend Sterne in mir aufgehen zu fühlen."

„Nun wohl, ich sehe allerdings ein, daß du viel, viel lieber wachen als schlafen willst. So wache; aber wecke uns beide, kurz ehe der Tag zu grauen beginnt, später ja nicht, damit wir die Takaleh beobachten können. Und paß gut auf diesen Baqquara auf; er darf uns ja nicht etwa entkommen."

„Effendi, was das betrifft, so kannst du dich auf mich verlassen. Er ist der Gesandte Ibn Asls, der mein Teufel war. Wer von diesem Menschen kommt, der hat von mir keine Nachsicht und kein Erbarmen zu erwarten. Ich würde mich eher töten als ihm die Freiheit geben."

Nach dem, was er durchgemacht hatte, mußte ich freilich überzeugt sein, daß ich für den Baqquara keinen bessern Wächter haben konnte; darum legte ich mich nieder, hüllte mich in meinen Haik und schlief ohne Sorgen ein. Er war sehr pflichtgetreu, denn als er mich und Ben Nil weckte, war es noch nicht Morgen, sondern die Sterne begannen eben erst zu erbleichen.

Im Einschlafen war mir ein Gedanke gekommen, den ich jetzt zur Ausführung brachte. Ich wünschte, die Takaleh zu belauschen, um zu wissen, was ich von ihnen zu denken und zu erwarten hatte. Zu Land war dies, wenn vielleicht auch möglich, aber doch höchst gefährlich; es mußte also zu Wasser geschehen. Aber wie? Selbst wenn es einen Kahn hier gegeben hätte, hätten wir uns seiner nicht bedienen dürfen, also mußte ein Floß gewählt werden, aber ein solches, welches die Augen nicht auf sich zog. Es durfte keine künstliche, sondern es mußte eine natürliche Gestalt haben. Ich beschloß, eine kleine schwimmende Insel zu bauen, was gar nicht schwer war, denn Material dazu war mehr als genug vorhanden. Um mir es auszuwählen, ging ich mit Ben Nil näher an das Wasser.

Da sah ich die borstig behaarten Triebe und gefiederten Blätter zahlreicher Ambagsträucher emporragen. Dieser Ambag gibt das vortrefflichste Material zu Flößen. Das Holz ist so leicht, daß ein Floß, welches drei Männer hält, sehr leicht von einer Person getragen werden kann. Da das Wasser mit der Zeit in das Mark, welches sehr schwammig ist, eindringt und dann das Floß zum Sinken bringt, ist ein solches Fahrzeug für eine längere Fahrt freilich nicht zu gebrauchen; für kürzere Zeit aber oder gar für meinen Zweck konnte ich gar nichts Geeigneteres finden. Eine Eigentümlichkeit dieses Ambag ist übrigens, daß er stets die Papyrusstaude begleitet.

Daneben stand zähgrasiges Andropogon giganteus und auch Hibiscus cannabinus, beides ganz vortrefflich, die drei bis vier Meter langen Ambagstämme zu verbinden. Um dem Floß ein inselartiges Aussehen zu verleihen, besetzten wir es rundum mit hohen Omm-Sufah-Büscheln. Einige starke Äste, an welche wir Schilf breit banden, mußten als Ruder dienen. Diese Arbeit war so leicht und ging so schnell, daß wir fertig waren und das Floß im Wasser hatten, noch ehe es völlig Tag geworden war. Dieses Fahrzeug trug mich und Ben Nil mit Leichtigkeit. Hafid Sichar mußte bei den Kamelen und dem Baqquara bleiben.

Beim Grauen des Tages konnte ich mich zu meiner Freude davon überzeugen, daß sich auf unserer Fährte das Gras vollständig wieder aufgerichtet hatte. Der Platz, an welchem wir geschlafen hatten, lag hinter Büschen gut versteckt, und so konnte ich überzeugt sein, daß die Takaleh, selbst wenn sie nach uns suchen würden, uns nur durch einen bloßen Zufall finden konnten.

Wir bestiegen das Floß und ruderten es zunächst über den kleinen See, der eigentlich nur ein Teich zu nennen war. Als wir den größeren erreichten, mußten wir vorsichtig sein, denn wir näherten uns dem Lagerplatz der Takaleh. Wir ruderten das Floß so langsam vorwärts, daß es schien, als ob es nur von dem

Morgenwind getrieben wurde. Wer nicht besonders und sehr scharf acht darauf gab, bemerkte gar nicht, daß es sich bewegte. Auch die Ruder waren nicht zu sehen, denn wir hatten die Omm-Sufah-Büschel so angebracht, daß sie die Ruder verdeckten.

Die Takaleh schienen eine sehr schlafsüchtige Gesellschaft zu sein. Wir näherten uns ihrem Lagerplatz mehr und mehr und hörten doch nicht das mindeste von ihnen. Es war schon ganz hell. Dennoch wagten wir es, uns bis an das Ende des Sees zu rudern, wo der Nid en Nil, plötzlich enger werdend, die Furt des Schattens bildete. Dort legten wir an. Wären wir hier ausgestiegen, so hätten wir mit fünfzig oder sechzig Schritten das Lager erreichen können, und dennoch war es, die verschiedenen Tierstimmen natürlich nicht in Mitrechnung gezogen, rundum so still, als ob kein Mensch vorhanden sei. Wir lugten zwischen den Schilfbündeln hindurch, vergeblich; es war auch niemand zu sehen. Eben wollte ich aufstehen, um einen besseren Überblick zu bekommen, da wurde es plötzlich laut und lebendig. Ich hörte jemand erschrocken rufen:

„Erwacht, ihr Schläfer, erwacht; es ist ein Unglück geschehen!"

Einige Augenblicke der Stille traten ein; dann folgte ein Gewirr von vielen Stimmen; man lief fort, nach allen Richtungen; man kehrte zurück; man rief, schrie, fluchte, fragte und antwortete. Es war schwer, das, was einzelne sagten, deutlich zu unterscheiden; ich konnte nur soviel entnehmen, daß man die Flucht Hafid Sichars, das Fehlen des Baqquara und das Nichtvorhandensein der drei Kamele bemerkt hatte. Jeder schien eine andere Meinung darüber zu haben und gerade diese zur Geltung bringen zu wollen. Der Lärm, welcher dadurch entstand, konnte mit nichts besser als mit einer Spatzenkirmes verglichen werden, welcher nur dadurch ein Ende gemacht wurde, daß der Hauptspatz, nämlich Schedid, in donnerndem Ton rief:

„Still, ruhig, ihr Schwätzer! Redet keine Dummheiten, sondern laßt uns diesen sonderbaren Fall mit Scharfsinn und Ruhe untersuchen."

Nun, ich war neugierig, zu welchem Resultat es der Scharfsinn dieser Leute bringen würde. Der Baqquara war fort; man rief nach ihm, aber er kam nicht. Hafid Sichar war fort; man rief nach ihm, aber er kam nicht. Die drei Kamele waren fort; man suchte nach ihnen, aber man fand sie nicht. Da diese beiden Menschen und diese drei Tiere gleichzeitig als abwesend entdeckt worden waren, so war man der Ansicht, daß sie auch gleichzeitig miteinander fortgegangen wären. Da aber Kamele Menschen nicht zu entführen pflegen, sondern gewöhnlich der umgekehrte Fall stattfindet, so nahm man auch hier an, daß die Kamele von den beiden fehlenden Männern fortgeschafft worden wären. Der eine von diesen zweien war frei, der andere gefangen, angebunden gewesen. Dieser letztere hatte ohne die Hilfe des ersteren nicht fortgekonnt, folglich mußte der Baqquara Hafid Sichar losgebunden haben, um ihn zu befreien und mit Hilfe der Kamele fortzubringen.

„Dieser Verräter, dieser Hund!“ schrie Schedid zornig. „Darum bot er sich selbst und freiwillig an, Wache zu halten!“

„Er ist vielleicht gleich in der Absicht, Hafir Sichar zu befreien, hierhergekommen“, meinte ein anderer.

„Natürlich!“ stimmte ein dritter bei. „Was er gesagt hat, war alles Lüge, alles Flunkerei.“

„Er war ein Schurke“, behauptete ein vierter; „die beiden Senussi aber waren brave Leute.“

„Sie waren sogar heilige Männer!“ schrie ein fünfter. „Wie haben wir den frommen und gelehrten Mudir beleidigt, und zwar um eines solchen Schuftes willen! Er wird die Strafe Allahs auf uns herniederrufen.“

„Das hat er schon getan“, ließ sich eine sechste Stimme hören, „und eben darum hat Allah uns diesen schweren Verlust gesandt. Hätten wir diesen heiligen Männern geglaubt, so wäre das Unglück nicht geschehen.“

„Mir fehlt mein Schlauch!“ schrie plötzlich einer.

„Seht nach, ob noch andere Sachen fehlen!“ gebot Schedid.

„Mein Schlauch fehlt auch!“ rief ein anderer.

„Auch meiner, und mein Kamel dazu!“

„Mein Kamel ist auch fort, und das deinige ebenso, o Schedid!“ brüllte es zornig von weiter her.

„Was?“ fragte der Anführer. „Mein Kamel soll fehlen, mein teures Abu-Havas-Hedschihn?“

„Ja. Da haben wir die Tiere alle zusammengetrieben. Sieh her! Du kannst sehen, daß du gerade die drei besten Kamele nicht siehst.“

„O Allah, o Hölle, o Teufel! Das Verderben über diesen verfluchten Baqquara! Seine Spur müssen wir zu entdecken suchen.“

„Ja, lauft, sucht, ihr Männer!“ befahl Schedid. „Sucht nach allen Seiten, diesseits und jenseits der Furt! Nur drei oder vier mögen dableiben, um die Sklaven zu bewachen!“

Man gehorchte diesem Befehl, und darum wurde es für einige Zeit still.

„Effendi", kicherte Ben Nil mir zu, „wenn wir das gewußt hätten, so hätten wir alle Gefangenen und alle Kamele entführen können. Wir sind viel, viel zu vorsichtig gewesen."

„Ja, wir hätten alles fortschaffen können. Aber warum uns damit schleppen, da Schedid es uns gewiß nach Faschodah bringen wird! Es ist uns alles über Erwarten geglückt. Nun bin ich neugierig, ob sie, wenn sie mit Suchen fertig sind, ihre irrige Ansicht ändern werden."

„O nein, denn diese Leute scheinen mit Blindheit geschlagen zu sein."

Er hatte recht. Die nach allen Richtungen ausgesandten Männer kehrten zurück, und das Resultat war, daß keiner etwas gefunden hatte. Nördlich vom Wasser, welche Richtung der Baqquara, falls er wirklich an der Mischrah Omm Oschrin wohnte, eingeschlagen haben mußte, war keine Spur von ihm zu finden gewesen. Er mußte also nach Süden geritten sein. Aber die, welche nach dieser Richtung gesucht hatten, behaupteten, daß auch dort keine Fährte zu entdecken sei. Darum watete Schedid selbst durch die Furt, um darüber nachzuforschen. Er kehrte nach einiger Zeit wetternd und fluchend zurück und erklärte:

„Es ist wirklich nichts zu finden. Was wird der Mek und was wird Ibn Asl sagen, wenn wir ihnen sagen müssen, daß gerade dieser Hafid Sichar entkommen ist! O Allah, wie werden wir von diesen beiden empfangen werden!"

Da meinte einer, der jedenfalls der klügste von allen war: „Während so kurzer Zeit verwischt sich keine Spur; das solltest du bedenken, o Schedid!"

„Was willst du damit sagen?" fragte der Genannte.

„Wo keine Spur ist, da lief kein Kamel. Ist rundum keine Fährte zu sehen, so ist der Baqquara noch gar nicht fort, sondern irgendwo versteckt mit Hafid Sichar und den Kamelen. Du wirst doch zugeben, daß er sehr schlau gehandelt hat. Die Frömmigkeit und Heiligkeit der beiden Senussi war ihm im Weg; er hielt sie für gefährlich für sich; darum klagte er sie an; darum erfand er ein Märchen, um sie für sich unschädlich zu machen. War das nicht klug, nicht schlau?"

„Sehr listig sogar!"

„Nun, so darfst du ihm zutrauen, daß er später ebenso schlau gehandelt hat. Er mußte sich sagen, daß wir seine Spur entdekken würden; darum machte er lieber keine, indem er in der Nähe blieb und sich versteckte, um zu warten, bis wir fort wären."

„Allah akbar! Daran habe ich gar nicht gedacht. Du kannst sehr recht haben. Auf, ihr Männer, um nach dem Verborgenen zu suchen. Forscht überall, aufwärts und abwärts, rechts und links, hüben und drüben vom Wasser!"

Jetzt wurde die Sache für uns etwas weniger angenehm. Blieben wir mit unserem Floß hier liegen, so konnte ein kleiner Zufall uns verraten. Wir hatten übrigens genug gehört; darum stießen wir ab und ruderten zurück, aber so langsam, daß nur einer, welcher den Blick minutenlang auf uns gerichtet hielt, bemerken konnte, daß unsere Insel sich bewegte. Und daß man ihr eine so scharfe Aufmerksamkeit widmen würde, das stand nicht zu erwarten, denn es gab in dem See mehrere wirkliche mit Schilf bewachsene Inseln, wodurch das Dasein der unserigen weniger auffällig wurde.

Wir sahen mehrere Takaleh wieder durch die Furt gehen. Man suchte an beiden Ufern. Wenn man die Nachforschung auch nach dem andern See, an dessen Ende unser Lagerplatz war, hin erstreckte, konnte dieser letztere noch entdeckt werden. Aber zu fürchten brauchten wir diesen Fall ganz und gar nicht. Wurden wir bemerkt, dann doch jedenfalls nur von einigen wenigen Männern, vor denen sich zu fürchten die reine Lächerlichkeit gewesen wäre. Ehe sie die übrigen herbeibrachten, waren wir auf unseren Tieren schon so weit fort, daß wir uns in vollster Sicherheit befanden. Lieber freilich war es mir, wir wurden nicht entdeckt. Es paßte sehr gut in meinen Plan, daß man der Geschichte von dem fremden Effendi keinen Glauben mehr schenkte; dies mußte aber sofort anders werden, wenn man erkannte, daß der Baqquara nicht unehrlich gehandelt hatte, sondern mit Hafid und den Kamelen selbst entführt worden war.

Unsere Fahrt ging über den größeren See nur langsam vonstatten; aber als wir den kleineren erreicht hatten, waren wir den Takaleh aus den Augen und ruderten schneller. Bald legten wir bei dem Lagerplatz an und stiegen aus. Wir waren lange fort gewesen; darum hatte Hafid Sichar sich in Unruhe wegen uns befunden; er war froh, als er uns jetzt zurückkehren sah. Wir erzählten ihm, was wir gesehen und gehört hatten, und dann stieg ich, um eine etwaige Annäherung zeitig bemerken zu können, auf einen nahen Baum, dessen dichtes Blätterwerk mich vollständig verbarg und mir aber doch den Ausguck nach allen Richtungen erlaubte.

Nach einiger Zeit sah ich drüben am nördlichen Ufer zwei Takaleh, welche suchend daran hinschritten. Sie konnten nicht herüber, uns also nicht gefährlich werden. Aber bald darauf kamen diesseits drei andere, welche von Busch zu Busch, von Baum zu Baum schritten und hinter jedes Strauchwerk blickten. Wenn sie nur noch zwei Minuten in dieser Weise fortsuchten, mußten sie uns finden. Ich glitt schnell vom Baum herunter, verließ unseren Lagerplatz und ging ihnen, natürlich ohne mich sehen zu lassen, eine kurze Strecke entgegen. Es gab da ein dichtes Gebüsch, bis zu dessen Spitzen sich scharfes Dornwerk rankte. Aller Erwartung zufolge mußten sie da vorüberkommen; ich kroch also hinein.

Es dauerte nicht lange, so kamen sie, sahen erst in ein benachbartes Gesträuch und wendeten sich dann nach meinem Versteck.

„Es ist vergebens", sagte einer von ihnen. „Hier hüben sind sie nicht. Kehren wir wieder um!"

„Nur noch einige Schritte, bis dort zu der Ecke, an welcher der Subakh steht!" lautete die Antwort.

O weh! Auf jenem Subakh hatte ich soeben gesessen, und hinter dieser Ecke befand sich unser Lagerplatz! Jetzt waren sie nur noch fünf Schritt von meinem Buschwerk entfernt. Ich griff in die schwachen Stämmchen, bewegte sie, als ob ein Tier sich da, wo ich mich befand, vom Boden erhebe, und versuchte, jenes knurrende Pfauchen nachzuahmen, welches ein in seiner Ruhe gestörtes Raubtier hören läßt. Dann rollte ich mit der Zunge in möglichst tiefem Ton, röchelte dazu durch die Nase und stieß darauf einen kurzen, heiseren Schrei aus, bei welchem der Wüstenbewohner, wenn er ihn hört, in den Stoßseufzer ausbricht: „Der Löwe ist erwacht. Allah beschirme uns vor dem Würger der Herden!"

Ich hatte auf einsamen Ritten aus Langerweile oft versucht, das Gebrüll des Löwen nachzuahmen. Es richtig wiederzugeben, dazu sind die menschlichen Stimmwerkzeuge unfähig, aber eine Ähnlichkeit läßt sich doch erreichen. Das war auch jetzt der Fall. Die drei Takaleh prallten, als sie mich hörten, ganz entsetzt zurück.

„Ein Löwe, ein Löwe!" schrie einer von ihnen. „O Allah, o Beschützer, o Erhalter des Lebens, bewahre uns vor . . ."

Die Fortsetzung dieser Worte konnte ich nicht hören, weil der Kerl, während er in dieser Weise zeterte, so schnell davonrannte, daß er bei dem letzten Wort schon nicht mehr zu sehen war. Und seine beiden Gefährten, welche noch flinkere Beine besaßen, waren ihm sogar schon weit voran. Da hörte ich hinter unserer Ecke Ben Nils lachende Stimme:

„Effendi, die kommen nicht wieder! Was bringst du doch alles fertig! Jetzt hast du dich sogar in einen Löwen verwandelt! Das zornige Knurren und Pfauchen voran war vortrefflich. Es klang ganz genau so, als ob ein Löwe aus dem Schlaf gestört worden wäre. Aber dann das Brüllen war weniger gut. Man hörte, daß es aus keinem Löwenrachen kam."

„Weil du wußtest, wer dieser Löwe war!"

„Jawohl. Den Takaleh aber ist es ganz naturgetreu erschienen. Sie werden sich nun hüten, den Subakh und unsere Ecke zu untersuchen. Als du fortgingst und dort in das Loch krochst, dachte ich, daß uns dies gerade verraten könnte. Ich wußte ja nicht, daß du den ‚Herrn mit dem dicken Kopf' spielen wolltest. Nun aber bin ich froh, daß du es getan hast. Wie bist du denn auf diesen Gedanken gekommen, Effendi?"

„So, wie einem in der richtigen Lage der richtige Gedanke kommen muß: ganz unerwartet und ohne langes Suchen."

Ich war inzwischen zurückgekehrt und sah, daß Ben Nil sein Messer in der Hand hatte. Auf meinen fragenden Blick erklärte er:

„Als die Takaleh kamen, sagte ich diesem Baqquara, daß ich ihn, falls er den leisesten Laut hören lasse, sofort erstechen werde. Nun sind sie fort. Wollen wir nicht aufbrechen?"

„Nein. Ich will sie erst fortlassen."

„Aber wir versäumen damit eine kostbare Zeit. Du weißt, wie eilig wir es haben, nach Faschodah zu kommen!"

„Diesen Zeitverlust holen wir mit unseren guten Kamelen bald wieder ein. Ich muß wissen, wie wir zu reiten haben, damit diese Takaleh nicht auf unsere Fährte stoßen. Da sie einen Löwen in ihrer Nähe vermuten, werden sie sich nicht lange mehr an der Furt aufhalten, denn sie müssen annehmen, daß das Raubtier diese Furt als Wechsel benutzt. Ich werde sie beobachten."

Um dies zu tun, stieg ich wieder auf den Baum und nahm dieses Mal mein Fernrohr mit. Ich konnte mit dessen Hilfe über beide Seen hinwegblicken; aber die Bäume und Sträucher der Ufer, hinter denen sich die Karawane befand, hinderten mich, zu beobachten, was die Leute taten.

Nach vielleicht einer halben Stunde bemerkte ich eine Bewegung oben an der Furt, und dann sah ich den Zug am diesseitigen Ufer unter den Bäumen hervorkommen und sich südwärts hinaus in die Wüste wenden. Eine Abteilung der Reiter war voran, die andern hinterdrein; die Gefangenen marschierten in der Mitte. Ich verfolgte die Karawane mit dem Rohr, bis sie am Horizont verschwunden war. Dann richtete ich das Teleskop ohne eine bestimmte Absicht, ganz unwillkürlich, nach Norden und nach Osten. Dort, in letzterer Richtung, bewegten sich einige Punkte. Waren das Tiere oder Menschen? Sie näherten sich, aber nicht gerade auf uns zu, sondern in südwestlicher Richtung, so daß sie mit der Karawane im Süden von uns zusammenstoßen mußten. Die Gestalten waren selbst durch das Rohr zu klein, als daß ich hätte bestimmen können, wer oder was sie waren. Und sie wurden noch kleiner und immer kleiner, bis ich sie gar nicht mehr sehen konnte. Jetzt stieg ich vom Baum herab.

Gestern abend hatte ich die Züge Hafid Sichars nicht deutlich erkennen können; jetzt am Tage sah ich, daß er eine große Ähnlichkeit mit seinem Bruder besaß. Er bat mich, ihm die Mumienhand zu zeigen, und als ich dieser Aufforderung nachgekommen war, erklärte er, daß er sie erkenne, und daß sie wirklich die Hand der Pharaonentochter sei, die er gemeint habe. Darauf öffnete ich meinen wasserdichten Gürtel, nahm die beiden unadressierten Briefe heraus, welche sein Bruder mir in Siut gegeben hatte, und sagte:

„Diese Briefe brachte mir Ben Wasak in den Palast des Paschas nach Siut. Er sagte mir, daß ich sie nach meiner Ankunft in Chartum öffnen solle."

„So sind sie dein Eigentum", sagte er, indem er sie in die Hand nahm, um sie zu betrachten. „Steck sie wieder ein und öffne sie, wenn du nach Chartum kommst."

„Ich hätte lieber Lust, sie dir jetzt zum Öffnen zu übergeben. Ich glaubte damals, und infolgedessen dein Bruder auch, daß ich direkt nach Chartum gehen würde. Es ist aber anders gekommen. Ich mußte nach dem Land der Fessarah; es ist inzwischen eine nicht unbedeutende Zeit vergangen, und wer weiß, welchen wichtigen Inhalt diese Briefe haben. Es ist vielleicht besser, wenn wir ihn kennenlernen."

„So öffne sie jetzt!"

„Nein, du! Ich bin noch nicht in Chartum."

„So werde ich sie aufmachen. Es könnte doch etwas darinstehen, was uns zu wissen Vorteil bringt."

Er öffnete die Umschläge. Sie enthielten je einen offenen Empfehlungsbrief und eine Anweisung auf ein Chartumer Haus.

„Hat mein Bruder dich gekannt, ehe du zu ihm nach Maabdah kamst?“ fragte Hafid Sichar.

„Nein.“

Er sah mich mit einem langen, großen Blick an, und seine Augen glänzten feucht, als er dann sagte:

„Das, das tat mein Bruder für mich, und ich glaubte, er habe mich ganz aufgegeben. Diese Anweisungen sagen mehr, als du denkst. Sie sind von hohem Betrag. Er muß vorher alles mögliche, mich zu entdecken, aufgeboten haben. Er sah dich zum erstenmal und gab dir solche Briefe mit! Du mußtest ihm als ein sehr ehrlicher und vertrauenswerter Mann erschienen sein. Bedenk, daß du ein Christ und ihm vollständig Fremder warst! Was hättest du mit dem vielen Geld gemacht?“

„Dir gegeben, sobald ich dich fand. Steck die Empfehlungen und Anweisungen ein; sie gehören dir! Wir werden zusammenbleiben, bis du zu deinem Bruder kommst, und falls ich etwas bedarf, werde ich es dir sagen.“

„Gut! Unter dieser Bedingung werde ich die Papiere behalten. Aber wohin soll ich sie stecken, da ich keine Taschen habe?“

Es war wahr; er hatte keine einzige Tasche, da er, der reiche Mann, nur mit einem, noch dazu ziemlich defekten Lendenschurz bekleidet war.

„Du wirst gleich Taschen haben“, antwortete ich. „Dieser Baqquara ist von deiner Statur. Ihr werdet eure Anzüge wechseln. Du nimmst den seinigen, und er bekommt den deinigen.“

„Wag das!“ fuhr mich der Baqquara an. „Ich bin ein freier Ben Arab und gehe nicht nackt!“

„Vorher war er gefangen, und du warst frei; darum ging er nackt, und du trugst Kleider. Jetzt bist du gefangen, und er ist frei; folglich wechselt auch die Kleidung.“

„Ich dulde es nicht!“

„Ben Nil, schneid Stöcke ab zur Bastonade!“

„Schlagen, mich schlagen?“ schrie der Baqquara auf. „Mir die Bastonade, mir? Wer gibt dir das Recht dazu?“

„Der Vizekönig. Ich stehe hier an Stelle des Reis Effendina. Aber selbst wenn dies nicht der Fall wäre, würde ich tun, was mir beliebt. Du bis ein Verbündeter meines Todfeindes, der mir nach dem Leben trachtet. Du selbst hast gestern abend direkt gegen mich gesprochen und gehandelt. Mit welchem Recht? So frage ich dich ebenso, wie du nach meinem Recht fragst. Mit dem Recht des Stärkeren! Nach dem Gesetz der Wüste und Steppe. Ich rate dir: Wenn dir deine Fußsohlen lieb sind, so füg dich freiwillig meinem Befehl! Ich habe dir die Freiheit gegen ein offenes Geständnis geben wollen; du bist nicht auf meinen Vorschlag eingegangen und hast es dir also nur selbst zuzuschreiben, wenn die Folgen davon dich nicht gerade in Entzükken versetzen. Herunter mit dem Anzug!"

Ben Nil wollte ihm den Haik ausziehen, aber er wehrte sich. Da machte ich nun Ernst. Er wurde vor dem Baum auf den Bauch gelegt und mußte die Unterschenkel von den Knien an aufwärts heben. Sie wurden an den Stamm gebunden, so daß er sich nicht bewegen konnte. Dann setzte Hafid Sichar sich ihm auf den Rükken, damit er liegenbleiben mußte, und Ben Nil schnitt einen fingerstarken Stock vom Busch. Gleich beim ersten Hieb schrie der Gezüchtigte grell auf; beim zweiten jammerte er:

„Laß ab, laß ab, Effendi! Ich will gehorchen. Diese Bastonade kann kein freier Arab Baqquara aushalten!"

„Du konntest sie dir ersparen. Laß dir die beiden Streiche zur Lehre dienen!"

Er wurde losgebunden, und nun ging der Kleiderwechsel ohne weiteres vonstatten. Dann rüsteten wir uns zum Aufbruch. Für die Menschen war noch Wasser vorhanden; für die Kamele wurden die Schläuche aus dem Nid en Nil gefüllt. Dann stiegen wir auf und verließen den Ort, von welchem ich nicht geahnt hätte, daß ich an ihm den von seinem Bruder so lange vergeblich gesuchten Hafid Sichar finden würde.

Wie schon erwähnt, sollten die Takaleh unsere Fährte nicht sehen; deshalb hatte ich sie voranziehen lassen. Dennoch folgten wir zunächst der ihrigen und bogen dann später von ihr ab. Als wir ungefähr eine Viertelstunde geritten waren, sahen wir von links her eine zweite Fährte kommen. Sie stammte jedenfalls von den Wesen, welche ich als kleine Punkte durch das Fernrohr am östlichen Horizont gesehen hatte, und hier war der Punkt, an welchem sie auf die Spuren der Takaleh gestoßen war.

„Wer mag das gewesen sein?" meinte Ben Nil. „Es sind so kleine Stapfen."

Ich stieg ab und hieß auch ihn absteigen, denn er sollte sich im Fährtenlesen üben. Was er von und bei mir lernte, konnte ihm später wohl von Nutzen sein. Ich wußte gleich beim ersten Blick, woran ich war, doch forderte ich ihn auf:

„Sieh dir diese Spuren genau an! Von welchen Tieren können sie eingetreten worden sein?"

„Das – das sind wohl Esel gewesen?" sagte er, mich fragend anblickend.

„Ja, Esel", nickte ich ihm befriedigt zu. „Und wie viele?"

„Vier oder fünf."

„Nein, sondern nur drei. Wenn man die Zahl der Tiere wissen will, muß man sein Augenmerk nur auf die Summe der Eindrücke eines bestimmten Beines richten. Wer die Spuren aller Hufe zählt, wird irre. Nehmen wir zum Beispiel den rechten Vorderhuf. Du erkennst den Eindruck an mehreren Zeichen, vor allen Dingen daran, daß er nach außen, also nach rechts, mehr konvex ist als nach innen, nach links. Zieh dann die Verschiedenheit der Eindrücke dieser rechten Vorderhufe zu Rate, so wirst du die Zahl der Tiere haben."

„Ja, es waren nur drei Esel", sagte er, nachdem er die Spur von den gegebenen Gesichtspunkten aus noch einmal genau betrachtet hatte.

„Was trugen die Esel? Reiter oder Lasten? Oder ging einer von ihnen vielleicht frei?"

„Woran erkennt man es?"

„An der Tiefe der Eindrücke, an der Regelmäßigkeit des Ganges und aus andern, mehr durch den Zufall gegebenen Zeichen. Je schwerer ein Tier beladen ist, desto tiefer drückt sich sein Fuß in den Sand. Ein Lasttier wird meistenteils vorn leichter als hinten gehen. Ein Reittier hat einen unregelmäßigeren Gang als ein Saumtier, weil es mehr von dem Willen seines Reiters abhängig ist, während das Lasttier ruhig seinen Gang fortgeht. Komm ein Stück auf dieser Fährte weiter, so siehst du, daß jeder der Esel einmal rechts, einmal links, einmal in der Mitte gegangen ist. Das kommt bei Saumtieren nicht oder nur höchst selten vor; sie haben also Reiter getragen. Was für Reiter mögen das gewesen sein?"

„Wie kann ich das wissen! Ich habe sie nicht gesehen, und da sie im Sattel saßen, konnten sie von sich keine Spuren zurücklassen."

„Und doch ist nichts leichter als das. Auf Eseln reitet hier nur eine ganz bestimmte Art von Leuten."

„Meinst du, es seien Dschellab gewesen?"

„Ja, da nur ein Dschellabi, ein Händler, sich in dieser Gegend des Esels bedient. Also soviel wissen wir. Wo kamen sie her? Das interessiert uns nicht; aber wohin sie wollen, das möchten wir wissen, da wir sie vor uns haben und sie vielleicht einholen werden."

„Kannst du auch das aus den Spuren lesen?"

„Nein, wenigstens jetzt noch nicht, da ihre Fährte sich von hier aus mit der der Takaleh vereinigt hat. Gehen wir weiter!"

Wir nahmen unsere Kamele bei den Halftern und führten sie; die beiden andern waren im Sattel geblieben und folgten uns. Nach einiger Zeit erweiterte sich die Spur zu einer breiten, sehr zertretenen Stelle und ging dann in der bisherigen Schmalheit und Weise wieder fort.

„Hier haben die Dschellab die Takaleh eingeholt", erklärte ich, „und die letzteren sind eine Weile halten geblieben, um die ersteren zu empfangen und auszufragen. Vielleicht erzählt uns diese Stelle noch mehr. Ich will sie einmal genauer untersuchen."

Mir schien nämlich, als ob die Mehrzahl der Takaleh nicht halten geblieben, sondern ohne Unterbrechung fortgeritten war. Ich zählte und verglich die einzelnen Eindrücke, fand sogar die Spuren mehrerer menschlicher Füße und erklärte dann den andern:

„Es sind nur fünf Takaleh halten geblieben; die andern ritten weiter. Diese fünf sprachen längere Zeit mit den Dschellab, wobei die letzteren von ihren Eseln gestiegen sind. Dann ritt man in Gemeinschaft den Vorausgegangenen nach. Diesen Halt hier nahm man vor, um sich gegenseitig zu begrüßen und auszufragen."

„Werden die Dschellab nicht von den Takaleh feindlich behandelt werden?" fragte Ben Nil.

„Bis jetzt gibt es noch keinen Anhaltspunkt, welcher uns veranlassen könnte, auf Feindseligkeit zu schließen; aber die Takaleh befinden sich jedenfalls in keiner guten Stimmung, und so haben die Händler, wenn es nicht noch andere Gründe geben sollte, wenigstens deshalb wohl Ursache, vorsichtig zu sein. Gehen wir noch ein Stück weiter, ehe wir aufsteigen."

Eben wendete ich mich wieder vorwärts, als Ben Nil, mit der Hand nach derselben Richtung deutend, sagte:

„Schau, Effendi, da vorne, seitwärts von der Fährte, sitzt eine Hyäne."

„Und daneben haben zwei andere sich in den Sand gelegt", fügte Hafid Sichar hinzu.

Ich beschattete die Augen mit der Hand, um besser sehen zu können, und rief, ein Unglück ahnend, im nächsten Augenblick:

„Das sind keine Hyänen, sondern Menschen. Die fünf Takaleh werden doch nicht etwa über die Händler hergefallen sein! Kommt schnell fort von hier und mit hin!"

Wir eilten weiter, die beiden Reiter im Schritt und wir zwei Fußgänger im Trab. Der, welchen Ben Nil von weitem für eine sitzende Hyäne gehalten hatte, kehrte uns den Rücken zu. Es war kein Wunder, daß mein junger Begleiter sich aus einer solchen Entfernung hatte täuschen können, denn der Mann hatte die Ellbogen auf die Knie gestemmt und den Kopf in die beiden Hände gelegt, als ob er Kopfschmerzen habe. Als er das Geräusch, welches wir bei unserer Annäherung verursachten, hörte, wendete er das Haupt nach uns um. Uns sehend, machte er eine Anstrengung, sich zu erheben, was ihm aber nicht gelang. Sein Blick fiel, da die beiden Reiter uns um einige Schritte voran waren, zunächst auf den Baqquara; dann nahm sein Gesicht den Ausdruck des Schreckens an, und er rief:

„Ich bin verloren! Das ist ja Amr el Makaschef, der Scheik der Baqquara!"

Ich hatte diesen Namen schon einige Male gehört. Es war der eines Baqquarahäuptlings, welcher als außerordentlich kriegerisch und gewalttätig bezeichnet wurde. Damals spielte er seine Rolle noch innerhalb engerer Grenzen, später aber trat er aus ihnen heraus. Er war ein Verwandter des Mahdi, und am 6. April 1882 sandte der Mudir von Sennaar an den Vizegouverneur eine Depesche, welche lautete: „Der Baqquara-Scheik Amr el Makaschef, ein Vetter des Mahdi, nähert sich mit mehreren tausend Baqquarakriegern meiner Stadt, um sie für den Mahdi einzunehmen. Sende mir so schnell wie möglich Hilfe!" Dieser Mann war also jetzt mein Gefangener. Es mußte mich stutzig machen, daß ein Häuptling sich zu Botendiensten hergegeben hatte. Sein Verhältnis zu Ibn Asl konnte nicht eine bloße Bekanntschaft, sondern mußte fester und tiefer sein. Dies bestätigte sich durch die Antwort, welche er gab; denn kaum hatte er die Worte des Mannes gehört, so rief er in abwehrendem Ton aus:

„Du irrst. Ich gehöre zwar zu den Baqquara, bin aber nicht einer ihrer Scheiks."

„Warum verleugnest du dich?" fragte der Händler. „Wie oft bin ich bei euch, bei dir gewesen! Du kennst mich und weißt, daß auch ich dich sehr genau kenne."

„Schweig! Du redest irre. Ich sehe, daß du verwundet bist, und da wird das Fieber dir die irrigen Worte eingegeben haben."

Daß er während dieser Worte seinen Blick mit einem besorgten Ausdruck auf mich warf, gab mir die Überzeugung, daß er die Unwahrheit sagte. Er wollte für einen gewöhnlichen Mann gelten, um in Faschodah eine möglichst milde Behandlung zu finden. Der Händler aber blieb bei seiner Überzeugung, indem er behauptete:

„Ich weiß nicht, aus welchem Grund du dich verleugnest; ja, ich bin verletzt, aber das Fieber hat mich noch nicht ergriffen, und ich weiß, was ich sage. Wir haben diesen sklavenhandelnden Takaleh nichts getan, und ich bitte dich um Allahs willen, nicht zu glauben, daß ich ein Gegner der Leute bin, welche Sklaven fangen. Schone mich, o Scheik!"

Da fragte ich ihn:

„Warum hältst du diese Erklärung für notwendig? Meinst du, daß dieser Scheik Amr el Makaschef auch ein Sklavenfänger ist?"

Er hatte mich noch nicht beachtet. Jetzt musterte er mich mit verwundertem Blick und antwortete:

„Wie kannst du eine solche Frage an mich richten! Du gehörst jedenfalls zum Scheik und mußt also noch besser wissen als ich, daß er ein Freund und Abnehmer von Ibn Asl, dem berühmtesten Sklavenjäger, ist."

„Das ist nicht wahr; das ist eine Lüge!" rief der Baqquara. „Ich bin ja gar nicht der, für den er mich hält!"

„Sei still!" gebot ich ihm. „Ich weiß sehr genau, was ich von dir zu denken habe, und alle Mühe, mein Urteil irrezuleiten, ist vergeblich. Du bist viel zu dumm, mich zu hintergehen."

Und mich zu dem Händler wendend, fuhr ich fort:

„Ich gehöre nicht zu ihm. Ich bin ein Fremder, kein Moslem, sondern ein Christ. Sieh dir den Scheik doch besser an! Hast du noch nicht bemerkt, daß er keine Waffen trägt? Hast du die Leine noch nicht bemerkt, mit welcher er an das Kamel gebunden ist?"

Der Mann hatte bisher den Kopf noch stets in den beiden Händen gehalten; jetzt hob er ihn, um den Scheik genauer zu betrachen, und rief dann verwundert aus:

„Allah tut Wunder! Er ist gefesselt! Habt ihr etwa mit ihm gekämpft, ihn gefangengenommen?"

„Du sollst es erfahren. Vor allen Dingen aber will ich dich und deine beiden Gefährten, welche für tot daliegen, untersuchen."

„Sie sind tot; man hat sie erschossen. Du siehst ja die große Pfütze des Blutes, in welcher sie liegen."

„Hat man auch auf dich geschossen?"

„Nein. Ich war der erste, an dem sie sich vergriffen. Sie schlugen mich mit dem Kolben des Gewehres auf den Kopf. Als ich erwachte, sah ich meine Gefährten tot. Wir sind beraubt worden, und man hat uns alles genommen und auch unsere Esel fortgeführt."

„Nein; dieses letztere ist nicht geschehen. Die Esel sind noch da. Ich werde sie holen. Vorher aber zeig mir deinen Kopf!"

Dieser war stark angeschwollen, doch zeigte sich zum Glück für den Verletzten kein Schädelbruch. Man hatte nicht mit der Schärfe, sondern mit der Breite des Kolbens zugeschlagen. Die beiden andern waren allerdings tot, durch die Brust geschossen. Ich nahm ihnen die Kopftücher ab, um dem noch Lebenden einen nassen Umschlag aufzulegen, welcher ihm so wohltat, daß er aufstehen und mit weniger Anstrengung als vorher sprechen konnte. Er schien noch immer Angst vor dem Scheik zu haben; darum beruhigte ich ihn:

„Du befindest dich bei Freunden, und dieser Häuptling der Baqquara kann dir nichts tun. Er ist ein Freund der Takaleh, welche euch überfallen haben; er war am Nid en Nil bei ihnen, und ich sage dir, daß du gar keinen Grund hast, dich vor ihm zu fürchten oder ihn zu schonen. Hast du vielleicht von dem Reis Effendina gehört?"

„Ja, o Herr."

„Nun, ich bin ein Freund von ihm und habe diesen Baqquara gefangengenommen, um ihn zum Reis Effendina nach Faschodah zu bringen. Du kannst also ruhig sein und offen mit mir sprechen. Aus welcher Gegend seid ihr gekommen, und wo wolltet ihr hin?"

„Wir waren drüben im Dar Famaka, wo wir alle unsere Waren verkauften und nur Thibr dafür bekamen. Dann gingen wir über den Weißen Nil, um nach Gojak am Bahr el Arab zu reiten, wo wir unser Thibr gegen Straußenfedern umtauschen wollten, welche wir dann nach Chartum gebracht hätten. Wir wären eines großen Gewinnes sicher gewesen, wenn uns die Takaleh nicht hier beraubt hätten. Nun bin ich ärmer als jemals vorher. Allah verfluche sie!"

Der erwähnte Thibr ist Gold, welches in der Gegend, von welcher er gesprochen hatte, in Gestalt von Körnern oder als Staub in kleinen Blättchen aus dem Alluvium gewonnen wird. Dieser Thibr dient dort als fast alleiniges Tauschmittel, so daß die sonst überall gangbaren Mariatheresientaler wenig beliebt sind. Er wird zur besseren Handhabung in Ringe eingeschmolzen oder in ganz kleinen Quantitäten, als Scheidemünze, in Zeug- oder Lederstückchen eingebunden.

„Ich vermute, daß ihr von den Takaleh nicht gleich von vornherein feindselig behandelt worden seid?" fragte ich.

„Sie waren sogar sehr freundlich", antwortete er. „Als wir auf sie stießen, ließ der Anführer die Karawane weitergehen, bis wir sie nicht mehr sehen konnten, und blieb mit noch vier andern bei uns halten, um uns auszufragen. Er tat dies in einer Weise, daß es ganz unmöglich war, Mißtrauen zu hegen, und gab uns dann die Erlaubnis, uns ihm anzuschließen. Wir ritten fort, der Karawane nach; aber als wir hier diese Stelle erreichten, wurde ich plötzlich niedergeschlagen. Das übrige weißt du schon."

„Hast du den Thibr erwähnt, den ihr bei euch hattet?"

„Ja. Sie fragten uns, womit wir die Straußenfedern bezahlen wollten, und da mußte ich von dem Goldstaub sprechen!"

„Das hättest du unterlassen sollen. Du siehst, welche Früchte diese Vertrauensseligkeit getragen hat. Die fünf Takaleh sind nach dem Goldstaub begierig geworden, und um ihn nicht mit ihren Kameraden teilen zu müssen, haben sie die Karawane bis außer Sichtweite fortgelassen und sind dann über euch hergefallen. Aus ganz demselben Grund haben sie euch alles andere gelassen, sonst hätten sie euch alles bis auf den bloßen Leib genommen. Dadurch wäre der Raub verraten worden, und sie hätten teilen müssen. Infolgedessen nahmen sie auch eure Esel nicht mit, sondern jagten sie fort, wie ich da aus den Spuren ersehe."

„Warum ließ man sie nicht da? Warum gab man sich die überflüssige Mühe, sie so weit fortzutreiben, daß man sie nicht sehen kann?"

„Aus Vorsicht. Die Mühe war gar nicht so überflüssig, wie du meinst. Ihr drei lagt platt am Boden und wart also aus der Ferne nicht zu entdecken. Hätte man die Esel bei euch stehengelassen, so konnten sie von weitem gesehen werden und irgend jemand herbeiziehen, durch welchen die Mordtat entdeckt worden wäre. Du bist zwar nicht tot, wärst aber jedenfalls zugrunde gegangen, wenn wir nicht gekommen wären. Wir haben dich nur deshalb gefunden, weil wir mit Absicht den Spuren der Takaleh folgten."

„Was soll aber nun geschehen, Herr? Wir müssen den Mördern nach. Ich will mich rächen und ihnen ihren Raub abnehmen."

„Du wirst erhalten, was sie euch abgenommen haben; das verspreche ich dir. Dazu aber bedarf es gar nicht der Verfolgung der Karawane und des Kampfes mit ihr. Meinst du etwa, du wärst in deinem Zustand fähig, es mit ihnen aufzunehmen? Ich werde jetzt nach den Eseln suchen, und dann schließt du dich uns an."

„Wohin reitet ihr?"

„Nach Faschodah, wie ich dir bereits gesagt habe. Die Takaleh wollten auch dorthin, und da sie Fußgänger bei sich haben, werden wir eher dort sein als sie und sie gleich bei ihrer Ankunft durch die Polizei des Mudirs in Empfang nehmen lassen."

Die Spuren der Esel führten gerade ins Weite hinaus; einer war dem andern nachgelaufen. Nach einer Viertelstunde fand ich sie nebeneinanderliegend, die Sättel auf dem Rücken. Ich bestieg den einen, um zurückzureiten; die beiden andern folgten mir freiwillig, ohne daß ich sie zu führen brauchte.

Wir begruben die beiden Toten so gut, wie es uns möglich war; dann wurde der Verletzte auf das Kamel, welches die Wasserschläuche getragen hatte, gesetzt, und wir ritten weiter. Die hinter uns hertrabenden Esel waren ledig und konnten uns also leicht folgen.

Wir befanden uns ungefähr dreißig geographische Meilen von Faschodah entfernt. Wär ich mit Ben Nil allein gewesen, so hätten wir diese Strecke mittels eines beschleunigten Rittes in zwei Tagen zurückgelegt, unter den gegenwärtigen Verhältnissen aber war dies nicht möglich. Hafid Sichar hatte zu lange Zeit in der Kupfergrube unter der Erde gesteckt; zum Gehen war er kräftig genug gewesen; nun aber zeigte es sich, daß ihn das schnelle Reiten, das Schaukeln auf dem Rücken des Kameles mehr angriff, als er erwartet hatte. Der Händler kühlte seinen Kopf fortwährend mit Wasser, doch fühlte er jeden Schritt des Kamels so schmerzlich, daß wir gezwungen waren, unsere bisherige Schnelligkeit zu mäßigen. Der Fährte der Takaleh wurde nicht weiter gefolgt. Wir hielten uns weit östlicher als sie, überholten sie schon im Lauf des ersten Vormittags und kamen am Morgen des vierten Tages in Faschodah an, welches eigentlich nichts als ein großes Hüttendorf ist, das sich jedoch infolge der mit Mauern umgebenen Regierungsgebäude, der Kaserne und der Wohnung des Mudirs von außen ziemlich stattlich ausnimmt. Doch verschwindet der gute Eindruck sofort, wenn man den Ort betritt.

Auf den Mauern stehen Kanonen und des Nachts zahlreiche Wachtposten, eine Vorsichtsmaßregel, welche wegen der rebellisch gesinnten Schilluk nicht ganz überflüssig ist.

Um die Regierungsgebäude liegen armselige Häuser und zahlreiche Tukul, welche auf einer Ziegelunterlage errichtet sind, weil es wegen der früheren vielen Verheerungen, welche das Feuer anrichtete, jetzt verboten ist, diese dürftigen Hütten ganz aus Stroh zu bauen. Diese Tukul wurden teils von Schilluk, teils von Soldaten, welche ihre Weiber und Kinder bei sich haben, bewohnt. Die Straßen und Gassen, falls man sich ja dieser Ausdrücke bedienen will, bestehen aus Löchern, Schmutzlachen, Unrathaufen und Schlammgebirgen, zwischen, durch und über welche man, um nicht steckenzubleiben, wie ein Seiltänzer sich bewegen muß.

Faschodah ist ein Verbannungsort, gerade so wie früher Dschebel Gasan und Fassoql, doch wächst die Zahl der Verbrecher nie stark an, da die Fremden an dem ungesunden Klima schnell zugrunde gehen.

Da dieser Platz der letzte befestigte Grenzposten am Weißen Nil ist, so hat er eine Besatzung von fast tausend Soldaten; das sind schwarze Fußtruppen und eine Anzahl Arnauten, die unter ihrem Sangak stehen und wegen ihrer bekannten Unbotmäßigkeit und Gewalttätigkeit außerordentlich schwer zu regieren sind. Daß ihr Sangak ein heimlicher Verbündeter von Ibn Asl war, ist bereits erwähnt worden.

Man darf ja nicht denken, daß wir so mir nichts dir nichts gleich unsern Einzug gehalten hätten; das wäre geradezu unverantwortlich gewesen. Ich konnte annehmen, daß Ibn Asl bereits angekommen war. Auch der Türke Murad Nassyr mit seiner Schwester, der Muza'bir und der Mokkadem der heiligen Kadirine, meine rachsüchtigen Feinde, waren hier zu suchen. Dazu kam, daß ich mich vor dem Obersten der Arnauten in acht zu nehmen hatte, da ihm von den andern Genannten jedenfalls schon alles von mir erzählt worden war. Sie kannten mich persönlich; ich durfte mich nicht sehen lassen, wenn ich meinen Zweck ganz und voll erreichen wollte. Darum sagte ich nicht, daß wir in, sondern daß wir bei Faschodah angekommen waren.

Wir hüteten uns nämlich, uns der Stadt allzuweit zu nähern, sondern hielten ungefähr eine Stunde vor ihr an einem Ort an, welcher zu einem einstweiligen Versteck sehr geeignet war. Es gab da nämlich eine aus Sunut-, Hegelik- und anderen Hochbäumen bestehende Waldung, zwischen deren Stämmen Kittr- und Vabaqbüsche standen, welche durch die Ranken des Cyssus quadrangularis dicht verwoben waren. In diesem Wald machten wir halt und suchten uns einen Platz, an welchem wir nur durch den reinen Zufall aufgefunden werden konnten.

Von hier aus wollte ich dem Mudir einen Boten senden. Am liebsten hätte ich meinen Ben Nil geschickt, was ich aber nicht wagen konnte, da er einigen, denen er in Faschodah leicht begegnen konnte, bekannt war. Darum vertraute ich Hafid Sichar die Botschaft an und gab ihm den Empfehlungsbrief des Reis Effendina mit. Natürlich unterrichtete ich ihn sehr genau darüber, wie er sich zu verhalten und was er zu sagen hatte. Nach seiner Entfernung warteten wir volle vier Stunden; dann kehrte er zurück und brachte einen Mann mit, der die hierzulande übliche Kleidung eines gewöhnlichen Mannes trug. Ich hatte erwartet, daß der Vater der Fünfhundert mir einen seiner vertrauten Beamten senden würde, und vernahm jetzt zu meiner Überraschung, daß dieser so einfach gekleidete Mann der Mudir selbst war. Der strenge Mann charakterisierte sich gleich im ersten Augenblick der Begegnung:

„Du hast lange warten müssen, Effendi", sagte Hafid Sichar zu mir. „Dieser hohe Herr ist . . ."

„Schweig!" donnerte ihn der andere zornig an. „Ich habe dich freundlich behandelt, weil mich dein trauriges Schicksal erbarmte, aber du darfst deshalb nicht denken, daß ich deinesgleichen bin. Wie kannst du es wagen, mich dem Effendi vorstellen zu wollen! Und wie darfst du dich erdreisten, dich zu entschuldigen, daß er gewartet hat! Bin ich ein Hund, der immer dasein muß, wenn ihm gepfiffen wird, du Halunke?"

Na, dachte ich im stillen, das kann gut werden! Das ist der Vater der Fünfhundert selbst. Wenn er gegen euch sich in dieser Weise benimmt, wie mag er da erst mit Verbrechern umspringen!

Jetzt wendete er sich zu mir und musterte mich mit neugierigem Blick, wobei sein Gesicht nicht die geringste Spur eines freundlichen Zuges entdecken ließ. Ich war aufgestanden, hielt seinen forschenden Blick gelassen aus und fragte:

„Wer bist du? Jedenfalls Ali Effendi selbst?"

„Ali Effendi?" meinte er streng. „Weißt du nicht, wie man einen Mudir zu titulieren hat?"

„Ich weiß es und werde die Pflicht der Höflichkeit erfüllen, sobald ich mit einem Mudir zu sprechen komme."

„Das ist schon jetzt der Fall, denn ich bin der Mudir von Faschodah."

Ein Orientale hätte die Arme gekreuzt und sich zur Erde gebeugt, ich aber senkte nur den Kopf, reichte ihm die Hand und sagte, allerdings im höflichsten Ton:

„Allah gebe dir tausend Jahre, o Mudir! Ich freue mich, dein Angesicht zu sehen, denn es ist das eines gerechten Mannes, unter dessen Verwaltung sich diese Provinz erheben und von allem schlimmen Gesindel reinigen wird."

Er zögerte, meine Hand anzunehmen, gab mir einen verwunderten Blick in das Gesicht und antwortete:

„Nach dem, was ich von dir gelesen und gehört habe, bist du ein ganz tüchtiger Kerl; aber ein Freund von großen Komplimenten scheinst du nicht zu sein?"

„Jeder Mensch hat seine eigene Art und Weise und ist nach ihr zu nehmen, o Mudir."

„So habe ich meine Diener auch nach ihrer Art und Weise zu nehmen! Allah erbarme sich! Da würde ich weit kommen! Ihr Christen seid sonderbare Menschen, und da will ich dich nun freilich so nehmen, wie du bist, nämlich sehr wacker und sehr grob. Setzen wir uns!"

Ich lächelte in mich hinein, von ihm, der verkörperten Grobheit, als grob bezeichnet zu werden. Wir setzten uns. Er zog ein Streichholzkästchen und eine Ledertasche voller Zigaretten hervor, brannte sich, ohne mir eine anzubieten, eine an, blies den Rauch behaglich durch die Nase, legte Zigaretten und Zündhölzer zum weiteren bequemen Gebrauch neben sich und begann:

„Also du bist ein Diener des Reis Effendina. Wo und wie hat er dich denn eigentlich kennengelernt?"

„Ob er mich kennengelernt hat oder ob ich ihn kennenlernte, das ist ein Unterschied, mit dem wir uns jetzt freilich nicht zu beschäftigen haben; aber wenn du meinst, daß ich sein Diener sei, so irrst du dich."

„Nun ja, er nennt dich in dem Brief seinen Freund; aber ich kenne das. Es ist nur eine Form und gehört zur Empfehlung. Du bist ein mutiger, ja ein verwegener Mann, auch nicht dumm scheinst du zu sein, aber als Christ kannst du doch niemals der Freund eines Moslems werden."

„Warum nicht? Wenn ich einen Menschen so achte und so liebe, daß ich ihn meiner Freundschaft für würdig halte, so hindert mich der Umstand, daß er Moslem ist, nicht, sie ihm anzutragen."

„Ah!" machte er erstaunt. „So hast du, du sie ihm angetragen und nicht er sie dir?"

„Von wem das erste Wort ausgegangen ist, das ist Nebensache; es genügt und muß auch dir genügen, daß wir eben wirkliche Freunde sind. Willst du es nicht glauben, nun, so ist es mir auch egal."

„Wie? Es ist dir gleichgültig, ob dir der Mudir von Faschodah Glauben schenkt oder nicht? So ein Mann ist mir noch nicht vorgekommen!"

„Es gibt in meinem Vaterland ein Sprichwort, welches lautet: Wie du mir, so ich dir. Ich befolge es gern."

„Das ist stark, sehr stark! Höre, wenn das ein anderer wagte, bei Allah, ich ließe ihm auf der Stelle fünfhundert aufzählen!"

„Ja, das ist das gewöhnliche Deputat, und darum pflegt man dich Abu Hamsa Miah zu nennen. Ich aber bin vor dem Empfang dieser allerliebsten Liebesgabe sicher."

„Sicher? Das glaub ja nicht! Wenn ich wollte, wer oder was könnte mich abhalten, auch dir fünfhundert geben zu lassen?"

„Meine Nationalität und mein Konsul."

„Auf die pfeife ich auch."

„Nun, dann diese hier. Auf die würdest du gewiß nicht pfeifen."

Ich hielt ihm bei diesen Worten die Faust so nahe vor die Nase, daß er, mit dem Gesicht schnell zurückweichend, ausrief:

„Mann, willst du etwa zuschlagen?"

„Nein, solange nämlich auch du nicht zuschlagen willst. Doch wir haben nun genug gescherzt und wollen von nötigeren Dingen sprechen. Wir sind . . ."

„Wer hat hier zu bestimmen, wovon gesprochen werden soll, du oder ich?" unterbrach er mich.

„Ich, denn du bist bei *mir*. Hast du keine Lust, dich nach mir zu richten, so kannst du gehen. Ich komme auch ohne dich durch die Welt und durch diese Gegend."

Da blickte, nein, starrte er mich förmlich an, warf den Rest der Zigarette fort und rief:

„Allah ist groß, nein, er ist größer, nein, er ist noch viel größer, er ist am allergrößten; du aber bist der größte Grobsack, der mir vorgekommen ist! Welche Wonne, wenn ich dir fünfhundert aufzählen lassen könnte! Aber ich denke, daß ich noch dazu komme!"

„Und ich hoffe es auch, um dir nämlich beweisen zu können, daß dir meine Kugel durch das Gehirn fahren würde, noch ehe du den betreffenden Befehl vollständig ausgesprochen hättest."

„Fresse dich der Teufel! Ich glaube, mit dir kommt man am allerbesten aus, wenn man höflich ist."

Er brannte sich wieder eine Zigarette an. Ich antwortete:

„So mach den Anfang, indem du mir erlaubst, auch eine Zigarette zu rauchen."

Ich griff zu, nahm mir eine, brannte sie an und fügte, als ich sah, daß er darüber zornig werden wollte, schnell hinzu:

„Das war schon vorhin deine Pflicht, als du die erste anbranntest. Du hast das unterlassen und doch mich ermahnt, höflich zu sein. Was soll ich von dir denken? Mir ist es gleichgültig, ob du mich grob oder freundlich behandelst. Ich habe nicht die geringste Gefälligkeit für mich von dir zu erbitten; ich komme vielmehr, um dir zu helfen, deine Pflicht zu erfüllen. Gleiches gegen Gleiches; das ist das Gesetz der Wüste: Leben gegen Leben, Blut gegen Blut und – Grobheit gegen Grobheit. Lerne mich kennen, dann wirst du anders von mir denken. Du hast mir sogar deine Hand verweigert. Ich habe mit noch höheren Männern gesprochen, als du bist, und bin von jedem höflich behandelt worden."

Er warf die kaum angebrannte Zigarette wieder fort, ballte die Faust und wollte zornig losbrechen, doch beherrschte er sich; die Zornesfalten seiner Stirn glätteten sich; sein Blick wurde milder und milder; dann aber kehrte der Grimm plötzlich zurück; er warf einen wütenden Blick auf die Umgebung, deutete auf den am Boden liegenden Scheik Amr el Makaschef und fuhr diesen an:

„Ich sehe, daß du gefesselt bist. Bist du der Baqquara, welcher die Botschaft von Ibn Asl nach dem Nid en Nil gebracht hat?"

„Ja", bekannte der Gefragte.

„Du Hund und siebenfacher Hundesohn, du verkehrst mit den Sklavenfängern? Ich werde dir fünfhundert aufzählen lassen; so sicher fünfhundert, wie ich fünf Finger an jeder Hand habe. Du bekommst wöchentlich hundert und kannst dann laufen, wohin es dir beliebt, um zu erzählen, wie dir dein Besuch bei Abu Hamsah Miah gefallen hat. Leider kann ich dich nicht köpfen, du Schuft, da du nur dieses Botenganges zu überführen bist; aber hab keine Sorge! Jeder einzelne Hieb von den fünfhundert soll dir im Gedächtnis flimmern, bis dir der Teufel ein ganzes Feuerwerk in der Hölle abbrennen läßt!"

Mit diesem Ausbruch schien sein Zorn verflogen zu sein, denn er wendete sich jetzt mit plötzlich ganz freundlicher Miene zu mir, gab mir endlich die Hand und sagte:

„Effendi, du mußt mit dabeisein, wenn dieser Hund seine Hiebe erhält. Es wird deine Seele erquicken und dein Herz stärken, deinen Sinn erleichtern und deinen Geist erfrischen. Oh, es gibt keine größere Lust, als solche Übertreter unserer guten und gerechten Gesetze heulen, jammern und wimmern zu hören! Nun aber erzähl mir vor allen Dingen, was alles geschehen ist, seit dich der Reis Effendina kennenlernte – oder", fügte er sich verbessernd mit einem Lächeln hinzu, „oder seit du ihn kennengelernt hast!"

„Das würde eine lange Geschichte werden, welche anzuhören man viel Zeit haben muß."

„Es gehört zu meinem Amt, diesen Bericht zu hören, und für die Erfüllung meiner Pflichten habe ich immer Zeit genug."

„So erlaub, daß Ben Nil erzählt!"

„Warum nicht du selbst?"

„Du wirst, wenn er fertig ist, meinen Grund wissen, ohne daß ich ihn dir zu sagen brauche."

„Gut, so mag er reden!"

Ben Nil erzählte. Ich griff in die Zigarettentasche und nahm mir eine zweite heraus.

Dann legte ich mich lang hintenüber, hielt die Hände unter den Kopf und ließ Ben Nil sprechen. Er tat dies kurz und doch ausführlich genug. Man hörte aus jedem seiner Worte, wie sehr und aufrichtig er mich liebte. Der Mudir mochte schon einiges von Hafid Sichar gehört haben; verschiedenes war jedenfalls auch in dem Empfehlungsbrief des Reis Effendina angedeutet worden; nun aber vernahm er Dinge, von denen er keine Ahnung gehabt hatte und die sein ganzes und vollstes Interesse, welches sich von Zeit zu Zeit in den lebhaftesten, originellsten Ausrufen äußerte, beanspruchten. Dann griff er, als Ben Nil fertig war, nach dem Streichholzkästchen und der Zigarettentasche, schüttelte den Inhalt beider über mich aus und rief:

„Rauche, rauche, Effendi, rauche nur zu! Du hast es verdient, ja, bei Allah und dem Propheten, du hast es verdient! Und wenn du zu mir kommst, sollst du noch mehr haben, eine ganze große Kiste voll, obgleich sie schändlich teuer sind, jawohl, schändlich teuer!"

„Wieviel zahltest du?" fragte ich, neugierig nach dem Preis dieser Zigaretten, die sich auf irgendeine Weise nach dem Sudan verirrt hatten.

„Einen ganzen Piaster für das Stück."

„Das ist zu teuer. Hast du nichts abgehandelt?"

„Abgehandelt?" fragte er in grimmigem Ton. „Ist mir gar nicht eingefallen! Ich pflege nicht zu handeln; ich bezahle ehrlich, voll und gleich: Jeder Piaster ein Hieb. Als der Kerl fünfzig Hiebe hatte, lief er davon, ließ mir die Ware und erklärte heulend, er sei bezahlt und verzichte auf das Übrige. Also rauche, Effendi; laß es dir schmecken! Du bist ein Teufelskerl, und der Reis Effendina muß ganz entzückt sein, dich kennengelernt zu haben. Ihr Christen seid eigentlich doch nicht so ganz übel, und ich will nun glauben, daß er dich in Wirklichkeit als seinen Freund betrachtet. Ich bin Mudir, und das ist, bei Allah, nichts Geringes, aber ich bitte dir dennoch meine frühere Grobheit ab. Aber dafür mußt du mir nun auch einen Gefallen tun. Du darfst ihn mir nicht abschlagen!"

„Ich weiß doch noch nicht, ob ich imstande sein werde, deinen Wunsch zu erfüllen?"

„Du kannst es!"

„Nun, in diesem Falle . . . ja!"

Da drückte er mir beide Hände und rief freudig aus:

„Hamdulillah! Das gibt Hiebe, Hiebe, fünf- oder sechstausend Hiebe oder gar noch mehr! Du sollst Ibn Asl fangen, aber nicht für den Reis Effendina, sondern für mich."

„Gut!"

„Und diesen dicken Türken, welcher Murad Nassyr heißt."

„Schön!"

„Und den Muza'bir mit dem allerliebsten Mokkadem der heiligen Kadirine."

„Auch diese beiden!" nickte ich.

„Ich danke dir; ich danke dir! Das wird ein Fest, wie ich noch keins erlebt habe. Ich lasse sie alle hängen; vorher aber bekommt jeder seine wohlgezählten fünfhundert auf die Fußsohlen, auch die Schwester des Türken, ja, bei Allah, auch sie!"

„Sie ist ein Mädchen, o Mudir! Welches Verbrechens willst du sie denn zeihen?"

„Des allergrößten, welches es gibt. Sie hat Ibn Asl, den Sklavenjäger, heiraten wollen."

„Wollen? Davon ist keine Rede. Sie hat gemußt. Diese Verheiratung ist nichts weiter als die Besiegelung einer Geschäftsverbindung."

„Red mir nicht darein!" gebot er eifrig. „Hier hat niemand zu besiegeln als nur ich allein, und ich besiegle stets mit fünfhundert. Aber fangen mußt du sie mir alle; du hast es mir versprochen."

„Ich werde Wort halten. Einen aber brauche ich nicht zu fangen, weil er sich bereits in deinen Händen befindet, den Sangak deiner Arnauten."

„Ibn Mulei? Er hat mein Vertrauen bis zu diesem Augenblick besessen. Glaubst du wirklich, daß er Ibn Asl kennt?"

„Ich bin überzeugt davon."

„Dann, dann soll er auch seine fünfhundert . . ."

Er hielt inne. Es war ihm ein Gedanke gekommen. Er sann ihm nach und fuhr dann fort:

„Der also, der ist der Adressat! Darum also habe ich mir fast den Kopf zerbrochen und mich vergeblich angestrengt! Effendi, ich möchte fast glauben, daß du recht hast und daß ich mein Vertrauen einem Unwürdigen geschenkt habe."

„Ich könnte darauf schwören, daß dieser Ibn Mulei ein Verbündeter des Sklavenjägers ist."

„Das ist allerdings sehr wahrscheinlich, denn die Stellen des Briefes, welche mir dunkel waren, passen nur auf ihn, wie ich jetzt erst erkenne."

„Darf ich wissen, von welchem Brief du sprichst?"

„Ja. Du mußt es sogar wissen. Meine Leute fingen gestern oben an der Bringhi Seribah einen Nuehr-Neger auf, welcher ihnen verdächtig vorkam. Als sie ihn untersuchten, fanden sie einen Brief in seinem Haarschopf. Der Mann riß sich los und wollte entspringen; da schossen sie ihn tot. Heute früh brachten sie mir den Brief. Er ist aus der Seribah Aliab, welche oben am Bahr el Dschebel liegt. Der, der ihn empfangen sollte, hatte ihn zu lesen und an Ibn Asl zu geben."

„Ah! Sollte diese Seribah Ibn Asl gehören?"

„Das weiß ich nicht, da ich mich erst seit kurzer Zeit hierbefinde."

„Fast möchte ich es annehmen. Darf ich den Brief sehen und lesen?"

„Ja natürlich! Und, Effendi, da kommt mir ein Gedanke, ein kostbarer Gedanke! Der Arnaut muß den Brief bekommen."

„Ganz richtig! Dadurch überführen wir ihn auf die leichteste Weise. Aber wer soll ihm ihn bringen?"

„Du."

„Ich? Ich darf mich bei dem Sangak und überhaupt in Faschodah jetzt noch nicht sehen lassen."

„Warum nicht? Die, vor denen du dich jetzt noch verbergen willst, sind doch nicht da!"

„Wenn nun aber einer heimlich kommt und geht?"

„Das ist unmöglich. Es stehen Tag und Nacht Wachen an den Ufern. Du gibst dich für den Boten von der Seribah Aliab aus, und wenn er den Brief behält, ist er überführt, und ich lasse ihn solange peitschen, bis er alles gesteht und wir von ihm erfahren, wie wir die andern fangen können."

„Aber ich bin kein Neger. Und selbst wenn ich mich färbte, würde der Schnitt meines Gesichtes verraten, daß ich nicht zu den Nuehr gehöre. Ist der Bote in dem Brief erwähnt?"

„Mit keinem Wort."

„Dann wäre es vielleicht auszuführen; besser aber erscheint es mir, ihm den Brief durch einen andern, aber sichern Mann zuzustellen."

„Und ich mag eben keinen andern als nur dich damit beauftragen. Erstens ist diese Sache so gefährlich, daß nur ein Mutiger sie zustande bringt, und zweitens handelt es sich doch nicht nur darum, den Brief zu übergeben, sondern der Arnaute muß von dem Boten ausgehorcht werden. Nur du allein kannst das zustande bringen."

Ich hätte auf diesen seinen Plan nicht eingehen sollen. Er kam mir nicht nur unpraktisch, sondern sogar gefährlich vor, und es zeigte sich dann später, daß er dies wirklich auch war. Aber der Mudir war mir, schon ehe ich ihn gesehen hatte, wegen seiner Gerechtigkeitsliebe sympathisch gewesen, und daß er so rasch nach einer so unfreundlichen Begrüßung, wie die unserige gewesen war, ein solches Vertrauen zu mir äußerte, das schmeichelte mir; die liebe, alberne Eitelkeit trübte meinen Blick, und ich griff eine Sache, die gar nicht zu verderben war, gerade bei der Seite an, wo ich sie mit hoher Wahrscheinlichkeit verderben konnte. Nur „ich allein" konnte es zustande bringen! War ich es da nicht ihm und auch mir schuldig, ihm zu beweisen, daß er sich nicht in mir täuschte? Ich antwortete:

„Gut, ich werde es übernehmen. Wo und wann bekomme ich den Brief?"

„Wo und wann du willst."

„Wo wohnt der Arnaute?"

„Er bewohnt ein ganzes Haus neben der Kaserne. Willst du dir den Brief holen, oder soll ich ihn dir schicken?"

„Nicht holen. Ich darf mich am Tag nicht sehen lassen, kann also erst nach Einbruch der Dunkelheit kommen, und wenn ich da erst noch zu dir gehen müßte, würde mir eine Zeit verstreichen, die ich anders anzuwenden habe. Schicken aber auch nicht, da du einen Boten haben müßtest, welcher mich hier aufzusuchen hätte, wo ich verborgen bleiben will. Ich werde dir diesen meinen Hafid Sichar wieder mitgeben, dem du den Brief anvertrauen kannst."

„Er soll ihn bekommen, und ich sende dir durch ihn auch einigen frischen Proviant, damit ihr essen könnt."

„Bis wir die Stadt betreten dürfen, sind wir noch mit Proviant versehen. Nötiger wäre mir ein Anzug, welcher für meine Gestalt paßt. Ich bin dem Arnauten jedenfalls beschrieben worden, und dabei sind auch die Kleidungsstücke, welche ich trage, in

Erwähnung gekommen. Er würde mich sofort erkennen, und darum muß ich mich anders kleiden. Auch meine Waffen darf ich nicht mitnehmen."

„Es ist aber doch hier jedermann bewaffnet!"

„So sende mir eine alte lange Flinte, ein altes Messer und eine alte Pistole! Für was ich mich ausgebe, weiß ich noch nicht, auf keinen Fall aber für einen reichen oder gar hochgestellten Mann. Darum müssen Anzug und Bewaffnung so einfach wie möglich sein."

„Dein Wunsch soll erfüllt werden. Was aber tun die andern, während du in der Stadt bist?"

„Sie warten hier."

„Warum das? Sie mögen zu mir kommen. Am Abend ist es dunkel, so daß niemand sie sehen kann. Und vom Arnauten weg begibst auch du dich sogleich zu mir."

„Es soll aber doch verborgen bleiben, wer wir sind und was wir beabsichtigen. Ich gebe mich für einen Sklavenfänger aus und kann als solcher unmöglich bei dir wohnen."

„Dein Bedenken ist hinfällig. Wir haben es jetzt zunächst nur mit dem Arnauten zu tun, mit dem du heute fertig wirst, worauf du keinen Grund mehr hast, dich zu verstecken. Nein, ihr werdet bei mir wohnen. Ich freue mich darauf und sage dir, daß ich viel, sehr viel mit dir zu reden habe. Ich möchte mich bei dir nach den Verhältnissen und Einrichtungen des Abendlandes und nach vielem anderen erkundigen und mag dich also nicht hier im Wald stecken lassen. Übrigens hast du den Gefangenen, diesen Hund von Baqquara bei dir. Warum sollst du dich mit ihm quälen? Du nimmst ihn mit, und während du bei eurer Ankunft sogleich zu dem Arnauten gehst, bringen ihn die andern zu mir. Ich lasse ihn einsperren, und sobald du dann erscheinst, will ich dir das Vergnügen machen, dabeizusein, wenn er die ersten hundert bekommt."

„Wie du willst, Mudir. Du bist hier der Gebieter, und ich tue, was du für richtig hältst. Wie aber kommen wir über das Wasser?"

„Ich werde, sobald es dunkel ist, zwei verschwiegene Diener an das Ufer postieren; dem einen übergebt ihr die Kamele, die er einem zuverlässigen Schilluk in Pflege gibt, und der andere rudert euch nach der Stadt und zeigt euch darin den Weg zu mir. Wenn du dann vom Arnauten zu mir kommst, können wir alles weitere ausführlicher besprechen als hier. Ich bin jetzt länger bei dir geblieben, als ich vermuten konnte, und muß aufbrechen, weil ich mich heimlich und verkleidet entfernt habe und meine Leute, wenn sie mich vermissen, in Sorge kommen und einen Lärm verursachen würden."

„So habe ich nur noch die Takaleh zu erwähnen. Du bist doch bereit, dich ihrer zu bemächtigen?"

„Allah! Welche Frage! Natürlich werden sie gepackt! Die Sklaven erhalten ihre Freiheit, und die andern bekommen ihre Strafe, die fünf Mörder sogar den Tod. Denk dir, daß jeder fünfhundert bekommt, und rechne dir aus, wieviel Hiebe das macht. Ein solches Gaudium hat Faschodah noch nicht erlebt. Welch ein warnendes Exempel wird das für den ganzen ägyptischen Sudan sein! Ein Entzücken aller Gerechten und ein Zittern aller Ungerechten! Ich habe dir sehr zu danken, Effendi, denn nur du bist es, der mich in den Stand setzt, ein solches Beispiel zu statuieren. So etwas konnte ich nicht erwarten. Ich habe mich in dir geirrt, was du mir aber nicht nachtragen darfst. Wann, denkst du, daß die Takaleh hier ankommen werden?"

„Vor übermorgen nicht; dann aber sind sie zu jeder Stunde zu erwarten."

„Sie sollen empfangen werden, wie es sich gebührt. Dieser ihr Freund aber soll die Bastonnade noch eher schmecken als sie. Ich lasse ihn hauen, daß man sein Geheul unten in Kahira und oben bei Emin Pascha hören wird."

Er war aufgestanden und versetzte dem Scheik einen Fußtritt, daß dieser auf die Seite flog. Darauf entfernte er sich mit Hafid Sichar, kehrte aber nach wenigen Augenblicken wieder zurück und sagte:

„Ich nehme keine Sigara mit; rauch sie, und laß sie dir schmekken. Das Täschchen und Kästchen behalt als einstweiliges Andenken an mich. Allah behüte dich, bis wir uns abends wiedersehen!"

Natürlich teilte ich die Zigaretten mit Ben Nil. Wir saßen einige Zeit rauchend und schweigsam da. Das Unternehmen, zu welchem ich mich verpflichtet hatte, kam mir jetzt, da der Mudir fort war, gar nicht mehr so geheuer vor wie vorher; ich begann zu bereuen, mich darauf eingelassen zu haben, konnte aber leider nun nicht mehr zurück. Der Baqquara wälzte sich von einer Seite auf die andere; der Fußtritt des Mudirs hatte ihn so getroffen, daß er Schmerzen fühlte. War er vorher vielleicht der Ansicht gewesen, daß man ihn schonen würde, weil er die Würde eines Scheiks trug, so hatte er jetzt erkannt, daß dies nicht der Fall war. Er sah ein, daß ihm die bekannten fünfhundert sicher waren. Fünfhundert Hiebe auf die Fußsohlen! Und nicht auf einmal, sondern wöchentlich hundert! Wenn die aufgeplatzten Sohlen zu heilen beginnen, hundert neue Streiche darauf! Und dabei also fünf Wochen lang eingesperrt, wer weiß, in was für einem Loch! Es wurde ihm angst und bange. Man sah es ihm im Gesicht an. Er begann nachzudenken, wie er wohl dieses Unheil von sich abwenden könnte, und kam zu dem Resultat, daß dies nur durch mich zu erreichen war. Er mußte versuchen, mich zu gewinnen. Dieser Gedankengang offenbarte sich dadurch, daß er sich mit einem Vorschlag an mich wendete:

„Effendi, darf ich mit dir sprechen?"

Ich hatte ihn während des Rittes möglichst wenig beachtet und tat auch jetzt so, als ob ich seine Worte nicht gehört hätte.

„Effendi, ich habe dir etwas zu sagen!"

„Schweig!" gebot ich ihm, obgleich ich ahnte, daß das, was er vorbringen wollte, für mich von Interesse sein würde. Er verstummte für eine Weile, begann aber bald von neuem:

„Du wirst es bereuen, wenn du mich nicht sprechen läßt. Das, was ich dir zu sagen habe, ist wichtig für dich."

„Ich mag nichts hören. Du willst von den fünfhundert loskommen, eine Sache, welche jedenfalls von ungeheurer Wichtigkeit für deine Fußsohlen ist."

„Aber ich biete dir auch viel dafür."

„Was denn?" begann ich einzulenken.

„Nachrichten über die Seribah Aliab, von welcher ihr vorhin gesprochen habt. Ich habe alles gehört und denke mir, daß es dir willkommen sein muß, über die dortigen Verhältnisse unterrichtet zu werden."

„Das ist allerdings der Fall. Sind dir diese Verhältnisse vielleicht bekannt?"

„Vielleicht? Ganz gewiß sogar, und sehr genau."

„Wem gehört die Seribah?"

„Soll ich diese Frage wirklich beantworten? Meinst du, daß ich es ohne Gegenleistung tun werde?"

„Ja. Ich denke, daß du für fünfzig oder sechzig Hiebe diese Geheimnisse gern verkaufen wirst."

„Nein, nein! Effendi, nur nicht die Bastonade! Bitte mich beim Mudir von den fünfhundert los, so teile ich dir alles mit, was ich über die Seribah Aliab weiß."

„Du wirst nicht viel wissen."

„Nicht viel? Alles, alles weiß ich. Ich bin ja selbst dort gewesen."

„In welcher Absicht? Bei welcher Gelegenheit?"

„Das kann ich dir nur dann sagen, wenn du mir versprichst, beim Mudir für mich zu bitten. Auch darf das, was ich dir jetzt sage, mir keinen Schaden bringen."

„Dies Versprechen kann ich dir geben. Ob aber das erstere von Erfolg sein würde, ist sehr zu bezweifeln."

„Ich zweifle nicht. Ich habe gehört, was von dir erzählt wurde und was infolgedessen der Mudir von dir denkt. Er hält so viel von dir, daß deine Fürbitte ganz gewiß von Erfolg sein wird."

„Wahrscheinlich irrst du dich, doch will ich dir versprechen, ein gutes Wort für dich einzulegen. Ich mache dich aber darauf aufmerksam, daß ich mich nicht betrügen lasse. Wenn du etwa meinst, durch eine bloße Flunkerei von der Bastonade loszukommen, so befindest du dich in einem gewaltigen Irrtum. Was weißt du über diese Seribah?"

„Sie gehört Ibn Asl."

„Dachte es mir! Das, was ich jetzt wissen will, soll dir, wie ich versprochen habe, in keiner Weise schaden; also sag mir aufrichtig: Du hast mit diesem Mann Sklavenraub getrieben?"

„Ja, Effendi. Das mußt du aber dem Mudir verschweigen."

„Ich glaube nicht, daß ich diesen Umstand mit Stillschweigen zu übergehen vermag, aber ich verspreche dir, daß er dir auf keinen Fall angerechnet werden wird. Ich kann mich in deine Lage denken. Du hast als Moslem die Sklaverei für erlaubt und ihr Verbot für einen Eingriff in eure uralten angestammten Rechte gehalten."

„So ist es, so ist es, Effendi! Denk, daß wir Baqquara nur von unsern Herden leben, und daß eine einzige Seuche, welche unter ihnen ausbricht, uns leicht zugrunde richtet. Da war es der Sklavenhandel, welcher uns bei solchen Fällen die Mittel gab, zu leben und bis unsere Herden wieder gewachsen waren, nicht zu darben. Wir gaben den Sklavenjägern unsere Krieger als Askaris mit und bekamen für jeden gefangenen Schwarzen einen bestimmten, festgesetzten Lohn. Dieser wurde uns in Sklaven ausgezahlt, die man uns billig berechnete, wir aber verkauften sie zu einem weit höheren Preis. Das gab einen Gewinn, welcher uns willkommen war."

„Und du hast nicht nur deine Krieger hergegeben, sondern bist persönlich mitgewesen?"

„Ja. Wir fuhren nach der Seribah Aliab, von welcher aus dann die Jagd unternommen wurde."

„Wer gebietet dort, wenn Ibn Asl abwesend ist?"

„Ein Feldwebel, welcher Ben Ifram heißt. Ein Schuß hat ihm ein steifes Bein gebracht. Deshalb kann er an der Jagd nicht mehr teilnehmen. Daheim aber ist er sehr tüchtig, und da Ibn Asl sich auf seine Treue verlassen kann, so hat er ihm das Kommando anvertraut."

„Für jetzt weiß ich genug. Es kann aber leicht möglich sein, daß ich später mehr von dir erfahren muß."

„Später? Ich hoffe, daß der Mudir mich auf deine Fürbitte hin freigibt und ich zu den Meinen zurückkehren kann."

„Auch ich denke das. Aber du weißt ja, was wir wollen. Es ist möglich, daß Ibn Asl sich schon nicht mehr hierbefindet. In diesem Fall müssen wir ihm nach. Jedenfalls ist diese Seribah Aliab sein Ziel, und da du sie so genau kennst, würdest du uns als Führer dienen müssen."

„Allah mag das verhüten! Was sollen meine Leute denken, wenn ich monatelang fernbleibe! Und soll ich euern Führer gegen Ibn Asl machen, welcher mein Freund ist und mir ein so großes Vertrauen schenkt!"

„Das ist ein Bedenken, welches uns jetzt noch gar nicht zu beschäftigen braucht. Ich habe diesen Fall nicht als sicher vorauszusehen betrachtet, sondern von ihm nur als von einer Möglichkeit gesprochen. Schweigen wir jetzt, und warten wir das Kommende ruhig ab!"

„Ruhig!" seufzte er. „Ja, du kannst ruhig sein, aber ich – ich – !"

Er hatte recht gehabt; seine Mitteilung war von großer Wichtigkeit für uns, da wir nun wußten, wo Ibn Asl auf alle Fälle zu finden sein würde. Zunächst aber hoffte ich, daß er noch in Faschodah war.

Nach ungefähr drei Stunden kehrte Hafid Sichar zurück. Er war schwer bepackt; brachte einen Anzug, die verlangten Waffen, zwei gebratene Hühner, anderes Fleisch, Teigkuchen und eine volle Flasche Raki. Wir aßen und ließen auch dem Baqquara sein Teil zukommen, wie er auch schon während des Rittes in jeder Beziehung, die Freiheit natürlich ausgenommen, uns vollständig gleichgestellt gewesen war.

Dabei war es Nachmittag geworden, vier Uhr nach unserer Zeit. Eine Stunde hatten wir bis zum Nil; um sechs Uhr wurde es Abend, also bereiteten wir uns vor, das Versteck zu verlassen. Ich hatte es in guter Absicht aufgesucht, ahnte nun aber, daß dies sehr wahrscheinlich vergeblich gewesen war. Nach einer Stunde brachen wir auf. Ich hatte mich umgekleidet und sah nun in dem Anzug und mit dem sonnverbrannten Gesicht und den ebenso braunen Händen wie ein echter Sklavenjäger aus. Freilich, das Gesicht war nicht in ein anderes zu verwandeln; es konnte mich verraten.

Hafid Sichar hatte von dem Mudir die Uferstelle bezeichnet erhalten, an welcher wir die beiden auf uns wartenden Diener treffen sollten. Zugleich hatte mir der letztere die größte Vorsicht gegen den Sangak der Arnauten anraten lassen, da dieser ein sehr starker und gewalttätiger Mensch sei.

Natürlich hatte ich den Brief aufmerksam durchgelesen und die Überzeugung gewonnen, daß er von dem Feldwebel auf der Seribah Aliab geschrieben worden war. Er war nicht versiegelt, sondern mit einem Mehlteig verklebt gewesen, was es mir ermöglichte, ihn wieder so zu verschließen, daß es, wenigstens am Abend, schwer zu erkennen war, daß man ihn geöffnet hatte.

Es wurde dunkel, noch ehe wir an das Ufer kamen.

Wir fanden die Diener; der eine nahm die Kamele in Empfang und führte sie fort; der andere trug die Satteltaschen in das Boot und ruderte uns hinüber nach der Stadt. Zu bemerken ist der Vollständigkeit wegen, daß der Händler noch bei uns war und seine drei Esel sich bei unsern Kamelen befanden.

Als wir drüben ausgestiegen waren, führte uns der Diener zunächst nach der Kaserne, um mir dort das Haus des Arnauten zu zeigen; dann brachte er die andern nach der Wohnung des Mudirs weiter. Meine Aufgabe, die ich mir als nicht leicht vorstellte, begann.

Soviel ich in der Dunkelheit erkennen konnte, bestand das Gebäude nur aus dem Erdgeschoß und hatte nur zwei kleine schießschartenähnliche Fenster, zwischen denen sich die schmale, niedrige Tür befand. Diese war mit Eisenblech beschlagen. Einen Türdrücker, ein Schloß schien es nicht zu geben, sondern ich fühlte das aus der Tür zwei Zoll hervorragende Ende eines kleinen Hebels, mit dessen Hilfe man die jenseits befindliche Klinke emporheben konnte. Ich versuchte dies und fühlte, daß die Klinke sich hob; aber die Tür ließ sich dennoch nicht öffnen. Jedenfalls hatte man noch einen Riegel vorgeschoben. Ich klopfte also. Nach kurzer Zeit hörte ich zunächst Schritte und dann eine fragende Stimme:

„Wer ist draußen?"

„Ein Bote an den Sangak von Bahr el Dschebel."

„Komm wieder! Er ist nicht da."

„Ich bin hier fremd. Laß mich ein! Ich will warten, bis er kommt."

Es blieb still. Der Mann schien sich zu besinnen; dann sagte er:

„Bleib stehen! Ich will fragen."

Er entfernte sich. Nach einiger Zeit hörte ich wieder Schritte, und ein anderer fragte:

„Ist deine Botschaft denn so notwendig?"

„Ja. Ich habe einen Brief."

„So gib ihn mir! Ich werde die Luke aufmachen."

„Das kann ich nicht. Ich darf den Brief nur an Ibn Mulai, den Sangak der Arnauten, übergeben."

„So komm herein!"

Ein schwerer eiserner Riegel klirrte; dann wurde die Tür geöffnet. Ich sah in einen schmalen, stubenartigen Flur, welcher von einer Öllampe erleuchtet wurde. Der Mann, welcher die Lampe in der Hand hielt, trug den bekannten Anzug der Arnauten. Seine Bewaffnung bestand selbst jetzt im Innern des Hauses aus zwei Pistolen, zwei dolchähnlichen Messern und einem krummen Säbel. Aus seinem bösartigen Gesicht blitzten mich zwei dunkle Augen scharfforschend an, und in mißmutigem Ton forderte er mich auf:

„Näher herbei mit dir! Warum kommst du bei Nacht? Hättest du nicht früher kommen können?"

„Niemand kann eher kommen, als er da ist. Ich muß noch in dieser Nacht wieder fort, und übrigens ist mir anbefohlen worden, den Brief sofort abzugeben."

„Du bedienst dich eines sehr kurzen Tones, Bursche. Ich bin ein Arnaut, und meine Messer stecken niemals fest. Verstanden! Folge mir!"

Ich war eingetreten, und er verriegelte die Tür. An den Wänden rechts und links hingen Gewehre, was dem kleinen Raum das Aussehen einer Wachtstube gab. Gegenüber dem Eingang gab es eine zweite, jetzt offenstehende Tür, durch welche er mich führte. Dahinter lag ein größeres Zimmer, von dessen Decke ein vierarmiger Tonleuchter herniederhing, welcher mit seinen qualmenden Ölflammen den Raum nur spärlich beleuchtete. Jede der vier Wände hatte eine Tür. Ein Fenster gab es nicht. Unter dem Leuchter lag eine Schilfmatte, auf welcher vier wilde Gesellen hockten, die mich mit höchst unfreundlichen Blicken neugierig betrachteten. Sie würfelten. Mein Führer kauerte sich zu ihnen nieder, um das unterbrochene Spiel fortzusetzen, und warf mir dabei die Worte zu:

„Hier wartest du, bis unser Gebieter kommt. Aber schweig, und stör uns nicht, sonst schließen wir dir das Maul!"

Man kann sich denken, daß ich von meiner Lage nicht allzusehr erbaut war. Ich befand mich an dem Ort, welcher sehr wahrscheinlich der Versammlungsort aller meiner Todfeinde war, hinter lauter eisenbeschlagenen Türen und von fünf Kerlen bewacht, welche zur denkbar wildesten Soldateska gehörten, dazu mit so armseligen Waffen, daß ich geradezu wehrlos war und mich vorkommenden Falles nur auf meine Körperkraft verlassen konnte. Meine eigenen Waffen, meinen Anzug, die Uhr, kurz mein ganzes Eigentum hatte ich Ben Nil in Verwahrung gegeben.

Daß diese Arnauten unendlich roh waren, hörte ich aus einem jeden Wort, welches sie sprachen. Ihre Ausdrücke waren mit Flüchen gespickt, und bei jedem Wurf gerieten sie in Streit und dabei wiederholt in eine solche Aufregung, daß ich oft glaubte, daß sie die Entscheidung ihren Messern oder Pistolen anheimstellen würden. Ich wurde gar nicht beachtet, was mir freilich sehr lieb war. So verging die Zeit, eine viertel, eine halbe Stunde nach der andern. Da ich keine Uhr bei mir hatte, so wußte ich nicht genau, wie spät es war, aber ich hatte ganz gewiß drei volle Stunden in dieser Höhle gesessen, als endlich donnernd an die Tür geklopft wurde.

„Der Sangak!“ rief der Arnaute, welcher mir geöffnet hatte und Unteroffizier zu sein schien, da ihm mein Anliegen von dem andern gemeldet worden war.

Er stand auf, um seinem Vorgesetzten zu öffnen; auch seine Kameraden erhoben sich, ließen aber die am Boden liegenden Würfel liegen. Der Sangak durfte sehen, was sie getrieben hatten.

Der Riegel wurde zurück- und dann wieder vorgeschoben; dann hörte ich eine leise Stimme. Der Unteroffizier meldete meine Anwesenheit; dann traten sie ein, der Sangak natürlich voran. Es gibt menschliche Gesichter, welche mit gewissen Tiertypen eine täuschende Ähnlichkeit haben; der Betreffende besitzt dann gewöhnlich die hervorragenden Eigenschaften des bezüglichen Tieres. Als ich in das Gesicht des Sangak sah, mußte ich unwillkürlich an einen Stier denken, welcher mit gesenkten Hörnern und heimtückisch blickenden Augen zum Angriff schreitet. Er warf mir nur einen kurzen Blick zu und befahl mir:

„Komm!“

Er schritt geradeaus durch die Tür, welche ihm der Unteroffizier aufstieß, und ich folgte ihm. Wir befanden uns im Dunkeln. Er öffnete eine andere Tür, rechts, aus welcher Lichtschein drang, und rief mit dröhnender Baßstimme hinein:

„Heda, aufgepaßt! Als ich kam, schien es mir, es stände ein Kerl draußen vor dem Eingang, um zu horchen. Steigt doch einmal über die hintere Mauer und geht in zwei Abteilungen rechts und links um das Haus nach vorn. Er verschwand, als er mich kommen hörte. Sollte er wieder zurückgekehrt sein, so nehmt ihr ihn fest und bringt ihn mir herein!"

Dann wendete er sich links, wo wir in ein sehr gut erleuchtetes Zimmer traten, welches sein Semalük – Empfangszimmer – zu sein schien.

Ein Polstergestell zog sich an drei Wänden entlang, und in der Mitte lag ein Teppich. Er blieb darauf stehen, drehte sich nach mir um und fragte:

„Einen Brief hast du?"

„Ja. Von dem Feldwebel Ben Ifram."

„Her damit."

Er bekam den Brief, behielt ihn in der Hand, ohne ihn anzusehen, betrachtete mich prüfenden Auges und fragte dann:

„Dein Name?"

„Iskander Patras."

Ich wählte diesen griechischen Namen, weil ich europäische Gesichtszüge hatte und sich unter den im Sudan verwendeten Soldaten und den sich dort herumtreibenden Zivilisten viele Levantiner, also Leute auch griechischer Abkunft, befanden.

„Also ein Grieche!" sagte er. „Woher?"

„Ich wurde griechischen Eltern in Kahira geboren."

„Christ?"

„Ja."

„Ist mir gleichgültig. Was treibst du in der Seribah Aliab?"

„Ich bin Dolmetscher. Habe mich lange bei den Negern herumgetrieben und verstehe ihre Mundarten."

„Das bringt Geld ein, ohne daß du Pulver zu riechen brauchst", meinte er verächtlich. „Will sehen, was mir dieser Ben Ifram zu sagen hat."

Jetzt erst warf er einen Blick auf den Brief. Mir klopfte das Herz. Das Zimmer war sehr gut erleuchtet. Wenn er sah, daß er schon geöffnet worden war, so durfte ich Schlimmes erwarten. Glücklicherweise war seine Neugierde größer als seine Bedachtsamkeit; er riß den Umschlag auf, und mir wurde leichter. Er las, von mir abgewendet, steckte den Brief in die Tasche, drehte sich wieder zu mir um und fragte:

„Kennst du den Inhalt des Schreibens?"

„Der Feldwebel hat ihn mir nicht mitgeteilt."

„Aber du weißt, wer ihn bekommen soll?"
„Doch du!"
„Aber ich soll ihn Ibn Asl, deinem Herrn, geben. Der Feldwebel scheint, da er dir dies verschwiegen hat, kein großes Vertrauen zu dir zu haben!"
„Wäre dies wahr, so hätte er mich nicht nach Faschodah gesandt."
„Hm! Aber für eine Plaudertasche hält er dich gewiß. Auf welche Weise hast du die Reise gemacht?"
„Bis in den See No in einem kleinen Boot. Dort traf ich auf einen Noquer aus Diakin, welcher nach Chartum will und mich mitgenommen hat."
„Wann kam er hier an?"
„Gleich nach Sonnenuntergang."
„Sonderbar! Ich war doch oben im Fluß und habe von einem Noquer nichts gemerkt!"
„Man wollte mich hier nicht einlassen", fiel ich schnell ein, um ihn von diesem für mich gefährlichen Gedanken abzubringen. „Ich wartete drei Stunden auf dich."
„So wirst du Hunger haben. Du sollst zu essen bekommen und mir dabei von der Seribah erzählen."
Er ging hinaus, indem er mir winkte, mich niederzusetzen. Hätte er mir doch lieber gewinkt, fortzugehen! Ich wußte ja genug; ich hatte nun erfahren, daß er die Seribah und den Feldwebel kannte und also zweifellos mit Ibn Asl in Beziehung stand. Aber konnte, durfte ich gehen? Nein; ohne seine Erlaubnis war es auch ganz unmöglich, aus dem Haus zu kommen. Ich mußte mich fügen und das Kommende meinem guten Glück überlassen.
Freilich verursachten seine letzten Worte mir jenes Gefühl, welches einen zwingt, sich mit der Hand hinter dem Ohr zu kratzen. Ich sollte „essen und ihm dabei von der Seribah erzählen". Essen, nun, davor war es mir nicht im geringsten angst, diesen Gefallen konnte ich ihm ganz nach Wunsch erweisen; aber das Erzählen, das leidige Erzählen! Was wußte ich von der Seribah! Der Scheik der Baqquara hatte sie mir beschreiben wollen. Hätte ich ihn doch nicht gehindert! Aber auch das wäre nicht hinreichend gewesen. Dieser Arnaut konnte hundert Fragen an mich richten, zu deren Beantwortung man notwendig selbst dort gewesen sein mußte.
Nach kurzer Zeit kehrte der Sangak zurück, eine brennende Pfeife im Mund. Ihm folgte ein Arnaut, welcher auf einem Brett

einen riesigen Knochen brachte, um welchen noch einige Fleischfetzen hingen. Das waren die Reste eines „rindernen“ Hinterviertels. Sie sahen aus, als ob Hunde sich darum gestritten hatten. Der Mann legte das Brett auf die Mitte des Teppichs und entfernte sich dann; der Sangak befahl mir:

„Setz dich und laß es dir schmecken!“

In Beziehung auf das Setzen konnte ich ihm gehorchen; aber die zweite Hälfte seines Befehles war nicht so leicht auszuführen; dennoch versuchte ich es, indem ich mein Messer zog und mich über den Knochen hermachte. Indem ich ihn zunächst an allen Seiten betrachtete, um zu erforschen, in welcher Richtung und Weise seinen sehnigen Anhängseln am besten beizukommen wäre, fragte der Arnaut:

„Seit wann befindest du dich auf der Seribah?“

„Seit zwei Jahren“, antwortete ich, indem ich mit Anstrengung aller Kräfte arbeitete, um eine verdauliche Flechse loszubringen.

„Wer engagierte dich?“

„Ibn Asl selbst in der Mischrah Omm Oschrin. – Amr el Makaschef, der Scheik der Baqquara, hatte mich ihm gelegentlich warm empfohlen.“

„Dieser? Das spricht für dich, denn der Scheik ist ein zuverlässiger Bekannter von uns. Wie geht es dem Feldwebel?“

„Nicht gut. Die Wunde seines Beines ist aufgebrochen.“

„Allah! Da wird er wohl sterben müssen! Was habt ihr unternommen, während Ibn Asl jetzt so lange Zeit abwesend war?“

„Die Askaris haben fleißig geübt; ich aber war nicht da.“

„Nicht? Du gehörst als Dolmetscher doch auf die Seribah! Wo befandest du dich denn?“

„Ein Dolmetscher ist besser zu verwenden als nur zum Exerzieren. Ich war oben bei den schwarzen Völkern der Rohl und Schur, um einen guten Fang vorzubereiten. Ich habe dabei sehr schöne Erfolge gehabt. Der Feldwebel hat mir jetzt schon wieder einen ähnlichen Auftrag überwiesen.“

„Jetzt? Wohin sendet er dich?“

„Zu den Takaleh.“

„Das ist ja in die entgegengesetzte Richtung! Allerdings bekommen wir von dort jährlich zweimal Sklaven. Getraust du dich denn zu diesen Leuten?“

„Getrauen? Ich war schon mehrere Male dort. Der Mek will mir wohl, und sein Vertrauter, den du ja auch kennst, ich meine nämlich Schedid, hat sogar innige Freundschaft mit mir geschlossen.“

„Wie? Du kennst auch Schedid, den Starken, und bist sogar sein Freund? Dann bist du allerdings ein für uns sehr brauchbarer Mann. Wie lange bleibst du hier?"

„Ich darf mich gar nicht verweilen, denn der Noquer, mit dem ich bis zur Insel Metarieh fahren will, geht noch vor Mitternacht von hier ab."

„So iß schnell, damit du nicht zurückbleibst! Nimm dich aber unterwegs vor dem Schiff des Reis Effendina in acht und weich ganz besonders einem christlichen Hund, einem fremden Effendi, aus, welcher von hier bis hinab nach Chartum jetzt sein Wesen treibt."

„Ein Christ? Ich bin ja auch Christ und habe also keine Ursache, ihm auszuweichen."

„Alle, alle Ursache hast du dazu, alle! Er ist ein Verbündeter des Reis Effendina und scheint es nur auf unsere Leute abgesehen zu haben. Du scheinst noch nichts von ihm gehört zu haben, und so muß ich dir von ihm erzählen."

Wie froh war ich über diese Wendung des Gespräches! Es war mir gelungen, dem Arnauten Vertrauen zu mir einzuflößen; er glaubte mir. Ich hatte auch erreicht, daß er mich selbst aufforderte, schnell zu essen und dann zu gehen, um nicht die Abfahrt zu versäumen. Jetzt wollte er selbst erzählen, und ich war also der Gefahr enthoben, nach Dingen gefragt zu werden, von denen ich nichts wußte. Konnte es besser gehen? Nein! Bis zu diesem Augenblick hatte mich das Glück begünstigt; nun aber drehte es mir plötzlich den Rücken.

Es erhob sich nämlich vorn vom Eingang her ein großer Lärm. Leute schrien; Türen wurden auf- und zugeschlagen; dann trat ein Arnaut herein und meldete:

„Herr, wir haben den Kerl, welcher draußen lauschte."

„Bringt ihn herein!"

„Als wir ihn ergriffen, kam gerade der fromme Herr mit seinem Freund dazu; sie wollten zu dir und scheinen ihn zu kennen."

Er ging nach seinen Worten hinaus. Es beschlich mich eine böse Ahnung. Ein „frommer" Herr war da? Hm! Und wer war der Fremde, den man ergriffen hatte und den der „Fromme" kannte? Doch nicht etwa gar mein Ben Nil? Es war ja möglich, daß ihn wegen meines langen Ausbleibens die Sorge um mich hierhergetrieben hatte und ...

Dann wurde die Tür geöffnet, und man brachte – ihn, den eben Genannten, Ben Nil, den armen Teufel!

Ich war aufgestanden und in die Ecke getreten, wo ich von der Tür aus nicht sogleich bemerkt wurde. Vier, fünf Kerle hatten Ben Nil gepackt; acht, neun andere folgten. Hinter diesen trat – der Mokkadem der heiligen Kadirine mit dem Muza'bir ein. Beide hatten uns bisher vergeblich nach dem Leben getrachtet; nun aber stand es schlimm um uns. Was war zu tun?

Fünf Arnauten hielten Ben Nil; er konnte nicht los; neun andere, dazu den Sangak, den Muza'bir und den Mokkadem, also zwölf Personen, mußte ich auf mich nehmen, wenn ich durchkommen wollte. Draußen in den andern Zimmern und Räumen gab es jedenfalls noch mehr Arnauten. Dazu die eisernen Türen, meine Unbekanntschaft mit dem Innern des Hauses und die Unbrauchbarkeit meiner Waffen. Indem ich in einem einzigen Augenblick dies alles genau abwog, wußte ich, was ich zu tun hatte.

„Wer bist du, Hund?" schnauzte der Sangak Ben Nil an. „Warum treibst du dich bei meinem Hause herum?"

Der Gefragte hatte mich noch nicht gesehen. Vielleicht glaubte er, sich durch eine einfache Lüge retten zu können, denn er antwortete:

„Herr, ich hatte nichts Unrechtes vor. Ich bin Matrose auf einem hier ankernden Schiff und . . ."

„Lüge, Lüge!" fiel ihm der Mokkadem in die Rede. „Glaub es ihm nicht, o Mudir! Wir kennen ihn."

„So? Dann sagt, wer er ist."

„Herr, wie frohlockt unser Herz, und wie wirst du staunen! Wir haben den Freund und Genossen unseres grimmigsten Gegners, den Allah verfluchen möge, gefangen."

„Welches Gegners?"

„Des Effendis, des Christenhundes! Dieser junge Mensch ist nämlich Ben Nil, von dem wir dir erzählt haben, Ben Nil, der treue Begleiter des Effendis. Wo der eine ist, ist auch der andere, und da wir Ben Nil hier gefunden haben, so steht mit Sicherheit zu erwarten, daß auch sein Herr in Faschodah ist."

„Ist's möglich? Ben Nil soll das sein?" rief der Sangak im Ton des Zweifels aus.

„Ja, ja! Wir irren uns nicht; wir kennen ihn ganz genau. Laß ihn hauen, laß ihn peitschen, bis er uns sagt, wo sich sein Herr befindet!"

„Das ist nicht nötig", sagte ich, indem ich aus der Ecke hervortrat. „Ich kann es euch selbst sagen, wo ich bin."

Der Eindruck, den diese Worte machten, war ein ganz anderer, als ich erwartet hatte. Ich wollte mich ohne Gegenwehr ergeben, da ich sie für unsinnig hielt; ich rechnete dabei auf spätere bessere Umstände. Ich glaubte, man würde sich sogleich auf mich werfen und mich niederreißen; aber es fand das gerade Gegenteil statt.

„Der Effendi, der Effendi selbst!" schrie der Muza'bir. „Er ist mitten unter uns! Allah beschütze uns! O Allah, Allah!"

Die erschrockenen Menschen standen steif wie die Marmorbilder. Einige sperrten die Mäuler auf; keiner aber machte eine Bewegung, sich an mir zu vergreifen. Das mußte ich benutzen. Zwei Sprünge brachten mich zu Ben Nil. Ich riß ihn los und schleuderte ihn zur Tür hinaus, so daß die Arnauten nach links und rechts zurückflogen. Nun auch mir mit Fausthieben und -stößen Bahn brechend, drang ich ihm nach. Ich kam hinaus. Hinter mir hatte man sich gefaßt.

„Heraus, Arnauten, heraus!" rief Sangak mit gewaltiger Baßstimme. „Haltet die Flüchtlinge, haltet sie!"

Ben Nil war vor der Tür niedergestürzt und hatte sich noch nicht erhoben. Ich stolperte über ihn. Uns gegenüber wurde die Tür aufgestoßen und mir an den Kopf geschlagen. Arnauten kamen heraus. Hinter uns drängten die andern. Mir flimmerte es vor den Augen; der Schlag der Tür hatte mich an einer empfindlichen Stelle getroffen. Ich fühlte mich ergriffen; ich rang mit zehn, mit zwanzig Fäusten; ich stieß und schlug um mich; ich trat mit den Füßen nach rechts und links, nach hinten und vorn – vergeblich. Wir wurden niedergerungen und in das Empfangszimmer geschleift, wo man uns fesselte.

Der Auftritt ließ sich unmöglich beschreiben. Ich kochte vor Anstrengung, Ben Nil ebenso; aber auch die Arnauten standen keuchend und mit fliegendem Atem um uns herum. Der Sangak schob sie auseinander, so daß er zu uns konnte, wirbelte mit den Händen seinen langen Schnurrbart rechts und links in die Luft hinaus und rief in höhnischem und zugleich triumphierendem Ton:

„Welch ein Tag! Welch eine glückliche Stunde! Welch eine Überraschung! Haben meine Ohren denn recht gehört? Ja, denn dieser Mann würde nicht versucht haben, zu entfliehen, wenn er nicht der wäre, als welcher er bezeichnet wurde."

„Pah!" antwortete ich ihm. „Ich habe ja selbst zugegeben, daß ich es bin."

„Also doch! Und welche Frechheit, welch eine Unverschämtheit, es auch noch zuzugeben! Hebt die Kerle auf und stellt sie an die Wand! Ich muß sie mir jetzt einmal näher betrachten."

Man folgte diesem Gebot. Als wir nun wie Schaustücke an der Mauer lehnten, stellte sich der Sangak vor mich hin und sagte schließlich, nachdem er, wie um sich zur Rache anzuspornen, alles, was er von mir gehört hatte, der Reihe nach, wie es geschehen war, aufgezählt hatte:

„Und was wolltest du jetzt bei mir? Du bist doch jedenfalls nicht ohne Absicht zu mir gekommen?"

„Allerdings nicht."

„So antworte! Was führtest du gegen mich im Schilde?"

„Vielleicht sage ich es dir nachher, jetzt aber noch nicht."

Da wendete er sich an den Mokkadem und den Muza'bir: „Dieser verfluchteste der Giaurs ist noch viel schlimmer und gefährlicher, als ihr ihn mir beschrieben habt. Denkt euch nur, er kam vorhin zu mir, nannte sich Iskander Patras und gab sich für den Dolmetscher der Seribah Aliab aus. Er brachte mir einen Brief, den er wahrscheinlich selbst geschrieben hat, und nun frage ich euch, welche Absicht er dabei wohl gehabt haben mag!"

„Eine schlimme jedenfalls", antwortete der Mokkadem. „Wenn er es dir nicht sagen will, so laß ihn prügeln, bis er es vor Schmerzen gesteht."

„Das werde ich allerdings tun, und zwar sofort."

„Dann lieferst du ihn uns aus. Wir bringen ihn zu Ibn Asl, wo ihn das Schicksal ereilen wird, welches ihm schon wiederholt vorhergesagt worden ist."

„Ja", fiel ich ein. „Es sollen mir alle Glieder einzeln vom Leib gerissen werden. Aber damit hat es noch gute Weile. Um zu erfahren, was ich bei dir wollte, o Sangak, brauchst du mich nicht peitschen zu lassen. Du hast ja gehört, daß ich es dir sagen will. Ich kam zu dir, um dich zu warnen vor Ibn Asl und seinen Leuten."

„Welch eine Warnung!" lachte er höhnisch auf. „Bist du toll!"

„Dann müßte der Mudir es auch sein, denn er ist es, der mich zu dir geschickt hat."

„Der? Lüge, dreifache Lüge!"

„Frag Ben Nil, meinen Begleiter! Wir wohnen bei dem Mudir, und er hat mich zu dir geschickt, um von Ibn Asl mit dir zu reden."

Ich sah, daß er erschrak, denn er veränderte die Farbe.

„Hund, sag die Wahrheit!" gebot er Ben Nil. „Wo wohnt ihr?"

„Beim Mudir", antwortete der Genannte.

„Hat er von mir gesprochen?"
„Ja, wie mein Effendi bereits gesagt hat."
„Ihr habt euch besprochen; ihr lügt!"
„Denk, was du willst; ich aber will die Reihe meiner Taten, welche du vorhin aufzähltest, um noch eine verlängern. Du wirst von Ibn Asl erfahren haben, daß er Amr el Makaschef, den Häuptling der Baqquara, in die Wüste gesandt hat. Ich habe den Häuptling ergriffen und mit nach Faschodah gebracht, um ihn dem Mudir zu übergeben. Das ist geschehen, ehe ich zu dir kam. Der Scheik steckt nun im Gefängnis und wird seine berühmten fünfhundert erhalten, wenn ihm nicht noch Schlimmeres bevorsteht."
„Mensch, was tust du uns für Schaden! Ich möchte dich zermalmen!"
„Das wirst du bleibenlassen, denn wenn ich nicht bis Mitternacht zum Mudir zurückgekehrt bin, wirst du eingesperrt. Darauf kannst du dich verlassen."
„Glaub ihm nicht! Er lügt, um sich zu retten!" warnte ihn der Mokkadem.
„Ich werde binnen weniger Minuten wissen, woran ich bin."
Bei diesen Worten ging der Sangak hinaus. Als er zurückkam, zog er sich mit dem Mokkadem und dem Muza'bir in die entfernteste Ecke zurück, wo sie leise, aber äußerst lebhaft miteinander verhandelten. Dies dauerte so lange, bis ein Arnaut eintrat.
„Nun?" fragte ihn der Sangak laut.
„Der Scheik der Baqquara steckt in Ketten im Gefängnis. Ich habe ihn gesehen", meldete der Mann.
„Legt die Gefangenen wieder nieder und packt euch dann alle hinaus!"
Wir wurden wieder glatt auf den Boden gelegt. Die drei standen in der Ecke und stritten sich. Wir konnten zwar nichts verstehen, sahen aber ihre äußerst lebhaften Gesten und Gebärden. Endlich gingen auch sie hinaus. Vorher aber trat der Sangak zu mir und sagte:
„Das hast du sehr fein angelegt, aber es soll dir doch nichts helfen. Wir sehen uns niemals wieder. Der Scheitan fresse euch, ihr Hunde!"
Er spuckte uns an und ging. Wir lagen für kurze Zeit allein in dem Zimmer. Was sollte ich tun? Meinen braven Ben Nil dafür, daß ihn die Sorge um mich zu einer Dummheit getrieben hatte, Vorwürfe machen? Das fiel mir nicht ein. Ich hätte übrigens da-

durch unsere Lage nicht zu ändern vermocht. Er fing selbst davon an, indem er in gepreßtem Ton sagte:

„Effendi, ich habe eine große Unvorsichtigkeit begangen, die du mir unmöglich verzeihen kannst. Gieß deinen Zorn über mich aus! Das ist mir lieber als dieses Schweigen, welches meine Seele bedrückt."

„Ich zürne dir nicht", antwortete ich. „Du hast nur dich selbst in Schaden gebracht, nicht aber mich."

„Nein, auch dich! Wäre ich nicht gekommen und ergriffen worden, so befändest du dich jetzt in Freiheit und könntest zu uns zurückkehren."

„Du irrst. Ich wäre auch ohne deine Anwesenheit erkannt worden."

„Aber du hättest allein leichter fliehen können als zu zweien."

„Schwerlich. Wie die Verhältnisse hier liegen, war ein Entkommen mit dir nicht schwerer, als wenn ich mich allein befunden hätte.

„Wenn dies wirklich deine Ansicht ist, so bin ich wenigstens in Beziehung auf deinen Zorn beruhigt, wenn auch nicht betreffs dessen, was uns nun erwartet. Man wird uns ganz gewiß töten; auf keinen Fall dürfen wir hoffen, diesen Leuten, welche einen so grimmigen Haß gegen uns hegen, diesmal zu entkommen."

„Ich hege diese Hoffnung und habe keine Lust, sie aufzugeben. Ich habe mich in noch viel schlimmern Lagen befunden, ohne den Mut zu verlieren, und auch du; als du so verlassen im tiefen Brunnen bei Siut stecktest, um elend zu verhungern, hattest du eigentlich weniger Veranlassung als jetzt, auf Rettung zu hoffen. Ich bin überzeugt, daß uns hier in Faschodah nichts geschieht. Man wird uns jedenfalls dorthin schaffen, wo Ibn Asl sich befindet. Wir müssen es abwarten. Ich bin froh, daß ich meine Waffen und mein sonstiges Eigentum nicht bei mir hatte. Es wäre mir abgenommen worden, und ich hätte im Fall einer heimlichen Flucht darauf verzichten müssen und alles verloren. Wie steht es denn mit deiner Habe?"

„Ich besitze nichts. Die Flinte und meine Pistolen hatte ich bei dem Mudir abgelegt, und da er von meinem Vorhaben nichts wissen durfte und ich unbemerkt fortschleichen mußte, so habe ich nur das Messer bei mir gehabt, und dieses allein ist mir abgenommen worden."

Jetzt kamen vier Männer herein, welche lange und breite Bastmatten und Stricke trugen. Wir erhielten Knebel in den Mund; man verband uns die Augen, und dann wurden wir in die

Matten gewickelt, welche man darauf mit den Stricken umschlang. So bildeten wir zwei steife walzenförmige Pakete, welche aufgenommen und fortgetragen wurden. Unsere Köpfe ragten über die Matten hinaus, so daß wir wenigstens an Luft keinen Mangel litten.

Natürlich konnten wir nicht sehen, wohin man uns schaffte. Ich fühlte, daß es über Schmutzhaufen und Schlammlöcher ging; dann hörte ich Wasser plätschern, und man ließ uns auf eine harte Unterlage nieder.

„Jetzt fort, schnell und vorsichtig!“ hörte ich eine befehlende Stimme.

Dann vernahm ich das Geräusch der in das Wasser getauchten Ruder, wir lagen also jedenfalls in einem Boot. Tiefe Stille herrschte um uns. Sie wurde nur von Zeit zu Zeit durch eine flüsternde Stimme unterbrochen, deren Worte ich nicht verstehen konnte. Später, als man Faschodah im Rücken hatte, wurde lauter gesprochen, doch nichts, was uns über das Ziel unserer Fahrt Aufklärung geben konnte. Was ich vernahm, waren nur kurze Kommandoworte, welche sich auf das Rudern und den Gebrauch des Steuers bezogen.

Es verging eine lange, lange Zeit. Wie viele Stunden es waren, das nur zu raten, war mir unmöglich. Als man endlich anlegte, war es mir, als ob die Fahrt einen ganzen Tag gedauert hätte.

„Wer ist da?“ rief jemand, aus der Höhe, wie mir schien.

„Leute des Sangak“, lautete die Antwort.

„Ist Ibn Asl da?“

„Nein. Doch kommt herauf!“

Wieder verging eine Weile, während welcher man über uns leise sprach. Auch jetzt konnte ich nichts verstehen, aber es waren Töne freudiger Verwunderung, die sich in das Geflüster mischten. Dann band man uns an Seile, um uns emporzuziehen. Wir wurden hart niedergeworfen und dann aus unsern Hüllen gewickelt. Man nahm uns die Knebel und die Augenbinden weg, und nun sah ich, daß wir auf dem Deck eines Schiffes lagen. Ungefähr zwanzig Männer standen um uns. Ich konnte ihre Gesichter deutlich sehen, denn der Mond schien hell. Man hatte also nicht einen ganzen Tag, sondern noch nicht einmal bis zum Anbruch des Morgens gerudert. Freilich war es kein Wunder, daß mir diese Zeit so lang geworden war.

Der, welcher mir am nächsten stand, war Murad Nassyr, der dicke Türke, mit welchem ich hatte reisen sollen, um sein Compagnon im Sklavenhandel zu werden. Als ich ihn jetzt vor mir stehen sah, mußte ich an die Abschiedsworte denken, welche er mir in Korosko zugerufen hatte. Sie waren drohend genug, doch hatte ich vor diesem dicken Türken weit weniger Respekt als vor seinen Verbündeten, welche viel mehr Energie besaßen und weit gefährlicher waren als er. Er sprach mit einem Mann, welcher wohl zu denen gehörte, die mich auf das Schiff gebracht hatten. Ich hörte, daß er ihn fragte:

„Wo sind der Muza'bir und der Mokkadem? Konnten sie nicht gleich mitkommen?"

„Sie haben Faschodah auf dem Landweg verlassen, um zu den Dinka zu gehen, bei denen sich Ibn Asl befindet. Sie wollen ihn von der Gefangennahme der beiden Männer benachrichtigen."

„Dann werden sie ihn vielleicht nicht mehr dort antreffen. Ich erwarte ihn in jedem Augenblick mit den angeworbenen Dinka. Kommt er eher als sie, so müssen wir ihretwegen hier liegenbleiben und die kostbare Zeit versäumen."

Diese Worte bewiesen, daß Murad Nassyr kein Übermaß von Klugheit besaß. Es war ein Fehler von ihm, in meiner Gegenwart hören zu lassen, daß Ibn Asl im Begriff stand, eine Schar von Dinka zum Sklavenfang anzuwerben. Er war dazu gezwungen, weil wir alle seine Leute ergriffen hatten. Jetzt wendete sich Murad Nassyr zu mir, indem er mich in giftigem Ton fragte:

„Kennst du mich noch, du Hund? Reichen deine Gedanken so weit, jetzt noch zu wissen, wer ich bin?"

Da ich nicht antwortete, fuhr er fort:

„Denk an Korosko und an die Worte, welche ich dir dort zurückließ!"

Und als ich auch jetzt nichts sagte, fügte er hinzu:

„Ich drohte dir damals: Sollte ich dich wiedersehen, so zerschmettere ich dich! Dieses Wiedersehen findet jetzt statt. Bereite dich auf den Tod vor. Du bist verloren und hast bei uns keine Barmherzigkeit zu erwarten."

Er mochte denken, daß ich nun antworten würde. Als dies nicht geschah, trat er mich in die Seite und fuhr mich an:

„Willst du wohl dein Maul öffnen, du schmutzige Kröte! Hat der Schreck, die Angst dich stumm gemacht?"

Da lachte ich laut auf und antwortete:

„Die Angst? Etwa vor dir? Lieber Dicker, laß dich doch nicht auslachen! Vor dir erschrickt kein Mensch, ich aber am allerwenigsten. Du kannst wohl Pilav mit Schafschwanz verschlingen, mich aber nicht."

„Hund, verhöhnst du mich auch noch! Ich werde dafür deine Qualen verdoppeln!“

„Laß mich in Ruh! Du spielst mit dieser Drohung eine so lächerliche Figur, daß man dich nur auslachen kann. Du kennst mich schon von Algier her und mußt doch wissen, daß deine Prahlerei auf mich keinen Eindruck macht. Leg dich also aufs Ohr und schlaf; das ist jedenfalls besser als ein so verunglückter Versuch, mich bange vor dir zu machen!“

Da versetzte er mir einen zweiten Fußtritt und rief:

„Das will ich dir gedenken! Ich weiß, daß du bereits erfahren hast, welche Qualen dir beschieden sind; sie sollen nun noch entsetzlicher werden, als du bisher wußtest. Glaub ja nicht, auch diesmal zu entkommen! Ich selbst werde dich bewachen und dich, bis Ibn Asl kommt, nicht aus meinen Augen lassen. Hebt die Hunde auf und folgt mir mit ihnen!“

Er begab sich nach dem Vorderteil des Verdecks, und man trug uns hinter ihm drein, öffnete eine von zwei Türen, welche ich nebeneinander sah, trat in einen Raum, der jedenfalls seine Wohnung bildete, und untersuchte da unsere Fesseln. Dies geschah beim Schein einer Lampe, welche hier brannte. Als er sich überzeugt hatte, daß wir festgebunden waren und nicht loskommen konnten, gab er die zu unserer Unterkunft nötigen Befehle.

Der Raum, in welchem wir uns befanden, hatte nicht etwa Holzwände; er glich vielmehr einem Zelt. Man hatte Stangen über dem Vorderteil des Schiffes angebracht und Matten darauf gebreitet. Das war ein Sonnendach, von welchem mehrere Stücke Leinwand, welche als Wände dienten, herniederhingen. Die vordere Wand bestand aus zwei Stücken; das waren die von mir erwähnten beiden Türen. Eine Querwand schied den Raum in zwei Teile. In dem rechter Hand befanden wir uns. Aus dem links liegenden Teil hörte ich weibliche Flüsterstimmen klingen, was mich auf die Vermutung brachte, daß dort die Schwester des Türken mit ihren Dienerinnen untergebracht war. Hinten gab es wieder eine Querleinwand, welche jetzt aufgehoben wurde. Dort war das Innere der Schiffsspitze, ein sechs Fuß langer, vier Fuß schmaler Raum, in welchem verschiedenes Gepäck und Gerümpel lag. Man schaffte dieses letztere fort, um Platz für uns zu bekommen. Dann wurden starke Eisennägel in die Diele geschlagen, an welche man uns festband, eine Vorsicht, die gar nicht überflüssig war, denn falls es uns gelang, uns unserer Fesseln zu entledigen, brauchten wir nur die Matte, welche die Decke bildete, emporzuheben, um über Bord kommen zu können.

Als wir in dieser Weise befestigt waren, sagte Murad Nassyr: „Jetzt könnt ihr euch nicht rühren. Nun versucht doch einmal, mir zu entfliehen! Ibn Asl kommt jedenfalls bis Nachmittag zurück; dann wird euer Schicksal entschieden. Ich wohne gleich nebenan und kann jedes eurer Worte hören. Vernehme ich das Geringste, was mir nicht gefällt, so erhaltet ihr die Peitsche. Jetzt gebe euch Allah eine angenehme Ruhe und noch angenehmere Träume!"

Er sprach diesen Wunsch in höhnischem Ton aus und entfernte sich dann mit seinen Leuten. Wir sahen das Licht durch die dünne Leinwand scheinen und seinen Schatten sich daran bewegen. Dadurch wurde uns verraten, was er tat. Er hob die Seitenleinwand auf und verschwand dahinter. Dann hörten wir flüstern und erkannten seine und die Stimme eines weiblichen Wesens, welches, wie ich vermutet hatte und dann bald erfuhr, seine Schwester war.

Bald darauf kam er in sein Gemach zurück und setzte sich nieder. Nach abermals einem Weilchen zeichnete sich ein weiblicher Schatten an der Leinwand ab. Die Schwester war zu ihm getreten. Sie flüsterten miteinander; dann stand er auf und ging mit ihr hinaus auf das Deck.

Kaum war dies geschehen, so wurde wieder eine weibliche Gestalt sichtbar, welche aus der Seitenabteilung trat. Sie näherte sich der Leinwand, hinter welcher wir lagen, hob sie ein wenig empor und sagte leise:

„Effendi, wo bist du?"

„Hier!" antwortete ich. „Wer bist du?"

„Ich bin Fatma, die du kennst."

Also Fatma, die Lieblingsdienerin der Schwester des Türken! In welcher Absicht kam sie? Jedenfalls in keiner schlechten.

„Was wünschst du von mir?" fragte ich sie.

„Meine Herrin sendet mich. Sie hat von dem Herrn erfahren, daß du gefangen bist und zu Tode gemartert werden sollst. Das tut ihrem Herzen weh."

„Allah segne sie für das Mitgefühl!"

„Ja, sie ist gut, Effendi. Sie will dich retten."

„Hamdulillah! In welcher Weise?"

„Leider kann sie gar nicht viel tun; aber was sie kann, das soll geschehen. Du hast, als ihr Haar zu schwinden begann, ihr die Zierde ihres Hauptes wiedergegeben. Das kann sie nicht vergessen. Sie will dir dafür danken, und ich soll dich bitten, mir zu sagen, welch einen Wunsch du hast."

„Wo ist sie?"
„Draußen auf dem Deck. Sie hat ihren Bruder beredet, mit hinauszugehen, damit ich mit dir reden kann."
„Aber wenn er nun plötzlich zurückkehrt und sieht, was du tust?"
„Sie will ihn draußen festhalten, bis ich ihr ein Zeichen gebe, daß ich ihren Auftrag ausgerichtet habe."
„Das ist gut. Bring mir schnell ein scharfes Messer."
Sie ging, brachte das Messer und reichte es mir zu.
„Ich kann es nicht fassen, denn meine Hände sind gefesselt. Du mußt mir die Liebe erweisen, sie loszuschneiden."
„Allah, was verlangst du von mir! Meine Hände zittern vor Angst; aber ich werde es dennoch tun, da du der Wohltäter meiner Herrin bist."
Ich fühlte allerdings, daß ihre Hände zitterten, als sie den Strick durchschnitt. Dann nahm ich das Messer, drückte ihr die Hand und sagte:
„Ich danke dir, Fatma, du Lieblichste unter den Töchtern; Allah möge es dir vergelten! Weißt du, wieviel Männer sich auf diesem Schiff befinden?"
„Zwanzig und ein paar. Sie liegen draußen und schlafen."
„Wo sind die Leute, welche uns gebracht haben? Wieder nach Faschodah zurück?"
„Nein. Sie liegen bei unsern Leuten."
„So hängt also ihr Boot noch an dem Schiff?"
„Ja."
„Das ist es, was ich wissen will. Du kannst nun gehen und brauchst das Zeichen gar nicht zu geben, denn deine Herrin wird ohne es in einigen Minuten erfahren, daß du deinen Auftrag gut ausgeführt hast. Wahrscheinlich sehen wir uns wieder. Dann werde ich dir ausführlicher danken, als es jetzt geschehen kann."
Sie zog sich zurück.
„Welche Wonne, Effendi!" sagte Ben Nil. „Du hattest doch recht. Man soll die Hoffnung niemals aufgeben. Wir sind gerettet, wenn man uns nicht aufhält!"
„Aufhält? Wenn ich im freien Besitz meiner Glieder bin und ein Messer in meiner Hand habe, lasse ich mich von zwanzig und einigen Männern nicht aufhalten. Darauf kannst du dich verlassen. Es ist ganz so, als ob wir schon frei wären."
Da ich die Hände frei hatte, war es nicht schwer, mir auch die Füße frei zu machen und mich von dem Nagel loszuschneiden.

Dasselbe tat ich dann auch mit Ben Nil. Wir standen jetzt aufrecht. Ich hob die Matte, welche die Decke bildete, ein wenig in die Höhe und sah hinaus.

Noch schien der Mond. Wir lagen am rechten Ufer des Flusses. Unweit vom Schiff sah ich die phantastischen Gestalten von drei nebeneinander stehenden Armleuchtereuphorbien. Das mußte mir später als Merkmal dienen. Auf dem Deck lagen die Schläfer. Der Türke stand mit seiner Schwester hinten am Steuer und blickte mit ihr, über das Geländer gebeugt, in die Flut hinab. Das Boot mußte auf der Wasserseite hängen. Das Schiff war mit einem Bug- und einem Quarteranker befestigt. Die Kette des ersteren hing an einem starken Eisenring, welcher an der innern Bugwand, also an unserem Gefängnis, angebracht war.

„Es steht alles sehr gut", sagte ich. „Wir klettern an dieser Kette über Bord. Kein Mensch achtet auf uns. Haben wir das Wasser erreicht, so schwimmen wir nach dem Boot."

Ich schob die Matte über uns ganz weg und schwang mich über die Brüstung, um jenseits an der Kette hinabzuklettern. Ben Nil folgte mir. Es war gar keine Kunst, hinunterzukommen. Daß wir naß wurden, konnte uns in diesem Klima nur lieb sein.

Wir hielten uns im Schwimmen natürlich so nahe wie möglich an die Schiffswand, damit man uns nicht von oben sehen konnte. Auch hüteten wir uns, zu plätschern. Das Boot, welches wir suchten, hing hinten an der dem Wasser zugekehrten Seite des Schiffes. Nun fragte es sich, ob man die Ruder liegengelassen hatte. Als wir es erreichten, sahen wir zu unserer Freude, daß sie darin lagen. Wir stiegen ein.

„Nun schnell fort, Effendi!" meinte Ben Nil. „Wir sind wieder frei und wollen uns keinen Augenblick hier aufhalten."

Er setzte sich auf die Ruderbank und wollte den Riemen gegen die Schiffswand stemmen, um von dem Schiff abzukommen, als man uns bemerkte.

„Der Effendi ist los!" schrie Murad, „er will entkommen! Da unten ist er im Boot. Auf, ihr Männer, zur Verfolgung! Tausend Piaster jedem, der ihn mir bringt!"

Vom Deck ertönten wirre Stimmen. Man beeilte sich, in das Boot zu kommen, welches zum Schiff gehörte und jedenfalls hinten am Steuer hing, so daß wir es nicht gesehen hatten.

„Schnell, schnell!" schrie er. „Zweitausend, dreitausend Piaster, wenn ihr ihn wieder fangt!"

„Zehntausend Piaster dem, der mich ergreift!" lachte ich als

Antwort. Dann tauchte ich die Ruder ein, Ben Nil folgte meinem Beispiel, und unser Boot flog, wie von einer Sehne geschnellt, flußabwärts. Es verstand sich ganz von selbst, daß man uns flußaufwärts geschafft hatte. Also mußten wir, um nach Faschodah zu kommen, die entgegengesetzte Richtung einschlagen. Wir konnten schon nach kurzer Zeit das Schiff nicht mehr sehen.

Ben Nil war ein ausgezeichneter Ruderer; auch ich hatte gelernt, einen Riemen zu gebrauchen, und so hatten wir keine Sorge, daß man uns einholen würde. Schon nach einer Viertelstunde ließen wir in unserer Anstrengung nach, da es gar nicht nötig war, eine solche Schnelligkeit zu entfalten.

Nach meiner Ansicht war es, als man uns bei dem Sangak gefangennahm, ungefähr zehn Uhr abends gewesen. Ein Blick nach dem Himmel zeigte, daß es jetzt vielleicht morgens drei Uhr war. Waren wir eine Stunde auf dem Schiff gewesen, so hatte die Fahrt nach ihm vier Stunden gedauert, eine Zeit, welche mir wie eine Ewigkeit vorgekommen war. Da man flußabwärts schneller vorwärts kommt, rechnete ich drei Stunden auf unsere Fahrt; also mußten wir Faschodah gegen sechs Uhr erreichen.

Man kann sich leicht denken, in welcher Stimmung wir uns befanden. Ben Nil jubelte zuweilen laut auf. Ich blieb zwar still, doch war meine Freude nicht geringer als die seinige. Und wem hatten wir unsere Rettung zu verdanken? Der Auflösung eines einfachen, wohlbekannten Salzes, mit welcher ich einst die kahle Stelle auf dem Kopf der Schwester des Türken befeuchtet hatte. Damals dachte ich nicht, daß mich dieses später aus solcher Not erlösen würde. Die Schwester war doch ein gutes, dankbares Mädchen. Ich nahm mir vor, alles aufzubieten, um zu verhindern, daß sie Ibn Asls Frau würde.

Als der Morgen graute, hatten wir uns Faschodah so weit genähert, daß wir es liegen sahen. Ein kleines Segelboot kreuzte auf dem Fluß hin und her, welches nur einen Mann trug. Als dieser uns bemerkte, hielt er auf uns zu, ließ das Segel fallen und fragte:

„Woher kommt ihr?"

„Von da oben", antwortete ich, indem ich rückwärts deutete. „Wir wollen nach Faschodah."

„Wer seid ihr?"

„Warum fragst du? Bist du ein Beamter des Mudirs?

„Nein. Aber ich suche einen fremden Effendi und einen jungen

Mann, welcher Ben Nil heißt, die seit gestern abend spurlos verschwunden sind. Der Mudir läßt nach ihnen suchen. Da ihr zwei seid und ich euch nicht kenne, auch die Beschreibung stimmt, so glaube ich, die Gesuchten gefunden zu haben."

„Kennst du den Sangak der Arnauten?"

„Ich habe ihn gesehen, aber noch nie mit ihm gesprochen."

„Haßt oder liebst du ihn?"

„Herr, diese Frage ist gefährlich; da ich aber weder etwas Gutes noch etwas Böses von ihm zu erwarten habe, so will ich sie beantworten. Ich hasse ihn nicht und liebe ihn nicht; er ist mir gleichgültig, obgleich er viel Einfluß und Macht besitzt."

„So will auch ich aufrichtig sein, obgleich ich eigentlich Grund habe, dir die Wahrheit zu verschweigen. Wir sind die, welche du suchst."

„Wirklich? Ist's wahr?" fragte er in freudigem Ton. „Hamdulillah! So bin ich es, der sich das viele Geld verdient!"

„Welches Geld?"

„Die hundert Piaster, welche der Mudir für dich zahlen will."

„Du sollst sie bekommen, obgleich er uns auch ohne dich wiedergesehen hätte."

„Hätte er das?" fragte er enttäuscht. „Allah! So erhalte ich das Geld nicht!"

„Er wird es dir geben. Verlang es nur!"

„Fällt mir nicht ein, Effendi. Ich würde an Stelle der Piaster fünfhundert Hiebe erhalten."

„Du bekommst das Geld. Ich gebe dir mein Wort. Und wenn er sich weigert, so werde ich es dir geben. Aber ich knüpfe die Bedingung daran, daß du uns zu dem Mudir bringst, ohne daß wir von dem Sangak oder einem seiner Arnauten gesehen werden."

Er blickte mich verwundert an und fragte:

„Effendi, sind diese Arnauten an euerm Verschwinden schuld?"

„Das kann ich dir nicht sagen, weil ich dich nicht kenne."

„Oh, du darfst mir vertrauen. Ich bin ein armer Fischer und liefere das, was ich fange, nur in die Küche des Mudirs, welcher mich dafür bezahlt, während ich von dem Sangak nichts bekommen würde."

„Wo wohnst du?"

„Hier vor der Stadt. Du siehst meine Hütte dort links am Ufer. Sie steht weit entfernt von allen andern Hütten und Häusern."

Ich erzählte ihm, was uns geschehen war, und fuhr dann fort:

„Erfährt der Sangak, daß wir wieder da sind, so findet er vielleicht Zeit zur Flucht, ehe der Befehl, ihn zu ergreifen, gegeben werden kann."

„Effendi, ich würde über das, was ich da höre, staunen, wenn ich nicht wüßte, was für ein gewalttätiger Mann dieser Sangak ist. Wenn es so ist, so hast du recht. Du mußt unbemerkt zum Mudir kommen. Ich werde dich jetzt nach meiner Hütte bringen, wo ihr wartet, bis ich beim Mudir gewesen bin, dem ich sagen will, was du mir anbefiehlst."

„Gut, ich bin einverstanden."

„Aber ihr dürft mir jetzt nicht im Boot folgen, denn das würde auffallen. Man darf nicht sehen, daß ich zwei Männer bei mir habe, denn man würde sogleich ahnen, daß ihr es seid. Steig zu mir herein. Ich werde dich erst allein nach meiner Hütte rudern. Dann hole ich auch Ben Nil ab, der hier ans Ufer legen und da auf mich warten mag."

Ich sprang zu ihm hinüber und wurde von ihm nach der Hütte gebracht, welche die äußerste der Stadt war. Sein Weib, eine Negerin, war daheim und erhielt von ihm den Befehl, uns verborgen zu halten und keinen Menschen in die Hütte zu lassen. Dann holte er Ben Nil. Als dieses geschehen war und er von mir genaue Instruktionen erhalten hatte, begab er sich zum Mudir. Es dauerte fast eine Stunde, bis er zurückkehrte. Er brachte Anzüge, einen weiblichen für Ben Nil und den eines Eunuchen für mich. Ich hatte mir das Gesicht zu schwärzen. Zwar hätte ich in weiblicher Kleidung viel weniger erkannt werden können als in der eines Haremswächters, aber meine Figur paßte nicht zu einer solchen Maskerade.

Als wir diese Anzüge angelegt hatten, bestiegen wir das Boot wieder, und der Fischer ruderte uns, nachdem er seinem Weib die strengste Verschwiegenheit anbefohlen hatte.

Ben Nil war tief eingehüllt. Ein Schleier bedeckte sein Gesicht, so daß er vollständig einer Frau glich. Die Verkleidung belustigte ihn außerordentlich, und er kicherte in einem fort vor sich hin, weniger über sich als über mein schwarzes Gesicht, zu welchem der Bart gar nicht passen wollte.

Als wir ausstiegen, war kein Mensch zu sehen. Vielleicht aus Zufall, vielleicht auch deshalb, weil so viele Leute auf der Suche nach uns waren, um sich die hundert Piaster zu verdienen. Wir erreichten sogar das Regierungsgebäude, ohne von jemandem beobachtet worden zu sein, und wurden dort von einem Bediensteten, welcher auf uns gewartet hatte, zu seinem Herrn geführt.

Dieser hatte dafür sorgen lassen, daß uns im Innern des Gebäudes niemand begegnete.

Er saß rauchend auf einem seidenen Diwan. Über sein ernstes, ja strenges Gesicht ging, als wir eintraten und sein Blick auf uns fiel, ein heiteres Lächeln. Ja, es schien, als ob er sich Mühe geben müsse, nicht laut aufzulachen.

„Allah tut Wunder!" rief er aus. „Wer hat schon einmal einen Neger, einen Hüter der Frauen, mit einem solchen Bart gesehen! Hat man dich erkannt, Effendi?"

„Nein. Wir sind von keinem Menschen beobachtet worden."

„Das ist gut. Setzt euch, und nehmt die Pfeifen, welche ich für euch bereitlegen ließ. Du aber wartest draußen vor der Tür, um zu erfahren, ob ich dir das Geld geben werde oder nicht!"

Die letzten Worte waren an den Fischer gerichtet, welcher dem Befehl nicht sofort gehorchte, sondern in bittendem Ton antwortete:

„Verzeih meine Kühnheit, o Mudir, und erlaube mir, dir zu . . ."

„Schweig, sonst bekommst du sofort fünfhundert!" unterbrach ihn der Mudir mit Donnerstimme. „Hinaus mit dir!"

Ich hatte mich mit Ben Nil zu ihm gesetzt. Wir steckten unsere Pfeifen an, und dann mußte ich erzählen. Der Statthalter verzog während meines Berichtes keine Miene und ließ auch kein Wort hören. Als ich geendet hatte, schwieg er immer noch eine Weile; dann brach er los, aber nicht so, wie ich erwartet hatte, sondern beinahe leise und in sehr ruhigem Ton. Aber gerade diese Ruhe ließ auf die Größe seines Grimmes, den er gewaltsam niederzwang, schließen.

„Gestern", sagte er, „als du mir mitteiltest, daß dieser Hundesohn ein Verbündeter des Sklavenjägers sei, wollte ich es nicht glauben. Jetzt hast du mir die Wahrheit deiner Worte bewiesen. Er soll . . ."

Er hielt mitten im Satz inne und blickte vor sich nieder. Er war empört und tief aufgeregt und hielt es nicht für seiner Würde angemessen, dies so merken zu lassen. Nach einer Weile klatschte er in die Hände. Ein Diener trat herein und erhielt den Befehl:

„Geh zum Sangak der Arnauten und sag ihm, daß ich mit ihm zu sprechen wünsche. Es betrifft ein Geheimnis; er soll also keinen Menschen wissen lassen, zu wem er geht. Da versteht es sich von selbst, daß du diesen Auftrag so ausrichtest, daß nur er allein deine Worte hört. Sende mir den Abu Chabit – Vater der Prügel – herein!"

Der Mann entfernte sich, und kurze Zeit darauf trat ein schwarzer, außerordentlich robuster Kerl herein, welcher beide Hände auf die Brust legte und sich fast bis auf den Boden verneigte.

„Es gibt zu tun", sagte der Mudir zu ihm. „Ein Hund aller Hunde soll fünfhundert erhalten und dann nicht wieder gesehen werden. Besorg das Nötige!"

„Wo?" fragte der Schwarze, wobei ein Grinsen über sein Gesicht ging. Er freute sich auf die Ausübung seines Amtes.

„Da", antwortete der Mudir, indem er mit dem Daumen über die Schulter nach einer Tür zeigte, welche sich hinter ihm befand. Der „Vater der Prügel" verbeugte sich abermals und ging dann rückwärts wieder hinaus. Als wir uns allein befanden, sagte der Mudir:

„Weißt du, warum der Sangak heimlich kommen soll?"

„Ich denke es mir. Wegen deiner Sicherheit."

„Allah! Du hast es erraten!" rief er erstaunt.

„Das ist ja nicht schwer. Ich kenne die Arnauten zur Genüge. Sie sind äußerst schwer im Zaum zu halten. Wenn du den Sangak richtest und seine Soldaten erfahren es, so hast du eine Empörung zu erwarten."

„So ist es! Er soll seine Strafe erhalten, ohne daß man es ahnt. Als du gestern nicht kamst, sandte ich zu ihm. Er ließ mir sagen, daß niemand bei ihm gewesen sei. Später ging ich selbst zu ihm und bekam dieselbe Behauptung zu hören. Dann erfuhr ich gar, daß auch Ben Nil verschwunden sei, und erteilte sofort den Befehl, daß überall nach euch gesucht werde. Dieser Hund hat mich an der Nase führen wollen; er ist ein Begünstiger des Sklavenhandels, ein Verräter und Mörder. Du wirst hören und sehen, was ich mit ihm spreche und mit ihm tue. Begebt euch jetzt dort hinein, wo ihr alles findet, was ihr braucht. Ihr werdet die Aussage des Sangak vernehmen und im geeigneten Augenblick hereinkommen."

Er hatte nach einer zweiten Tür gedeutet. Wir folgten seiner Aufforderung und kamen in ein Zimmer, wo ich mein ganzes Eigentum liegen sah. Es gab da auch alles Nötige, mich von der schwarzen Farbe zu befreien, was ich natürlich schleunigst tat. Dann kleidete ich mich um. Ben Nil mußte den Frauenanzug noch anbehalten, weil der seinige sich in den Händen des Fischers befand. Eben war ich mit der Toilette fertig, als ich Schritte hörte. Der Sangak trat bei dem Mudir ein. Wir konnten alles hören, denn das, was ich eine Tür genannt habe, bestand aus einem die Türöffnung bedeckenden Teppich.

„Du hast mich rufen lassen, o Mudir!“ hörte ich den Arnauten sagen.

„Ja, heimlich. Wer weiß noch von deinem Kommen?“

„Kein Mensch.“

„Setz dich!“ antwortete der Mudir. „Hast du gehört, ob man von den verschwundenen Männern vielleicht eine Spur gefunden hat?“

„Man hat bis jetzt nichts entdeckt.“

„Das ist schlimm! Ich werde nicht eher ruhen, als bis ich sie gefunden habe.“

„Auch ich habe alles getan, was möglich ist. Meine Arnauten sind alle fort, um zu suchen, obgleich sie nicht begreifen können, wie ich von ihnen verlangen kann, daß sie, die Rechtgläubigen, der stinkenden Fährte eines Christen nachforschen sollen.“

„Ich will diesen Christen haben; das muß dir und ihnen genügen. Hast du bei dir selbst aufmerksam gesucht?“

„Ja, doch vergebens.“

„Sonderbar! Der Effendi ist zu dir gegangen, und seine Begleiter haben ganz deutlich gehört, daß er bei dir klopfte.“

„Das mag sein. Es ist auch geöffnet worden, aber man hat niemand gesehen. Später hat der Wächter bemerkt, daß fremde Gestalten um die Türen geschlichen sind. Wer weiß, in welcher Absicht der Christ gekommen und warum er so plötzlich wieder verschwunden ist.“

„Er hat mir seine Absichten mitgeteilt. Es gab für ihn keinen Grund, zu verschwinden. Wohl aber gab es für einige hiesige Personen Grund, ihn verschwinden zu lassen!“

„So rate ich dir, diese Personen zu fragen!“

„Das habe ich getan, aber sie leugnen, etwas zu wissen.“

„Laß ihnen fünfhundert aufzählen; dann werden sie gestehen!“

„Da du es mir rätst, werde ich es tun, und du sollst dabeisein dürfen.“

„Ich danke dir, o Gebieter! Du weißt, daß ich die Gerechtigkeit liebe und stets gern dabei bin, wenn du sie an denen, welche gegen sie gesündigt haben, übst. Es wird mir eine Wonne sein, das Geheul dieser Hunde zu hören. Nun aber möchte ich dich nach dem Geheimnis fragen, welches der Grund ist, daß du mich zu dir kommen ließest.“

„Du sollst es sofort hören. Ja, es ist ein Geheimnis, dessen Aufklärung mir sehr am Herzen liegt, und du bist der richtige Mann, mir dabei behilflich zu sein. Ist dir vielleicht ein Muza'bir, ein Gaukler aus Kahira, bekannt?“

„Nein."
„So kennst du aber vielleicht einen gewissen Abd el Barak, welcher Mokkadem der heiligen Kadirine ist?"
„Auch nicht."
„Diese beiden Männer befinden sich jetzt in Faschodah. Ich will und muß sie finden, weil sie Verbündete des Sklavenjägers Ibn Asl sind."
„Soll ich nach ihnen suchen? Wenn sie wirklich hier sind, werde ich sie ganz gewiß entdecken."
„Sie sind hier. Man hat sie noch gestern abend gesehen. Sie sollen an deiner Tür geklopft haben."
„Allah! Was könnten sie bei mir gewollt haben? Das muß ein Irrtum sein. Solche Leute werden doch nicht so wahnsinnig sein, sich zu mir zu wagen!"
„Es gibt Wahnsinnige, welche zuweilen sehr gut bei Sinnen sind. Noch eine Frage. Hast du vielleicht einmal mit einem Türken gesprochen, welcher Murad Nassyr heißt?"
„Nie. Was ist's mit ihm?"
„Davon nachher. Ich muß dich noch nach einer andern Person fragen. Es ist dies ein Takaleh, welcher Schedid heißt."
„Ich kenne ihn nicht. Wie kommt es, daß du mir so viele unbekannte Namen nennst?"
„Ich tue es, um dir die Entdeckung des Geheimnisses zu erleichtern. Ich habe dir bereits ein wenig vorgearbeitet, und du sollst die Sache zum Schluß führen. Es liegt nämlich vier Ruderstunden aufwärts von hier ein Schiff, welches Ibn Asl gehört."
„Allah, Allah!"
Der Sangak hatte bis jetzt schnell und unbefangen geantwortet; den letzten Ausruf tat er in erschrockenem Ton.
„Auf diesem Schiff", fuhr der Mudir fort, „befindet sich jener Türke, nach welchem ich dich fragte. Er hat eine Schwester mit, welche das Weib Ibn Asls werden soll."
„Woher weißt du das?" erklang es in gepreßtem Ton.
„Nachher, nachher! Vorher mußt du wissen, daß Ibn Asl sich jetzt bei den Dinka befindet, um eine Schar ihrer Krieger zu einem Sklavenzug anzuwerben. Man hat dieses Schiff bewacht und heute früh bemerkt, daß ein Boot anlegte, in welchem zwei lange runde Pakete lagen, die an Bord geschafft wurden. Kannst du vielleicht erraten, was sich in diesen Paketen befunden hat?"
„Wie könnte ich das wissen?"
„So such es zu erfahren. Das eben ist das Geheimnis, welches ich so gern aufgeklärt wissen möchte. Du bist schlau, sehr

schlau, und ich denke, daß es dir nicht schwerfallen wird, das Richtige zu entdecken."

Während dieses Gespräches hatte ich den Teppich ein wenig zur Seite geschoben, um die beiden zu beobachten. Der Mudir saß mit dem Gesicht, der Sangak mit dem Rücken nach uns gerichtet. Jetzt glaubte ich den richtigen Augenblick gekommen und flüsterte Ben Nil zu:

„Geh leise hinein, und bleib neben der Tür stehen!"

Ich schob ihn hinein und sah, daß über das Gesicht des Mudirs beim Anblick meines verkleideten Gefährten ein Lächeln der Befriedigung glitt. Der Sangak fühlte sich jedenfalls nicht übermäßig behaglich. Er schien nachzudenken, was er in diesem Augenblick von dem Mudir zu halten habe, denn es dauerte eine kleine Weile, ehe er antwortete:

„Ich werde es entdecken, Herr. Ich werde sofort aufbrechen und das Schiff ausfindig machen. Die Pakete müssen doch noch vorhanden sein."

„Vielleicht auch nicht, doch kommt es nicht darauf an; ich will aber erfahren, was sie enthalten haben. Dies ist mir außerordentlich wichtig, so wichtig, daß ich dir für die Entdeckung dieses Geheimnisses eine Belohnung zugedacht habe, von deren Größe du jetzt keine Ahnung hast."

„Mudir, ich bin der treueste deiner Diener", versicherte der Arnaut geschmeichelt. „Mein Glück besteht nur in deiner Güte und Gnade!"

„Ja, du bist der treueste von allen. Darum habe ich dir als Beweis meiner Huld ein Weib ausersehen, ein Weib, mit dem sich keine Huri des Paradieses vergleichen kann."

„Ein Weib?!" rief der Sangak erstaunt und enttäuscht.

„Ja, ein Weib; ein Vorbild der Schönheit und Tugend, ein Muster der Lieblichkeit. Damit du schon jetzt erkennst, welchen großen Schatz du erhalten wirst, sollst du diesen Engel aller Engel schon jetzt sehen dürfen. Tritt herbei, du Einzige, und enthülle dein Angesicht, damit dieser brave Sangak der Arnauten, hingerissen von dem Glanz deiner Augen und den Wundern deiner Seele, dir zu Füßen sinkt!"

Er winkte Ben Nil, und dieser ging langsam näher. Der Sangak sprang auf. Er hatte schon ein Weib. Daß ihm noch ein zweites angeboten wurde, befremdete ihn, zumal er das sehen sollte, was doch eigentlich verboten ist. Er starrte die tief verhüllte Gestalt mit großen Augen an und sagte:

„Ein Weib, wahrhaftig ein Weib! Welche Überraschung! War

sie schon die Frau eines andern, oder ist sie noch ein Mädchen? Welche Farbe hat sie? Weiß oder schwarz?"

„Beantworte dir diese Fragen selbst. Sieh und staune!"

Der Mudir stand auch auf und entfernte den Schleier. Der Erfolg war ganz der, den ich erwartet hatte: Der Arnaut stieß einen unartikulierten, heiseren Schrei des Schreckens aus.

„Nun, wie gefällt sie dir? Bist du nicht entzückt?" fragte der Mudir, indem er mit Bedacht eine solche Stellung annahm, daß der Sangak, der sich umgedreht hatte, mir wieder den Rücken zukehren mußte.

Dies benutzte ich, um auch unbemerkt von dem letztern einzutreten. Er antwortete nicht. Sein Gesicht war fahl geworden. Es schien, als ob er sich gar nicht bewegen könne.

„Du bist sprachlos vor Wonne", höhnte der Mudir. „Wenn das bei dem Anblick des einen Paketes geschieht, wie groß wird deine Seligkeit erst sein, wenn du auch das andere erblickst. Sieh dich um!"

Der Arnaut gehorchte wie mechanisch dieser Aufforderung. Sein Blick fiel auf mich, und mein Anblick gab ihm sofort seine Fassung zurück.

„Bei der Hölle!" schrie er auf. „Man hat mit mir gespielt, aber man soll nicht weiterspielen. Der Scheitan vernichte euch alle drei!"

Er wendete sich nach der Tür, um schleunigst zu entkommen; aber ich vertrat ihm den Weg.

„Fort mit dir, Hund!" fuhr er mich an. „Du bist mir widerlich."

„Vielleicht darum sagtest du mir gestern abend, daß wir uns nicht wiedersehen würden", antwortete ich ihm. „Ich aber war überzeugt, dich wiederzufinden, da ich mit dir abzurechnen hatte."

„Fort! Zur Seite, oder ich mache mir den Weg!"

Er zog das Messer und zückte es zum Stoß. Da schlug ich ihm von unten herauf an den Ellbogen, daß er es fallen ließ, packte ihn, hob ihn empor und warf ihn zu Boden, daß ich glaubte, er habe das Genick gebrochen. Er hatte die Augen offen, rührte sich aber nicht.

„Allah, Allah!" rief der Mudir. „So verfährst du mit diesem Riesen! Das ist es, was mir der Reis Effendina berichtet hat und was ich nicht glauben wollte. Ist er tot?"

„Nein", antwortete ich. „Er wird sich sogleich bewegen, ganz plötzlich, um ..."

Ich sprach nicht weiter, denn was ich erwartet hatte, das geschah: Der Sangak fuhr plötzlich mit der Hand in den Gürtel und riß eine Pistole heraus, um sie auf mich zu richten, wobei er den Oberkörper aufschnellte. Seine Unbeweglichkeit war eine Finte gewesen. Ben Nil stand hinter ihm, bückte sich rasch nieder und ergriff die Hand, welche die Pistole hielt; zugleich versetzte ich ihm einen Fußtritt gegen den Magen, daß er wieder hintenüberflog und die Waffe fallen ließ. Er wollte sich aufrichten, um die Gegenwehr fortzusetzen; der Fußtritt aber hatte ihn unfähig dazu gemacht. Mit halberhobenem Körper streckte er mir die geballte Faust entgegen und stieß dabei einen Fluch aus, welcher unmöglich wiedergegeben werden kann.

„Laßt ihn!" gebot der Mudir. „Der Schurke ist nicht wert, von euern Händen berührt zu werden. Effendi, du hast gehört, was ich meinem Vater der Prügel geboten habe. Ist einmal ein solcher Befehl gegeben, so ist auch dafür gesorgt, daß wir den Betreffenden sicher haben. Ihr braucht euch nicht mit ihm zu bemühen."

Er klatschte in die Hände, und auf dieses Zeichen traten von zwei Seiten Schwarze herein, welche den Sangak ergriffen und vom Boden aufzogen. Er sah den Vater der Prügel und ahnte, was man mit ihm vorhatte.

„Willst du mich etwa schlagen lassen?" brüllte er den Mudir an.

„Ich beabsichtige nur, deinen eigenen Willen an dir zu erfüllen", antwortete dieser. „Du hast mir vorhin den vortrefflichen Rat der Bastonade gegeben, und er wird nun an dir selbst ausgeführt."

„Weißt du, was das bedeutet?"

„Nichts weiter, als daß ein Hunde geprügelt wird."

„Aber dieser Hund hat Zähne! Nur ein kleiner Wink von mir, und meine Arnauten fallen über dich her! Du kennst mich noch nicht!"

„Ich kenne dich genau. Ich habe dir vorhin die Namen deiner Freunde genannt; das überhebt mich der Mühe, dir dein Sündenregister vorzuhalten. Wenn du meinst, daß ich dich noch nicht kenne, so weiß ich um so sicherer, daß du mich kennst. Man nennt mich Abu Hamsah Mia. Du bekommst fünfhundert!"

„Fünf . . . hun . . . dert!" schrie der Arnaute. „Das kostet dein Leben!"

„Drohe nicht noch! Bitte Allah, daß er dich sicher über die Brücke des Todes geleite, damit du nicht hinab in die Feuer der Dschehennah stürzt!"

Der Arnaut zuckte zusammen, warf einen unbeschreiblichen Blick auf den Mudir und fragte stockend:

„Brücke ... des ... Todes! So willst ... du mich ... totpeitschen ... lassen?!"

„Du bekommst fünfhundert und wirst nicht mehr gesehen. So habe ich dem Vater der Prügel befohlen, und was ich gesagt habe, das geschieht!"

„Noch nicht, noch nicht! Noch habe ich Arme und Hände, um mich zu wehren und dich zu zerreißen!"

Er wollte sich von den Schwarzen losmachen, um sich auf den Mudir zu werfen. Die Gehilfen des Vaters der Prügel aber besaßen Übung. Sie drückten ihn nieder, hielten ihn fest, und im Handumdrehen wurde ihm ein Leder um Kopf und Kinn geschnallt, durch welches der untere Kiefer so fest gegen den oberen gezogen wurde, daß er ihn nicht bewegen und also auch nicht schreien konnte. Dann trugen sie ihn hinaus.

„Er bekommt, was er verdient", meinte der unerbittliche Statthalter. „Wir werden als Zeugen dabeistehen."

„Ich nicht", antwortete ich. „Ich verzichte darauf, bei einem solchen Auftritt zugegen zu sein."

„Besitzt du schwache Nerven? Die darf ein Beamter hier nicht haben, wenn er der Gerechtigkeit die Wege bahnen will. Ich zwinge dich nicht, zugegen zu sein. Warte hier, bis ich zurückkehre."

„Bleib noch einen Augenblick, o Mudir! Ich habe dir noch Wichtiges zu sagen."

„Was?"

„Vertraue mir eine Schar Askaris und einige schnelle Boote an! Wir müssen uns beeilen, das Schiff Ibn Asls wegzunehmen, sonst entkommt er uns."

„Ich habe nichts dagegen, doch mußt du der Arnauten wegen, die dich nicht sehen dürfen, noch einige Stunden warten. Wenn sie dich bemerken und dann ihren Sangak vermissen, ahnen sie den Zusammenhang. Ich befinde mich zu kurze Zeit hier, als daß ich kräftig genug gegen sie sein könnte. Nicht der Mudir hatte bisher hier zu befehlen, sondern sie waren es, welche durch die Angst, die sie einflößten, regierten. Ich werde sie zähmen, doch geht das nicht so schnell, wie ich es wünsche."

„Aber wie willst du es anfangen, daß ich mit Militär absegele, ohne daß die Arnauten es bemerken?"

„Ich schicke sie fort. Flußabwärts, um Steuern einzutreiben, wozu sie sich mit großen Freuden bereitfinden lassen werden. Ich will den Befehl dazu sofort erteilen."

Er entfernte sich durch die Tür, durch welche der Sangak geschafft worden war. Ich ging zu der anderen, wo der Fischer noch stand, Ben Nils Anzug auf dem Arm. Mein Gefährte nahm ihn, um sich umzukleiden. Dann setzten wir uns wieder zu den Pfeifen, um rauchend die Rückkehr des Mudirs zu erwarten.

Während wir so still dasaßen, hörten wir ganz deutlich die Hiebe, welche genau nach dem Takt im Nebenzimmer fielen. Sie wurden erst von einem Stöhnen begleitet, welches nach und nach leiser wurde und dann ganz aufhörte. Das Gefühl, welches ich dabei hatte, ist nicht zu beschreiben. Ich hätte den Mudir hassen mögen und mußte doch einsehen, daß seine eiserne Strenge hier ganz am Platz war.

Als er zurückkehrte, nahm er bei uns Platz und brannte sich auch seine Pfeife an. Gesprochen wurde nicht. Er lauschte mit seitwärts gebogenem Kopf auf das klatschende Geräusch, das mir durch Mark und Bein fuhr. Endlich wurde die Tür geöffnet; der Vater der Prügel steckte den Kopf herein und meldete:

„Fünfhundert!"

„Und der Sangak?" fragte der Mudir.

„Wird nicht mehr gesehen, o Gebieter."

„Fort mit ihm!"

Der Kopf des Schwarzen verschwand, und ich fragte:

„So ist der Arnaut tot?"

„Ja."

„Wo wird er begraben?"

„Im Magen der Krokodile; die plaudern nicht aus. Jetzt wird der Baqquara an die Reihe kommen. Ich habe nach ihm geschickt. Ich versprach dir, ihn in deiner Gegenwart peitschen zu lassen. Dieses Mal bist du doch dabei?"

„Nein, ich danke."

„Es ist nicht so schlimm, wie du denkst, Effendi. Nur dann, wenn der Betreffende nicht wiedergesehen werden soll, wird er so geschlagen, daß er daran sterben muß. Der Baqquara wird seine Hiebe in fünf Raten erhalten und dann zu seinem Stamm zurückkehren."

„Ich bitte dennoch um Erlaubnis, fernbleiben zu dürfen!"

„Zwingen kann ich dich nicht. Horch, es beginnt bereits!"

Die Schläge waren wieder zu hören. Da niemand sprach, mußte ich sie unwillkürlich zählen. Wie lange, wie unendlich lange dauerte es, bis der Vater der Prügel seine „hundert" meldete! Und die hatte ein freier Baqquara, ein Verwandter des späteren Mahdis, bekommen! Er wurde in den Kerker zurückgeschafft, um die übrigen vierhundert in vier wöchentlichen Raten ehrlich verabreicht zu erhalten.

Nun erinnerte ich den Mudir an den Fischer, welcher noch immer auf seine hundert Piaster wartete. Er ließ ihn hereinkommen und fragte ihn:

„Erwartest du vielleicht, die Prämie zu bekommen, welche ich bekanntmachen ließ?"

„Wenn deine Güte mir erlaubt, diese Hoffnung zu hegen, so tue ich es, o Gebieter", antwortete der Mann in demütigem Ton.

„Meine Güte erlaubt dir nichts. Du hast nichts zu hoffen."

„Aber ich habe dir doch den Effendi und auch Ben Nil gebracht!"

„Sie wären auch ohne dich gekommen. Ich stelle dir die Wahl: Entweder erklärst du, bezahlt zu sein, oder du bekommst fünfhundert. Was ist dir angenehmer?"

„Herr, ich bin bezahlt!"

„So kannst du gehen!"

Der Vater der Fünfhundert war ein Freund der Gerechtigkeit selbst auf die Gefahr hin, unmenschlich zu sein, aber den Beutel zu ziehen, das schien nicht zu seinen Passionen zu gehören. Der beste Mensch hat seine Schwächen! Der Fischer wendete sich zum Gehen, drehte aber unter dem Eingang den Kopf noch einmal um und fragte mich:

„Effendi, wirst du Wort halten? Ich bin ein armer Mann."

„Was ist's? – Welches Wort sollst du halten?" fragte mich der Mudir.

„Ich versprach ihm, daß er die hundert Piaster bekommen würde", antwortete ich, indem ich in die Tasche griff.

„Und da willst du sie ihm geben? Was fällt dir ein! Du bist mein Gast und hast nichts zu bezahlen. Hörtest du nicht, daß er sie erhalten hat?"

„Gehört habe ich es, aber nicht gesehen. Erlaube mir, sie ihm zu geben!"

„Nein! Wenn du darauf bestehst, so soll er sie von mir bekommen. Aber Geld habe ich nicht. Die Steuern werden in Gestalt von Tieren und Früchten entrichtet, und so kann ich auch nur in dieser Weise bezahlen. Er mag zu meinem Schäfer gehen und sich drei Schafe geben lassen. Und nun fort mit ihm!"

Als ich mich am nächsten Tag erkundigte, erfuhr ich zu meiner Befriedigung, daß der Mann die Schafe wirklich erhalten hatte. Er schien dessen auch jetzt schon ganz sicher zu sein, denn er bedankte sich durch drei tiefe Verneigungen, wobei sein Gesicht vor Freude glänzte.

Kaum war er fort, wo wurde gemeldet, daß die Arnauten abgezogen seien. Ihr Ziel war die Gegend von Kuek. Wehe den armen Menschen, bei denen diese Soldaten einzogen, um die Steuern zu erheben! Es waren nicht nur diese zu zahlen, sondern auch der ganze Unterhalt für die Arnauten zu liefern, und den hatten diese selbst zu bestimmen. Was da für Ungerechtigkeiten vorkommen, kann man sich denken. Gewöhnlich ergreifen die Bewohner, sobald sie hören, daß sich die Steuersoldaten nahen, mit Weib und Kind, mit Hab und Gut die Flucht und kehren erst dann wieder zurück, wenn sie erfahren, daß die Askaris wieder fort sind.

Nun wurde eine Anzahl von Segelbooten aufgetrieben, welche fünfzig wohlbewaffnete Soldaten aufnahmen. Natürlich schloß ich mich mit Ben Nil dieser ebenfalls verspäteten Expedition an. Als wir aufbrachen, war der Mittag schon vorüber. Gegen fünf Uhr langten wir bei den drei Armleuchtereuphorbien an – das Schiff war fort.

Ich ging an das Ufer, um es zu untersuchen, und fand die Spuren vieler Menschen, welche an Bord gegangen waren. Sie waren alle barfuß gewesen; ihre Anzahl war unmöglich zu bestimmen; die Zeit aber konnte ich mit ziemlicher Sicherheit erraten. Die Eindrücke waren wenigstens fünf Stunden alt. Das Schiff konnte nicht eingeholt werden, und wir mußten unverrichtetersache nach Faschodah zurückkehren.

Nach diesem Fehlschlag hoffte ich wenigstens, daß mir etwas anderes gelingen würde, nämlich die Ergreifung der fünf Takaleh, welche die drei Händler überfallen und zwei von ihnen ermordet hatten. Der dritte war wieder hergestellt.

Schedid, ihr Anführer, war mit dem Sangak der Arnauten bekannt. Es stand zu erwarten, daß er sich in der Nähe von Faschodah verbergen und dann einen Boten an den Arnauten senden würde. Da dieser Bote jedenfalls sich direkt nach der ihm bekannten Wohnung des Arnauten begab, so konnte er am besten dort erwartet und ergriffen werden. Darum ersuchte ich den Mudir um die Erlaubnis, die Wohnung mit Ben Nil und dem dritten Händler beziehen zu dürfen, was mir auch sehr gern gewährt wurde. Hafid Sichar, den wir von den Takaleh befreit hatten, zog auch zu uns, da er sich von mir nicht trennen wollte. Dazu kamen einige Soldaten zu unserer Bedienung. Sie hatten den Eingang zu bewachen und erhielten den Befehl, jeden, der nach dem Sangak fragen würde, sofort zu mir zu bringen.

Es war am Spätabend des ersten Tages, als wir einzogen. Der nächste Tag verging, ohne daß der erwartete Bote eintraf; kaum aber war der dritte Tag angebrochen, so hörten wir es draußen klopfen, und der Erwartete kam. Er wurde zu mir geführt und war nicht wenig betroffen, anstatt des Sangak mich zu sehen. Ich sagte ihm, daß ich allerdings der fremde Effendi, keineswegs aber der Mudir von Dscharabub, noch viel weniger ein Senussi sei. Auch teilte ich ihm mit, daß ich es gewesen sei, der ihnen Hafid Sichar und den Scheik der Baqquara entführt hatte. Das machte ihn noch viel ängstlicher, und er wollte nicht mit der Sprache heraus. Als ich ihm aber mit der Bastonade drohte, und, da auch das nicht half, die Vorbereitung dazu treffen ließ, bequemte er sich, mir den Ort zu sagen, an welchem sich Schedid mit seiner Karawane befand. Es war derselbe, etwa eine Stunde von Faschodah liegende Wald, in welchem wir die Rückkehr unseres Boten erwartet hatten. Als ich dies dem Mudir meldete, stellte er mir fünfzig Soldaten seiner Garnison, keine Arnauten, zur Verfügung, um die Karawane aufzuheben. Wir marschierten ab und nahmen den Boten mit, damit er uns die betreffende Stelle, welche er uns nicht genau hatte beschreiben können, zeigen solle. Er hatte zwischen Ben Nil und Hafid Sichar zu gehen, welche ihm bedeuteten, daß sie ihn beim geringsten Versuch eines Verrates töten würden.

Die Vorsicht veranlaßte uns, einen Umweg zu machen. Es war anzunehmen, daß Schedid in der Richtung nach Faschodah aufpassen würde und also unsere Annäherung bemerken müßte, falls sie in gerader Richtung geschah. Wir schlugen also einen Bogen, um anstatt von Osten her von Süden auf den Wald zu treffen.

Als wir ihn erreichten, drangen wir unter den Bäumen langsam vor. Da zeigte es sich, daß es dem Boten, eben weil wir aus anderer Richtung kamen, unmöglich war, die Stelle, an welcher seine Genossen lagerten, zu finden. Wir blieben also halten, und ich allein ging rekognoszieren.

Der Zufall führte mich schnell nach dem richtigen Ort. Hinter Bäumen wohlversteckt, konnte ich die Karawane beobachten. Sie lagerte auf einem Platz, welcher für uns sehr günstig war, denn er wurde auf zwei Seiten von Büschen eingefaßt, welche uns eine unbemerkte Annäherung gestatteten. Ich holte meine Soldaten herbei und stellte sie hinter diesen Sträuchern auf. Dann machte ich mir den Spaß, allein eine kurze Strecke zurückzukehren und mich dann von der andern Seite offen der Karawane zu nähern. Die Takaleh sprangen, als sie mich sahen und erkannten, überrascht auf:

„Der Senussi, der Senussi, der Mudir von Dscharabub!" riefen sie aus.

Ich trat so furchtlos, als ob es keine Differenzen zwischen uns gegeben hätte, zu ihnen heran und grüßte sie.

„Du bist hier, hier in der Gegend von Faschodah?" fragte Schedid mit finsterer Miene. „Wie kommst du denn hierher?"

„Auf meinem Kamel."

„Wo ist dein Begleiter, der junge Chatib der Senussi?"

„In der Nähe."

„Was wollt ihr denn in Faschodah? Du kommst mir verdächtig vor. Warum habt ihr uns nicht gesagt, daß ihr nach Faschodah wolltet?"

„Weil ihr uns zwar nach unserer Herkunft, nicht aber nach dem Ziel unserer Reise fragtet."

„Seid ihr erst jetzt hier im Wald angekommen?"

„Nein. Wir waren schon früher hier. Wir wohnen in der Stadt bei dem Sangak der Arnauten, oder vielmehr in seinem Haus."

„Bei diesem? Du weißt, daß ich ihn kenne. Ich habe einen Boten an ihn gesandt. Ist er zu Hause?"

„Jetzt nicht mehr. Er befindet sich im Himmel oder in der Hölle."

„Allah w' Allah! So ist er wohl gar gestorben?"

„Ja, gestern."

„An welcher Krankheit?"

„An der Bastonnade."

„O Allah, o Mohammed, o Prophet! Willst du mit deinen Worten sagen, daß er totgeprügelt worden ist?"

„Allerdings."

„Ein Sangak der Arnauten! Totgeprügelt? Das kann doch nur auf Befehl des Mudirs geschehen sein, und der war ja sein Gönner – sein Freund!"

„Der frühere, ja, nicht aber der jetzige."

„Gibt es denn jetzt einen andern?"

„Ja. Ali Effendi el Kurdi wurde abgesetzt, weil er den Sklavenhandel begünstigte. Der neue Mudir heißt zwar auch Ali Effendi, ist aber ein ganz anderer Mann. Er rottet die Sklavenhändler aus und wird Abu Hamsah Miah genannt, weil er jedem Sklavenfänger, den er ergreift, fünfhundert aufzählen läßt."

„So stehe uns Allah bei! Unsere Berechnung ist zuschanden. Unser Bote müßte längst zurück sein. Es wird mir angst um ihn. Wenn der Mudir ihn ergreift, wird er sagen müssen, weshalb er nach Faschodah gekommen ist."

„Das schadet nichts."

„Nichts? Soeben sagtest du, daß jeder Sklavenfänger fünfhundert Hiebe bekommt, und wir sind doch hier, um Sklaven zu verkaufen."

„Die habt ihr aber nicht gefangen, sondern sie sind das Eigentum eures Mek, der dich mit ihnen nach Faschodah sandte. Du mußt die Befehle deines Gebieters erfüllen. Übrigens ist bei euch das Sklavenmachen ein Recht des Königs, welches der Mudir ihm nicht nehmen kann. Der letztere kann dich also nicht bestrafen, aber er wird dir verbieten, die Sklaven zu verkaufen."

„Allah sei Dank, denn diese Worte erleichtern mein Herz; ich brauche nicht so um mich besorgt zu sein wie um dich."

„Ich um mich? – Wieso?"

„Du bist nicht der, für den du dich ausgabst. Erst als du fort warst, kamen mir verschiedene Punkte deiner Aussagen verdächtig vor, und je länger ich über sie nachdachte, desto sicherer erschien es mir, daß du nicht aus Dscharabub bist. Jetzt läufst du mir wieder in die Hände, und ich will die Wahrheit wissen. Belüg uns nicht abermals, sonst kenne ich genug Mittel, die Wahrheit aus dir herauszubringen!"

„Pah! Was kann dir daran liegen, genau zu wissen, wer ich bin!"

„Viel liegt mir daran, denn ich habe dir in meiner Leichtgläubigkeit, in meinem vorschnellen Vertrauen, Dinge mitgeteilt, welche eigentlich niemand außer uns wissen darf. Wenn du jener verdammte Effendi wärst!"

„Hm! Das ist wahr; aber du kannst es nun nicht ändern."

„Nicht ändern?" fragte er, mich mit einem betroffenen Blick musternd. „Was soll das heißen?"

„Es heißt, daß ich allerdings jener ‚verdammte' Effendi bin."

„Hund! Das wagst du mir zu sagen?"

„Warum nicht! Ich sehe kein Wagnis dabei. Ich will dir sogar noch mehr sagen. Als wir von euch fort waren, verschwand der Baqquara, und auch ein Sklave namens Hafid Sichar kam euch abhanden?"

„So ist es."

„Diesen Hafid Sachar habe ich, während ihr schlieft, befreit; ich schnitt ihn von dem Seil los. Und den Baqquara nahm ich gefangen, um ihn in Faschodah bestrafen zu lassen. Er ist zu fünfhundert Hieben verurteilt, von denen er bereits hundert erhalten hat."

„Welche Verwegenheit, mir das zu sagen!" rief Schedid aus, indem er beide Hände nach mir ausstreckte, als ob er mich ergreifen wolle. Er ließ sie aber wieder sinken, so perplex war er über meine vermeintliche Kühnheit. Ich fuhr unbeirrt fort:

„Das, was du mir über den Sangak mitteiltest, ist ihm freilich verderblich geworden, denn ich habe ihn angezeigt, worauf er die Bastonnade erhielt, an welcher er gestorben ist."

„Du, also du bist schuld an seinem Tod! Und dessen rühmst du dich auch noch! Das soll auf der Stelle gerächt werden. Ich zermalme dich mit diesen meinen Fäusten!"

Er wollte mich jetzt in Wirklichkeit packen. Ich wich zurück und warnte ihn:

„Wag es nicht, mich zu berühren! Ich habe mich am Nid en Nil nur zum Schein von dir besiegen lassen; im Ernst aber würdest du den kürzeren ziehen!"

„Es ist Ernst, vollständiger Ernst. Nun zeig mir den kürzeren, den ich ziehen soll!" schrie er, indem er auf mich eindrang.

„Ben Nil, herbei!" rief ich, indem ich dem riesigen Takaleh in raschen Wendungen auswich. Er drang mir immer ungestümer nach und achtete weder auf meine Worte noch auf das, was darauf geschah. Er hatte nur Augen für mich. Er hörte das Geschrei seiner Leute, bezog es aber auf seinen Kampf mit mir. Ich wich in der Weise vor ihm zurück, daß er den Seinen den Rücken zukehrte. Dabei stolperte er über eine Wurzel, und ich benutzte das, ihn zu packen und vollends niederzuwerfen. Er wollte wieder auf; ich hielt ihn aber fest, bis Ben Nil mit einigen Askaris herbeikam und ihn band.

Er knirschte vor Grimm. Seine Augen waren rot unterlaufen. Er hatte immer noch nur mich im Sinn und schrie mit heiserer Stimme:

„Hund, du wagst es, mich zu binden! Der Tod des Sangak soll zehnfach über dich kommen!"

„Bist du denn plötzlich erblindet?" antwortete ich ihm. „Sieh doch um dich, was geschehen ist! Wer soll dich denn freimachen? Etwa deine Leute?"

Die Takaleh waren vollständig überrumpelt worden. Unser Angriff war natürlich nicht auf die an das Seil befestigten Sklaven gerichtet, und es fiel diesen auch gar nicht ein, sich an dem kurzen Kampf zu beteiligen. Und was die freien Krieger betraf, so hatten sie sich so wenig eines Überfalles versehen, daß sie leicht und schnell niedergerissen und entwaffnet worden waren. Sie bildeten jetzt eine enge Gruppe, um welche die Soldaten mit schußfertigen Gewehren standen. Als Schedid das sah, schrie er auf:

„Soldaten hier! Wir sind überfallen worden! Lügner, Verräter, Betrüger! Ich glaubte, du seist allein im Wald."

„Das war sehr unklug von dir. Du wirst mir nach Faschodah zu dem Mudir folgen."

„Was soll ich bei ihm? Du selbst hast mir ja soeben versichert, daß er mir nichts anhaben könne!"

„In Beziehung auf deine Absicht, diese Sklaven zu verkaufen, kann er dir allerdings nichts tun; aber es gibt einen anderen, weit triftigeren Grund, welcher mich veranlaßt hat, euch hier so freudig zu überraschen. Gibt es vielleicht einen oder mehrere unter euch, welche Goldstaub aus dem Dar Famaka bei sich tragen?"

„Goldstaub? Aus Famaka? Wir sind ja nie in jenem Land gewesen", antwortete er, indem er sichtlich verlegen wurde.

„Oh, man kann Thibr von dorther besitzen, ohne jene Gegend jemals gesehen zu haben. Man kann durch Tausch und auch durch Diebstahl oder durch Raub in seinen Besitz gekommen sein."

„Was willst du damit sagen? – Ich verstehe dich nicht."

„Ich will damit eine Ansicht aussprechen, daß fünf von euch solchen Staub bei sich tragen."

Er erschrak, schwieg eine Weile und behauptete dann:

„Ich weiß nichts davon."

„So weiß ich mehr als du und werde dir diese fünf genau bezeichnen. Sind euch nicht nördlich vom Nid en Nil drei Händler begegnet, welche auf Eseln ritten?"

„Nein", würgte er mühsam hervor.

„Lüg nicht! Du hast sie begrüßt und ausgefragt. Dann ließest du die Karawane vorausgehen und bliebst mit noch vieren bei den Händlern zurück, um sie zu ermorden, und wegen dieses Mordes bist du jetzt festgenommen worden."

Und mich an seine Leute wendend, fuhr ich fort:

„Euer Anführer hat euch betrogen, ihr müßt zugeben, daß euch die drei Händler begegnet sind. Schedid erfuhr, daß sie viel Goldstaub besaßen, und beschloß, ihnen den abzunehmen. Er schickte euch voran und behielt nur vier bei sich, mit deren Hilfe er die Händler überfiel. Die fünf nahmen den Goldstaub an sich und haben euch jedenfalls die Tat verschwiegen, um nicht mit euch teilen zu müssen. War das kameradschaftlich gehandelt? Konnte nicht jeder von euch einen Anteil beanspruchen? Ihr wißt, wer die vier, welche mit dem Anführer zurückblieben, gewesen sind, und ich fordere euch auf, sie mir zu bezeichnen. Nur die Täter trifft die Strafe; die andern können unbehelligt in ihre Heimat zurückkehren. Schweigt ihr aber, so macht ihr euch der Tat mitschuldig. Das gebe ich euch zu bedenken."

Schedid versuchte den Folgen meiner Worte vorzubeugen, indem er in befehlendem Ton ausrief:

„Wir sind keine Räuber, keine Mörder. Wir haben keinen Händler getötet und besitzen keinen Goldstaub. Meine Leute sind mutige Takaleh, und keiner von ihnen wird sich erniedrigen, dir, dem Ungläubigen, eine Antwort zu geben."

Die Takaleh waren vorhin bei meiner Rede unruhig geworden; sie hatten gegeneinander gemurrt; die Unschuldigen hatten im Begriff gestanden, sich von den Schuldigen zu scheiden, das hatte ich wohl bemerkt. Jetzt aber gaben sie diese Absicht auf; sie sagten nichts und bewegten sich auch nicht von ihren Plätzen. Ich hatte den von uns geretteten Händler mitgenommen und ihm verboten, sich zunächst sehen zu lassen. Er stand noch hinter dem Gebüsch, und ich rief ihn jetzt herbei. Er erhob seine Stimme schon, ehe er mich erreicht hatte:

„Effendi, sie sind da, alle fünf. Ich habe sie sogleich erkannt."

Er deutete auf den Schedid und noch vier andere, die ich sofort auch binden ließ. Wir untersuchten ihre Taschen, fanden aber nichts. Da ließ ich mir ihre Kamele zeigen, um die Decken, Sättel und Sattelsäcke zu durchsuchen. Das war von Erfolg. Jeder hatte seinen Anteil auf schlaue Weise versteckt, doch wurde alles gefunden. Erst nun hielten die Unschuldigen es an der Zeit, sich zu erklären. Einer von ihnen nahm das Wort:

„Effendi, Allah weiß es, daß wir unschuldig sind. Verlange jeden Eid; wir sind bereit, ihn zu leisten. Wir wissen nichts von der Tat. Wir sind betrogen worden!"

„Ich glaube dir und wiederhole meine Versicherung, daß euch nichts geschehen wird. Zwar muß ich auch euch zum Mudir bringen, doch wird er euch nicht festhalten. Nur wenn ihr euch weigert, mitzugehen, wird euch Strafe treffen."

Ich hatte einen guten Grund, schon hier im Wald nach dem Goldstaub zu suchen und dies nicht später in Faschodah geschehen zu lassen. Wenn nämlich der Mudir den Staub in die Hände bekam, so stand zu erwarten, daß ein Teil davon, vielleicht gar alles darin klebenbleiben würde. Das wollte ich mit Rücksicht auf den armen Händler verhüten. Ich nahm ihn also, während zum Aufbruch gerüstet wurde, beiseite und fragte ihn:

„Kennst du vielleicht die Familien deiner beiden ermordeten Gefährten?"

„Natürlich kenne ich sie. Wir drei waren nahe verwandt und sind stets nur miteinander gereist. Du hast den Staub gefunden, Effendi. Was wird damit geschehen? Besinnst du dich, daß du die Gnade hattest, mir zu sagen, daß ich wahrscheinlich wieder zu meinem Eigentum kommen würde?"

„Ja, ich weiß es. Ich halte dich für einen ehrlichen Mann, der seine Verwandten nicht betrügen wird. Hier hast du den Staub. Du wirst erfahren haben, wo eure drei Esel sich befinden; hol sie dir, und mach dich auf und davon, damit dir nichts genommen wird!"

Er hielt die fünf Päckchen in den Händen, blickte bald sie, bald mich an und fragte mit vor Glück zitternder Stimme:

„Ist es möglich? Meinst du das wirklich so! Ich soll alles haben? Du willst nichts für dich behalten?"

„Nein. Ich habe kein Recht dazu, und wenn ich es hätte, würde ich nichts behalten."

„Oh, Effendi! Da sind die fünf Pakete; nimm wenigstens eins, nimm zwei!"

Er hielt sie mir hin.

„Ich wiederhole, daß ich nichts nehme."

„Aber wie soll ich dir deine Güte vergelten? Ich weiß, daß der Mudir sehr zornig auf dich sein wird."

„Mag er; ich mache mir nichts draus. Sorg nur dafür, daß er nicht etwa deiner habhaft wird!"

„Oh, er wird mich nicht zu sehen bekommen. Ich werde laufen, gleich jetzt laufen und nicht eher ausruhen, als bis ich weit, sehr weit von Faschodah entfernt bin. Allah segne dich! Du bist ein Christ, Effendi; wären doch alle Moslemin solche Christen!"

Er drückte meine Hand an seine Lippen und eilte fort. Es fiel ihm nicht ein, mit uns zurückzumarschieren, und ich nahm ihm das auch gar nicht übel.

Der Aufbruch verursachte dadurch einige Schwierigkeiten, daß Schedid sich sträubte, mitzugehen oder sich fortschaffen zu lassen. Er war zwar gefesselt, besaß aber eine so ungewöhnliche Körperstärke, daß er uns selbst in diesem Zustand zu schaffen machte. Er konnte nur durch Ben Nils Peitsche zur bessern Einsicht gebracht werden; dann gaben wir ihm die Füße frei und banden ihn mittels eines Strickes an den Schwanz eines Kamels. Wollte er sich nun nicht schleppen lassen, so mußte er wohl oder übel laufen. Seine vier Mittäter waren klug genug, sich fügsamer zu zeigen. Die übrigen folgten freiwillig, wie sie es versprochen hatten.

Unser Zug erregte, als wir in Faschodah ankamen, kein geringes Aufsehen. Alt und jung lief uns nach, bis wir hinter der Tür des Mudirgebäudes verschwanden. Als ich dem Vater der Fünfhundert meine Meldung machte, war seine erste Frage nach dem Goldstaub, ganz so, wie ich es erwartet hatte. Wie fuhr er auf, und wie blickte er mich an, als ich ihm mitteilte, wem ich ihn gegeben hatte. Er wurde grob, ja sehr grob und beehrte mich mit verschiedenen Namen, für deren Wiedergabe ich kein Bedürfnis besitze; er rannte gestikulierend im Zimmer umher, blieb endlich vor mir stehen und schnaubte mich an:

„Ich werde diesen Händler holen lassen. Er ist ganz gewiß noch da, wo eure Kamele und Esel untergebracht wurden, zu finden. Ich lasse ihn arretieren; ich sperre ihn ein; er bekommt die Peitsche; ich muß den Goldstaub haben – ich muß! Verstehst du mich!"

„Wenn der Mann aber schon fort ist?"

„So laß ich ihn verfolgen, und wenn ich ihm meine ganze Garnison nachschicken sollte."

„Und wenn auch das vergeblich ist?"

„So jage ich dich zum Teufel; hörst du, dich!"

„Kommst du dadurch zu dem Gold?"

„Nein, leider nein! Aber ich habe dann doch wenigstens eine Rache, eine – ah, Rache! Dabei fallen mir die fünf raubmordenden Takaleh ein. Wehe ihnen, wenn der Goldstaub nicht zu erlangen ist! Sie sollen es mir büßen, schwer büßen!"

Damit war sein Zorn von mir ab und auf Personen gelenkt, denen es mehr als mir zu gönnen war. Er befahl, die ganze Sippschaft, Schuldige und Unschuldige, einzusperren und auf das strengste zu bewachen, und sandte dann Boten aus, welche den Händler samt seinem Gold herbeischaffen sollten. Ich zog mich in das mir zugewiesene Gemach zurück und ließ mich nicht eher sehen, als bis er mich gegen Abend zu sich rufen ließ. Er war noch immer sehr erregt und knurrte mich an:

„Er ist fort, über alle Berge, dieser Hund, und mit ihm der Goldstaub, welcher in die Kasse der Regierung gehört. Kein Mensch kann erfahren, wohin er sich gewendet hat. Er hat die Esel abgeholt und ist dann verschwunden, wie ein Tropfen, welcher in das Wasser fällt. Allah vernichte ihn! Ich werde aber eine Entschädigung haben. Was ich an Goldstaub eingebüßt habe, werden die Takaleh an Schlägen mehr erhalten; das wird mein Herz erquicken und meine Seele beruhigen. Ich habe nach diesen Hunden gesandt, um sie holen zu lassen. Ich will jetzt Gericht halten, und du mußt als Zeuge dabeisein. Komm!"

Er führte mich hinab in den Hof, wo sämtliche Takaleh unter militärischer Bewachung aufgestellt waren. Ben Nil und Hafid Sichar waren auch schon da. In einer Ecke stand ein barrenartiges Gestell, dessen Seitenteile durch breite Gurte und schmale Riemen mit Schnallen verbunden waren. Daneben lag ein Haufen fingerdicker Stöcke, und daneben saß der Vater der Prügel. Dies sagte mir, welchem freundlichen Zweck das Gestell gewidmet war. Das zahlreich anwesende Publikum nahm über die Hälfte des Hofes ein.

Es würde überflüssig sein, die „Gerichtsverhandlung" zu beschreiben. Schedid wurde mit seinen vier Mitschuldigen verurteilt zu „fünfhundert Hieben und dann nicht mehr sehen zu sein". Die übrigen wurden freigesprochen, erhielten aber dafür, daß sie mit den Raubmördern eines Stammes waren, durch die Bank weg jeder zehn Hiebe zudiktiert, auch die Sklaven nicht ausgenommen. Diese letzteren wollten auf keinen Fall in ihre Heimat zurückkehren, wo sie die Gewißheit erwartete, doch noch einmal verkauft zu werden. Sie fragten mich um Rat, und ich verwies sie auf den Reis Effendina, dessen Ankunft bald zu erwarten war. Er brauchte Leute zur Aufbringung der Sklavenjäger, und da die Takaleh den Ruhm tapferer Leute besitzen, so hegte ich die Überzeugung, daß er sie engagieren würde.

Als der Richterspruch gefällt worden war, begann der Vater der Prügel seine Arbeit. Die Takaleh wurden, einer nach dem andern, auf die erwähnte Stellage geschnallt, und jeder bekam seine zehn Streiche aufgezählt. Die dabei nötige Arbeit wurde so fabrikmäßig vollführt, und die Delinquenten nahmen ihre zehn mit – wie Uhland sagen würde – einem so schlichten Heldentum hin, daß mir das Zusehen beinahe eine spaßhafte Unterhaltung war. Als dann aber der erste Raubmörder eingeschnallt wurde, entfernte ich mich. Zehn oder fünfhundert Hiebe, das ist ein Unterschied. –

Der Reis Effendina war wider Erwarten in Chartum und auch unterwegs aufgehalten worden. Er hatte sich so verspätet, daß er erst am sechsten Tag meines Aufenthaltes in Faschodah ankam. Er engagierte die Takaleh und versah sein Schiff mit Munition und frischen Vorräten. Dann begannen wir die Fahrt, von der wir erwarteten, daß sie uns sicher zum Ziel führen würde. Leider war der Vorsprung von sechs Tagen, welchen Ibn Asl vor uns hatte, nicht so leicht und schnell, wie wir gern wünschten, einzuholen.

FÜNFTES KAPITEL

Die Seribah Aliab

Eine Fahrt auf dem Weißen Nil wird bis zur Einmündung des Sobat, wenn man aufwärts segelt, dadurch erleichtert, als bei Anbruch des Tages sich regelmäßig ein guter Nordwind erhebt, welcher während des ganzen Tages kräftig in den Segeln liegt und erst am Abend einschläft und am nächsten Morgen seine Arbeit von neuem beginnt. Hat man aber den erwähnten Fluß erreicht, so verliert sich der Wind entweder, oder man kann ihn wegen der unzähligen Krümmungen des Flusses nicht mehr recht benutzen. Man segelt dann nur, wenn der Nil die dazu geeignete Richtung hat, und muß in den Zwischenzeiten versuchen, mit Hilfe des Zugseiles und der Stoßstangen vorwärts zu kommen. Das ist eine schwere und mühselige Arbeit. Ist das Ufer so fest und trocken, daß die am Seil ziehenden Leute dort gehen können, dann ist man schon zufrieden. Bildet es aber Sümpfe, in denen man versinken würde, so müssen die Boote vorgespannt werden, welche das Schiff zu ziehen haben. Selbst dies ist dann nicht möglich, wenn die ganze Oberfläche des Flusses, was sehr häufig vorkommt, mit Omm-Sufah-Strecken bedeckt ist, durch welche man nicht zu rudern vermag. Dann kann man nur bei den Stoßstangen Hilfe suchen. Oft bedarf man eines ganzen Tages, um das Fahrzeug durch ein einziges Omm-Sufah-Feld zu bringen. Dann segelt man eine halbe Stunde lang über eine freie, offene Stelle des Stromes und stößt nachher auf eine noch längere und dichtere Schilfstrecke. Das ist außerordentlich, ja fast unausstehlich langweilig.

Dazu kommt die veränderte Szenerie der Ufer. Der Nil ist hier nicht der durch dürres Wüstenland gehende Fluß, dessen Feuchtigkeit nur dem nahen Ufergelände erlaubt, eine allerdings reiche Vegetation zu tragen, sondern er greift in vielen Haupt- und Nebenarmen über ein weites, niedriges, sumpfiges und meist dichtbewaldetes Gebiet. Dort herrscht das Fieber; dort werden die Stechfliegen zur entsetzlichen Plage; dort liegen riesige Krokodile zu Hunderten im Schlamm; Nilpferde weiden auf dem Grund des Flusses, und zahlreiche größere oder kleinere Raubtiere bevölkern die dichten, oft undurchdringlichen Wälder. Man kann tagelang fahren, ohne einen einzigen freien Ausblick zu genießen. Das Wasser ist fast ungenießbar; das erlegte Wildbret fault schon nach zwei Stunden; der mitgenommene Proviant verdirbt, man möchte bezweifeln, daß Menschen hier zu existieren vermögen, und doch leben sie da, in ganzen Völkern, ganzen Stämmen, oft streng voneinander getrennt, oft eng vermischt und dennoch ihre charakteristischen Eigenschaften treu bewahrend.

Diese Menschen, die Bewohner, keineswegs aber die Herren des „schwarzen" Erdteiles, sind alle mehr oder weniger von dunkler Farbe – Neger –, das vielgesuchte Wild der Sklavenjagden.

Der Weiße kommt, befreundet sich mit einem Negerstamm, erhält durch List oder für einen lumpigen Preis ein Gebiet abgetreten und errichtet darauf eine Niederlassung, Seribah genannt. Er ist im Besitz größerer Kenntnisse und überlegener Waffen; seine anfängliche Freundlichkeit verwandelt sich bald in Strenge; die Schwarzen fürchten ihn, während sie ihn vorher liebten.

Er läßt andere Weiße kommen, die er angeworben hat, Auswürfe aller Gegenden und Bevölkerungsklassen des Orients. Sie bringen Flinten und Pulver mit, suchen nebenbei durch schlechtes Baumwollzeug, Branntwein, Tabak, Glasperlen die Schwarzen zu ködern. Sie sind gekommen, um Elfenbein zu suchen, weißes in Gestalt von Elefantenzähnen und schwarzes in – menschlicher Gestalt.

Der Scheik des schwarzen Stammes wird mit seinen Leuten gewonnen, indem man einen Anteil der Beute verspricht. Der Raubzug beginnt. Die weißen Teilnehmer nennen sich Askaris, Soldaten; sie sind Offiziere, Unteroffiziere und gewöhnliche Askaris; sie wagen am wenigsten und nehmen den Löwenanteil des Raubertrages für sich. Die Schwarzen sind nicht Soldaten; sie müssen die schwersten Arbeiten verrichten, Kundschafterdienste tun, sich den größten Gefahren aussetzen, die vordersten beim Angriff sein und erhalten so viel oder so wenig, daß die ihnen gewährten armseligen Vorschüsse sich mit dem ihnen zufallenden Anteil gewöhnlich aufheben oder gar der Rest in Schulden besteht.

Bei größeren und besser organisierten Jagdgesellschaften gibt es auch schwarze Soldaten, die aber gegen die Weißen immer im Nachteil sind. Der Besitzer einer Seribah zahlt den Sold vom

Raub aus, mag der nun in Menschen oder Rinderherden bestehen. Die schwarzen Askaris bekommen die alten oder kranken Sklaven und Kühe, von denen sie keinen Nutzen haben.

Und wie wird eine solche Ghasuah, eine solche Sklavenjagd, arrangiert oder ausgeführt? Nun, ganz genau in derselben Weise, wie ein Einbrecher verfährt, welcher sich mit fremdem Gut bereichert und früher oder später dem Zuchthaus verfällt. Nur ist der Sklavenjäger ein ganz klein wenig schlimmer als der Einbrecher, da er Menschen stiehlt, ganze, große Dörfer verheert und entvölkert, und während er hundert Sklaven macht, wenigstens ebensoviel Greise und Kinder als für sich unbrauchbar umbringt.

Seit unserer Abfahrt von Faschodah waren drei Wochen vergangen, und wir lagen am Einfluß des Rohl in den Bahr el Dschebel. Den Verhältnissen Rechnung tragend, konnten wir mit unserer Fahrt zufrieden sein. Der „Falke" war scharf gebaut; er gehorchte dem Wind, dem Zugseil und den Stoßstangen viel williger als ein schwerfälliger Noquer und ging leichter als ein solcher durch die vielen Schilffelder, welche wir zu durchschneiden hatten. Seine innere Einrichtung bot mehr Bequemlichkeit als die eines Sklavenschiffes. Unsere Vorräte hatten sich gut erhalten. Wir fingen Fische, schossen täglich Wild, hatten eine gute Schiffsapotheke und besaßen Mosquitonetze für alle Mann. Unser Gesundheitszustand war darum verhältnismäßig ganz vortrefflich.

Leider hatten wir im See No eine kleine Havarie erlitten, welche uns drei volle Tage aufgehalten hatte, und es fehlte uns ein Lotse, welcher die Gegend kannte. Der eigentliche Steuermann des „Falken" und der alte Abu en Nil, sie kannten beide den Fluß nur bis zu dem See No. Seit wir daraus in den Bahr el Dschebel eingebogen waren, befanden wir uns in beinahe vollständiger Unkenntnis der Flußverhältnisse, mit denen wir in Betracht unserer Aufgabe wenigstens ebenso vertraut wie Ibn Asl hätten sein müssen.

Wir suchten die Seribah Aliab. Wo lag sie? Mehrere unserer Leute hatten behauptet, sie leicht finden zu können; aber jetzt zeigte es sich, daß sie sich zuviel zugemutet hatten. Da, wo wir jetzt lagen, begann die Landschaft Aliab. Die daselbst wohnenden Nuehr-Neger nennen sich Aliab; eine Seribah Aliab aber war schlechterdings nicht zu entdecken. Hier und da war uns ein einsam rudernder Neger begegnet, und wir hatten uns erkundigt, leider aber nichts erfahren.

Unsere Bemannung bestand aus den eigentlichen Matrosen, den gemieteten Takaleh und hundert Soldaten, welche unter einem Hauptmann standen. Mochte die Mannschaft Ibn Asls noch so stark sein, wir fürchteten uns nicht.

Der Strom war hier am Einfluß des Rohl sehr breit. Die Sonne brannte förmlich nieder, und kein bewaldetes Ufer bot Schatten. Es gab nur Schilf und nichts als Schilf. Die Leute hatten sich mit den Stoßstangen anstrengen müssen und waren ermüdet; darum hatten wir Anker geworfen, um auszuruhen und die größte Hitze vorüber zu lassen. Das war mir zu langweilig, und ich beschloß, das kleine Boot zu besteigen, um irgend etwas Eßbares zu schießen. Ich wurde nämlich als Proviantmacher des Schiffes betrachtet, da ich meist im Boot voraus war, um zu jagen.

Ben Nil begleitete mich wie gewöhnlich. Ich nahm ihn gern mit, da man nicht gut stets schußfertig sein kann, wenn man das Ruder zu führen hat. Zuweilen bat mich der kleine Djangehknabe, ihn mitzunehmen, und ich erfüllte ihm dann und wann die Bitte, weil er sich kindlich über alles freute, was ich schoß. Dieser Knabe und seine Schwester waren, wie bereits früher erwähnt, ihrem Djangeh-Stamm geraubt und nach Kairo gebracht worden, wo sie im Dienst des Mokkadem arbeiten, ihm alles Geld abliefern mußten und dafür Hunger zu leiden hatten und Prügel bekamen. Ich hatte sie aus dieser Sklaverei befreit und auf den „Falken" gebracht, wo sie sich jetzt noch befanden. Sie wurden ihren Kräften angemessen beschäftigt, gut verpflegt und mit Liebe behandelt. Da sie mir ihre Befreiung zu verdanken hatten, war es kein Wunder, daß sie mir eine ganz besondere Zuneigung erwiesen. Wir hegten die Absicht, sie ihrem Stamm zurückzubringen, hatten aber noch keine Gelegenheit dazu gefunden.

Jetzt schlief der Knabe, weshalb ich nur Ben Nil aufforderte, mich zu begleiten. Wir stiegen in das Boot und stießen vom Schiff ab. Der Bahr el Dschebel hatte mir schon viele Beute geliefert, darum steuerte ich jetzt dem Rohl entgegen, um zu sehen, ob ich auf diesem Nebenfluß ebenso glücklich sein würde.

Leider war die Zeit nicht günstig. Die Hitze war zu groß, und die Tierwelt lag wie zum Tod erschöpft. Um die Glut ohne Schaden auszuhalten, mußten wir uns von Zeit zu Zeit Kopf und Brust befeuchten. So glitten wir wohl eine Stunde lang zwischen Omm-Sufah-Inseln aufwärts; dann meinte Ben Nil, daß es wohl geraten sei, nun umzukehren. Ich wollte aber nicht ohne

Beute zurückkommen und stand im Boot auf, um besser Umschau halten zu können. Da sah ich oberhalb der Stelle, an welcher wir uns befanden, einen Gegenstand, welcher sich abwärts auf uns zu bewegte. Oben hell und unten dunkel, konnte er aus solcher Entfernung für einen großen Schwimmvogel mit dunklem Körper und weißem Kopf und Hals gehalten werden. Ich setzte mich schnell wieder nieder, um nicht gesehen zu werden, und gebot Ben Nil, das Boot an eine Schilfinsel anzulehnen, wo wir hinter den hohen Stengeln versteckt waren.

Ich nahm das Gewehr in die Hand, bereit, dem Vogel einen Schuß zu geben, ganz gleich, zu welcher Art er gehörte. Nach einiger Zeit hörten wir ein schnell sich näherndes Plätschern. Ich legte an. Der Vogel erschien, und zwar gerade in Schußlinie. Herrgott, fast hätte ich abgedrückt! Es war kein Vogel, sondern ein Mensch, ein Schwarzer. Der Neger saß in einem leichten dunklen Kahn und war nur mit einer westenartigen Leinwand bekleidet, welche seine schwarzen muskulösen Arme freiließ. Den Kopf hatte er in ein weißes Tuch gehüllt. Darum hatte er in seinem Kahn, von vorn gesehen, einem Vogel mit weißem Kopf und Hals geglichen.

„Ein Mensch, ein Neger!" flüsterte Ben Nil. „Wollen wir ihm nach?"

„Natürlich! Vielleicht erfahren wir von ihm etwas über die Seribah Aliab. Leg dich in das Zeug! Er rudert schnell, und wir müssen ihn einholen."

Ben Nil griff in die Riemen. Wir schossen hinter der Schilfinsel hervor und dann im Fahrwasser des Schwarzen dahin. Ben Nil war, wie bereits erwähnt, ein tüchtiger Ruderer; wir näherten uns dem Neger so schnell, daß er bald das Geräusch hörte. Er drehte sich um, sah uns, erschrak und begann nun zu rudern, als ob er fliegen wolle. Er wollte uns entkommen. Das war verdächtig.

Von jetzt an kamen wir ihm nicht näher. Wir vertauschten daher die Plätze. Ich nahm die Ruder, und Ben Nil setzte sich an das Steuer. Ich war kräftiger als er. Die Ruder bogen sich unter meinem Druck.

„Wir holen ihn, Effendi, wir holen ihn! Mach so fort!" meinte Ben Nil.

Nach einer Minute sagte er, daß die Entfernung nur noch die Hälfte betrug. Darauf aber rief er:

„Er will zur Seite entkommen, zwischen die Schilfinseln hinein!"

„Nimm mein Gewehr und schieß den rechten Lauf ab! Aber triff ihn nicht etwa!"

Der Schuß krachte, und fast gleichzeitig hörte ich einen Schrei vor uns. Ben Nil hielt das Gewehr noch angelegt und berichtete mir, da ich mit dem Rücken nach vorn saß:

„Er hält an; er sieht mich schußbereit; er hat Angst und zieht die Ruder ein."

„So laß mich wieder an das Steuer! Ich will selbst mit ihm sprechen."

Wir wechselten die Plätze wieder. Der Neger hatte die Ruder im Boot liegen und erwartete uns. Sein nicht unhübsches Gesicht drückte halb Furcht, halb Trotz aus.

„Zu welchem Volk oder Stamm gehörst du?"

„Ich bin ein Bongo", antwortete er.

„Wo willst du hin?"

„Nach Faschodah. Ich möchte gern Soldat werden und habe gehört, daß man dort Askaris braucht."

„Das ist sehr wahr. Du wirst wohl angenommen werden."

„Denkst du, o Herr? – Kennst du vielleicht diese Stadt?"

„Ja. Ich komme von dort her."

Er wollte etwas sagen, verschluckte es, öffnete aber doch noch den Mund, um es hören zu lassen:

„Kennst du den Sangak der Arnauten?"

„Sehr gut."

„Lebt er noch?"

„Warum sollte er tot sein?"

„Weil . . . weil . . . weil . . .!"

Er stockte. Ich nahm das Steuer in die rechte, das Gewehr in die linke Hand und sagte ihm in strengem Ton:

„Bursche, du belügst uns. Du bist kein Bongo, denn da würdest du eine braunere Farbe haben; du aber bist tiefschwarz. Auch hat ein Bongo die Stirn niemals so tätowiert wie du. Wir werden uns näher kennenlernen. Da unten liegt unser Schiff. Du kannst es von hier aus nicht sehen. Rudere langsam vor uns her; wir folgen dir. Sobald du einen Versuch machst, uns zu entweichen, schieße ich dir durch den Kopf."

Der Mann sah ein, daß Widerstand vergeblich war, tauchte sein Ruder in das Wasser und bewegte sich langsam stromabwärts. Wir folgten ihm in demselben Tempo. Als wir den „Falken" erreichten, mußte er, so wie wir mit dem unsrigen taten, sein Boot anbinden und dann mit uns das Deck besteigen. Er tat dies mit der Miene eines Mannes, der sich seiner Unschuld bewußt ist, doch bemerkte ich gar wohl die besorgten Blicke, welche er um sich warf. Er war keineswegs so unbefangen, wie er sich den Anschein geben wollte. Der Reis Effendina, welcher bekanntlich von seinen Untergebenen Emir genannt wurde, erkundigte sich, warum ich ihn an Bord gebracht habe. Ich teilte es ihm mit. Er musterte den Neger und meinte dann:

„Er hat ein ganz harmloses Aussehen. Warum sollte er sich für einen Bongo ausgeben, wenn er keiner ist?"

„Aus irgendeinem Grund, den wir gewiß erfahren werden. Betrachte sein Gesicht. Die Tätowierung ist ganz eigenartig; in der Mitte der Stirn ein senkrechter Schnitt, vor welchem nach beiden Seiten Linien, welche aus lauter Punkten bestehen, sich bogenförmig nach dem Scheitel und den Schläfen ziehen. In dieser Weise tätowieren sich, wenn ich mich nicht irre, die Dinka, aber niemals die Bongo. Er hat mich belogen, und das muß natürlich einen Grund haben. Daß er Soldat werden will, ist nicht wahr, und daß er mich nach dem Sangak der Arnauten fragte, muß den Verdacht natürlich nur noch erhöhen. Ich habe große Lust, ihn für einen Boten zu halten, welchen irgend jemand zu dem Sangak sendet."

„Doch nicht etwa Ibn Asl?"

„Entweder dieser oder ein anderer Sklavenhändler."

„Wäre das richtig, so hätte dieser Schwarze für uns einen hohen Wert. Wollen ihn doch noch einmal vornehmen."

Er gebot dem Neger, die Wahrheit zu sagen, und bedrohte ihn für den entgegengesetzten Fall mit schwerer Strafe, bekam aber ganz dieselben Antworten, welche ich vorher erhalten hatte. Nun wurde der Mann untersucht. Man fand nichts bei ihm, obgleich sich die Nachforschung sogar auf sein Haar erstreckte. Es war bis auf einen dünnen Büschel auf dem Scheitel glattgeschoren, was man auch nur bei den Dinkastämmen findet. Auch in seinem Boot fand man nichts.

Was war zu tun? Der Verdacht, welchen ich gegen diesen Neger hegte, war meiner vollsten Überzeugung nach sehr wohlbegründet, aber wir konnten ihm nichts beweisen und hatten also kein Recht, ihn festzuhalten. Als ihm eröffnet worden war, daß er seine Kahnfahrt fortsetzen könne, fragte ich ihn, ob er wisse, wo die Seribah Aliab liegt. Da überflog er mit einem forschenden Blick unser Schiff, den Emir und mich und antwortete:

„Ja, ich weiß es."

Dieser sein Blick war sehr beredt gewesen: Ich schloß daraus, daß der Schwarze wußte, auf welchem Fahrzeug er sich befand und welche Personen er vor sich hatte. Wenn ich mich damit nicht in einem Irrtum befand, mußte er auf uns aufmerksam gemacht worden sein, und zwar von wem? Doch nur von Ibn Asl. Daraus war die Veranlassung zu ziehen, seine Aussagen nur mit Vorsicht aufzunehmen.

„Nun, wo liegt sie?“ fragte ich.

„Da oben“, meinte er, indem er mit der Hand den Hauptfluß aufwärts deutete, „in der Gegend, welche Bahita genannt wird, vier Tagesreisen weit.“

„Was für Leute wohnen dort?“

„Ein Stamm des Schur-Volkes.“

Er gab diese Antworten langsam. Man sah und hörte, daß er sich jedes Wort, ehe er es aussprach, überlegte. Dabei besaß er nicht die nötige Gewalt über sein Gesicht, einen Zug wohlgefälliger Pfiffigkeit zu unterdrücken. Er freute sich innerlich über den Bären, welchen er uns aufzubinden meinte. Ich tat so, als ob ich ihm glaube, und fragte:

„Weißt du das genau? Bist du vielleicht dort gewesen?“

„Ich war dort“, behauptete er, indem er in die Falle ging, welche ich ihm mit meiner letzten Frage gestellt hatte.

„So! Dann weißt du also ganz bestimmt, was du sagst. Wie aber kommt es denn, daß nicht die Schur, sondern die Tuitsch jene Gegend bewohnen?“

„Die Tuitsch?“ fragte er verlegen. „Die sind nicht dort.“

„O doch! Sie sind am rechten Ufer des Flusses, während am linken die Kytsch ihre Hütten haben. Das Gebiet der Schur beginnt viel, viel weiter westlich. Und die Entfernung soll nur vier Tagesfahrten betragen? Das sagst du, um uns bereitwilliger zu machen, nach Bahita zu segeln. Ich aber kenne die richtige Entfernung. Wir würden Bahita, selbst wenn wir stets günstigen Wind hätten, nicht unter fünfundzwanzig Tagen erreichen. Du bist unvorsichtig gewesen, denn deine Lüge war zu grob, zu handgreiflich.“

„Ich lüge nicht, Effendi!“ beteuerte er.

„Effendi? Du gibst mir diesen Titel? Also kennst du mich?“

Seine Verlegenheit wuchs, doch antwortete er schnell:

„Ich nenne jeden vornehmen Weißen so.“

„Also hältst du mich für einen vornehmen Mann und bildest dir dennoch ein, klüger zu sein als ich? Du irrst. Du willst uns in die Irre führen; wir aber werden uns hüten, uns nach deinen Unwahrheiten zu richten.“

„Herr“, rief er aus, „ich habe nichts als die Wahrheit gesagt!“

„Von allem, was du gesagt hast, ist nur das eine wahr, daß du die Seribah kennst. Du willst haben, daß wir sie nicht finden, und hast uns daher eine falsche Richtung angegeben. Ich nehme gerade das Gegenteil für wahr an. Die Seribah liegt nicht am Haupt-, sondern am Nebenfluß, nicht am Bahr el Dschebel, sondern am Rohl, den du herabgerudert kamst. Sag mir doch, wem die Seribah Aliab gehört! Da du dort warst, mußt du es wissen."

„Sie gehört ... gehört ...", stotterte er verlegen, „... einem Weißen, dessen Namen ich vergessen habe."

„Sag lieber, dessen Namen du nicht nennen willst, weil du nicht wünschst, von uns für einen Bekannten von ihm gehalten zu werden. Er heißt Ibn Asl. Erinnerst du dich?"

„Ja", gab er zögernd zu.

„Schön! Du kennst diesen Mann. Du warst bei ihm. Du gehörst zu den Dinka, welche er unten am Weißen Nil angeworben hat. Er sandte dich mit einer Botschaft an den Sangak der Arnauten in Faschodah und hat dich darauf aufmerksam gemacht, daß du uns möglicherweise unterwegs begegnen wirst. Er hat dir unser Schiff, den Reis Effendina und auch mich beschrieben und dir gesagt, wie du dich verhalten sollst, falls du mit uns sprichst. Willst du so frech sein, dies abzuleugnen?"

Sein Verstand reichte nicht zu, einzusehen, daß ich nur durch eine ganz einfache, natürliche Logik zu diesen Behauptungen gekommen war. Er sah mir betroffen in das Gesicht, blickte dann zu Boden und – schwieg.

„Antworte!" forderte ich ihn im scharfen Ton auf.

„Es ist nicht so, wie du denkst", versicherte er. „Ich bin ein Bongo und will nach Faschodah, um Soldat zu werden. Das habe ich dir schon gesagt und kann auch jetzt nichts anderes sagen."

Diese Hartnäckigkeit hätte mich wohl in einige Verlegenheit gebracht, wenn nicht in diesem Augenblick etwas ganz Unerwartetes geschehen wäre. Der Djangehknabe, welcher, wie bereits erwähnt, geschlafen hatte, war erwacht und kam mit seiner Schwester auf die Gruppe zu, welche sich um den Emir, mich und den Neger gebildet hatte. Als sein Blick auf diesen letzteren fiel, blieb er wie versteinert stehen, starrte ihn mit großen, weitgeöffneten Augen an und schrie dann mit gellender Stimme auf:

„Agadi, Aba-charang!"

Diese Worte waren nicht arabisch, sondern aus dem Dialekt des Stammes, welchem die beiden Negergeschwister angehörten. Sie bedeuteten: Agadi, mein Vatersbruder! Also: mein

Oheim. Der Angeredete hatte die Kinder nicht bemerkt. Als er seinen Namen hörte, wendete er sich schnell zu ihnen um. Sie eilten auf ihn zu, und er erkannte sie. Seine Überraschung war so groß, daß er sich, ohne sich zu bewegen, von ihnen umschlingen ließ. Sie weinten, nein, sie heulten vor Freude und kletterten an ihm empor. Da löste sich seine Erstarrung in einem schrillen Schrei des Entzückens. Er drückte sie an sich; er tanzte mit ihnen über das ganze Deck und brüllte dazu Worte, welche ich nicht verstand, weil sie nicht der arabischen, sondern der Dinkasprache angehörten, von welcher mir nur einige Worte und Redensarten bekannt waren. Nach einiger Zeit wurde er ruhiger und setzte sich mit ihnen nieder. Sie führten ein buntes, sehr lebhaftes Gespräch, welches wohl eine halbe Stunde währte.

Wir störten sie natürlich nicht und warteten das Ergebnis dieser Unterredung ruhig ab. Als er alles erfahren hatte, stand er auf, kam mit freudestrahlendem Angesicht auf mich zu, machte mir eine tiefe, sehr ehrerbietige Verbeugung und sagte, jetzt natürlich in arabischer Sprache:

„Effendi, verzeih mir! Ich wußte nicht, daß diese Kinder hier sind und was du an ihnen getan hast. Du bist ein guter, ein sehr guter Herr und kein so schlechter, böser Mann, wie ich vorher dachte."

„Ah, also hast du mich doch gekannt?"

„Ja. Als ich euch da oben auf dem Fluß begegnete, wußte ich nicht, wer du warst; aber als ich das Schiff sah, erkannte ich, wen ich vor mir hatte."

„Ich habe also vorhin ganz richtig vermutet, wir sind dir beschrieben worden?"

„Ja, und zwar so genau, daß ich mich jetzt wundere, dich nicht sogleich erkannt zu haben. Ibn Asl tat es."

„Zu dessen Kriegern du gehörst?"

„Ja, ich gehöre zu den Djangeh, welche er gemietet hat, ich bin sogar ihr Anführer."

„Du sollst eine Botschaft nach Faschodah bringen?"

„So ist es. Einen Brief an den Sangak der Arnauten, welcher Ibn Mulei heißt."

„Wir haben ihn nicht gefunden. Du mußt ihn sehr gut versteckt haben. Wo ist er?"

„Effendi, ich habe Ibn Asl mein Wort gegeben, ihn nur an den Sangak abzuliefern."

„Du bist ein ehrlicher Mann; Ibn Asl ist aber ein Schurke, der dich wahrscheinlich betrügen will."

„Mich betrügen? – Wieso?“

„Du bist der Anführer der Djangehkrieger, und er kann dich als solchen unmöglich missen. Wenn er dich dennoch entfernt hat, so ist zu vermuten, daß er gegen deine Leute Absichten hegt, welche nicht ehrlich sind. Hatte er keinen andern, keinen Weißen, den er senden konnte? Deine Leute sollen führerlos sein. Verstanden?“

Er blickte sinnend und finster vor sich nieder. Dann sagte er:

„Ibn Asl sagte, daß es gerade ein großer Beweis seines Vertrauens sei. Er kann nichts Schlimmes gegen meine Djangeh vorhaben, denn er bedarf ihrer; ohne sie kann er keine Sklaven jagen.“

„Das ist wahr. Er wird mit ihrer Hilfe Sklaven fangen. Aber dann, wenn er sie nicht mehr braucht . . .! Wie nun, wenn er ihnen dann nicht nur ihren Lohn nicht auszahlt, sondern sie selbst zu Sklaven macht?“

Er sah mich erschrocken an. Er brauchte Zeit, sich ein solches Verhalten als möglich zu denken. Dann rief er aus:

„Effendi, kann denn so etwas überhaupt geschehen?“

„Ibn Asl ist jede, auch die größte Schlechtigkeit zuzutrauen. Und was für Menschen hat er bei sich? Frag deine jungen Verwandten, den Knaben und das Mädchen!“

„Sie haben mir alles, alles gesagt. Du hast sie errettet. Du hast schon viele andere Sklaven erlöst. Du weißt alles vorher. Dein Auge schaut in die Zeit, welche erst später kommt. Solltest du auch hier richtig gesehen haben? Dann wehe Ibn Asl! Wenn ich nur erfahren könnte, ob du recht hast!“

„Das ist sehr leicht zu erfahren. Es steht jedenfalls in dem Brief geschrieben. Gib ihn mir.“

„Aber . . . aber . . .!“

Seine Ehrlichkeit sträubte sich, das ihm Anvertraute in unsere Hände gelangen zu lassen. Er kämpfte mit sich. Endlich entschied die Sorge um sich und die Seinen, und er entschied:

„Effendi, der Mensch darf nicht nur ehrlich sein, sondern er muß auch klug sein. Hat Ibn Asl Schlimmes gegen uns vor, so hilft meine Ehrlichkeit nichts dagegen.“

„So sag, wo du den Brief hast!“

Ich war neugierig, das Versteck zu erfahren, da wir ihn und sein Boot auf das genaueste durchsucht hatten, ohne etwas zu finden. Er antwortete:

„Das Schreiben steckt in einem kleinen Tongefäß, welches unten am Boden meines Bootes befestigt ist.“

Das Boot, welches sehr leicht war, wurde an Bord gezogen. Am Kiel hing ein kleines phiolenartiges Tonfläschchen, dessen Öffnung mit Harz verschlossen war. Wir schnitten es ab und zerbrachen es. Der Inhalt bestand in einem beschriebenen Papierblatt.

Der Emir nahm das letztere, um es zu lesen, schüttelte den Kopf, betrachtete es abermals, schüttelte wieder den Kopf und fragte mich dann:

„Verstehst du persisch, Effendi?"

„Ja. Aber wie käme Ibn Asl zur Kenntnis dieser Sprache? Und auch der Sangak, welcher den Brief doch lesen soll, müßte sie verstehen. Ist der Brief denn persisch geschrieben? Zeig her!"

Er gab mir den Brief. Ich betrachtete die Zeilen, welche mit Tinte und Feder geschrieben waren; aber das war weder arabisch noch persisch. Ich konnte die Worte zwar lesen, fand sie aber vollständig unverständlich, bis ich auf die Idee kam, daß Ibn Asl sich wahrscheinlich einer bekannten Vorsichtsmaßregel bedient hatte, damit der Brief, falls er in falsche Hände kommen sollte, nicht gelesen werden konnte.

Das Arabisch wird bekanntlich von rechts nach links geschrieben; ich versuchte also, von links nach rechts zu lesen, und siehe da, es ging. Der Brief lautete:

„Ich sende dir Agadi, den Anführer meiner Dinkakrieger. Ich habe ihm gesagt, daß wir zu den Rohl ziehen, um sie zu Sklaven zu machen. Mein Zug ist aber gegen die Gohk gerichtet, was er jetzt noch nicht wissen darf, da diese zu den Dinkavölkern gehören. Sende mir sofort fünfzig oder mehr Askaris, welche weiß sein müssen, nach. Sie mögen mich auf der Seribah Aliab erwarten. Wenn ich von meinem Zug dorthin zurückkehre, so werde ich mit Hilfe dieser Weißen die hundertfünfzig Dinkakrieger auch zu Sklaven machen. Dann brauche ich sie nicht zu bezahlen und werde noch Geld für sie bekommen. Ich entfernte den Anführer, damit sie nur mir zu gehorchen haben, und beauftrage dich, dafür zu sorgen, daß er nicht zu mir zurückkehrt. Ich erfuhr, daß der christliche Effendi bei dir war, und konnte doch nicht kommen, weil er uns entfloh und wir deshalb sehr schnell fortmußten. Da ich deine Klugheit kenne, bin ich überzeugt, daß dir sein Entkommen keinen Schaden bereitet hat. Er weiß nichts von der Seribah Aliab und wird uns also nicht finden, so viel er auch nach uns sucht. Und falls er davon erfahren hat, wird er diesem Dinka Agadi begegnen, dem ich Unterricht gegeben habe, ihn irrezuführen."

Das war der Inhalt des Briefes, welcher weder Auf- noch Unterschrift hatte. Ich las ihn dem Emir vor. Der Djangeh hörte es und fragte, als ich fertig war:

„Wer ist der Dinka, von welchem die Rede ist?"

„Du selbst bist es, und mit den Dinkakriegern sind deine Leute gemeint. Hast du hundertundfünfzig Mann bei dir?"

„Ja. Wir sollen mit gegen die Rohl ziehen, um sie zu Sklaven zu machen."

„Du hast aber gehört, daß der Zug nicht gegen diese, sondern gegen die Gohk gerichtet ist."

„Das sind unsere Brüder. Ich gebe es nicht zu!"

„Du bist doch nicht mehr dort und kannst also nichts dagegen tun. Seit du fort bist, haben deine Leute Ibn Asl zu gehorchen, und er wird ihnen sagen, daß du mit dem Zug gegen die Gohk einverstanden bist. Kommen sie dann zurück, so werden sie zu Sklaven gemacht und verkauft, anstatt ihren Lohn zu erhalten. Und du, nun, du wirst in Faschodah sterben, falls du hingehst und diesen Brief abgibst."

Er sah mich mit ungläubigen Augen an. Er, der Neger, der Heide, konnte eine solche Schlechtigkeit nicht begreifen. Ich kam ihm zu Hilfe, indem ich ihm in kurzen Worten erzählte, was ich von Ibn Asl wußte, und das war mehr als genug, dem Mann zu zeigen, in welche Hände er geraten war. Als ich zu Ende gesprochen hatte, rief er aus:

„Effendi, erlaub mir, das Schiff zu verlassen! Ich muß fort, augenblicklich nach der Seribah zurück, um meine Leute zu warnen und mich an Ibn Asl zu rächen!"

Er wendete sich hastig von mir ab; ich hielt ihn am Arm zurück und antwortete:

„Bleib! Du kannst zwar gehen, wenn es dir beliebt, denn du bist frei und nicht mehr unser Gefangener, aber ich rate dir, bei uns zu bleiben. Du vermagst nun wohl nichts mehr zu ändern und gehst dem sichern Tod entgegen."

„Ich werde Ibn Asl töten, nicht aber er mich!"

„Du kennst ihn nicht. Was bist du gegen ihn! Und – würdest du ihn denn noch auf der Seribah treffen?"

„Nein, denn er wollte die Ghasuah sofort beginnen. Ich muß ihm nach. Den Weg, den er eingeschlagen hat, werde ich auf der Seribah erfahren."

„Du irrst. Man würde dich dort festnehmen und ermorden. Du allein vermagst nichts, gar nichts. Darum rate ich dir eben, bei uns zu bleiben. Mit uns kommst du wohl noch schneller nach der Seribah, als wenn du dich auf deine Ruderkraft verlassen mußt. Dann stehst du unter unserm Schutz. Wir eilen Ibn Asl nach und nehmen ihn und alle Weißen gefangen. Dann sind deine Djangeh gerettet."

„Du hast recht, Effendi. Wenn ihr es erlaubt, werde ich bei euch bleiben. Wer hätte das gedacht! Ihr wurdet uns als die größten Feinde der schwarzen Völker beschrieben, und ich nahm mit Freuden den Auftrag, euch im Fall der Begegnung zu täuschen, an. Jetzt sind die Feinde zu Freunden und die Freunde zu Feinden geworden. Ich gab euch einen falschen Weg an. Ihr solltet den Bahr el Dschebel aufwärts segeln. Nun aber werde ich euch den Rohl aufwärts führen, um euch nach der Seribah Aliab zu bringen."

„Wie weit liegt sie von hier?"

„Wir werden wahrscheinlich fünf oder sechs Tage brauchen."

„Kennst du die Lage der Seribah genau?"

„Natürlich! Sie liegt am rechten Ufer des Flusses, uns also, wenn wir kommen, zur linken Hand."

„Gibt es dort Berge?"

„Nein. Die Gegend ist vollständig eben. Wald und nichts als Wald. Die Seribah ist ganz von einem Dickicht umgeben, durch welches kein Mensch dringen kann. Als sie von Ibn Asl angelegt wurde, hat er viele Bäume umhauen lassen, die noch am Boden liegen. Zwischen ihnen sind andere emporgewachsen, dazwischen Sträucher und Schlinggewächse, wodurch der Wald um die Seribah einer Mauer gleicht, durch die man nicht zu kommen vermag."

„Doch nur auf drei Seiten. Die Flußseite muß offen sein."

„Sie ist ebenso verschlossen, und nur an einer einzigen Stelle befindet sich ein Eingang, welcher mit Balken und Dornen versetzt werden kann."

„So ist diese Seribah ja die reine Festung!"

„Ja. Ibn Asl behauptet, daß sie von zehn Männern leicht gegen mehrere hundert verteidigt werden könne."

„Wenn die letzteren kein Geschick haben, ja. Wie ist das Innere beschaffen?"

„Es ist ein großer viereckiger Platz, auf welchem wohl zwanzig runde Tokuls aus Schlamm und Schilf stehen. Sie sind sehr fest. Einen Tokul bewohnt Ibn Asl selbst, in zweien befinden sich die Vorräte, und in den übrigen halten sich die Askaris auf."

„Natürlich wohnen die jetzigen Gäste Ibn Asls auch in solchen Hütten. Du hast diese Personen doch gesehen?"

„Alle. Sie befanden sich ja mit auf dem Schiff, welches uns nach der Seribah brachte. Da gab es einen Weißen, welcher Abd el Barak hieß . . ."

„Das ist der Mokkadem der Kadirine, aus dessen Händen ich die Kinder deines Bruders befreite. Weiter!"

„Ein anderer wurde Muza'bir genannt, und ein dritter war ein Türke, ein sehr dicker Mann. Bei ihm befand sich seine Schwester, welche von zwei weißen und zwei schwarzen Mädchen bedient wurde."

„Weißt du, weshalb diese Türkin mitgekommen ist?"

„Um das Weib Ibn Asls zu werden."

„Die Hochzeit sollte auf der Seribah gefeiert werden. Ist sie schon vorbei?"

„Nein. Man will damit warten bis nach der Rückkehr von dem Sklavenzug."

„Weißt du, wer und wie viele sich daran beteiligen?"

„Alle, außer dem Türken, welcher seine Schwester nicht verlassen wollte, und zehn weißen Askaris, über welche ein alter, lahmer Feldwebel das Kommando führt. Aber, Effendi, das könnte ich euch alles unterwegs sagen. Warum verliert ihr die Zeit, indem ihr hier liegenbleibt? Seht ihr nicht, daß der Wind die Wasser des Nils kräuselt?"

„Du hast recht, wir müssen den Anker lichten. Aber gut war es, daß wir hier liegenblieben, sonst wären wir den Bahr el Dschebel hinaufgesegelt und hätten dich nicht getroffen."

Man lichtete den Anker, drehte die Segel in den Wind, und dann ging der „Falke" von seinem bisherigen Kurs rechts ab und in den Rohl hinein.

Dieser Nebenfluß war nicht so breit wie der Bahr el Dschebel, führte aber doch eine Wassermenge, welche weit größere Schiffe, als das unsere war, zu tragen vermochte. Ich habe schon gesagt, daß es in dieser Gegend nur Schilf und nichts als Schilf gab. Wir fuhren bis gegen Abend immer nur zwischen Omm-Sufah-Inseln hin. Dann besäumten sich die Ufer mit grünen Büschen; der Baumwuchs stellte sich wieder ein, und dann gab es rechts und links nur Wald, dichten, geschlossenen Wald. Dabei wurde der Strom frei von Schilf, und wir hatten eine leichtere Fahrt. Nach Sonnenuntergang leuchteten die Sterne. Wir konnten weit sehen, und so war es uns möglich, die ganze Nacht hindurch zu fahren.

Dieses Glück begünstigte uns auch in den nächsten Tagen, so daß wir eine außergewöhnlich rasche Fahrt machten und unser

Ziel eher erreichten, als zu vermuten gewesen war. Schon am Abend des vierten Tages erklärte uns der Djangeh, die Seribah liege uns so nahe, daß wir sie in einer Stunde zu erreichen vermöchten. Wir mußten also stoppen und legten am rechten Ufer des Flusses an.

Jetzt galt es die Frage, was getan werden solle. Sollten wir morgen, am hellen Tag, offen bei der Seribah anlegen? Das war nicht geraten, weil der Zugang zu ihr so leicht zu verteidigen war. Die Besatzung konnte uns trotz ihrer lächerlich geringen Zahl sehr zu schaffen machen. Übrigens war es doch noch nicht so sehr gewiß, ob Ibn Asl die Niederlassung schon verlassen hatte; es konnte sehr leicht ein Grund zur Verzögerung eingetreten sein. Darum hielt ich es für geraten, noch während dieses Abends eine Rekognoszierung vorzunehmen, und der Emir stimmte mir bei. Er hätte sich gern daran beteiligt, hielt es aber für seine Pflicht, auf dem Schiff zu bleiben.

Ich brauchte zwei auf dem Wasser erfahrene Leute und suchte mir infolgedessen Ben Nil und seinen Großvater Abu Ben Nil aus. Natürlich mußte uns der Djangeh begleiten, da nur er wußte, wo die Seribah lag. Es war vielleicht neun Uhr abends, als wir vom Schiff stießen.

Ben Nil und sein Großvater ruderten. Ich saß am Steuer, und der Djangeh hatte sich am Bug des Bootes niedergekauert. Die Sterne funkelten am Himmel, und die Wasser strahlten ihre leuchtenden Bilder wider. In einer halben Stunde hatten wir den Aufgang des Mondes zu erwarten.

Wir hielten uns zunächst auf der Mitte des Flusses. Als wir aber eine halbe Stunde lang gerudert waren und uns der Seribah näherten, hielten wir auf das Ufer zu, um in den Schatten der Bäume zu kommen. Der Djangeh versicherte zwar, daß während seiner Anwesenheit kein Posten den Eingang bewacht habe, aber jetzt, wo sich nur noch zehn Mann da befanden, stand zu erwarten, daß der alte Feldwebel vorsichtiger sein würde. Wir mußten uns also so nähern, daß wir von einem etwaigen Wächter nicht bemerkt werden konnten.

Jetzt wurden die Sterne bleicher, denn der Mond ging auf, war aber noch nicht zu sehen, da er hinter dem Wald stand, der, indem wir leise an ihm vorüberglitten, einer dunklen Mauer glich, in welcher es keine wenn auch noch so kleine Lücke gab. Der Djangeh machte den Kommandanten des Bootes. Er deutete im leisesten Ton an, wie gerudert und wie gesteuert werden sollte. Die Ruder wurden dabei so vorsichtig eingetaucht und bewegt, daß sie kein Geräusch verursachten. Endlich flüsterte der Neger:

„Hier ist die Mischrah. Wir müssen anlegen."

„Aber nicht an der Mischrah selbst, sondern vorher, an einem Baum!" verbesserte ich ihn.

Mischrah ist Landeplatz. Dorthin durfte das Boot nicht kommen, da es in diesem Fall von einem etwaigen Posten gesehen werden mußte. Wir konnten in der dichten Wand des Waldes eine Lücke bemerken, welche ungefähr zwanzig Schritt breit war. Das war der Landeplatz. Er stieg vom Wasser, immer schmaler werdend, zur Höhe des Ufers empor und endete an den Balken und Dornen, mit denen der Eingang zur Seribah verschlossen war.

Ich steuerte das Boot nach einem Baum, welcher halb im Wasser, halb am Ufer stand. Der Djangeh erhob sich vorn im Boot, um es am Baum zu befestigen, welcher aber eine lange, starke Wurzel in das Wasser herausstreckte. Sie war, vorzüglich hier im Schatten, nicht zu sehen; das Boot streifte auf und legte sich auf die Seite; der Djangeh verlor das Gleichgewicht, stürzte in den Fluß und stieß dabei einen sehr lauten Schreckensruf aus, da er wußte, daß es an dieser Stelle des Flusses Krokodile gab. Er ging unter, kam wieder empor und wurde von Ben Nil beim Arm ergriffen und festgehalten. Weiter oben gab es einige Sand- oder Schlammbänke. Ein dunkler Streifen zog sich von dort her schnell auf uns zu. Der Djangeh, welcher ängstlich um sich blickte, sah ihn und rief, im höchsten Grad erschrocken:

„Ein Krokodil, ein Krokodil! Hebt mich hinein!"

Er befand sich allerdings in größter Gefahr. Ich sprang vom Steuer auf, faßte ihn beim andern Arm, ein Ruck von mir und Ben Nil, und der Bedrohte flog herein in das Boot, welches dabei so ins Schwanken kam, daß es zu kentern drohte. Schon verschwand der Rand unter dem Wasser, da stieß das Krokodil mit dem Kopf dagegen, zu unserem Glück, denn das Boot wurde dadurch wieder aufgerichtet. Ben Nil versetzte der Bestie einen Ruderhieb auf die Schnauze, daß es unter der Oberfläche verschwand.

Nun wurde das Boot an dem Stamm befestigt, und wir blieben wohl zehn Minuten lang still sitzen, um zu lauschen. Als sich nichts regte, nahmen wir an, daß der Schrei und die Worte des Negers nicht gehört worden waren, und ich schickte mich an, auszusteigen.

„Nicht du allein!" flüsterte Ben Nil mir zu. „Nimm mich mit, Effendi!"

Da wir einen solchen Lärm verursacht hatten, hielt ich es für besser, zu zweien zu sein, und erteilte ihm also die erbetene Erlaubnis. Wir stiegen aus, da wo die Ecke des Waldes an das Wasser und an die Mischrah stieß. Ich hatte kein Gewehr mitgenommen und war nur mit dem Messer und den beiden Revolvern versehen.

Sobald unsere Füße den Boden berührten, kauerten wir uns nieder, um abermals eine Weile zu lauschen. Es herrschte das tiefste Schweigen um uns her, und nichts Verdächtiges war zu hören. Eben stieg der Mond über den Bäumen empor und ergoß sein Licht über den freien Raum der Mischrah. Wir konnten sie überblicken. Sie lag so hell vor uns, daß selbst eine darüber hinweghuschende Maus unsern Blicken nicht zu entgehen vermocht hätte. Wir standen also auf, um hinaufzusteigen und zu untersuchen, in welcher Weise der Eingang zur Seribah verschlossen war. Der Verschluß bestand aus starken Pfählen, welche durch sehr dichtes Dorngeflecht verbunden waren, und hatte eine Höhe von gewiß zwölf Fuß.

„Da ist nicht hindurchzukommen, Effendi", flüsterte Ben Nil mir zu. „Wir müssen umkehren."

„Es war auch gar nicht meine Absicht, in die Seribah einzudringen", antwortete ich ihm ebenso leise. „Laß uns sehen, ob diese Pfähle in die Erde gerammt sind. Die Leute müssen doch einen bequemen Durchgang haben; falls dieser Verhau sich als gar zu fest erweist, muß ich annehmen, daß hier irgendwo ein Schlupfloch vorhanden ist."

Ich bückte mich nieder, um den untern Teil der Pfähle zu untersuchen. Da ertönte neben mir ein Schrei von Ben Nil. Ich wollte mich rasch aufrichten, bekam aber einen Hieb auf den Kopf, daß ich die Besinnung verlor. –

Als ich wieder zu mir kam, war ich mit Stricken geschnürt wie eine ägyptische Mumie mit Leinwandbinden und lag in einem Tokul, in welchem ein Feuer brannte, dessen Rauch durch eine im Dach gelassene Öffnung zog. Neben mir lag Ben Nil, ebenso gefesselt wie ich. Als er sah, daß ich die Augen öffnete, sagte er:

„Allah sei Dank, daß du erwachst! Ich hielt dich für tot, Effendi."

Mein Kopf schmerzte mich. Es flimmerte mir vor den Augen, und um die Ohren summte es wie ein Bienenschwarm. Ich sah, daß wir uns allein befanden, und antwortete:

„Hat man dich auch niedergeschlagen wie mich?"

„Nein."

„So kannst du erzählen, wie es zugegangen ist, daß wir uns hier befinden, wahrscheinlich in einem Tokul der Seribah."

„Leider ja. Wir befinden uns da, obwohl du sagtest, daß es gar nicht deine Absicht sei, hier einzudringen. Nun, eingedrungen sind wir freilich nicht, aber eingedrungen worden. Du hattest diese Worte eben ausgesprochen, als ich von hinten gepackt wurde. Ich schrie laut auf, denn ich wendete den Kopf und sah hinter dir einen Menschen stehen, welcher mit einem Ruder ausholte, um dich auf den Kopf zu schlagen. Der Hieb fiel, und du brachst wie tot zusammen. Es waren drei oder vier starke Kerle, welche mich hielten; sie wollten mich niederreißen; ich wehrte mich aus Leibeskräften, doch vergeblich."

„Hoffentlich haben unsere beiden Genossen bemerkt, was geschehen ist."

„Ich habe dafür gesorgt, daß sie es hörten, denn während ich mit den Angreifern rang, bin ich nicht still gewesen, sondern habe sie angeschrien, damit mein Großvater es hören sollte."

„Er wird mit dem Djangeh sofort nach dem Schiff zurückgekehrt sein, um Hilfe zu bringen. Erzähl weiter."

„Du hattest von einem Schlupfloch gesprochen, Effendi, und mit dieser Vermutung das Richtige getroffen. Als man mich niedergerungen und einstweilen mit einer Schnur gebunden hatte, wurde ein Strauch zur Seite geschoben, und es entstand dadurch eine Lücke, durch welche ein Mann in gebückter Haltung kriechen konnte. Wir wurden durch diese Öffnung gebracht und hierhergetragen, wo man mich noch besser fesselte und auch dich mit Stricken ganz umwickelte."

„War Murad Nassyr, der dicke Türke, dabei?"

„Nein. Ich sah lauter unbekannte Gesichter."

„Gut. Zunächst möchte ich wissen, was die Leute, welche uns überfielen, eigentlich da draußen zu tun hatten. Standen sie etwa Posten? Das tut nur einer."

„Ich weiß es, Effendi. Ich entnahm es aus ihren Reden. Sie haben Fische stechen wollen. Du weißt, daß dies nur des Nachts geschieht. Man brennt am Ufer oder auf einem Boot ein Feuer an, dessen Schein die Fische anlockt. Sie werden mit der Lanze gestochen. Die Männer waren eben durch das Schlupfloch gekrochen, um sich an das Wasser zu begeben, als sie unsern Djangeh schreien hörten. Sie blieben stehen, horchten und sahen uns beide kommen. Wir kamen an der linken Seite der Mischrah herauf; sie zogen sich in den tiefen Schatten der rechten Seite zurück und ließen uns ganz herankommen, um uns dann festzunehmen. Einer von ihnen hatte ein Ruder. Er war es, der dich damit schlug. Meinst du, daß wir wieder loskommen werden?"

„Ich hoffe stets, also auch jetzt. Der Emir ist ja da."

„Aber wenn man uns umbringt, noch ehe er kommt!"

„Mit diesem Gedanken haben wir allerdings zu rechnen. Wir sind unsern Feinden schon wiederholt entkommen, und um dies jetzt zu verhüten, können sie leicht auf den Gedanken geraten, uns sofort das Leben zu nehmen. Es ist zu verwundern, daß sie uns so allein lassen und keinen Wächter herstellen. Still, man kommt!"

Wir hörten Schritte. Die Matte, welche die Tür bildete, wurde entfernt, und dann traten einige Männer ein, voran der dicke Murad Nassyr, hinter ihm der alte Feldwebel, wie ich an seinem hinkenden Gang erkannte. Der erstere stellte sich vor mich hin, strich sich behaglich den Bart und sagte in höhnischem Ton: „Bist du wieder da? Hoffentlich wirst du uns deinen Besuch jetzt länger schenken. Oder beabsichtigst du auch heute, so schnell wieder zu verschwinden?"

Ich antwortete nicht; er wendete sich an den Feldwebel:

„Sieh, das ist der Christenhund, von welchem wir euch erzählt haben. Diese verdammte Kreatur setzt uns sogar bis hierher nach. Dies soll aber der letzte Weg sein, den er in seinem Leben macht. Ich schwöre bei Allah, daß er von hier nicht fortkommen soll! Er und sein Gefährte müssen sterben!"

„Ich habe nichts dagegen", antwortete der Feldwebel. „Du bist an Ibn Asls Stelle jetzt Gebieter hier, und so bin ich dir Gehorsam schuldig. Wollen wir sie sofort hinausführen und erschießen?"

„Erschießen? Das wäre ein viel zu schneller Tod. Sie sollen langsam, sehr langsam sterben und mehrere Todesarten gleichzeitig erleiden. Das ist eine längst beschlossene Sache. Wir müssen Todesarten finden, die bisher noch niemand erlitten hat, Todesarten, bei denen es Schmerzen gibt, welche noch kein Mensch erduldet hat. Jetzt ist es Nacht. Ich will ihre Qualen sehen; ich will jeden Zug ihrer heulenden Gesichter beobachten. Das kann erst am Tage geschehen. Warten wir also, bis es licht geworden ist."

„Sollen sie bis dahin hier liegenbleiben?"

„Nein, sondern wir werfen sie in die Dschura ed dschaza, wo sie so tief und sicher liegen, daß wir sie gar nicht zu bewachen brauchen. Indessen können wir den unterbrochenen Fischfang wieder aufnehmen. Unser Fleisch ist zu Ende; wir müssen Fische haben. Ist das Boot der beiden Hunde in Sicherheit gebraucht worden?"

„Ja. Es hing am äußersten Baum der Mischrah. Wir zogen es an das Ufer und können es nun gleich mit zum Fischestechen benutzen."

„Das ist gut. Zwei Boote geben doppelten Fang. Wir sind zehn Askaris, der Feldwebel und ich. In jedes Boot fünf Männer, können zwei in der Seribah bleiben, um sie zu bewachen, was übrigens gar nicht nötig ist."

„Ich halte es im Gegenteil für sehr nötig", meinte der Feldwebel. „Meinst du, daß die beiden Feinde sich allein hier befinden? Könnten sie nicht auf dem Schiff des Reis Effendina gekommen sein?"

„Ich werde sie fragen, und wehe ihnen, wenn sie mir nicht antworten, oder mir gar die Unwahrheit sagen!"

Er wendete sich jetzt wieder mir zu, trat mich mit dem Fuß auf den Leib und erklärte mir, indem er sein Messer zog:

„Jedes Schweigen auf eine meiner Fragen kostet dich einen Finger. Das merk dir. Ich scherze nicht. Sieh hier das Messer! Gibst du nicht sofort Antwort, so schneide ich! Du hast, als ihr bei Faschodah uns entkamt, mich laut verhöhnt; das wird dir nun vergolten. Ich werde dir beweisen, daß ich Herr über dich, über dein Leben und über alle deine Glieder bin! Bist du allein hierhergekommen?"

Dieser Türke machte Ernst. Es konnte mir nicht einfallen, zu schweigen; aber noch viel weniger fiel es mir ein, ihm die Wahrheit zu sagen, da es mein Leben galt. Eins war mir noch unerklärlich. Man hatte unser Boot gefunden und sich seiner bemächtigt; aber man sprach nicht von Abu en Nil und dem Djangeh, welche sich doch darin befunden hatten. Wohin waren die beiden geraten? Sie hatten das Boot verlassen. Zu welchem Zweck? Um uns zu retten? Ich traute dem alten Steuermann keinen so männlichen Entschluß zu. Auch war er wohl kaum der Mann, ihn auszuführen. Es wäre für die beiden am klügsten gewesen, sofort nach dem Schiff zurückzukehren und es noch während der Nacht herbeizuholen.

Daß der Türke in unserer Gegenwart von dem Fischfang sprach, war eine Dummheit von ihm. Wir wurden dadurch mit der Situation bekannt, und es konnte sich uns doch immerhin eine Gelegenheit bieten, sie auszunutzen. Ich antwortete auf seine Frage:

„Ich bin nur mit Ben Nil hier."

„Wo ist der Reis Effendina?"
Ich tat, als ob ich mit der Sprache nicht gern heraus wollte, da bückte er sich zu mir nieder, ergriff meinen linken Daumen, setzte das Messer an und drohte:
„Antworte, sonst schneide ich! Wo ist er?"
„Er ist drüben im Bahr el Dschebel und sucht nach euch."
„Warum bist du nicht bei ihm?"
„Weil ich nicht glaubte, daß eure Seribah da drüben ist."
„Wer hat es euch denn gesagt, daß sie drüben am Bahr el Dschebel liegt?"
„Ein Bongo-Krieger, Agadi."
„Ah, also doch! Wohin wollte er?"
„Nach Faschodah, um Soldat zu werden."
„Ihr habt ihn wohl auf euer Schiff genommen und ihn durchsucht?"
„Ja. Aber wir fanden nichts."
„Fragtet ihr nach unserer Seribah?"
„Nein, denn wir kannten deren Namen nicht; aber wir fragten ihn nach Ibn Asl, und da sagte er, daß er ihn kenne, Ibn Asl habe eine Seribah Aliab droben in der Gegend, welche Bahita heißt."
„Ihr glaubtet es?"
„Der Reis Effendina glaubte es, ich aber traute dem Mann nicht; darum nahm ich, als der Reis Effendina im Bahr el Dschebel aufwärts segelte, das Boot und ruderte mit Ben Nil den Rohl empor, um nach euch zu suchen."
„Ich habe gehört, daß du bei Ibn Mulai, dem Sangak der Arnauten, warst. Wie geht es diesem?"
„Gut. Dieser Kerl ist schuld, daß ich Faschodah verlassen mußte. Ich hatte entdeckt, daß er es mit den Sklavenjägern hält; er hatte mich gefangengenommen und zu euch schaffen lassen. Es gelang mir, zu entkommen. Ich zeigte ihn in Faschodah an; aber er besaß das Vertrauen des Mudirs in einem solchen Grade, daß dieser nicht mir, sondern ihm glaubte. Ich mußte fort und war froh, daß ich nicht die Bastonade bekam."
„Dir ist sehr recht geschehen", lachte der Türke. „Wenn es dir leid tut, dort keine Prügel bekommen zu haben, so kannst du dich trösten, denn wir werden das hier nachholen. Also der Bongo-Krieger Agadi wollte in Faschodah Soldat werden? Hatte er Hoffnung, angenommen zu werden?"
„Ja. Er wollte sich direkt an den Sangak der Arnauten wenden."
„Ihr seid albern, außerordentlich albern! Ihr seid die Söhne und Enkel der Dummheit und des Unverstandes. Ihr dünkt euch

klug und weise zu sein und seid doch so albern, daß es einen erbarmen möchte. Weißt du, wer dieser Bongo eigentlich war?"

„Nun?"

Der dicke Türke hatte einen sehr überlegenen, triumphierenden Ton angenommen. Er glaubte, daß wir überlistet worden waren, und das tat ihm, den Allah nicht mit einem hervorragenden Verstand begabt hatte, außerordentlich wohl. Er antwortete in stolzem Ton auf meine kurze Frage:

„Er ist gar kein Bongo, sondern ein Dinka. Wir haben hundertfünfzig Dinka gemietet, und er ist der Anführer dieser Krieger."

„Alle Teufel!" rief ich aus, indem ich mich überrascht stellte.

„Ja", lachte er. „Ihr seid in eine prächtige Falle gegangen. Er hatte einen sehr wichtigen Brief bei sich. Hättet ihr diesen erwischt, so hätte es uns schlimm ergehen können. Ihr seid aber viel zu dumm, hinter so etwas zu kommen. Er war auch angestellt, euch irrezuleiten. Er sollte euch in den Bahr el Dschebel schicken."

„Nun, mich hat er doch nicht irregeführt!"

„Aber die andern!"

„Ich habe euch gefunden!"

„Was nützt euch das? Ihr beide werdet morgen früh hingerichtet. Der Reis Effendina braucht einen Monat, um hinauf nach Bahita zu kommen. Es sind ab heute wenigstens fünfzig Tage nötig, bevor er, nachdem er seinen Irrtum eingesehen hat, uns hier finden kann. Dann ist Ibn Asl längst zurück und wird ihn so bewillkommnen, daß er das Fortgehen für alle Zeiten vergißt."

„Allah, Allah!" rief ich aus. „Dieser Dinka ist ein großer Schurke gewesen!"

„Ein gescheiter Kerl war er, zehnmal klüger als ihr alle zusammengenommen! Du bist so verrückt gewesen, die Tollkühnheit zu besitzen, zu zweien eine feindliche Seribah aufzusuchen. Jetzt kommt der Lohn; jetzt kommt die Strafe. Du bist in den sichern Tod gelaufen. Und nun sag mir doch einmal, wie war es dir denn auf dem Schiff bei Faschodah möglich, aus meiner Kajüte hinunter in das Boot zu kommen?"

„Ich hatte zwei Messer mit", log ich, da ich seine Schwester nicht verraten durfte. „Ihr hattet das eine nicht gefunden. Es fiel mir aus der Tasche, und so war es uns möglich, einander die Fesseln zu durchschneiden. Dann kletterten wir an der Ankerkette hinab in das Wasser und schwammen nach dem Boot, welches noch am Schiff hing."

„So, also so ist es zugegangen! Nun, da wollen wir uns heute doch besser vorsehen. Man sagte mir zwar, daß euch alles abgenommen worden sei, aber ich werde euch doch lieber noch einmal durchsuchen lassen, und dann werdet ihr in die Dschura ed dschaza geworfen, welche ihr erst früh verlassen werdet, um in den Tod zu gehen."

Dschura ed dschaza heißt zu deutsch Grube der Strafe. Die Askaris bei den Sklavenfängern sind nämlich sehr unbotmäßige, verwilderte Menschen, denen es nicht darauf ankommt, sich zuweilen gegen ihre Herren aufzulehnen. Aus diesem Grund sind Gefängnisse nötig. Da sich aber ein Tokul, ein so leichtes Bauwerk, wie es in jenen Gegenden ganz ausschließlich gibt, nicht dazu eignen würde, so gräbt man einfach fünf oder mehr Meter tiefe senkrechte Gruben, in welche die Verbrecher geworfen werden. Sie können da nicht entfliehen, weil die glatten senkrechten Wände unmöglich zu erklettern sind. Eine solche Grube wird Dschura ed dschaza, Grube der Strafe, genannt.

Das die Seriben fast alle am Nil liegen und die Gruben tief sind, so kann man sich denken, daß ihr Grund feucht, moderig, ja schlammig ist, daß allerhand Unrat da abgeworfen wird, allerhand Ungeziefer dort sein Wesen treibt und ich mich nicht gerade begeistert fühlte, als ich hörte, daß ein solches Loch uns zum Aufenthalt dienen sollte.

Wir wurden noch einmal sehr genau durchsucht und dann hinaus ins Freie und nach der Grube geschleift, neben der eine Art Leiter lag. Ihre Länge ließ erraten, daß das Loch ungewöhnlich tief war. Man legte diese Leiter hinein, ließ uns darauf hinabgleiten und zog sie dann empor.

„Schlaft wohl!" rief uns von oben herab der Türke noch höhnisch zu. „Allah gebe euch angenehme Ruhe und noch angenehmere Träume!"

Das waren dieselben Worte, welche mich schon einmal hatten ärgern sollen und die ich dann wieder zurückgegeben hatte. Würde ich sie auch heute ihm wiedergeben können? Wohl schwerlich! Ja, wenn der alte Steuermann mit dem Dinka auf das Schiff zurückgekehrt wäre, dann hätten wir auf Rettung hoffen können. Doch gab ich den Mut nicht ganz auf.

Die Sklavenjäger hatten sich entfernt. Die Sterne leuchteten zu uns herab, und um uns raschelte und kribbelte und krabbelte es. Wir waren nicht die einzigen lebenden Wesen in diesem nächtlichen Aufenthalt, was aber leider kein Trost für uns war.

Wir glaubten, ohne Beaufsichtigung zu sein; aber nach einiger Zeit rief uns jemand von oben zu:

„Wie befindet ihr euch, ihr Hunde? Habt ihr mit den Skorpionen und Ratten schon Brüderschaft gemacht?“

Wir antworteten nicht. Es war Unsinn, uns einen Wächter zu geben, denn selbst wenn wir ungefesselt gewesen wären, hätten wir nicht hinaufgekonnt. Wir hatten gehört, daß zehn Personen fischen gehen wollten. Zwei waren zurückgeblieben. Einer saß hier bei uns; der andere befand sich jedenfalls vorn am Eingang der Seribah. Nach wenigen Minuten hörten wir unsern Wächter wieder sprechen.

„Wer kommt da?“ fragte er.

Er erhielt eine Antwort; wir vernahmen sie zwar, konnten aber die Worte nicht verstehen.

„Habt ihr euch denn anders angezogen?“ fragte er dann. „Ich kenne euch doch nicht. Es ist ein Schwarzer dabei. Bleibt stehen, sonst . . . o Allah, Allah!“

Dieser letztere Ruf erstickte in einem Röcheln. Wir hörten ein Stampfen und Strampeln; es wurde still; dann fragte jemand halblaut in die Grube herab:

„Effendi, seid ihr da unten?“

„Ja“, antwortete ich. „Wer ist's?“

„Ich, der Steuermann, Abu en Nil. Allah sei Dank, daß wir dich haben! Ist mein Enkel mit bei dir?“

„Ja. Leg die Leiter an und komm herab, um uns die Stricke loszuschneiden!“

„Gleich, gleich!“

Er schob die Leiter herein und kam herabgestiegen. In wenigen Sekunden befanden wir uns wieder in dem Besitz unserer Freiheit.

„Wunderst du dich nicht, mich hier zu sehen?“ fragte er. „Wir sind . . .“

„Jetzt nicht erzählen!“ unterbrach ich ihn. „Erst hinauf! Eher fühle ich mich nicht sicher.“

Ich stieg hinan. Großvater und Enkel folgten mir. Oben angekommen, sah ich unsern Wächter am Boden liegen. Der Dinka kniete bei ihm und hatte die Hände um seinen Hals geschlungen.

„Ist er tot?“ fragte ich.

„Nein“, antwortete der Schwarze. „Er bewegt noch die Beine.“

Und der Steuermann fügte hinzu:

„Wir wollten ihn nicht ganz erwürgen, weil er uns sonst keine Auskunft erteilen kann.“

„Das war sehr klug von euch. Laßt ihn los! Wollen sehen, ob wir ihn zum Sprechen bringen.“

Der Dinka nahm seine Hände weg, und ich kniete bei dem Mann nieder, nur seinen Arm ergreifend, damit er nicht plötzlich aufspringen und fortlaufen konnte. Er holte wieder frei Atem, bewegte den Kopf, öffnete die Augen und sah mich an.

„Weißt du, wer ich bin?" fragte ich.

„Der Effendi", stieß er, noch mühsam sprechend, hervor.

„Wo ist Murad Nassyr, der Türke?"

„Fischen, unten gleich an der Mischrah."

„Wo ist der Feldwebel?"

„Auch fischen mit acht Askaris."

„So ist noch ein Askari hier in der Seribah. Wo befindet er sich?"

„Am Eingang. Wenn ich pfeife, so kommt er."

„Wo sind die Sachen, welche man uns abgenommen hat?"

„Im Tokul des Türken, da rechts, der zweite von hier."

„Der Tokul ist sehr groß. Wohnt die Schwester des Türken mit bei ihm?"

„Ja, mit ihren Dienerinnen."

„Sind die Männer, welche fischen gegangen sind, mit Pistolen und Flinten bewaffnet?"

„Nein. Sie haben nur ihre Messer und die Fischlanzen mit. Gewehre und Pistolen befinden sich in dem Tokul, den wir zehn bewohnen. Es ist die erste Hütte links hier."

Ich hatte den Mann gar nicht darauf aufmerksam gemacht, uns nur die Wahrheit zu sagen. Er antwortete in solcher Angst, daß man seinem Ton anhörte, er getraue sich nicht, eine Lüge zu ersinnen. Ich nahm ihm alles, was er bei sich hatte, ab, gebot meinen drei Gefährten, sich einstweilen hinter die nächste Hütte zu verstecken, und befahl dem Askari, als sie fort waren:

„Nun pfeif deinem Kameraden!"

Er tat es und bekam vom Eingang her einen Pfiff zur Antwort.

„Jetzt schnell hinab in die Grube mit dir!" gebot ich ihm.

„Schnell, sonst werfe ich dich hinunter! Und wenn du einen Laut von dir gibst, ist es um dich geschehen!"

Er stieg eiligst hinab. Ich glaubte, die Leiter noch emporziehen zu können, fand aber keine Zeit dazu, denn ich sah den zweiten Askari schon kommen. Ich setzte mich nieder, damit er nicht meine ganze Gestalt sehen und erkennen könnte, daß er es mit einem andern zu tun hatte.

Er sah das Ende der Leiter aus der Grube ragen, was seine Aufmerksamkeit von mir ablenkte. Er war noch fünfzehn Schritt entfernt, da rief er schon:

„Was ist das! Du hast ja die Leiter angelegt! Sollen die Gefangenen entkommen! Heraus damit!"

Er sprang herbei und faßte die Leiter an. Da schnellte ich auf und nahm ihn bei der Kehle, riß ihn nieder und gebot ihm:

„Schweig! Keinen Laut, sonst bist du des Todes!"

Der Schreck war ihm in die Glieder gefahren; er bewegte sich nicht. Als ich ihm den Hals freigab, starrte er mich an und murmelte:

„Der Effendi! O Allah, Allah!"

Ich winkte meine Gefährten herbei. Wir leerten dem Mann den Gürtel und die Taschen; dann mußte auch er in die famose Dschura ed dschaza hinab, und wir zogen die Leiter heraus. Jetzt galt es zunächst, uns der Waffen der Askaris zu versichern, weshalb wir uns in den uns bezeichneten Tokul begaben. Der Dinka war hier bekannt. Er suchte im Finstern nach der Stelle, an welcher, wie er wußte, Kienspäne lagen, und eilte dann nach dem Tokul, in welchem ich von meiner Betäubung erwacht war. Dort brannte das Feuer wahrscheinlich noch. Er kehrte mit dem brennenden Span zurück, und wir hatten also die nötige Beleuchtung. Außerdem fanden wir eine Tonlampe, welche mit Palmöl gefüllt war.

An der runden Wand hingen zehn Gewehre und noch mehr Pistolen, alle geladen. Wir nahmen diese Waffen an uns und gingen dann nach dem Tokul, welcher uns als die Wohnung des Türken bezeichnet worden war. Ich freute mich darauf, dort seine Schwester zu sehen. Als wir in die vordere Abteilung traten, war es darin finster; aber durch den Mattenvorhang schimmerte aus der zweiten, hintern Abteilung Licht. Ich schob ihn zurück und trat herein. Die „Damen" saßen beim Kaffee. Kumra, zu deutsch die Turteltaube, die Schwester des Türken, saß in der Mitte der Abteilung auf einem Teppich; daneben kauerten die vier Dienerinnen um einen Tontopf, in welchem Holzkohlen brannten. Darauf stand ein zweiter Topf mit kochendem Wasser, in welchen Fatma soeben die zerstampften Bohnen schüttete. Alle fünf starrten mich wortlos an, so erschrocken waren sie über mein Erscheinen.

Ich bin sonst gern so rücksichtsvoll wie möglich gegen Damen, jetzt aber war ich äußerst rücksichtslos, was mir aber, wie ich aufrichtig gestehe, selbst heutigentags noch keine Gewissensbisse macht. Erstens kam ich nicht zur vorgeschriebenen „Visitenzeit"; zweitens betrat ich einen Harem, was bekanntlich streng verboten ist, und drittens war meine Erscheinung so wenig salonfähig, daß ich jetzt, wo ich dies niederschreibe, die Augen, allerdings nur für zwei Sekunden, niederschlage. Hatte mein Anzug schon während der langen Fahrt und der vorherigen Erlebnisse bedeutend gelitten, so war ihm nun vorhin in der schlammigen Grube der „letzte Rest" gegeben. Mein Aussehen war nichts weniger als gentlemanlike. Dazu meine Bewaffnung! Ich hatte nämlich von den Waffen, welche wir an uns genommen hatten, drei Flinten überhängen und vier Pistolen im Gürtel stecken – ein Rinaldini in Lehm! Trotz dieser für einen Damenbesuch wenig geeigneten Äußerlichkeiten kreuzte ich die Hände auf der Brust, verbeugte mich und sagte:

„Mohammed, der Prophet der Propheten, verleihe eurem Trank die Wohlgerüche des Paradieses! Meine Seele dürstet nach Erquickung. Darf ich euch um einen Findschahn – Tasse – bitten?"

Da bekam die Turteltaube ihre Sprache.

„Der Effendi!" rief sie, indem sie aufsprang. „Ich denke, du liegst im Loch gefangen!"

„Wie du siehst, ist dies nicht mehr der Fall."

„Ich wollte ... wollte ... wollte dich gern befreien, wußte aber nicht, wie ich es dieses Mal anfangen könnte."

„Ich danke dir, du lieblichste und beste unter den Jungfrauen! Du hast mir schon einmal die größte der Wohltaten erwiesen; heute durfte ich nicht wieder auf dich rechnen. Ich bin gekommen, eine andere Bitte an dich zu richten, die nämlich, diesen Harem nicht eher zu verlassen, bis ich dir gesagt habe, daß du die vordere Abteilung des Tokuls wieder betreten darfst."

„Warum?"

„Es könnte dich oder deine Dienerinnen eine Kugel treffen."

„Allah, eine Kugel! Du willst kämpfen? Mit wem?"

„Mit dem Feldwebel und seinen Askaris."

„Also auch mit meinem Bruder?"

„Ja, wenn er sich wehren sollte."

„Allah, Allah! Du bist ein starker und ein kühner Mann. Du wirst ihn sicher besiegen; du wirst ihn töten!"

„Nein. Meine Dankbarkeit verbietet mir, dein Herz zu betrüben. Ich werde deinen Bruder schonen. Das kann ich aber nur dann, wenn ihr euch vollständig ruhig verhaltet."

„Wir werden es, Effendi, wir werden es! Wir werden hierbleiben. Wir gehorchen. Ich verspreche es dir, Effendi!"

Sie hob die Hände beteuernd zu mir empor. Sie vergaß, daß sie unverschleiert war, und so hatte ich zum zweitenmal die

„Wonne", ihr Angesicht schauen zu dürfen, dies wunderlich verkniffene Gesicht, welches mich, wie bereits einmal gesagt, so lebhaft an die sächsische Löffelhändlerin aus Beierfeld bei Schwarzenberg erinnerte. Selbst heute noch muß ich, wenn von orientalischen Frauenschönheiten die Rede ist, ganz unwillkürlich an die Züge jener Turteltaube denken.

Auf dem Serir, einem überzogenen Holzgestell, welches zum Sitzen, Liegen und zu anderen Zwecken dient, stand eine brennende Tonlampe, ganz der ähnlich, welche wir vorhin im Tokul der Askaris gefunden hatten. Ich ergriff sie und trat in die vordere Abteilung zurück, wo zu meiner Freude alles lag, was man mir und Ben Nil abgenommen hatte. An der Wand hingen einige gute Gewehre, mehrere Pistolen und zwei Säbel. Wir nahmen auch diese Waffen an uns und begaben uns, nachdem ich die Lampe zurückgetragen hatte, wieder hinaus in das Freie.

„Bis jetzt ist alles gut gegangen", meinte Ben Nil. „Jetzt fragt es sich, wie wir die zehn Menschen in unsere Gewalt bekommen, ohne daß wir uns in große Gefahr begeben."

„Das allerbeste ist, wir schießen sie nieder", antwortete sein Großvater. „Waffen haben wir genug dazu."

„Das werden wir nur im Notfall tun", entgegnete ich. „Ihr wißt, daß ich nicht gern Blut vergieße. Begeben wir uns zunächst nach dem Eingang, um zu sehen, was die Leute machen."

Als wir an die erwähnte Stelle kamen, zeigte mir der Steuermann den Busch, welcher das Schlupfloch verbarg. Ich schob ihn zur Seite und sah hinaus. Die beiden Boote, das, welches zur Seribah gehörte, und jenes, welches man uns weggenommen hatte, hingen gerade vor mir unten an der Mischrah. Man hatte sie durch einige Querhölzer verbunden, auf denen ein Feuer brannte, welches seinen Schein eine Strecke über das Wasser hinwarf und die Fische anlockte. In den Booten standen die Männer, um die Beute mit den Speeren, welche mit Widerhaken versehen waren, anzustechen.

„Wir haben Zeit zum Überlegen", sagte ich. „Jetzt, da wir sicher sind, wenigstens nicht wieder in die Hände dieser Menschen zu geraten, könnt ihr uns nun sagen, wie es euch beiden gelungen ist, in die Seribah zu dringen und uns aus der ‚Grube der Strafe' zu holen. Ihr hattet natürlich das Geschrei Ben Nils gehört?"

„Ja", antwortete der alte Steuermann. „Wir hörten nicht nur, sondern wir sahen auch. Der Mond war heraufgekommen und schien so hell, daß wir alles genau beobachten konnten. Die

Kerle krochen mit euch durch das Loch. Als wir das sahen, besann sich Agadi auf dieses Schlupfloch. Er hatte es, als er hier war, gesehen und auch oft benutzt, uns aber nichts davon gesagt. Er forderte mich auf, durch dieses Loch mit ihm in die Seribah zu schleichen, um zu versuchen, euch zu befreien. Er behauptete, daß nur ganz wenig Askaris in der Seribah seien, und so stimmte ich bei. Wir stiegen aus dem Boot, huschten die helle Mischrah hinauf und krochen durch das Loch. Als wir uns jenseits befanden, schien der Mond uns gerade in das Gesicht. Wir eilten also weiter, um in den Schatten der Bäume zu kommen. Wir sahen, daß man euch aus einem Tokul brachte und in die Grube gleiten ließ. Dann sahen wir zehn Personen die Seribah verlassen. Ein elfter setzte sich bei der Grube nieder, um euch zu bewachen. Da verloren wir keine Zeit und gingen auf den Kerl zu. Er rief uns an; er befahl uns, stehenzubleiben; aber der Dinka schnellte auf ihn zu, drückte ihn nieder und preßte ihm die Gurgel zusammen. Was nachher geschah, daß wißt ihr ja selbst. Jedenfalls gibst du zu, daß wir unsere Sache ziemlich gut gemacht haben, Effendi?"

„Ja, ich erkenne es dankbar an und werde es euch nie vergessen."

Wir hatten während dieses Gespräches hinter dem Busch gesessen, und ich schob ihn von Zeit zu Zeit mit dem Gewehr zur Seite, um die Fischenden zu beobachten. Der Türke besaß keine Übung, stieß stets fehl und hatte deshalb sein Boot verlassen, um sich am Ufer niederzusetzen und dem Fang zuzusehen. Das schien ihm nach und nach langweilig zu werden, denn er stand auf und kam langsam die Mischrah emporgestiegen.

„Vielleicht kommt er herein!" flüsterte Ben Nil.

„Wahrscheinlich", antwortete ich. „Lauf schnell nach der Grube! Dort liegen noch die Stricke, mit denen wir gebunden waren. Und in dem Tokul der Askaris liegen, wie ich gesehen habe, auch welche. Ihr andern weicht zur Seite, damit er euch nicht gleich sieht, wenn er den Kopf in die Öffnung steckt."

Sie gehorchten dieser Aufforderung. Ich selbst drückte mich neben dem Busch hart an die natürliche Umfriedung und legte die Flinten, welche mich hinderten, weg.

Der Türke kam, bog das Gezweig weg und schob sich herein, was nur in gebückter Haltung geschehen konnte. Noch ehe er sich aufrichtete, hatte ich ihn gepackt, zog ihn vollends herein und drückte ihn auf den Boden nieder. Er konnte nicht schreien, wollte sich aber wehren, doch griffen Abu en Nil und der Dinka schnell mit zu und hielten ihm die Arme und die Beine fest.

„Ein Laut von dir, und ich töte dich!" raunte ich ihm zu, indem ich, ihn mit der Linken noch haltend, mit der Rechten das Messer zog und es ihm auf die Brust setzte. Dann wagte ich es, ihm die Kehle frei zu geben. Er holte tief Atem, sah mich mit Entsetzen an und – schwieg. Er hatte Angst. Die beiden andern kauerten neben ihm und hielten auch die Messer in den Händen.

„Wenn du still bist, geschieht dir nichts", versicherte ich ihm mit leiser Stimme. „Gehorchst du aber nicht, so fährst du augenblicklich in die Dschehennah!"

Bald kam Ben Nil mit den Stricken, und der Türke wurde gebunden. Kaum war das geschehen, so hörte ich wieder Schritte, und ein kurzer Blick hinaus belehrte mich, daß zwei Askaris kamen. Sie trugen ein größeres Tongefäß, welches einen Teil des bisherigen Fanges enthielt. Es war gefüllt und sollte in der Seribah geleert werden. Jetzt galt es, die zwei zu ergreifen, ohne daß sie dabei laut werden konnten.

Das war nicht leicht. Das Schlupfloch war zu eng, als daß sie zugleich hereinkonnten. Ich raffte eine Flinte auf, stellte mich auf die eine Seite des Loches, schob Ben Nil auf die andere und raunte ihm zu:

„Zieh den Mann weg, sobald ich ihn getroffen habe!"

Jetzt waren die beiden Askaris da. Der erste kam herein, und zwar verkehrt, um das Gefäß hinter sich hereinzuziehen. Ich traf ihn mit dem Kolben auf den Kopf, daß er niederstürzte. Ben Nil riß ihn zur Seite, ergriff dann den einen Henkel des Gefäßes und zog. Der draußen stehende Askari schob und drängte sich dann nach. Sobald sein Kopf innen erschien, bekam auch er einen Hieb. Er stürzte und blieb in der Öffnung liegen. Wir zogen ihn herein.

Beide waren betäubt. Sie wurden gebunden und neben den Türken gelegt, welcher zugeschaut hatte, ohne zu wagen, die Askaris durch einen Zuruf zu warnen. Wir hatten nun fünf Personen unschädlich gemacht und es noch mit sieben zu tun! Ben Nil fragte:

„Wollen wir die andern in gleicher Weise abfangen, Effendi? Allemal könnte es doch nicht so glücken!"

„Ganz richtig; aber warten wir noch ein bißchen!"

Wir hatten ja Zeit und brauchten uns nicht zu übereilen. Es hatte auf einem jeden Boot ein solches Gefäß gestanden. Das zweite war bald auch gefüllt. Die Träger wurden zurückerwartet. Sie kamen nicht. Ich hörte, daß der Feldwebel einen Befehl gab, auf welchen zwei Askaris das Gefäß aus dem Boot schafften und sich damit dem Eingang näherten. Wir hatten Glück, denn es gelang uns, sie ebenso still zu überwältigen wie die beiden vorigen.

Nun war ich neugierig, was die andern draußen anfangen würden. Sie wußten nicht, wohin mit den Fischen. Sie warfen sie in die Boote, konnten es aber nicht vermeiden, daraufzutreten. Sie richteten ihre Blicke wiederholt nach dem Eingang, da sie ihre Kameraden mit dem leeren Krug zurückerwarteten. Der alte Feldwebel steckte mehrere Male die Finger in den Mund, um einige scharfe, schrille Pfiffe hören zu lassen. Als dies keinen Erfolg hatte, verließ er sein Boot und kam fluchend heraufgehinkt. Nachdem er den Busch mit dem Arm zur Seite gedrängt hatte, schob er Kopf und Schultern nach und wurde augenblicklich beim Hals genommen. Ben Nil und sein Großvater hatten bereits Übung bekommen; sie und auch der Dinka unterstützten mich so vortrefflich, daß es eine Lust war, diese sonst so schwierige Arbeit zu verrichten.

„Das geht ja so leicht und ordnungsgemäß wie das Aufrollen eines Taues!“ lachte der Steuermann. „Nun haben wir nur noch vier zu besorgen.“

„Mit denen wir es kürzer machen“, antwortete ich. „Ich gehe jetzt hinaus und stelle mich in den Schatten. Dann rufst du ihnen zu, daß sie schnell heraufkommen sollen.“

„Sie werden hören, daß es eine fremde Stimme ist, Effendi!“

„Nebensache! Sie kommen doch! Ihr drei nehmt die Gewehre in die Hand; da müssen sie sich, sobald sie eingetreten sind, ergeben.“

„Wenn sie nun nicht hereinkommen? Wenn der erste, welcher kommt, uns hier vor sich sieht, wird er die andern warnen.“

„Deshalb gehe ich jetzt hinaus. Ich lasse sie nicht zurück und treibe sie herein.“

Nachdem ich mich mit zwei Flinten versehen hatte, kroch ich hinaus und stellte mich in den Schatten der Bäume, wahrscheinlich gerade da, wo die Askaris auch gestanden hatten, bevor sie mich und Ben Nil gefangennahmen. Nun steckte der Steuermann den Kopf durch den Busch und forderte die Leute auf, schnell in die Seribah zu kommen. Er hatte nicht nötig, den Ruf zu wiederholen. Daß nun bereits fünf Personen, den Türken nicht gerechnet, davongegangen waren, ohne wiederzukommen, das sagte ihnen, daß da oben irgend etwas geschehen war. Sie sprangen aus den Booten und kamen herbeigeeilt, an mir vorüber. Der erste kroch hinein; der zweite schob sich ihm sofort nach. Drin gab es einen Schrei. Der dritte folgte, wollte wieder zurück, bekam aber von dem vierten einen Stoß, der ihn nach innen brachte. Abermals ein Warnungs- oder Schreckensruf! Der vierte wich zurück. Er hatte gesehen, was drin passierte, und drehte sich um. Da stand ich mit angelegter Flinte vor ihm und befahl:

„Hinein, sonst jage ich dir eine Kugel durch den Kopf!"

„O Himmel! Der Effendi!" rief er aus.

„Ja, der Effendi! Vorwärts, wenn dir dein Leben lieb ist!"

Ich trat näher an ihn heran und setzte ihm die Mündung auf die Brust. Er hätte das Gewehr zur Seite schlagen können; das fiel ihm aber gar nicht ein; er drehte sich um, kroch durch das Loch, und ich folgte ihm. Da standen Ben Nil, der Steuermann und der Dinka mit erhobenen Gewehren und vor ihnen die Askaris in so trauriger Haltung, daß es mir nicht möglich war, den Ernst zu bewahren. Ich lachte lustig auf. Meine Gefährten stimmten ein, und Ben Nil rief:

„Ja, ja, ihr tapfern Männer, hier werden andere Fische gefangen als da unten im Wasser. Die Fische seid ihr selbst. Werft eure Messer weg, sonst schießen wir!"

Sie gehorchten, und wir banden ihnen die Hände hinten zusammen. Nun untersuchte ich die vier Träger, welche meine Kolbenhiebe empfangen hatten. Sie lagen still, waren aber ganz wohl bei Besinnung. Die letzten vier Askaris waren nicht an den Füßen gebunden, so daß sie nach der „Grube der Strafe" gehen konnten, die übrigen wurden hingetragen. Wir legten die Leiter an und ließen einen nach dem andern hinabgleiten. Den Türken und den Feldwebel behielt ich bis zuletzt zurück. Ich zog mein Messer und sagte zu dem ersteren:

„Murad Nassyr, jedes Schweigen auf eine meiner Fragen kostet dich einen Finger. Ich zahle gern mit gleicher Münze heim. Antworte also schnell und der Wahrheit gemäß! Seit wann ist Ibn Asl von hier fort?"

„Seit fünf Tagen", beeilte er sich zu sagen, „mit über zweihundert Leuten."

„Kennst du den Dinka, welcher da neben mir steht?"

„Ja."

„Nun wirst du wohl ahnen, daß ich nicht so dumm war, mich von ihm betrügen zu lassen. Wir haben euern Brief gelesen, und der Reis Effendina befindet sich nicht drüben im Bahr el Dschebel, sondern liegt mit seinem Schiff in solcher Nähe von hier, daß ich ihn fast mit meiner Stimme herbeirufen könnte. Morgen früh wird er kommen, und dann wirst du gerichtet. Du wirst sterben, und zwar eines so qualvollen Todes, wie noch nie ein Mensch gestorben ist."

„Erbarmen, Effendi, Erbarmen!" rief er aus.

„Sprich nicht von Erbarmen! Du hättest mit mir auch keins gehabt. Leben um Leben, Blut um Blut, Gleiches um Gleiches. Du wirst gerade so behandelt, wie du mich behandeln wolltest."

„Ich hätte dir verziehen."

„Verziehen? Was hattest du mir zu verzeihen? Wer ist's, der zu verzeihen hat? Bist du es, oder bin ich's? Wie oft hast du geglaubt, über mich triumphieren zu können, und hast doch stets die Übermacht des Guten fühlen und erfahren müssen. Ich hatte Geduld mit dir, nun aber ist meine Nachsicht zu Ende. Mit dir ist's aus. Sobald es Tag geworden ist, wird die Sonne deinen Tod bescheinen!"

„Sag das nicht! Effendi, sprich nicht solche Worte! Du bist ein Christ!" jammerte er.

„Ein Christenhund! So habt ihr mich und so hast du mich noch vorhin genannt. Erwarte von einem Hund kein Erbarmen! Ein Hund kämpft gegen seinen Feind, und wenn er stärker ist als dieser, zerreißt er ihn. Ihr beruft euch auf unsere milden Lehren nur dann, wenn sie euch von Nutzen sind. Ich habe mit dir nichts zu schaffen und wiederhole nur: Mit dir ist's aus!"

„Effendi, denk an meine Schwester! Was soll aus ihr werden, wenn man mich getötet hat!"

„Ihr Los wird jedenfalls ein besseres sein als das, welches du ihr zugedacht hattest. Ibn Asls Weib zu sein ist das schrecklichste Schicksal, welches ich mir denken kann. Werft ihn hinab; ich habe nichts mehr mit ihm zu schaffen!"

Ich richtete diese Aufforderung an meine Gefährten, welche ihn auf die Leiter legten und in die Grube gleiten ließen. Der Feldwebel wurde ihm nachgeschickt. Es war nicht Hartherzigkeit, nicht Rachsucht, daß ich in dieser Weise mit ihm redete, sondern ich wurde von der besten Absicht geleitet. Er sollte in sich gehen; er sollte jetzt in der Grube einige böse Stunden verbringen; er sollte Todesangst ausstehen, um dadurch vielleicht zur Erkenntnis zu kommen.

Nun hatten wir sie alle zwölf da unten. Welch ein Unterschied gegen vorhin, als ich mit Ben Nil unten lag! Dieser letztere, welcher trotz seiner Jugend sehr bedächtig, sogar umsichtig war, machte mich aufmerksam:

„Hast du vielleicht vergessen, daß die zwei Askaris, welche wir zuerst hinabschafften, nicht gefesselt waren? Wenn sie nun die andern losbinden, vermögen sie sich zu befreien. Wenn drei sich aufeinanderstellen, kann der oberste heraus!"

„Wir halten Wache. Durch jeden Kopf, der hier am Rande der Grube erscheinen sollte, schicken wir eine Kugel. Mögen sie sich losbinden; heraus kommt keiner."

Es galt nun, den Emir zu benachrichtigen. Ich gab dem Steuermann den Auftrag, dies zu tun, weil er fahren konnte. Ich begleitete ihn an die Mischrah, wo die Boote noch zusammenhingen; das Feuer war erloschen. Wir warfen die letztgefangenen Fische in das zur Seribah gehörige Boot und machten das unserige davon los. Er stieg ein und steuerte auf die im Mondstrahl glänzende Mitte des Stromes hinaus. Ich ging in die Seribah zurück, um nun die „Turteltaube" wieder aufzusuchen.

Sie empfing mich wie vorhin, unverschleiert. Sie gab mir die Versicherung, daß ihr aus Sorge um den Bruder der Kaffee nicht geschmeckt habe.

„Was hast du mit ihm gemacht?" fragte sie. „Wo ist er? Warum kommt er nicht? Hast du mit ihm gekämpft?"

„Ja, aber ich habe ihn nur niedergeworfen und gebunden. Nun ist er unser Gefangener und wird sehr ruhig schlafen in der Dschura ed dschaza."

„Dort? Mein Bruder in der Dschura ed dschaza? So ein Mann! So ein vornehmer und hoher Herr!"

„Hältst du mich für einen gewöhnlichen Mann?"

„Nein, Effendi. Das bist du nicht, ganz und gar nicht. Wärst du kein Christ, so würde man dich für noch vornehmer und höher als meinen Bruder halten."

„Und dennoch warf er mich in dieses Loch! War ich nicht zu vornehm für die Grube, so ist er es nun auch nicht. Ich habe stets getrachtet, auf dem Weg des Gesetzes zu wandeln; er aber ist ein Verbrecher."

„Ist denn der Sklavenfang wirklich ein Verbrechen?"

„Eins der schrecklichsten, die es gibt."

„Das habe ich nicht gewußt. Ich habe stets geglaubt, der Weiße habe das Recht, den Schwarzen zu fangen und zu verkaufen. Kann mein Bruder bestraft werden?"

„Er muß sogar bestraft werden."

„Allah, Allah! Doch nicht etwa mit dem Tod? Ich weiß, daß der Reis Effendina ihn fangen will und daß du sein Freund bist. Ist dieser entsetzliche Mann vielleicht mit da?"

„Er ist da, und du wirst ihn am Morgen sehen."

„So sag mir schnell eins, nur eins! Man hat mir erzählt, daß der Reis Effendina alle Sklavenhändler tötet. Ist das wahr?"

„Ich kann dir nicht verschweigen, daß ich es erlebt habe, daß er eine Schar von Sklavenfängern erschießen ließ."

„Welch ein Schreck, welch ein Entsetzen für meine Seele! Er wird doch meinen Bruder nicht auch erschießen lassen?"

„Ich fürchte sehr, daß er diese Absicht hat."

„Dann mußt du ihn retten, Effendi! Hörst du, du mußt! Ich habe dich ja auch gerettet!"

Sie hob, wie vorhin, die Hände flehend zu mir empor.

„Ja, du hast mich aus der Gefangenschaft befreit, und ich bin kein undankbarer Mann. Ich werde den Emir bitten, ihm das Leben zu schenken."

„Dann ist ja alles, alles gut! Ich danke dir, Effendi, und werde mir nun nochmals Kaffee kochen. Den vorigen verbitterte mir die Angst; diesen aber werde ich mit ruhigem Herzen genießen, und sein Duft wird die Freude, die du mir bereitet hast, erhöhen. Ich erinnere mich, daß du vorhin auch eine Tasse haben wolltest?"

„Ich bat dich allerdings darum, du antwortetest mir aber nicht."

„Ich war von Angst und Sorge beklemmt; jetzt aber bin ich getröstet. Du sollst Kaffee haben."

„Koch einen großen Topf voll! Ich habe zwei Gefährten, welche sich geradeso wie ich sehnen, von deiner Güte bedacht zu werden. Fatma, dein Liebling, mag uns den Trank und die Tassen hinaus an die ‚Grube der Strafe' bringen."

„Dürfen wir denn jetzt den Harem verlassen?"

„Ja. Ich will mein Verbot zurücknehmen. Nur mußt du mir versprechen, nicht etwa einen Versuch zur Befreiung deines Bruders zu machen. Wenn du dies wagtest, würde der Reis Effendina dich augenblicklich erschießen lassen."

Ich ging. Eine unverfälschte Orientalin! Ihr Bruder war gefangen; was man mit ihm vornahm, welche Verluste ihn erwarteten, das ging sie nichts an; er durfte leben bleiben, und so kochte sie sich noch einen Kaffee! Und die Schwester dieses indolenten Wesens hätte meine Frau werden sollen, falls ich bereit sein würde, Sklavenjäger zu werden!

Dann saß ich mit Ben Nil und dem Dinka draußen, um den arabischen Trank zu erwarten. Als Fatma ihn brachte, folgten ihr die beiden schwarzen Dienerinnen, welche Tabak und Pfeifen brachten, natürlich Eigentum des Türken. Wir bekamen den

Kaffee nicht fertig zubereitet, sondern kochendes Wasser und die zerstoßenen Bohnen. Ich bereitete mir eine Tasse, trank sie aus, brannte eine Pfeife an und ging dann, um im Mondenschein den Umfang der Seribah kennenzulernen. Er war bedeutender, als ich gedacht hatte. Der hintere Teil war von dem vordern durch nebeneinander eingerammte Pfähle abgesperrt und zur Aufnahme der Herden bestimmt, welche bei jedem Sklavenzug mit den Schwarzen zugleich geraubt und weit forgetrieben werden. Jetzt war dieser Platz leer.

Die übrigen Stunden der Nacht vergingen schnell. Als der Tag graute, erhob sich der gewöhnliche Morgenwind, welchen der Emir benutzen konnte, um herauszusegeln. Ich ließ den Dinka als Wächter an der Grube zurück und ging mit Ben Nil, um beim Lichte des Tages die Tokuls zu untersuchen.

Die meisten waren leer, da die Bewohner sich auf der Sklavenjagd befanden. Doch entdeckten wir noch Waffen und Munition. Eine Hütte enthielt Vorräte aller Art, auch eine Kiste mit Kleidungsstücken, unter welchen sich ein Anzug befand, welcher mir leidlich zu passen schien. Ben Nil fand auch einen, der ihm behagte. Der Umtausch wurde bewerkstelligt, und als wir die Hütte verließen, hatte ich mich so zu meinem Vorteil verändert, daß mir der Gedanke kam, der Turteltaube einen nun auch in Beziehung auf das Kostüm würdigen Morgenbesuch zu machen, um ihr für den Kaffee und die Pfeifen Dank und Anerkennung auszudrücken. Leider aber belehrte mich, als ich die vordere Abteilung betrat, ein höchst energisches Schnarchquintett, daß wenigstens innerhalb des Tokuls die Sonne noch nicht aufgegangen war. Ich mußte also darauf verzichten, meine neuen äußeren Vorzüge anerkannt und bewundert zu sehen.

Ich hatte mir vorgenommen, noch vor der Ankunft des Schiffes den Türken abermals vorzunehmen. Ich gedachte, von ihm manches zu erfahren, was uns wichtig sein mußte. Darum verfügte ich mich wieder zu der Grube. Als ich hinabblickte, sah ich, daß die Gefangenen allerdings von ihren Fesseln sich befreit hatten; aber ein Fluchtversuch war von ihnen nicht gewagt worden. Sie lagen nebeneinander im Schmutz, schliefen jedoch nicht. Murad Nassyr sah mich stehen und rief mir zu:

„Effendi, ich bitte dich um eine Gnade! Laß mich nur für eine Minute zu dir hinauf! Ich habe mit dir zu sprechen."

„Du bist es nicht wert; aber komm!"

Wir ließen die Leiter hinab, und er kam heraufgestiegen. Er war so angegriffen – wohl mehr innerlich als äußerlich –, daß er nicht stehenblieb, sondern sich wie schwer ermüdet niedersetzte.

„Du hast mir böse, böse Stunden bereitet!" seufzte er, indem er den Ellbogen auf das Knie stemmte und den Kopf in die Hand legte.

„Ich? Du selbst bist schuld daran. Du ganz allein! Wir Christen haben eine Sprichwort, welches sagt: Tu nichts Böses, so widerfährt dir nichts Böses!"

„Ich habe doch nichts getan, was meinen Tod rechtfertigen kann!"

„Ich hatte gar nichts Böses, sondern nur Gutes getan, und doch seid ihr fest entschlossen gewesen, mich umzubringen."

„Das ist nun vorüber, vollständig vorüber, Effendi! Ich sehe ein, daß es die größte Dummheit meines Lebens war, mich so tief in den Sudan hineinzuwagen. Wie gerne kehrte ich zurück, augenblicklich zurück!"

„Um dort den Sklavenhandel fortzusetzen!"

„Nein. Es gibt andere Waren, welche man kaufen und verkaufen kann. Effendi, laß mich fort, so schwöre ich bei Allah, beim Propheten und bei der Seligkeit aller meiner Ahnen und Nachkommen, daß ich niemals wieder einen Sklaven verkaufen werde!"

„Dieses Versprechen genügt mir nicht, weil es keine hinreichende Bezahlung ist für das, was ich dir vorzuwerfen habe."

„Was verlangst du denn noch?"

„Eigentlich nichts, gar nichts weiter als dein Leben."

Er legte das Gesicht in beide Hände und schwieg. Nach einer Weile sah er zu mir auf und sagte:

„So mach es kurz, und schieß mich hier auf der Stelle nieder!"

Was war das für ein Gesicht! Der Mann schien in diesen wenigen Stunden zehn, fünfzehn Jahre älter geworden zu sein. Es sah wirklich aus, als ob Falten in seine vollen Wangen gefallen wären. Das freute mich; das hatte ich gewollt. Darum sagte ich in einem weniger strengen Ton:

„Murad Nassyr, denk an die Stunde, in welcher wir uns in Kahira trafen. Ich kannte dich nicht; du aber hattest mich in Algier gesehen und auch von mir gehört. Du erzähltest mir das und ludst mich zu dir ein. Ich fand Wohlgefallen an dir und zeigte mich bereit, mit dir nach Chartum zu gehen. Wir wurden Freunde. Da erfuhr ich, daß du Sklavenhändler bist, was du mir verschwiegen hattest. Du machtest mir sehr günstige Anträge, die ich aber unmöglich annehmen konnte. Wir mußten scheiden. Eigentlich waren wir nun fertig miteinander, du aber warfst Haß und Rache auf mich und wurdest ein grimmiger Feind von mir. Das war nicht wohlgetan; das war nicht klug. Du kanntest mich als einen Mann, der seine eigenen Wege geht und seine eigene Art und Weise hat, der außer Gott nichts fürchtet und auch vor keiner List die Segel streicht. Eines solchen Mannes Feind hättest du schon aus bloßer Klugheit, aus reiner Berechnung nicht werden sollen. Du bist es trotzdem geworden, hast Karte um Karte verloren und sitzt nun heute mit leeren Händen vor mir, der ich dir sämtliche Trümpfe abgenommen habe. Du dauerst mich. Ich bin dein Freund gewesen und habe das nicht vergessen können; ich kann es auch jetzt, in diesem Augenblick, nicht vergessen und möchte dir die Hand zur Hilfe reichen. Aber nicht ich, sondern der Reis Effendina hat über dich zu bestimmen. Er wird deinen Tod verlangen. Wenn ich mir dein Leben von ihm erbitte, muß ich ihm dafür mehr bieten als das Versprechen, welches du mir soeben gabst."

„So sag, was!"

„Den klaren, sichern Beweis, daß es dir Ernst ist, mit dem Sklavenhandel zu brechen. Sag dich von Ibn Asl los! Das ist der Beweis, welchen ich von dir verlange."

„Das forderst du? Weiter nichts?" fragte er, indem seine Augen wieder Glanz bekamen. „Nichts leichter als das! Ich habe eingesehen, daß dieser Mann mein böser Dämon gewesen ist, daß er mein böser Geist bleiben wird. Warum verlangte er meine Schwester? Warum nimmt er sie nicht, da ich sie ihm bringe? Warum lockt er mich mit ihr weiter und immer weiter in die Wildnis hinein? Welchen Zweck kann das haben?"

„Jedenfalls einen für dich und deine Schwester schlimmen."

„Erst sollte die Hochzeit in Chartum sein, dann in Faschodah, dann hier in Aliab. Und nun wir hier angekommen sind, zieht er wieder weiter fort und läßt uns allein mit Menschen, welche ich nicht kenne und zu denen ich kein Vertrauen fassen kann!"

„Du besitzt nicht den Scharfblick, welcher nötig ist, diesen Teufel zu durchschauen. Ich an deiner Stelle wüßte längst, was er mit mir will. Ich hätte ihm Fallen gestellt, in die er sicherlich geraten wäre. Ich durchschaute dich bereits in Kahira, ohne daß du es ahntest. Du mußtest mir sagen, was ich wissen wollte, ohne daß du wußtest, daß ich dich dazu zwang. Auf ganz dieselbe Weise hätte auch Ibn Asl sich mir mitteilen müssen. Denk an den höllischen Verrat, den er gegen die armen Dinka beabsichtigt! Sie sind seine Verbündeten; er hat ihnen Lohn versprochen, und doch will er sie später, nachdem sie für ihn gearbeitet und ihr Blut vergossen haben, zu Sklaven machen und verkaufen! Ist so ein Mensch nicht fähig, ebenso schlecht und vielleicht gar noch schlechter gegen dich zu handeln? Er hat Hafid Sichar überfallen und verkauft, um zum Vermögen dieses Mannes zu kommen. Auch du bist reich; er hat viel, fast alles verloren; er braucht Geld. Warum zieht er dich hinter sich her? Warum entfernt er dich von den Gegenden und Orten, wo man dein Verschwinden, deinen Tod bemerken würde?"

„Effendi!" schrie er auf. „Meinst du so etwas?"

„Jawohl! Etwas anderes nicht!"

„Vielleicht hast du recht. Ja, je mehr ich darüber nachdenke, desto mehr will es mir scheinen, daß dein Scharfsinn, wie sonst stets, so auch hier das Richtige trifft."

„So kehr um! Weißt du, wohin Ibn Asl ist?"

„Zu den Gohk."

„Kannst du mir den Weg, den er eingeschlagen hat, beschreiben?"

„Ich habe geschworen, kein Wort darüber hören zu lassen."

„Einen solchen Schwur zu halten ist Sünde. Wir wollen den bedrohten Negern zu Hilfe kommen. Das ist nur dadurch möglich, daß du aufrichtig bist. Schweigst du, so kommen alle Mord- und andere Taten über dich. Ich verlange Offenheit. Dies ist der Beweis, von welchem ich vorhin sprach und an welchem dein Schicksal, dein Leben hängt. Dein Schwur war eine Unvorsichtigkeit und wird zum Verbrechen werden, wenn du ihn hältst."

„Bedenk doch, Effendi, ich habe beim Barte des Propheten geschworen!"

„Unsinn!" rief ich ärgerlich. „Euer Prophet hat gar keinen Bart gehabt!"

„Wie? Was? Keinen Bart? Mohammed . . . hat . . . kei . . ."

Die Worte blieben ihm im Mund stecken; er sah mir wie geistesabwesend in das Gesicht.

„Na, beruhige dich! Vielleicht hat er einen!"

„Vielleicht? Effendi, du weißt so vieles, was andere nicht wissen, und da gerade du behauptest, er habe keinen . . . kei . . . O Himmel!"

„Diese Worte sind mir ja nur im Ärger entfahren."

„Er hat also einen Bart?"

„Wahrscheinlich."

„Allah sei Dank! Ich habe noch nie eine Person gesehen oder gehört, welche am Barte des Propheten zweifelte."

„Nun, gesehen hat ihn niemand, wenigstens kein jetzt lebender Mensch, und im Koran steht auch nichts davon. Wenn du nun bei einer so zweifelhaften Sache schwörst, so hat dieser Eid in meinen Augen gar keinen Wert. Du hast ihn in der Übereilung abgelegt. Nimm ihn zurück! Ich rate es dir. Es ist zu deinem Besten."

„Kannst du mir nicht eine Bedenkzeit geben?"

„Auch darauf will ich eingehen; aber nur eine sehr kurze Zeit. Der Reis Effendina wird deine Entscheidung verlangen, und er kann nun jeden Augenblick hier ankommen."

„Eigentlich habe ich dir schon genug gesagt, Effendi, indem ich dir mitteilte, daß Ibn Asl zu den Gohk will!"

„Das wußte ich schon vorher, aus seinem Brief. Die Gohk sind das westliche Dinka-Volk. Sie grenzen mit den Schur zusammen, haben ein großes Gebiet inne und besitzen eine Anzahl reicher Dörfer. So ein Sklavenzug ist nun stets gegen ein besonderes, bestimmtes Dorf, gegen einen genau angegebenen Ort gerichtet, und diesen Ort müssen wir unbedingt wissen, wenn wir den beabsichtigten Erfolg haben wollen. Er ist dir doch jedenfalls bekann und du kennst auch den Weg, welchen Ibn Asl einschlagen will?"

„Ich kenne ihn. Ibn Asl hat Karten über alle Gegenden des oberen Nils, sehr genaue Karten, welche er sich nach den zuverlässigen Angaben seiner Agenten zeichnet. Ich habe sie mit ihm studiert und war dabei, als er nach ihnen den Weg bestimmte, den er gegangen ist."

„So bist du also imstande, uns die beste Auskunft zu geben. Weigerst du dich, das zu tun, so hast du vom Reis Effendina keine Schonung zu erwarten. Kehr jetzt in die Grube zurück. Ich habe dir gesagt, was ich dir zu sagen hatte; was du tun wirst, das ist deine Sache."

„Vorher noch eins, Effendi! Wie verhältst du dich zu meiner Schwester? Behandelst du sie auch als Feindin?"

„Nein. In dieser Beziehung kannst du ruhig sein. Ich werde so für sie sorgen, daß sie dich nicht vermissen wird. Wie ich weiß, trinkt sie fleißig Kaffee, und solange ein Weib dies tun kann und tut, ist der Einsturz des Himmels nicht zu befürchten."

Er stieg hinab, und wir zogen die Leiter wieder zurück. Ich stopfte mir eine neue Pfeife, setzte sie in Brand und stieg dann zur Mischrah hinab. Kaum war ich dort angekommen, so erschien der „Falke", die vollen Segel vor dem Wind blähend. Es war ein prächtiger Anblick, diesen scharfen Segler zu sehen. Vorn am Bug stand der Emir. Er sah mich und rief mir zu:

„Holla! Da steht ja der Welteroberer und raucht die Siegespfeife! Die Gefangenschaft scheint dir nicht übel bekommen zu sein!"

„Sie war so kurz", antwortete ich, „daß sie mich weit mehr unterhalten als belästigt hat."

„Habe es gehört. Abu en Nil hat es mir erzählt. Nun will ich aber auch dich hören. Ich komme gleich!"

Der „Falke" rauschte näher; die Segel sanken. Von der Stetigkeit weitergetrieben, kam das Schiff vollends bis an die Mischrah und ließ da den Anker fallen. Der Landungssteg wurde ausgelegt, und der Reis Effendina eilte als erster an das Ufer, streckte mir die beiden Hände entgegen, schüttelte die meinigen kräftig und sagte mit seinem biedern, treuherzigen Lachen:

„Vier Männer, wobei noch dazu ein Neger, eine ganze, große Seribah erobert, und gar vorher erst gefangen gewesen, das ist schon etwas, worauf man stolz sein kann. Ich gratuliere dir. Nun sollen die Hunde aber über die Klinge springen, alle vom ersten bis zum letzten, den dicken Türken nicht ausgenommen."

„Langsam, langsam! Ich möchte das nicht so für sicher und gewiß aussprechen hören."

„Was?" meinte er, indem er die Brauen finster zusammenzog. „Willst mir wohl wieder mit einer deiner menschenfreundlichen Bitten kommen?"

Sein erst so frohes, heiteres Gesicht hatte einen ganz anderen Ausdruck angenommen, als er jetzt in beinahe barschem Ton fortfuhr:

„Daraus wird nichts. Es ist schon fest beschlossene Sache. Solche Brut darf nicht leben bleiben. Kommt mit hinauf in die Seribah!"

Wir stiegen die Mischrah empor und krochen durch das Schlupfloch. Dann führte ich ihn herum, ohne daß wir zunächst einen Tokul betraten. Dann setzte ich mich auf einen daliegenden Baumstamm und forderte ihn auf:

„Laß dich hier mit nieder! Ich will dir erzählen."

„Gut. Vorher aber will ich dir sagen, daß Ibn Asl es verstanden hat, eine Seribah anzulegen. Das ist ja eine wahre Festung! Durch diese Waldmauer kann man nicht dringen. Er durfte die Verteidiger nur an die Mischrah stellen, so hätte man sich die Köpfe einlaufen müssen. Zwölf Mann insgesamt hast du angetroffen? Selbst diese hätten, wenn sie hinreichend mit Munition versehen waren, meinen hundert Askaris und wenigen Takaleh zu schaffen gemacht."

„Sie waren versehen. Ich habe einen guten Vorrat von Pulver und Blei vorgefunden."

„Dann nur ein umsichtiger, aufmerksamer Kommandant, und ich hätte unverrichtetersache abziehen müssen. Wir hätten Blut, viel Blut gelassen, und zwar vergebens. Und das hast du bekommen ohne einen Schuß, einen einzigen Messerstich! Effendi, du hast ein ungeheures Glück, ein solches Glück, daß es mir angst und bange um dich werden möchte. Wenn es dich einmal verläßt, wird es dir um so trauriger ergehen. Nimm dich in acht und wag in Zukunft nicht mehr so viel wie bisher! Doch erzähl mir nun!"

Die Tatsachen wußte er bereits durch den Bericht des alten Steuermannes, so daß ich mich kurz fassen konnte und nicht viel hinzuzufügen brauchte. Die Hauptsache war mir, ihn für den Türken günstiger zu stimmen. Ich tat mein möglichstes, hielt ihm eine lange Rede und raffte alle möglichen Gründe zusammen, die den Gefangenen zu entschuldigen vermochten. Er hörte mich an, ohne mich nur einmal zu unterbrechen, und blickte, als ich zu Ende war, eine ganze Weile finster und wortlos vor sich nieder. Dann sagte er:

„Ich bin dir zu Dank verpflichtet, und du hast so eine eigene Art, dies für deine falsche Humanität nutzbar zu machen. Einen deiner Gründe will ich gelten lassen, aber auch nur einen einzigen, nämlich den: Er ist ein Sklavenhändler, aber kein Sklavenjäger; er hat mit Schwarzen gehandelt, aber noch keinen direkt gefangen. Eigentlich ist der Händler nicht besser als der Jäger, denn wenn es den ersteren nicht gäbe, könnte auch der letztere nicht existieren; aber man nimmt es bei jenem doch nicht so genau wie bei diesem. Und er hat die Schwester mit, die wir dann auf dem Hals hätten. Was würden wir mit dem Mädchen und den vier Dienerinnen tun? Wir können sie doch unmöglich in den Nil werfen, um sie nur loszuwerden!"

„Nein", antwortete ich, auf seine gegenwärtige Laune eingehend. „Wenn wir ihm diese vier Frauenzimmer lassen, ist er bestraft genug."

„Oho! Soll er sonst ganz frei ausgehen? Und da muß ich dir ein Bedenken, ein schweres Bedenken mitteilen. Die zehn Askaris und ihr Feldwebel müssen doch unbedingt bestraft werden?"

„Dies zu bestimmen ist deine, aber nicht meine Sache."

„Winde dich mir nicht aus der Hand! Natürlich müssen sie bestraft werden. Ich bin entschlossen, sie erschießen zu lassen. Wie kann ich aber das tun, wenn ich Murad Nassyr freilasse! Du siehst wohl ein, daß mir deine Bitte außerordentlich unbequem sein muß!“

„Ich sehe es ein und werde dir ihre Erfüllung um so höher anrechnen.“

„Sprich nur nicht von Anrechnung! Deine Dankbarkeit wird einfach darin bestehen, daß du mir bei der nächsten Gelegenheit abermals in die Quere kommst. Da kenne ich dich. Wenn dieser Türke wenigstens aufrichtig sein wollte!“

„Ich hoffe es.“

„Er kann uns auch falsch berichten. Ist er dann einmal fort, so können wir uns nicht mehr an ihn halten.“

„Dagegen gibt es ein ausgezeichnetes Mittel: Wir lassen ihn eben nicht fort.“

„So müssen wir seine fünf Frauenzimmer auch behalten.“

„Das läßt sich arrangieren. Steck sie auf das Schiff, welches wir doch irgendwo zurücklassen müssen! Wir können doch nicht per Schiff über das Land fahren.“

„Das ist wahr. Und ihn nehmen wir mit. Stellt es sich dann heraus, daß er uns belogen hat, so bekommt er die Kugel.“

„Ich meine, daß wir schon jetzt imstande sind, seine Aussagen zu kontrollieren. Der Dinka wollte uns auch irreführen, und es ist ihm nicht gelungen. Ich durchschaute ihn und habe ihm alles, was er uns verheimlichen wollte, auf den Kopf zugesagt. Gerade so ist's auch mit dem Türken. Erinnerst du dich jenes Malaf, der mir zwischen Bir Murat und dem geheimen Brunnen begegnete?“

„Ja. Du warst ganz allein und nahmst ihn und seine Begleiter doch gefangen. Er durfte zwar laufen, aber die Kerle mußten dir alles übergeben, was sie bei sich hatten. Er war der Anführer von Ibn Asls Vorhut.“

„Du hast es dir sehr gut gemerkt. Von allen den Waffen und sonstigen Gegenständen, welche ich diesen Leuten abnahm, habe ich nichts für mich beansprucht als einige Karten, welche mich interessierten. Es waren höchst genaue Zeichnungen der Gegenden, in denen Ibn Asl zu jagen pflegt. Das Land der Gohk ist auch dabei. Ich habe diese Karten noch. Sie befinden sich auf dem Schiff, und ich werde sie holen. Wenn die Angaben des Türken mit diesen Aufzeichnungen stimmen, dürfen wir ihm getrost Glauben schenken.“

„Das ist freilich wahr.“

„So bist du also bereit, Gnade gegen ihn walten zu lassen?“

„Nicht so schnell! Du hast mich zwar schon fast überredet,

aber ich will ihn doch erst selbst hören. Es soll auf sein Verhalten ankommen, was ich über ihn beschließe. Holen wir deine Karten. Ich werde meine Askaris ausschiffen und dann die Gefangenen vernehmen."

Wir kehrten auf das Schiff zurück, wo er den Soldaten die Erlaubnis gab, an das Land zu gehen. Die Pfähle, mit denen der Eingang zur Seribah verschlossen war, wurden mit dem daranhängenden dornigen Flechtwerk aus der Erde gezogen; dann marschierten die Askaris mit übergenommenen Gewehren in geordneter Kolonne ein und bildeten um die „Grube der Strafe" einen Kreis. Die Leiter wurde angelegt, und die Gefangenen mußten heraufkommen.

Wie erschraken sie, als sie die uniformierten Askaris des Vizekönigs erblickten! Sie kannten ihr Schicksal, den fast sichern Tod, und knickten vor Angst beinahe in die Knie. Murad Nassyr stand bei ihnen und wagte kaum, aufzusehen. Seine Schwester wartete verschleiert mit ihren Dienerinnen vor dem Tokul. Was sie jetzt dachte und fühlte, weiß ich nicht. Vielleicht interessierte sie der Anblick der Truppen mehr als das Schicksal ihres Bruders, welches jetzt entschieden werden sollte. Es war mir immer, als ob sie kommen und den Emir fragen müsse, ob sie ihm eine Tasse Kaffee kochen dürfe.

Der Reis Effendina musterte den Türken einige Augenblicke und fragte ihn dann:

„Weißt du, wer ich bin?"

Der Gefragte verbeugte sich tief und schweigend.

„Und du bist ein Sklavenschinder, dem ich eigentlich das Fell vom Leib schneiden sollte, ein giftiges Ungeziefer, welches man zertreten und ausrotten muß. Gestehe, handelst du mit Sklaven?"

„Bisher, ja."

„Du warst mit Ibn Asl verbündet?"

„Ja."

„Damit hast du dein Todesurteil ausgesprochen."

„Emir, ich kannte ihn nicht genau!" stammelte der Türke erschrocken.

„Desto schlimmer für dich! Einem Unbekannten läuft man nicht bis in den tiefen Sudan nach! Wohin ist er jetzt?"

„Zu den Gohk."

„Welchen Weg hat er eingeschlagen?"

„Zunächst zu Schiff bis Aguda."

Murad Nassyr dachte jetzt nicht an seinen Eid, nicht an den

Bart des Propheten. Er zitterte vor Angst. Der Ton, in welchem der Emir zu ihm sprach, ließ keinen Versuch des Widerstandes, kein Bedenken aufkommen. Er beantwortete jede Frage sofort und ohne eine Sekunde verstreichen zu lassen. Ich zog die Karte hervor, um seine Angaben mit ihr zu vergleichen.

„Welchen Ort will er denn überfallen?"

„Wagunda."

„Warum diesen?"

„Der dortige Gebieter hat bedeutende Elfenbeinvorräte aufgestapelt, und seine Untertanen besitzen große Herden. Auch sind die Neger jener Gegend als kräftig bekannt."

„Bringen also, wenn man sie verkauft, einen guten Preis! Oh, ihr Hundesöhne! Elfenbein, Herden und Neger! Der Scheitan soll euch durch alle Lüfte führen! Gibt es noch andere Orte in der Gegend von Wagunda?"

„Thuat, Agardu, Akoku und Foguda liegen in der Nähe."

„Wann gedachte Ibn Asl dort einzutreffen? Hat er es sich ausgerechnet?"

„Wir haben alles genau überlegt. Er glaubte nicht länger als zwanzig Tage zuzubringen."

Der Emir warf mir einen fragenden Blick zu, und ich nickte, um ihm meine Überzeugung anzudeuten, daß der Türke die Wahrheit gesagt hatte. Die Folge davon war, daß er in einem bedeutend milderen Ton fortfuhr:

„Ich will dir Glauben schenken. Du hast in deinen Antworten nichts beschönigt; das rettet dich. Der Effendi hat mich um Gnade für dich gebeten, und ich will einmal versuchen, dieser Bitte Folge zu leisten. Kennst du den geraden, kurzen Weg zu den Gohk?"

„Ja. Er geht von hier stromaufwärts bis zum Maijeh Semkat, den man am dritten Tag erreicht. Dort kann man das Schiff lassen und muß von da an sechs Tage lang nach Westen über Land."

„Kennst du den Landweg? Kannst du uns führen?"

„Leider nein, denn ich war noch niemals dort."

Da rief einer der gefangenen Askaris, ein noch ziemlich junger Mann, schnell:

„Sei gnädig, o Reis Effendina, und gestatte mir, zu sprechen! Ich kenne diesen Weg. Ibn Asl schickte Malaf hin, um eine Karte zu machen. Dieser nahm mich mit. Wir sind überall herumgewandert, um jeden Wald und jedes Wasser kennenzulernen."

Malaf war eben der, von dem ich meine Karten hatte. Der junge Mann war zu gebrauchen. Ich gab dem Emir einen Wink. Er verstand mich und wollte weitersprechen, doch wurde seine Aufmerksamkeit ab und nach einem Punkt gelenkt, an welchem der Kreis unserer Askaris in Unordnung zu geraten schien. Man sah, daß jemand sich durchdrängen wollte. Er öffnete sich auch wirklich. Und wer erschien?

Hatte ich es mir doch gedacht! Kumra, die Turteltaube, den Schleier vor dem Gesicht und einen dampfenden Wassertopf in den Händen! Hinter ihr kam Fatma, der Liebling, den zerstoßenen Kaffee tragend. Dann die zweite weiße Dienerin mit dem Findschahn aus Porzellan. Und darauf die schwarzen Mädchen, das eine mit der Pfeife und das andere mit dem Tabakkrug. Ich hätte laut auflachen mögen! Der Emir machte ein finsteres Gesicht und rief den Schönen entgegen:

„Was wollt ihr hier? Fort mit euch! Ihr gehört in den Harem, nicht aber in diesen Kreis!"

Aber die Demoiselles waren nun einmal losgelassen und nicht zurückzuhalten. Sie ließen sich nicht irremachen, nahten in wakkelnder Prozession und hielten vor ihm still.

„Wir gehören wohl hierher, o Gebieter!" sagte die Turteltaube. „Wir bieten dir Erquickung nach der Reise; Kaffee, frisch und warm, wie die Lippen der Mädchen, und Tabak, die Wonne des Geruchs, köstlicher Wohlgeschmack des Paradieses. Trink, rauch und gib mir dafür meinen Bruder frei, den ich nicht . . ."

Sie kam nicht weiter. Ihre Arme hatten gleich von Anbeginn eine ganz eigentümliche Lage, ihre Hände eine ebenso eigenartige Haltung gehabt; der dampfende Topf kippte bald nach rechts, bald nach links; bald ließ sie, während sie sprach, ihn sinken, bald hob sie ihn krampfhaft wieder empor; ihr Oberkörper bückte sich nach vorn, richtete sich wieder auf, wand sich herüber, dann wieder hinüber – man sah die Katastrophe kommen. Die gute Turteltaube entbehrte nämlich jenes wohltätigen Händeschutzes, den die Araberin Tandscharaja, die Deutsche aber einen Topflappen nennt. Das Wassergefäß war zu heiß für ihre zarten Finger; lange, lange hatte sie den Schmerz ertragen, nun aber ging es beim besten Willen nicht mehr; sie warf den Topf mitsamt dem Wasser dem Emir an die Beine und schrie, indem sie davoneilte:

„Geduld, Geduld, o Herr; ich koche sogleich anderes!"

Ihre vier dienstbaren Geister glaubten, dem Beispiel ihrer Gebieterin folgen zu müssen. Sie warfen ihre Requisiten zu dem nun leeren Topf und wackelten ihr schleunigst nach. Ich biß mich in die Lippen. Der Türke stieß einen zornigen Fluch aus. Der Emir sah an seinen nassen Beinen nieder, richtete dann seine Augen auf mich, bemerkte das nicht zu unterdrückende krampfhafte Zucken und Arbeiten meiner Gesichtsmuskeln und ... brach in ein lautes, herzliches Gelächter aus. Ich stimmte sofort ein, denn ich war froh, mir Luft machen zu können. Ben Nil und sein Großvater fielen auch ein, und das wirkte ansteckender und schneller als der gefährlichste Komma-Bacillus: Das Gelächter ging rundum; es lachte der ganze Kreis unserer Soldaten.

Nun war es unmöglich, die vorige Strenge wieder aufzunehmen. Der Emir nahm mich beim Arm und zog mich aus dem Kreis. Außerhalb des Kreises hin und her gehend, besprachen wir uns. Der Wassertopf hatte ihn wohlwollender gestimmt; ich tat natürlich mein möglichstes, und das Resultat war, daß er in den Kreis zurückkehrte und mit lauter Stimme sein Urteil verkündete:

„Im Namen und Auftrag des Vizekönigs, welchem Allah tausend Jahre verleihen möge! Diese Seribah Aliab ist seit ihrem Bestehen ein Schauplatz des Verbrechens gewesen; sie soll von der Erde verschwinden, indem noch heute am Vormittag an alle Tokuls Feuer gelegt wird. Murad Nassyr, der bisherige Sklavenhändler, hat zu schwören, daß er diesem Handwerk für immer entsagt. Darauf begleitet er uns auf unserm Zug nach Wagunda. Hat er uns die Wahrheit gesagt, so wird ihm verziehen, und all sein Eigentum bleibt unangetastet. Stellt es sich aber heraus, daß er uns belogen hat, so bekommt er die Kugel, und alles, was ihm gehört, verfällt der Kasse der Askaris. Während seiner Abwesenheit werden seine Niswan – Frauen – auf meinem Schiff wohnen. Die elf Soldaten des Sklavenjägers haben den Tod verdient, doch dieser Effendi hat für sie gebeten, und Allah will ihnen Gelegenheit zur Besserung geben. Sie dürfen mit uns ziehen. Kämpfen sie tapfer an unserer Seite, so sei ihnen verziehen, und sie mögen, wenn sie wollen, zu uns gehören; zeigt sich aber auch nur einer von ihnen ungehorsam, so werden sie alle erschossen. Sie mögen darum aufeinander Achtung geben."

Er hatte ausgesprochen. Es entstand fast eine minutenlange stumme Pause; dann sprang der alte Feldwebel vor, schwang beide Arme hoch in die Luft und rief:

„Allah segne den Reis Effendina heute, immer und ewig!"

„Iljaum, dajman, abadi! – Heute, immer, ewig!" wiederholten im Chor alle.

Der Türke kam zum Emir, verbeugte sich und leistete den verlangten Schwur; dann gab er mir die Hand und sagte:

„Das habe ich nur dir zu verdanken und werde es dir nie vergessen. Ich schwöre dir, daß du deine Fürbitte nie bereuen wirst!“

Damit der allgemeinen Freude auch die pikante Würze nicht fehlte, kam das Ewigweibliche jetzt wieder gewallfahrtet. Turteltaube hatte einen andern, aber auch dampfenden Topf in den Händen. Die Hände aber waren dieses Mal nicht in Gefahr, verbrannt zu werden, denn sie hatte – ihre Pantöffelchen darübergesteckt. Die Not ist zuweilen eine sehr scherzhafte Lehrmeisterin.

Ich eilte hinzu, ergriff sie – nicht etwa am Arm, nein, das durfte ich nicht, sondern bei ihrer Umhüllung, und zog sie nach dem Tokul ihres Bruders, in dessen Vorderabteilung sie dem Emir und mir den festlichen Trank kredenzen durfte, wobei es dieses Mal keine nassen Hosen gab.

Nun begann in der Seribah ein sehr lebendiges Regen und Bewegen. Die erst feindlichen Askaris wurden als Freunde behandelt und halfen fleißig bei der Arbeit. Alles Brauchbare, was die Tokuls enthielten, wurde entweder gleich verteilt oder auf das Schiff gebracht, und als sie dann leer waren, wurde die „Hand des Feuers“ an sie gelegt. Wir blieben wachend dabei, um zu verhüten, daß der Brand auf den Wald überging. Indessen wurde mit Hilfe von Stangen und Matten für den Harem eine kleine Kajüte auf dem Deck des Schiffes errichtet. Zur Mittagszeit lag die Seribah in rauchenden Trümmern; dann schifften wir uns ein, hoben die Anker und segelten mit geschwellter Leinwand dem Süden zu.

Welche Sorge hatte uns vorher die Seribah Aliab gemacht! Und nun hatte nur die Hälfte eines Tages dazu gehört, sie in unsere Gewalt zu bringen und vollständig zu zerstören.